キエフ・ルーシ考 断章

ロシアとウクライナの歴史家はどう考えてきたか

栗生沢猛夫

成文社

キエフ・ルーシ考　断章――ロシアとウクライナの歴史家はどう考えてきたか――目次

キエフ・ルーシ考　断章——ロシアとウクライナの歴史家はどう考えてきたか——

はしがき

ロシア軍のウクライナ侵攻が始まって（二〇二二年二月二十四日）以来、ロシアに何らかの意味で関わってきた者にとって暗澹たる日々が続いている。ロシアとウクライナの対立は二〇一四年のいわゆるマイダン革命以降とくに深刻なものとなっていた。クリミアや東部では戦闘すら行われていた。しかしこの度の大戦車隊を押し立ての首都キエフ（キーウ）に向けての進軍はその報道に接する者すべてにとってきわめて衝撃的であった。侵攻がいかなる名分を掲げて行われたにせよ、独立国に対する露骨な軍事侵略など到底許されるものではない。

これは止めなければならない。だがこうした状況を如何ともしえない自身の無力感ばかりが重くのしかかってくる。何ともやりきれないのは、それだけではない。筆者はこれまで、もっぱらロシア中世史研究に従事してきたが、今回の事態を前にして、いままでの自らの「ロシア史」認識に何か重大な欠陥があったのではないかという、後悔ともつかぬ疑念に苛まれるに至っている。実際、この侵略がロシア、ウクライナ両国の過去の歴史に関するある特定の解釈の下に正当化されようとしているという事実は、一学徒にすぎない筆者にとっても看過できない重大な課題を突きつけてくる。筆者のいう欠陥とは、もっぱら「ロシア史」の最初の時代とみなされてきたいわゆる「キエフ・ルーシ」（「古ルーシ」とも言われる、およそ九～十二世紀[1]）をどうみるかという問題にとくに深く関わっている。本書は、自身のこの「欠陥」をいくつかの論点に絞って補い、あるいは正そうと努めた結果生まれた。断片的であり、作業自体が限定的にとどまったので、断章とする所以である。

本書は副題を「ロシアとウクライナの歴史家はどう考えてきたか」と、また第一章の副題を「ロシア史学とウクライナ史学」としている。もとよりロシア史学も、ウクライナ史学もそれぞれが一体的であったわけでも、双方の歴史家が一つにまとまっていたわけでもない。筆者がその全体に通じているわけでもない。それでもなおロシアとウクライナの歴史学の間には総じて大きな立場の相違があり、その意味でそれぞれを大きくまとめて語ることも可能と考えた。

さて本書における問題の核心は、「ロシア」の歴史を「キエフ・ルーシ」から始めることが妥当であるか、すなわち「キエフ・ルーシ」は「ロシア史」の古代とみなしうるかである（先史時代のことはここでは措いておく）。わが国においてもすでに紹介されているように、「キエフ・ルーシ」はロシア史とは関係がなく、もっぱらウクライナ史の古代とみるべきであるとする批判が、とりわけウクライナ系歴史家から出されている。(2) この批判については本書でも後に検討するが、(3) いまもしこの批判を容れるとするならば、ロシア史は「キエフ・ルーシ」ではなく、十二〜十三世紀以降にキエフからみて北方、とりわけ北東地方において急速に台頭してきたウラジーミル–スーズダリ公国（そしてその後そのなかから頭角を現すモスクワ）に、その起点をもつということになる。

ここで、ロシア史の古代に関わるこうした議論の背後には、「ロシア人」あるいは「ウクライナ人」とは何か、それらをどうみるかという別種の問題が潜んでいることに、容易に気づかされるであろう。はたしてキエフ時代における「ロシア人」あるいは「ウクライナ人」とはいったい何なのか。

ロシア史を「キエフ時代」を起点に構想する観点は、すでにロシアの最初期の歴史家（十八〜十九世紀のタチーシチェフ、カラムジンら）において明確に打ち出されていた。というよりそうした考え方はすでに、遅くとも十五〜十六世紀のモスクワ時代の諸記述（とりわけいわゆる「社会時評的著作」や諸年代記）の中に明瞭に表明されており（けっして帝政ロシア時代に忽然と現れたわけではない）、近代ロシア帝国の歴史家はそれに触発され、これをさらに発展させたとみることができるが、それが現代ロシアに至るまで続いてきたのである。こうした考え方からすれば、その時期ウクライナ人は、端的に言って、存在しておらず、存在するのは「（東）スラヴ人」だけであった。この場合ウクライナ人だけでなくロシア人（本書でも後にふれることになるが、それぞれ「小ロシア人」、「大ロシア人」とも呼ばれた）もまた存在していなかったことになるが、「東スラヴ」の中で最大のグループがロシア人で、長らく国家組織を維持したのも彼らだけであり（ウクライナとベラルーシがその名を付した国家を持ったのは二十世紀になってからのことである）、そのうえ彼らが近代においてウクライナ人らを支配することにもなったので、結局のところ「東スラヴ人」すなわち「ロシア人」とみなされ、「東スラヴ」の最初の国家である「キエフ・ルーシ」は「ロシア史」の最初の時代と考えられるようになった。ソヴィエト中世史学を代表するA・N・ナソーノフやV・V・マヴロージンが、「キエフ国家」を論じたそれぞれの著書に「古代ロシア国家」（Drevnerusskoe gosudarstvo）と銘打ったのも、そのことをよく表していた。[4] ここではDrevnerusskiiという語が「古（代）ルーシ」というより、むしろ「古代ロシア」の意味で用いられているのである。[5]

要するに、キエフ時代以来存在するのは東スラヴ人（諸族）だけで、それが後のロシア（大ロシア）人の祖先であり、ウクライナ人もやがて独自の民族として形成されるが、元来は彼らも（ロシア人、ベラルーシ人とともに）東スラヴ人、すなわち「古（代）ロシア人」なのであり、そこから分岐・独立するのはだいぶ後になってからのことと考えられたのである。かくして、ウクライナ人とベラルーシ人は、ロシア人を中心とする東スラヴ人の一部であり、全部まとめて「ロシア人」と表現することのできる大民族の一部（にすぎぬもの）とされることとなった。これを典型的に示しているのは、ソヴィエト中世史学の祖ともいえるB・D・グレコフの次のような記述である。彼はウクライナがソ連邦内に一連邦構成共和国としてその独自の位置を占めるに至った経緯を念頭におきながら、「キエフ・ルーシ」史に関する古典的な著書の中で次のように論じた。

「キエフ・ルーシの歴史はウクライナ国民だけの歴史ではない……それは我々の歴史の一時代である。その時期に大ロシア国民も、ウクライナ国民も、またベラルーシ国民もが形作られたのである。その時期にまたロシア国民の力が鍛えられ強固なものとなったのである……[6]」

すなわちグレコフはここで、ウクライナが独自の共和国をもつに至ったとはいえ、大ロシアやベラルーシとともに不可分の一体をなす存在であり、一見してウクライナ史の最初の時代であるかのようにみえる「キエフ・ルーシ」も、「ロシア国民」に共通の輝かしい古代であると主張したのである。

ここで注意すべきは、以上の引用の中で「ウクライナ国民」や「大ロシア国民」と訳された語は ukrainskii narod また velikorusskii narod である。そして引用の最後の文章にみられる「ロシア国民の力」は moshch' russkogo naroda である。ここで narod の語が用いられ、natsiia や、キエフ時代に関してその後のソヴィエト中世史学界で一般化する narodnost' が使用されていないことに関しては、いまは措いておこう[7]。重要なのは、ここの「ロシア国民」は大ロシア、ウクライナ、ベラルーシ三者を含む東スラヴ人全体を意味していることである。グレコフはウクライナ人も「ロシア人」の中に含めているのである。彼にあってはロシア人（国民）と東スラヴ人は同義と言ってよい。以上を彼は次のようにも記し、さらに明確化している。

「キエフ国家の歴史はウクライナ (Ukraina) の歴史ではない。ベラルシア（ベラルーシ）(Belorussiia) のでも、

大ロシア (Velikorossiia) のそれでもない。それは成熟と成長の可能性をウクライナにも、ベラルーシにも、また大ルシヤ（ルーシ）(Velikorussiia) にも提供した国家の歴史であった。わが国の歴史におけるこの時代のすべての巨大な意義はかくのごとき事情の中に存する。[8]」

こちらでは、グレコフは「大ロシア」と「大ルシヤ（ルーシ）」を使い分けている。おそらく前者では現代をも含めて考えており、後者は同じ「大ロシア人」の歴史でも中世以来連綿として続くそれを念頭においていたのであろう。細心の注意を払って使い分けていると言えるかもしれない。いずれにせよ、キエフ・ルーシは全東スラヴ人の共通の国家・時代であったことを重ねて主張しているのである。グレコフはウクライナの「微妙な」存在を念頭におきながら、ロシア（ソヴィエト）国家の立場からみた「キエフ・ルーシ」のあるべき取り扱い方を、公式的に巧みに表現したのであったが、これが「キエフ・ルーシ」のやや強引な解釈であることは、本書でも以下に示されるように、いまでは明らかである。

ロシア十月革命（一九一七年）後、「ウクライナ」を前面に掲げる国家が初めて成立した。ウクライナ人民共和国である。ソ連邦の正式結成（一九二二年末）に際しては、ウクライナ・ソヴィエト社会主義共和国として最初からこれに加盟した。こうしてウクライナは初めて国家として名乗りを上げたが、それがロシアの一部であるとする認識は通奏低音のように響き続けたのである。ソヴィエト連邦崩壊（一九九一年末）後、ウクライナが正真正銘の独立を得て主権国家として成立することになり今日に至るが、その「独立性」がロシアを含む国際社会により完全かつ全面的に承認されたわけではなかったことが、今回のロシア軍の「侵攻」によって暴力的に突き付けられた。これが認められるはずもない暴挙であることは疑いないが、小論の課題は、「侵攻」がどのような認識を背景になされたものなのか、これまで筆者を含む大多数の研究者が受け入れてきたロシア史の構想中に、これを正当化する何ほどかの論拠が含まれてはいなかったのかを検証することである。

第一章　キエフ・ルーシの「遺産」問題（一）
――ロシア史学とウクライナ史学――

I

先に見たように（本書「はしがき」）、ロシア史を「キエフ時代」を起点に構想する観点は、早くは十五～十六世紀モスクワ時代の著述家らの記述（社会時評的論述や諸年代記）において認められるが、この点については次章において改めて触れることとして、まずはこうした観点が、近代にロシア史研究が開始されたときどのように定式化され、普及するに至ったのかをみておきたい。

近代ロシア史学の祖の一人としてV・N・タチーシチェフ（一六八六～一七五〇年）の名をあげることに異存はないであろう。彼はその『ロシア史』の基本的部分をすでに一七三九年には書き上げ、ロシア帝国科学アカデミーに提出していたが、それが刊行され人々の目に触れるようになったのは著者没後のことであった（全四巻、一七六八～一七八四年。さらに一八四八年には第五巻が出版された）。現在広く利用されているのは、一九六二～一九六八年刊のソ連邦科学アカデミー版七巻本である。その研究史上の意義については今日種々議論もあるが、彼が広く内外の歴史史料に基づき最初の本格的通史を著そうとした学術的意義は認めてよいであろう[1]。

その全体的構成をみてみよう。第一巻は建国以前の最古の時代、すなわちロシア平原に古くから居住したスキタイ人やサルマート人などの諸族から、スラヴ人の出現に至るまでの歴史を扱っている。第二〜第四巻は主にネストル年代記（『過ぎし年月の物語』）に依拠してリューリクによる建国から始め、最終的にはタタール（バトゥ）軍のルーシ襲来までを扱う（九〜十三世紀前半）。第五巻はタタールのロシア支配時代（ヴァシーリー二世治世まで）を（〜十五世紀前半）、第六巻はイヴァン三世治世から十七世紀初めのヴァシーリー・シューイスキーの時代までを対象としている。最終第七巻には十七世紀史のための史料および法典集成などが収められる。以上の構成からみて、タチーシチェフにとって「ロシア史」の全体的流れは、今日われわれのよく知っているものと大きくは異ならない。類似の構造をしていると言ってよい。まさに十三世紀前半までの「キエフ・ルーシ」を「ロシア史」の古代として、そして北東ロシアのウラジーミルまたモスクワ国家の時代が、これに続くものとして構想されているのである[2]。タチーシチェフが「ルーシ」のなかに当時のロシア帝国領のすべてを含めていることにも留意しておきたい。彼はその第一巻第四四章において、当時のルーシ（ルシヤ）(Russiia) 領を八地域に区分しているが、そこには現ロシア、ウクライナ、ベラルーシ領のほとんどが含まれているのである。ここからもタチーシチェフが、「ロシア」に東スラヴ人居住全域を一括して含め、その後ロシア史学の伝統となる観点をすでに表明していたことがうかがえる[3]。

十九世紀ロシア社会でもっとも多くの読者を獲得したと言われるN・M・カラムジン（一七六六〜一八二六年）の『ロシア国家史』（全三冊、十二巻、一八一八〜一八二九年）もみておこう[4]。第一巻はロシア領内に居住したスラヴを含む諸民族の説明に始まり、リューリクによる建国からウラジーミル聖公に至る時期を扱う（八六〇年頃〜一〇一五年）。第二巻は聖公の子ら、スヴャトポルク公とヤロスラフ賢公に始まり、一一六九年（クリャジマ河畔ウラジーミルのアンドレイ大公軍によるキエフの攻略と破壊）に至るまでを、第三巻はウラジーミル大公アンドレイ治世から、同大公ユーリー・フセヴォロドヴィチがタタール（モンゴル）の侵入に際し戦没するまでを通観する（一一六九～一二三八年）。以下第四巻――ウラジーミル大公ヤロスラフ治世からモスクワ大公ドミトリー（ドンスコイ）の幼少時まで（一二三八～一三六二年）、第五巻――ドミトリー・ドンスコイ治世から大公ヴァシーリー二世治世まで（一三六三～一四六二年）、第六巻――モスクワ大公ヨアン（イヴァン）三世治世（一四六二～一五〇五年）、第七巻――ヴァシーリー三世治世（一五〇五～一五三三年）、第八巻～第九巻――イヴァン四世雷帝治世（一五三三～一五八四年）、第十巻――フョードル・イヴァーノヴィチ治世（一五八四～一五九八年）、第十一巻――ボリス・ゴドノフとその子フェオドルおよび偽ドミトリー治世（一五九八～一六〇六年）、最終第十二巻――ヴァシーリー・シューイスキー治世および空位期（一六〇六～一六一二年）、という構成である。

ここでもモスクワ国家の先行国家と目されるウラジーミル大公国が、キエフ国家の直接的後継国家と位置づけられている。西部ロシア、ガーリチ（－ヴォルィニ）公国への言及がないわけではもちろんないが、それに対する注目度は著しく低い。あくまでもモスクワ大公国こそが著者の関心の中心にある。それこそがロシア帝国の直接の母体と考えられているのである。

その後のロシア史家におけるロシア史の構想を詳しくみることは必要ないかもしれない。帝政期からソヴィエト時代を経て今日のロシア連邦に至る時期を通じ、ほとんどの歴史家がほぼ以上のごとき構図に従っていると言って過言ではないからである。すでにソヴィエト中世史学の祖ともいえるB・D・グレコフについてはふれた（本書「はしがき」）。ただ、ここでは念のためロシアでもっとも著名な帝政期の二人の歴史家、S・M・ソロヴィヨフ（一八二〇～一八七九年）とV・O・クリュチェフスキー（一八四一～一九一一年）の場合もみておくことにしたい。

ソロヴィヨフの『最古からのロシア史』は第一巻が一八五一年に現れて以来、著者が亡くなる年までほぼ年一巻のペースで刊行され、全二十九巻からなる壮大な通史となるが（最古の時代から十八世紀七〇年代前半、すなわちエカチェリーナ二世治世の初期までを取り扱っている。最終巻は著者没後の刊行)、そのうち最初の十二巻が十七世紀までの、すなわちピョートル一世即位以前の歴史にあてられている。彼は歴史の内在的合法則的進行を重視していたので、細部に拘泥するような個々の政治的事象による時代区分には否定的で、モスクワ国家以前の歴史を、端的に言って、氏族制社会から国家的諸関係の時代への転換期とみていた。いわゆるキエフ時代は彼にとっては氏族制的諸関係の時代に過ぎず、重要なのは国家制原理の形成であり、それが最終的に勝利したモスクワ時代、とりわけイヴァン三世から四世雷帝期にかけての時期が重要なのであった。われわれのここでの関心から言えば、ソロヴィヨフにおいても、最古の「古い時代」(九〜十二世紀中頃)よりも、そこから「新しい時代」すなわちモスクワ国家への移行こそが(十二世紀後半以降)、最重要視されるべきなのであった。もとより彼がキエフ時代に関して諸公間関係に多大な関心を払ったことは事実であり(最初の二巻、厳密にいえば、バトゥの侵入に手短に触れた第三巻第二章まではキエフ時代に費やされ、諸公の動向を諸年代記に従い丹念にたどっている)、この点が後述するようなP・N・ミリュコフとは異なるところであったが、その意味ではモスクワ時代を重視した彼ですら、ロシア史がキエフ時代から始まることは当然の前提であったのである(5)。

クリュチェフスキーの五巻本『ロシア史講話』の場合、幸いにして邦訳があるので、詳しくはそちらを見ていただきたいが、著者は、本『講話』においてまずロシア史の第一期としてキエフ時代を扱った後(第十五講まで)、第十六講から第二期(十三世紀から十五世紀半ばまで)の論述に入っている。この第十六講で彼はキエフ・ルーシ衰退の原因を検討した後、ドニェプル地方住民が二方面(すなわち南西および北東ルーシ両方面)へ移住したことを指摘し、南西ルーシ方面へ移動した住民の子孫が後に再びドニェプル地方に帰還して「小ロシア」人の祖となった可能性にふれている。しかし南西ルーシ地方(ガーリチ-ヴォルィニ公国)に関するこれ以上の記述はなく、続く第十七講以降は北東ルーシ地方の歴史的展開に関心が集中している。ここからはキエフ時代がヴォルガ上流域(クリャジマ河畔)

のウラジーミル公国（そしてその後のモスクワ国家）に引き継がれたとする立場が鮮明に浮かんでくる。クリュチェフスキーはその後モスクワ国家の成長をたどる中で、西部地方（リトアニア）にも頻繁に言及するが、それでも彼がこの地域を正面から取り上げるのは、ロシア史の第四期（一六一三〜一八五五年、「スムータ（動乱）」の終了・ロマノフ朝成立からアレクサンドル二世治世初期まで）に入ってからのことである。すなわち第四十五講でロシアの対外関係を論じる際に、ポーランドとの合同後のリトアニアについてもふれ、第四十六講で合同国家の支配下にあった「小ロシア」コサックについて記述するという具合である。しかしそれも第四十七講からは再びモスクワ国家の動向に関心は移ってゆく(6)。

以上にロシア史学が最初から、歴史家によってそれなりの違いを示しながらも、キエフ・ルーシ時代を自国史の最初の時代として位置づけ、その後直ちにウラジーミル-モスクワ時代が続くとする立場をとっていたこと、そしてそれがロシア史学の伝統となって今日に至っていることは、おおよそ示しえたと考える。

II

以上のごとき見方に疑問を呈するロシア史家がいなかったわけではもちろんない。そうした反通説的な立場は、ロシア史学内部でいわば自然発生的に生じたというよりは、「外部」からの批判、とりわけ民族的に覚醒しつつあった近代ウクライナ知識人や歴史家らからの反論があって、その影響下で現れたと考えた方がよいように思われる。それはともあれ、ではこのウクライナ史学からの批判とはいかなるものであったのだろうか。

以下、ウクライナ史学の祖と言われるM・S・フルシェフスキー（一八六六〜一九三四年）の論文「『ロシア史』の伝統的構図と東スラヴ諸族の歴史の合理的編成の問題」（一九〇四年）を取り上げてみたい(7)。そのロシア史学批判がもっとも鮮明、簡潔に表現されていると考えられるからである。これについてはわが国でもすでに阿部三樹夫が論じたところであり、(8) 繰り返しになるところもあるが、ここではさらに具体的な点にまで立ち入って検討してみたいと思う。

フルシェフスキーによれば、ロシア史の通常の（「伝統的な」）構図は次のようなものである。まず、非スラヴ人の東ヨーロッパ地域への植民が前史となる。次いでスラヴ人の植民と定住、彼らによるキエフ国家の形成（〜十二世紀後半）が続く。これが古代ロシア史とみなされる。その後歴史の舞台は北東方面、「大ウラジーミル」公国へ、さらにはモスクワ公国へと移行し（十二世紀後半〜十四世紀）、そこから同大公国（モスクワ国家十四〜十六世紀）、さらにロシア帝国（十七世紀後半〜）へと引き継がれるという流れである。

こうした構図は、本書の筆者が上にみたタチーシチェフ以来のロシア史家に広くみられたものでもあるが、フルシェフスキーはそのどこに問題を感じたのであろうか。

彼によると、この構図では、モスクワ国家の領域外に留まったウクライナ - ルーシとベラルーシはまったく考慮の外におかれてしまう。若干の重要事象（たとえば、ガーリチ公ダニーロの国家、リトアニア大公国の形成、そのポーランドとの合同、フメリニツキー戦争など）は、ときに取り上げられることもあるが、あくまでもエピソードとしてであり、しかも両者がその後（十八世紀に）ロシア国家に併合されるに及んで、もはや歴史の主要なファクターであることはなくなる。この点は確かに本書もすでに指摘したごとく、カラムジンやクリュチェフスキーなどに顕著にみられる傾向であった。

フルシェフスキーの批判はこれにとどまらない。彼によれば、こうした構図は「非合理的」ですらある。というのもキエフ時代とウラジーミル - モスクワ時代とを直接結びつけることは根拠薄弱で、不自然であるからである。彼は、キエフ・ルーシとウラジーミル - モスクワ公国が、国家と社会、法と文化の性格において、まったく異なる存在であると考えているのである。後者を前者の後継者と考える合理的理由はないという主張である。それでもモスクワ時代の記述者の場合には、もっぱらリューリク朝という王朝的系譜的連続性の主張に根拠をおいているので、その限りにおいてある程度の合理性は認められる。しかし近代の研究者の場合は、キエフとモスクワの「発生学的」（遺伝学的）継続性を主張するので、これはまったく受け入れられない。両時代を、同じ政治文化体の二つの連続する過程とみることは不可能である。「キエフ国家」（とその法、文化）を創ったのは「ウクライナ‐ルーシ」民族（ukrainsko-rus'ka narodnost'）と考えるべきであり、「ウラジーミル‐モスクワ国家」は「大ロシア人」（velikorus'ka narodnost'/velikorus'kii narod）という別の民族の創作物なのである。ただしそうはいっても、フルシェフスキーがキエフ国家の担い手（諸「民族」）とモスクワ国家のそれとの間に一定の同質性の存することを承認していることには注意が必要である。双方ともに程度の差はあれ東スラヴ人を主要な基盤としていることは確かであるからである。換言するならば、彼がキエフ時代とモスクワ時代の連続性を否定するのは、もっぱら政治文化的な視点からなのである。

かくして彼によれば、キエフ時代はウラジーミル時代へと移行したのではなく、ガーリチ‐ヴォルィニ時代（十三世紀）、さらにはリトアニア・ポーランド時代（十四～十六世紀）へ引き継がれたと考えなければならない。

このことをフルシェフスキーは以下のようにも表現する。すなわち、ウラジーミル‐モスクワ国家はキエフ国家の後継者でも相続人でもない。キエフ国家は社会政治組織、法、文化の諸側面を大ロシア人の地に移植したが、キエフ時代を古代史として後者の歴史に組み入れることは妥当ではない。二つの民族（narodnost'）の民俗学的歴史的類似性を同一性と混同してはならない。両者はその後それぞれ独自の道を歩んだからである。

ではフルシェフスキーの考えるロシア史とはどのようなものでなければならないのか。彼によれば、「ロシア（大ロシア）人」の歴史はドニェプル地方ではなく、北東ロシア地方で始まった。「大ロシア人」とは、この地でスラヴ人が土着のフィン、バルト系諸族と混合・混住し、そこから形成された民族である（ウクライナ‐ルーシ民族とは一定の同質性はあるが、異質性もまた大きい）。ロシア人の歴史が始まるのはこの地方においてであり、その始まりの時期は十三〜十四世紀以前に遡ることはない。それゆえ「ロシア史」の起源をキエフ時代に求めるならば、大ロシア人の歴史の真の「始まり」（起源）は見失われることになる。ロシア史学は「ロシア国家」がキエフ・ルーシ時代以降連綿として続いてきたと主張するが、そのような「ロシア国家」は実際には存在せず、それは大ロシア人の創作（捏造）である。すなわちロシア国家の「キエフ時代」はありえず、フィクションにすぎない。「キエフ時代」は実際の「ロシア史」を歪めているだけでなく、「ウクライナ - ルーシ史」からその最初の時代を奪い取ることにもなっている。

他方、ロシア史学はまた、ウクライナ史（「小ロシア人の歴史」）がキエフ時代にではなく、十四〜十五世紀に始まったとも主張する。いわゆるキエフ時代（十一〜十三世紀以前）にウクライナ人はまだ存在しておらず、キエフ・ルーシは「全ロシア史」(istoriia obshcherusskaia) の最初の時代であったとするのである。これはもちろんフルシェフスキーの受け入れるところではない。彼によれば、ロシア史学の言う「全ロシア史」とは「(大) ロシア人の歴史」にほかならず、これは到底事実とは認められない。伝統的ロシア史では、ロシア国家と大ロシア民族が主役であり、ウクライナ - ルーシとベラルーシ民族への関心は不当に低かった。したがって後二者の歴史はロシア史とは別個に扱われる必要がある。大ロシア人の歴史で全東スラヴ人のそれを語りつくすことはできない。

かくてフルシェフスキーにとっての「東スラヴ諸族」の歴史の「合理的編成」とは、まず東スラヴ三民族の歴史を個別に構想すること、その際ロシア史（大ロシア人の歴史）の場合は、まずは前史としての、北東ロシアの地の諸民族による植民から始まり、十三〜十四世紀におけるウラジーミル - モスクワ地方の歴史的発展、そしてモスクワ国家の時代、さらにはロシア帝国時代へという流れで考えられるべきである。ウクライナ - ルーシ史の場合は、前史（南ロシア平原における諸民族の植民）に続き、キエフ・ルーシの時代（九〜十二世紀）、さらにはガーリチ - ヴォルィニ時代（十三〜十四世紀）、リトアニア - ポーランド時代（十四〜十七世紀）、ウクライナ・コサック時代（十六〜十八世紀）、そして近代ウクライナ時代（ウクライナ再生期）へ進むという構図となる。

フルシェフスキーのロシア史学批判はほぼ以上のようにまとめることができるが、これはどのように理解されるべきであろうか。まずは筆者の考えるところを明らかにし、その後、阿部論文にも言及があるが、そのロシア史学（史家）への影響の問題を多少なりとも掘り下げて検討してみることとしたい。

まず伝統的ロシア史学では、「ウクライナ」すなわち南西ルーシ（ガーリチ＝ヴォルィニ地方、後のリトアニア＝ポーランドによる支配地域）への関心が希薄であったという指摘は、まったくその通りで、反論の余地もない。ただし問題は、その欠陥を正すことが実はそう容易ではないということにある。ロシア人だけでなく、一般に人が自己中心的に考えることは、善悪はともかくとして、ある意味自然なことであるからである。その場合周辺への配慮はどうしてもおろそかになるであろう。したがって、これはロシア史のなかに西部地方に関する記述が少ないというたんなる量的な問題と考えるべきではなかろう。むしろ、ロシア人が周辺地域とその住人に対し、中心主義的支配的立場から臨んでいるという問題として捉えるべきであろう。これはいわばロシア国家の存在、その帝国的性格そのものに規定されているので、それが存在する（あるいは枠組みが変わらない）限りおそらくは解決策も容易には見つからないという類の事柄である。フルシェフスキーは、その解決策として、東スラヴ三民族それぞれの歴史の構築（と記述）を提唱しているが、それは一つの改善策ではある。しかしながらこれが自由にできない、そういう枠組みができていないということが問題であった。ウクライナ人にそのような自由が保証されるためには、彼らが国家として真の独立をもつ必要があるが、実は、同じ問題が支配国家であるロシア自体にもあることはしばしば見過ごされている。ところがロシアでは歴史研究が（それだけではないが）十分に自由であったためしはほとんどなかったのである。さらに言えば、これはロシアのみに限定されたことではなく、より普遍的にみられる問題である。国家権力が常に目を光らせているというだけでなく、いわば「世論」（しばしば上からあるいは資金のある側により意図的に作り上げられる）が時には（というより常に）目に見えない形で、「自由」に圧力を加えている状況を考慮に入れるならば、問題の根は深いと言わざるを得ない。そもそも主権国家を絶対的前提とせざるをえない現代にあっては、どの国にも当てはまる普遍的な問題ともいえる。独立を獲得したかにみえた現ウクライナもそのような問題から自由であるわけではない。各国家がそれぞれ自己中心的な狭い独善的「歴史」を競い合うような状況では、問題は解決されるどころか、一層深刻化することとなる。

次にフルシェフスキーは「合理的編成」という形で具体的な提案をも行っている。ロシア史の始まりを北東ロシアの十三・十四世紀に求めるべきとする提案であるが、この構想はどのように評価されるべきか。ウラジーミル（あるいはロストフ＝スーズダリ）公国、そしてその直接的後継国家であるモスクワ大公国の発展がロシア史（あるいはロシア国家）において決定的に重要であったことは言うまでもない。しかしキエフ・ルーシをあたかもロシア史には無縁として切り離してしまうかのごとき主張が妥当といえるであろうか。おそらくこの点ではフルシェフスキーの構想は、行き過ぎと言ってよい。ロシアの人々が、長らくその精神的よりどころをキエフ・ルーシに求めてきたことは否定しがたい事実であるからである。キエフに対するこうした思いはロシアの人々の生得の感覚であると言ってよい。これは正教キリスト教信仰一つをとってみてもよく理解できることである。キエフ時代の文学（たとえば『過ぎし年月の物語』や『イーゴリ遠征物語』）がロシア人にとって正真正銘の「古代ロシア」文学であったこともまた疑いのない事実である。[9] これを今日のロシア人（の「祖先」）が直接「関与しなかった」と考えて、それを根拠にロシアから切り離すべきと主張することは、きわめて乱暴であり、「合理的」とは言いがたいように見える。逆に今日のウクライナ人（の「祖先」）がそれに関与したとも、実は言えない側面のあることにも留意すべきである。後にみるように、「キエフの遺産」はウクライナもロシアも（またベラルーシも）排他的・独占的に要求できるようなものではない。フルシェフスキーの主張は、抑圧されてきたウクライナ民族の正当なる権利要求とみることができるが、それに執心するあまりの行き過ぎた主張ともいうべき側面がある。

だがこれとの関連で、おそらくフルシェフスキーの主張でもっとも問題となるのは、その「ウクライナ民族」観であろう。彼はウクライナ民族がすでにキエフ・ルーシ期から存在する一方、ロシア人（大ロシア民族）がその時代には存在しなかったかのように書いている。いわば先に見たロシア史学とまったく逆の、だが同種の主張である。もちろん彼とて、「ウクライナ人」がキエフ時代から今日に至るまで変化することなくそのまま連続すると考えているわけではない。彼には次のような記述もある。

「確かに、九〜十世紀にはウクライナ民族はその完成した姿では存在しなかった。それは十二世紀から十四世紀にかけての大ロシア民族が……今日我々の理解するような形では存在しなかったのと同様である。しかしながら私は民族の発展の探求を義務と考える他の歴史家たちと同様に、民族形成の初期の起源から始め、同じ理由で、東スラヴ諸族の南方グループ（ウクライナ民族はその中で形成された）の文化、経済、政治生活［の流れ］をたどりたいと思う。それはウクライナ国民の歴史の一部となるものであるからである。このことは「ロシア史」と呼ばれる構図、すなわち「キエフ時代」を大ロシア国家の広く受け入れられている歴史の中に含めることより、確かにより多くの正当性を有していると言えるだろう。(10)」

つまりフルシェフスキーは問題の複雑性を十分に認識したうえで、「ウクライナ人（民族）」の語を使用している。ウクライナ人またウクライナ国家の歴史が、今日まで連続的に語りうるものでないことを十分に認識しているのである（それゆえであろう。彼はその主著であるウクライナ史全十巻のタイトルを「ウクライナ‐ルーシの歴史」としている。ウクライナが民族・国名として公式的にそのように表記されるのは後代になってのことではあるが、本来は「ルーシ」であった、という意味を込めたものと推測される)[11]。だがそれにもかかわらず、疑問が完全には払拭されないことも確かである。そもそもキエフ・ルーシ史を担った民族がどのような存在であったかが十分に解明されてはいないからである。

これとの関連で、彼が「ウクライナ＝ルーシ人」と「大ロシア人」とを、大きな枠組みにおいては一致するとしても別の「民族」と考え、キエフ・ルーシはもっぱら前者により創建され、したがってキエフ国家(および社会・文化)と、後者の手になるウラジーミル＝モスクワ国家とは、まったく異なる性格を有すとしている点も、そのまま受け入れるわけにはいかない。こうした考えを最初に明確に表明したのは、M(N)・コストマーロフ(その論文「二つのルーシ民族(ナロードノスチ)」、一八六一年)と考えることができるが、フルシェフスキーは明らかにこれを受け継いでいる。コストマーロフの見解は含蓄があって、単純にウクライナ人(「南ルーシ人」)が個人主義的、自由愛好的、連邦制的であり、他方北方の大ロシア人(「大ルーシ人」)が集団主義的、専制的、中央集権的であると決めつけたものとみることはできない。しかしながら、「二つの民族」を最初から性格的に対峙させるような見方は、一般的には受け入れられやすいものであるとしても、結局のところやはり事象の複雑性を顧みない極論という誹りを免れることはできない。歴史的な検証に耐えられるかどうかも疑問である。[12] いうまでもなくキエフ・ルーシの担い手(「ルーシ」)をどう見るかという問題は、特別な考察を要する大問題であり、ここで何か結論的なことを述べるわけにはいかない。いまはたんに次の点を指摘しておくに留めたい。

「ルーシ」とは何かという問いは、最初まず起源の問題として、すなわちノルマン人なのかスラヴ人なのかという、いわゆる「ノルマン問題」として激しく論争された。フルシェフスキーが反ノルマン主義者であることはよく知られているが[13]、ここでの問題はこれとは異なり、キエフ社会を担った中心的主体がスラヴ(あるいは東スラヴ)人であるとする前提(これは疑いえない事実とみなしうる)に立ったうえで、それを「ウクライナ人」と呼びうるのかという点に関わる。ロシア史学はこれを否定しつつ、キエフ・ルーシの担い手を「全ロシア人（民族）」ないし「ロシア人」とみたのであるが、ここに言われる「全ロシア人」（obshcherusskaia narodnost'）とは、後に（十四〜十五世紀以降に）成立すると考えられた東スラヴ三民族全体を包含するその母体ともいうべき存在であった。つまりロシア史学は、元来三民族は一体であったと主張したのである。その是非をめぐる論争はいまだ決着がついておらず、今後さらに続くと考えられる。[14]

これとの関連で、フルシェフスキー自身も言及する「ポゴージン理論」にいささかふれておく必要があろう。ロシア－ウクライナ歴史家間の論争の嚆矢となったとされることが多いからである。[15]

汎スラヴ主義者として知られるM・P・ポゴージン（一八〇〇〜一八七五年）はモスクワ大学の世界史およびロシア史学の教授であったが、一八五六年に、キエフ・ルーシの本来の住人が「大ロシア人」であり、「小ロシア人」（すなわちウクライナ人）がそこに住み着いたのは、前者が、タタール襲来後に北方へ去って以後の、十四〜十五世紀になってからのことであったとする見解を表明した。これは後にウクライナ民族問題をめぐる論争が激化する以前のことで、彼には明確な意識はなかったと考えられるが、これによりあたかも「キエフの遺産」を継いだのは「大ロシア人」であり、「小ロシア人」にそれを要求する権利などないとするかのごとき主張を展開したこととなった。[16]

ポゴージンの見解は、実は元キエフ大学学長でポルタヴァの貴族家門の出であったM・A・マクシモーヴィチ（一八〇四〜一八七三年）からの書簡に対する返信において表明されたものであるが、マクシモーヴィチは、キエフ文化が「小ロシア」的な性格を有していることを指摘したうえで、ウクライナ語とロシア語の関係について次のように記していた。「小ロシアと大ロシアの方言（Malorossiiskoe i Velikorossiiskoe narechiia）、より正確に言えば、南と北のロシア語（Iuzhnorusskii i Severorusskii iazyki）は兄弟関係にあり、一つのロシアの言語（rech'）の子（息子たち）である」、また両「方言」は「一つの体系内で、常に共にあったと考えられなければならない」。さらに、「大ロシア方言はベラルーシ方言に最も近く、両者は北ロシア語を構成している。［北ロシア語］は南ロシア語（こちらは小ロシア方言と赤ロシア方言 chervonorusskii narechie とから成り立っている）とともに『大きな東スラヴ語』、ないし『大きなロシア語』に属している。[17]」

マクシモーヴィチには「小ロシア的性格」についての言及はあったが、後の時代に鮮明になるような民族主義的な主張はほとんどみられないと言ってよい。[18] むしろ彼が強調するのは、小ロシア語も大ロシア語も同一の言語群に属す兄弟語であるとする立場である。これはあたかも後の大ロシア的、ソヴィエト的な、「はしがき」でふれたB・D・グレコフに見られたような立場（「全ロシア共同体」論）を彷彿させるような見解でさえある。彼にみられるのは、大ロシア人（語）が小ロシア人（語）を排除するような傾向への危惧だけであったと言って過言でない。ポゴージンは後に、マクシモーヴィチが「ウクライナ主義的偏向に陥っている」と批判したと伝えられるが、[19] 両者の書簡のやり取りからは、むしろポゴージンの方にウクライナ民族主義の将来の芽生えに対する警戒心ないし怯えが見え隠れしているように思われる。

フルシェフスキーがポゴージンの見解に反対するのは言うまでもない。彼は「ポゴージン理論」を「無謀で、ほとんど誰からも問題にされない理論」と呼んでいる。[20] 本稿筆者もこの判断には賛成で、以下に記すように、キエフ・ルーシの本来の住人が大ロシア人であるとするような議論が成立する余地はほとんどないと考えている。研究史的にも今日これがまともに取り上げられることはまずない。[21] 筆者の考えているところを具体的に記そう。

タタールのキエフ地方への襲来後住民の一部ないし相当数が北方へ逃れたことは否定できない。ただし、タタールの襲来が南ルーシに与えた被害がどの程度であったか、またその時の北方への人口移動をどれほどに見積もることができるのかという問題は、基礎的なデータが失われている今日ではほとんど回答不能と言わざるを得ない。他方、住民の一部が西方へ逃れたこともちろん否定できず（というよりこちらの方が多かったのではないかとすら思われる）、したがってタタール襲来後住民がそっくりそのまま北方へ移住し、その後に西方カルパチア方面から移住してきた者ら（スラヴ系ではあろう）がそこに住み着き、現ウクライナ人の祖先となったとするかのごときポゴージン説は暴論と言ってよい[22]。

ところでウクライナ系研究者Fr.‐チロフスキーは、ポゴージン説がクリュチェフスキーを通じて世に広く流布したと記している[23]。しかしながらこれは誤解であろう。Fr.‐チロフスキーは典拠を示していないが、彼はおそらくクリュチェフスキーの『講話』第十六講を念頭に置いている。先述したように（十四頁）、後者はそこで、十二世紀半ば以降（モンゴル襲来以前である）キエフ社会の荒廃化が進み、住民が二方向に流出し始めたことを指摘している。一つの流れは西方へ向かうもので、それがガーリチ‐ヴォルィニ公国の繁栄につながった。もう一方は北方スーズダリ方面へ向かう流れで、この流れがこの地域の発展を促進することとなったとする[24]。

だがこれはポゴージンの見解と同じではない。そもそもクリュチェフスキーはポゴージンにはまったく言及していないが、それだけではなく、彼のキエフ地方からの住民移住説はタタールの侵入と直接関連づけられてはいないのである。彼は住民の流出は十二世紀半ばからすでに始まっていたこと（その原因としては、激化するポーロヴェツの来襲、それとの対立など、三点が挙げられている）、タタールの侵入はそれを促進したに過ぎないことを強調している。ただ興味深いのは、クリュチェフスキーが、十二世紀以降西方へ逃れたドニェプル地方住民の子孫が、その後のリトアニア‐ポーランドの支配期に、ポーランドで農奴制が強化されるにつれて、十五世紀頃から再びドニェプル地方へ戻り始めたと考えていることである。Fr.‐チロフスキーはこれを誤解したと考えられる。しかしこれがポゴージン説と異なるものであることは明らかである。クリュチェフスキーの見解は相当に入り組んでおり、単純ではないが、少なくとも彼は、キエフ地方住民がそっくりそのまま（大規模に）北方へ移住したとか、ましてや十二世紀までのキエフ地方住民がウクライナ人ではなく「大ロシア人」であるなどとはまったく言っていないのである。

以上、フルシェフスキーも批判したように、ポゴージン説が容易に受け入れられるものでないことは、改めて確認するまでもない。しかしだからと言って、キエフ・ルーシがもっぱら現ウクライナ人の直接の祖先によって担われたとか、ウクライナ語が早い段階で独自（独立）の言語となっていたということにはならない。ポゴージン説が否定されたからといって、フルシェフスキーの見解がそのまま承認されるわけでは必ずしもないのである。[25]

Ⅲ

フルシェフスキーのロシア史学批判は、ウクライナ系研究者はもとより、ロシアの一部の歴史家にも影響を与えたと指摘されることがある。[26] 阿部論文はL・ヴィナールやS・ホーラクによりながら、影響を受けたとされる何人かのロシア史家の名をあげ、とくにA・E・プレスニャコフ（一八七〇～一九二九年）とM・K・リュバフスキー（一八六〇～一九三六年）について検討し、影響は限定的であったとする判断に至っている。筆者もこれを妥当な結論であると考える。[27]

ただ筆者は、ロシア史におけるキエフ時代の意味ないし位置についてさらに立ち入った考察の必要性を感じている。そこでリュバフスキーの場合は、リトアニアやその支配下にあったベラルーシが主要な対象となっているので、別の機会に委ね、以下、ここではとくにプレスニャコフに焦点をあてて、そのキエフ・ルーシ観を具体的にみてみたい。彼がフルシェフスキーの問題提起をもっとも真剣に受けとめたロシア史家の一人と考えるからである。

手掛かりとなるのは彼の一九三八年の著書『ロシア史講義』第一巻（『キエフ・ルーシ』）、第一章（「〈ロシア史〉の全体的体系における〈キエフ時代〉の位置」）である。[28]

著者はそこで大要次のような議論を展開する。すでに記したところと重なる部分も多いが、問題の本質がよく捉えられているので、まず要約しておく。[29]

本章の標題は伝統的で、ごく普通にみられるものである。だが実際には特別な説明を必要としている。標題中の、ロシア史の「全体的体系」（obshchaia sistema）自体の再検討が要請されているからである。

P・N・ミリュコフの『ロシア歴史思想の主要潮流』（一八九七年）によれば、この体系の起源は、十五世紀モスクワ知識人の歴史政治的諸著作の中にある。当時の知識人の喫緊の課題はモスクワ国家の成長の理論的な意味づけを行い、これを歴史的に正当化すること、すなわちイヴァン三世らの［西ルーシの地に対する］遠大な要求の聖化［正当化］にあった。彼らは国家を君主の「世襲地」（ヴォッチナ）とみなし、王朝的、系譜的観点をその歴史理論の基盤にすえた。「全ルーシ」の地を民族統一国家に統合するというモスクワ諸公の志向は、知識人らの理論においてリューリク一族の全遺産に対する王朝的世襲領的権利主張によって正当化された。モスクワ大公はキエフの遺産の直接的相続人とみなされ、キエフ・ルーシに対する自己の歴史的権利が宣言されたのである。モスクワ諸公の「キエフシチーナ」［キエフ国家、その遺産］に対する「相続権」要求は強引であり、系譜的観点からいっても不自然である。もっともその主張の要点は系譜的というよりは、政治的なものであった。

すなわち「モスクワとキエフの国家権力の同一性と相続関係の理念」に重点がおかれていたのである。モスクワ知識人は、キエフ大公国をモスクワ皇国（ツァールストヴォ）の前身ととらえ、キエフ時代直後の分領制期を混乱と分裂の時代とみた。後者は諸大公の誤った政策［下級諸公への国土分割譲与など］の結果とされたのである。キエフ時代に始まったロシア国家は［一時的に衰退したが］、モスクワ諸公により再建されたと考えられた。ノヴゴロドやプスコフ、諸分領公国は偶然的存在で悲しむべき異常事態であり、ルーシ領の相当部分のリトアニアによる併合は「不当占拠」とみなされた。キエフの衰退とモスクワの台頭との間の時期にはウラジーミル諸公の活動が強調され、かくてキエフ―ウラジーミル―モスクワの継承関係を主張する伝統的な図式が完成する。

モスクワ時代に創られたこの体系はその後の歴史家によって受け継がれ、今日に至る。その後、ペテルブルク時代が付け加えられ、分領制期［十三〜十四世紀］やスムータ期［十六世紀末〜十七世紀動乱時代］に関する研究も進展し、十七世紀［スムータ後のロマノフ朝草創期］はイヴァン雷帝期［十六世紀］とよりは、より強く十八世紀と関連づけられ、ピョートルの名と結びつく大変革［の始まり］は［十七世紀へと］一世紀分前倒しされるようになった。だがこうした修正も、この体系の有効性を毀損するものではなかった。

このような体系が偶然的、非科学的であることは、西ルーシ、リトアニア－ルーシ国家の研究が活性化している今日では明白である。これまでの「全ルーシ史」において西ルーシ史がいかに少なく、また偶然的付随的な位置しか与えられてこなかったかは、K・N・ベストゥジェフ－リューミンやS・F・プラトーノフの著作を見るならば明らかである。V・O・クリュチェフスキーやP・N・ミリュコフの場合も同様である。

以上の省察は、一連の本質的な問題の提起を促す。すなわち、いわゆるキエフ時代をロシア史の最初の時代と位置づけることは可能なのか、「一つのロシア史」とは、否、そもそも「一つのロシア国民（narod）」とは何なのか、そのような概念は正当性を有しているのか、という問題である。

いうまでもなく、ロシア史の単一［一体］性、またロシア人［国民、民族］（narodnost'）の単一性(30)の問題は新しいものではない。それはすでに十九世紀五〇年代にM・P・ポゴージンとM・A・マクシモーヴィチとの間で、「ロース」（rossy）とは「南方人」（iuzhane）なのか、あるいは「北方人」（severiane）なのかという問題として、さらに古キエフ・ルーシ史はそのいずれに属すのか、ルーシ国家また民族の創建はどちらの功績なのかをめぐって、論争された。

論争は八〇年代にもA・I・ソボレフスキーとウクライナ人研究者［V・B・アントノーヴィチら］との間で繰り広げられた。だがこれについてもっとも鋭く問題提起を行ったのはM・S・フルシェフスキーである。

プレスニャコフは以上のごとく、問題の再検討をもっとも徹底して要求したのがほかならぬフルシェフスキーであることを指摘したうえで、本稿がすでにみたような彼の主張を要約紹介し（一九三八年刊本 S.4-5、一九九三年刊本 S.474-475）、さらに次のように続ける。

「ロシア史」（russkaia istoriia）が「ロシア国民（民族）」の歴史（istoriia russkogo naroda）であるとしても、はたしてそれはいかなる意味をもちうるのか。そもそも「ロシア国民」とは何なのか。一見して単純に思われるこの問いは実は容易に回答しがたい問題である。

以上に言われる「ロシア史」、とりわけ「一つのロシア史」というのは、ロシア（国家）がキエフ時代以来、いわゆる東スラヴ三民族を統合するという意味で一体的であり、キエフ衰退以後はモスクワに継承されて今日に至るとする考え方である。つまりは近代になってそれぞれ独自の国家を形成することとなるウクライナ、ベラルーシの歴史は、ロシア(その歴史はキエフ時代にまで遡及される)のそれとともに、本来一体(不可分)であるとする主張のことと言ってよいが、プレスニャコフはこれが自明のことではないと釘を刺しているのである。そのうえで彼は、もし「ロシア史の単一性」（edinstvo russkoi istorii）が疑われるならば、「ロシア人（~国民、~民族 russkaia narodnost'）の一体性」観念も問題とされて然るべきだと言う。

以上のごとく、プレスニャコフは一見すると伝統的なロシア史の体系を真っ向から否定するがごとき判断に至っている。あたかもフルシェフスキーの主張を全面的に肯定しているかのごとくである。だが彼の思考は実はそう単線的ではない。彼は問題の複雑性を強調した後、とくに、通常曖昧なままに用いられている「国民」や「民族」の語（narod、 narodnost'、natsiia、natsional'nost'、さらに関連するnatsionalizm、narodnichestvo など）を、どう理解するかという問題を提起する。そしてこれらの語が常に時とともに変化していることを指摘した後、自らその時代ごとの意味分析に進む（S.5-9、S.475-479）。ここでその詳細に立ち入ることはしないが、こうした予備的考察を経たうえで彼が到達した以下のごとき結論は、先述したそれとはまったく異なる印象を与える。

> 「ロシア国民」の単一性を全体として肯定したり、否定したりすることは非科学的また無批判的である。
> 歴史的現実においては、十一～十二世紀までの時期と十七～十九世紀の時期は、ロシア国民ないし民族（narod ili narodnost'）の両分岐［大ロシア（人）とウクライナ（人）］の歴史に同程度に密接に関連しており、両者を分断［一方を排除］することは学術研究の完全性と正当性を著しく傷つけることになる。とりわけ十七～十九世紀に関しては、これを［分断せずに一体的に考えるべきであるが、ただそれを］大ロシア人の国家・文化と呼ぶならば、それは正しいとはいえない。大ロシア人的要素が主であったとはいえ、ウクライナ民族の多大な貢献を軽視することはできないからである。一方、十四～十六世紀に関しては、双方はまったく異なる条件下で発展しており、これを単一のロシアと呼ぶことは不適切である。以上のことから、「ロシア国民」の単一性［ないし単一のロシア国民の観念］は破棄されるべきではない。キエフ時代は「南ルーシのではなく、全ルーシ史の序幕」(prolog ne iuzhnorusskoi, a obshcherusskoi istorii）である。その後西ルーシと北東ルーシの歴史は「二つの自立的で、同等の権利を有する並行的部分」として発展する（S.9-10、S.480-481）。

すなわちプレスニャコフはここに至って、キエフ時代がウクライナにとっては言うまでもなく、モスクワ（そして現ロシア）にとっても「同程度」に重要であることを確認しているのである。彼は十四～十六世紀については留保しつつも、それを除く全期間において、ロシア、ウクライナ両国民（民族）は一体的であったとみなし、「単一のロシア国民」観念は維持されるべきだと主張する。たしかに留保された十四〜十六世紀に関し、ロシア、ウクライナを「二つの自立的、同等の権利を有する」両部分と表現したことは軽視されるべきではない。また十七〜十九世紀に関しても、一体的であることを前提としながら、それを「大ロシア」国家と名づけることは拒否する。しかし全体としては、伝統的「体系」を再確認するという姿勢の方が勝っている。阿部論文も正しく指摘したように、ソヴィエトの異色の中世史家I・Ia・フロヤーノフが、プレスニャコフの『講義』第一巻第一章を念頭におきながら、彼について「モスクワ・ルーシをキエフ・ルーシから、また大ロシア民族（ナロードノスチ）を古ルーシ（のそれ）から断ち切ろうとする試みに断固反対した」歴史家の一人と評したのも、説明不十分であるとはいえ、あながち間違いではなかったのである。[31]

したがってプレスニャコフが、キエフ時代をウクライナ史のみの古代と主張したフルシェフスキーに反対していることは明らかである。ただ彼の見解が以上に尽きると考えるならば、それもまた正しくない。

彼は、既述のとおり、そもそも「ロシア国民」の概念自体が問題であると指摘した後、やや唐突に、P・N・ミリュコフ（一八五九〜一九四三年）の大著『ロシア文化史概説』[32]に言及し、議論をさらに展開している。

ミリュコフは一九一七年の二月革命後の臨時政府において外相を務めたことでも知られる著名な歴史家であるが、実は、「空前の好評を博して版を重ねた」[33]と言われる本書において、「キエフ・ルーシ」にそれとしてはまったく触れることがなかった。にもかかわらずプレスニャコフが、「キエフ・ルーシ」を主題とする本章（第一章）でこれを取り上げた理由は、おそらくは、ミリュコフが一見するとロシア史学の伝統的「体系」を否定するがごとき、ある意味フルシェフスキーに類似のロシア史観を披露したからだと思われる。すなわちミリュコフが真にそのように考えていたのか、つまり彼が「ロシア史学」の伝統に反対したのかどうかを確認しようとしたと推測される。はたしてミリュコフはなぜ、その『文化史概説』においてキエフ・ルーシ時代を除外したのであろうか。

プレスニャコフによれば、その理由は以下のとおりであった。

すなわちミリュコフは本書において、ロシアの一貫した文化史を構想しながら、モスクワ国家がロシア全土をある程度まとめ上げる前の七百年間、すなわち九世紀から十六世紀に至る時期を、考慮に入れる必要はないと考えた。モスクワ国家形成以前の東スラヴ人社会は十分に発達しておらず（その「初歩性」elemental'nost' の指摘）、ある意味、前史に留まると考えた。キエフ・ルーシ自体が国家以前の、未成熟の地方的社会とみなされた。それゆえミリュコフの考えでは、ロシア史はキエフ時代なしに構想することが可能であった。キエフとモスクワとの間には確たる関連性、継続性はないとされたのである。

そもそもこの『文化史概説』は、クロノロジカルな、つまり時代順に歴史を通観するという構成をしていなかった。第一部「住民、経済・国家・社会体制」、第二部「教会、学校」、第三部「民族主義、社会思想」と大きく三分され、部門別に編成されていたのである。もちろん各部門においてはそれぞれのテーマについて過去から現在までの流れをたどるという方法がとられていたが、それにもかかわらず、キエフ・ルーシがほとんど顧みられることのなかったのは、著者の上記のような考え方に起因すると推測される。

プレスニャコフのミリュコフ理解は興味深いが、やや矛盾する部分をも抱えているようにみえる。

彼は一方では、ミリュコフが「ロシア史の構図の伝統的一体性」を破壊したと考えている（S.4、S.474）。すなわち、「ミリュコフ学派においては、言葉の本来の意味におけるロシア史は、本質的にキエフ時代なしに構築することが可能である。キエフ時代とその後の時代の間の進化的関連性［継続性］は……断ち切られている。」「南方で相当の成功を収めたロシア国民（russkaia narodnost'）は、北方ではその歴史のすべてを最初から始めなければならなかった」というのである（傍線は栗生沢）。そしてミリュコフはこの点で孤立していたわけではないとして、モスクワ大学教授のV・N・ストロージェフ（一八六六～一九二四年）の例にも言及している。確かに後者も「わが国の歴史の最古の時代であるドニェプル・ルーシは、それに続く本来のロシアの歴史から、時間的だけでなく現実的にも、きわめて遠く離れている……ドニェプル・ルーシと北東ルーシは二つのまったく異なる歴史的現実である。」「ロシア国民の二つの異なる部分［大ロシア人とウクライナ人］が、二つのルーシの歴史を異なった形で創りあげた」などと記していた（S.3-4、S.474による）。

プレスニャコフは、このようにミリュコフが伝統的「構図」を放棄したかのように記す一方で、後者が伝統的構図から最初の時代［キエフ］を切り離したとしても、それにより「構図が簡素化されはしたが、原則的に改変されたわけでない」とも書いている（同頁）。つまりプレスニャコフは結論としては、ミリュコフを伝統的「体系」に対する反対者とは見ていないのである。

はたしてどのように理解すべきなのであろうか。本稿筆者のみるところ、ミリュコフは、自著においてキエフ時代を除外してはいるものの、それがロシア史の最古の時代であることを否定したわけではなかった。彼がキエフ時代の「初歩性」に言及しつつも、それをある程度評価していることもまた事実であるからである。それは上記引用の傍線強調部（「南方で成功を収めた」）がよく示している。それゆえ彼がキエフ時代をロシア史の最初の時代とみていなかったと考えるわけにはいかない。換言するならば、彼は伝統的図式を前提としたうえで、自分の「文化史」ではそれを除外可能と考えたのである。こうした見解の背後には、彼がとくにロシアの「国家」理論の解明に主要な関心を抱いていたことがある。彼がモスクワ時代以降の展開に集中した理由はそこにあった。彼の『文化史概説』はそのような内容をもつものであった。先に見たとおり、すでにS・M・ソロヴィヨフが（N・M・カラムジンとは異なって）モスクワ以前のロシアを［国家以前の］氏族制社会ととらえ、ロシアが国家的諸関係の時代に入ったのはモスクワ台頭後のことと見ていたが（それでも彼の場合は「キエフ時代」を無視したわけではなかった）、ミリュコフもそうした観点（ソロヴィヨフを創始者の一人とするいわゆる「国家学派」の立場である）を受け継いでいるのである。彼の『文化史概説』が「国家学派」的ロシア史観を広く普及させた著作と評されるのも十分な理由があるのであった[34]。

プレスニャコフは、ミリュコフがその『文化史概説』からキエフ・ルーシを除外した点において、ウクライナ史家らと相通ずる点を有していたと考える一方で、基本的には伝統的なロシア史家とみなしていたことになる。

議論がやや錯綜した。以下にプレスニャコフの「キエフ・ルーシ」論をまとめておこう。

第一に、彼は基本的にはロシア史学の伝統的「体系」を確認している。すなわち、彼はキエフ時代（九～十二世紀）と十七世紀以降に関して、ロシアとウクライナの歴史は一体的であると考えている。留保されるべきは、西ルーシがリトアニア‐ポーランド支配下に服した十四～十六世紀に関してである。そこでは一体性は主張できないとする。

第二に、これと重なるが、キエフ・ルーシを「全ロシア史」の序幕と考える点でも、伝統的「体系」は維持されている。これら二点はフルシェフスキーなどウクライナ史学に対する反論となっている。プレスニャコフはフルシェフスキーを高く評価したが、それは後者が優れた歴史家であるだけでなく、とくに西ルーシの重要性についてロシア史家の目を開かせたと考えたからでもあろう。

第三に、彼はキエフ時代とウラジーミル‐モスクワ時代とを切り離すことに反対している（これもフルシェフスキーへの反論となっている）。自著でキエフ・ルーシを除外したミリュコフについても、彼（ミリュコフ）がキエフ・ルーシ（後の小ロシア、ウクライナ）のロシアへの帰属を否定していないという理由で、ロシア史学の枠内に留まっていると判断している。プレスニャコフのミリュコフへの批判は、後者がキエフ・ルーシ社会の発展水準を過小評価していることに関係する。この点はミリュコフが国家学派（ソロヴィヨフら）に追随した誤りと考えている。

第四に、全体として、プレスニャコフは当時のロシア（および初期ソヴィエト）史学界の動向に誠実に対応したと言える。結局は拒絶することとなるウクライナ史家の主張に対し彼が正面から向き合った点はとくに重要である。彼はフルシェフスキーの呼びかけに呼応するかのように、キエフ・ルーシやその後の西ルーシ地方の歴史に対する研究を怠らず、大きな業績を上げた（『講義』第一、第二巻）。両民族（とその歴史）の一体的把握の必要性の主張は、当時としては進歩的であった。初期ソヴィエト史家の多くも主張した立場を彼はいち早く表明したとみることができる。ただその後の事態の推移は彼にとってはおそらく予想外であった。排外主義的、ロシア中心主義的な傾向が強まり、三民族の「一体性」が実質的に大ロシアによるウクライナ、ベラルーシ支配へと変質していったことは、彼にとっては許容しがたいものであったと推測される。

最後に付言しておきたいのは、彼が本書第一章を後に削除した（本章注28参照）理由についてである。筆者の見るところでは、「キエフ・ルーシ」をロシア史の起点として重視していた彼は、当時の歴史学界の動向に正面から向き合う中で、フルシェフスキーやミリュコフに大きな注意を払ったが、結局はロシア史から「キエフ・ルーシ」を切り離す両者の立場に同意することができず、初版第一章は自身の講義に適合しないと判断したように思われる。もともとこの章の論述には明晰性に欠けるところがあった。フルシェフスキーはもとより、ミリュコフの取り扱い方に苦労したことがその背景にあったと考えられる。削除されるのもやむを得なかったのである。

Ⅳ

以上に、ロシア史学の伝統的「体系」がM・フルシェフスキーらの批判にもかかわらず、大きく揺らぐことのなかったことが示された。最後に、この意味するところについて考え、本章の結びとしたい。

ロシアの多くの人々が（いまとなってはスラヴ系、ないし正教会系の人々と限定すべきかもしれない）、今日に至るも自らの信仰と精神、文化と知的伝統の根源をキエフ時代にみていることは否定できない事実と言ってよい。「古代ロシア文学」と言えば、キエフ時代の諸作品から始められるのが原則ないし伝統であったことにそのことはよく表れている。彼らは自らの歴史をキエフ時代に始まると長い間考えてきたのである。ロシア国民のこうした共通の認識の形成に、十九世紀後半以降の国家当局による強力な教育（思想）統制の果たした役割はもちろん大きいが、それだけでは説明できない。本稿で示した通り、こうした認識はモスクワ時代からの長い伝統を背景に有しているからである。それが近代ロシア帝国の成立とともに、ロシア人（最初は知識人）の間で自然な感覚になっていたという側面がある。したがってこれはロシア人が自らのアイデンティティをどこに求めているかという問題でもある。他者がこれを否定することもまた乱暴と言うべきであろう。

問題をより具体的に考えてみよう。ロシア史学がキエフ・ルーシを「全ロシア史」の古代と捉え、そこに東スラヴ三民族（国民）の歴史をすべて包摂し、三者一体の（しかも「ロシア」主導の下の）この体制が現在に至るまで一貫して続くと主張したことが、問題の核心であった。[35] 東スラヴ諸族はすでに古代において統一体を形成しており、それを構成する三民族が個々の自立的存在として歩み始めるのはその後のことであり、そうなった際にも一体性が揺らぐことはなかったと認識されたのである。この統一的主体はキエフ時代に関しては通常「古代ロシア民族」(drevnerusskaia narodnost')と呼ばれ（本来ならば「古ルーシ民族」とされるべきところであるが、これをロシア人は「古代ロシア～」と認識した）、[36] 後に（十四～十五世紀頃）個々の国民（民族）へと分岐していったとされた（こちらは velikorusskaia narodnost'、また ukrainskaia～、belarusskaia～などと記された）。

問題をいっそう深刻にしたのは、三民族（国民）統一体を、そのまま一つの「ロシア大民族」(bol'shaia russkaia natsiia）とみるような観点である（「大ロシア人」ではなく、「ロシア大民族（国民）」である）。この表現は、本書付録に採録した「プーチン論文」でも用いられているが、[37] ロシアの研究者A・I・ミレルによれば、十九世紀ロシア帝国ではこのように表現できるような思想（構想）が国家形成の基盤に据えられていたのである。[38] 確かに、語そのものは異なっても、考え方としてはロシア史学で一般的な「全ロシア的」（obshcherusskii）という語が、それと同じことを表現しているとみることができる。ミレルの著書の英訳者は「ロシア大民族」の語を“big Russian nation” or “All-Russian nation”と翻訳している。「ロシア大民族」と「全ロシア民族」は同じ意味をもつと解釈しているのである。[39]「ロシア大民族」はすなわち「大ロシア人」であり、そこにウクライナ人もベラルーシ人も包摂されるという、今となっては驚くべき観点と言ってよいが、これが欧米や我が国の歴史家の間でも広く受け入れられてきたのである。ウクライナやベラルーシを特別な研究対象とする者がきわめて少なかったこともうなずける。

おそらくフルシェフスキーらがもっとも深刻な懸念を抱いたのはまさしくこのような観点に対してであった。古来東ヨーロッパ平原に存在したのは「ロシア人」の名で呼ばれうる大民族にほかならなかったとする観点を、今日のウクライナ人やベラルーシ人が喜んで受け入れるとは到底考えられないであろう。

実際、研究者の立場からみても、これは首肯しがたいところである。

この観点では、ルーシ（キエフ）国家（仮にその建国を『原初』に従って九世紀のことと考えておこう）のもつ統合力（「統一性」）が過大に評価されているからである。しかるにこの国家は今日の水準からみれば、あらゆる点からみてきわめて緩やかな統一体に過ぎなかった。これは説明する必要もないほどに明瞭な事実である。この緩やかな政治組織に包摂されたと称されるスラヴ諸族（その他非スラヴ諸族も数多くあった）が言語、宗教、文化的に一体的、均質であったなどとはほとんど考えられない。ある程度の共通性については想定しえたとしても、それが後の民族主義の時代に想定されるような共同性や一体性と同じものでないことは明白である。単一の「ロシア大民族」はウクライナ人やベラルーシ人のみならず、その他の諸民族の成員にとっても、排他的、抑圧的な観点以外の何物でもないのである。[40]

一方、これほどに自民族（自国）中心主義的な観点が、何ゆえかくも長期にわたって維持されてきたのかについても考えておくべきであろう。ロシアが「大国」として他を支配し、圧倒するような存在であったことがその背景にあることは言うまでもない。独自の（自前の）国家を持てないような「民族」は、「大国」（大民族）の一員となることでしかその存在を維持できないと考えられたこともちろんあろう。ただしロシア史学の問題はそれ自体として考察する必要があろう。

伝統的「体系」がきわめて強固であったことを理解するうえで重要なのは、十四〜十五世紀以降急成長を遂げたモスクワ国家による西方への進出（西部ルーシの併合）であり、それを正当化するモスクワ知識人らの理論活動であったことはすでに述べた。それが具体的にどのようなものであったかは特別の課題となるが（本書でも後に第二章第二節でいささかふれることになる。ただ著者は以前この点に若干ふれたこともあるので、さしあたりはそちらを参照されたい[41]）、ここではさらにその後の後期モスクワ時代（十七世紀）の状況に注目しておきたい。

この時ウクライナ東部がロシア帝国に「統合（併合）」されたという事実が、言うまでもなく決定的に重要になってくる。コサックのヘトマン・フメリニツキーの対ポーランド反乱の最中の一六五四年、キエフとドニェプル左岸地域（左岸ウクライナ）がツァーリの庇護下に入ることとなった（ペレヤスラフ協定）。この協定をどう理解するかはロシア、ウクライナ間、また歴史家の間でも大きく異なっており、立ち入った検討が要請されているが、これについていまは措いておく[42]。

ここで問題としたいのは次のことである。ペレヤスラフ協定締結から二十年後の一六七四年頃、キエフで『シノプシス（梗概）』と題される書物が出版された[43]。この書は、副題にも示されているように[44]、さまざまな年代記に依拠しつつ、最初の君主、キエフ公聖ウラジーミルの時代から、アレクセイ・ミハーイロヴィチ帝（在位一六四五〜一六七六年）治世に至るまでのスラヴ・ロシア国民（slaveno-rossiiskii narod）の歴史をたどっている。それはキエフ・ルーシの国家的、宗教的伝統を共有する「大ロシア」と「小ロシア」が、一体的存在であることを強調する。そしてルーシ公（リューリク諸公）の所在地がキエフからクリャジマ河畔のウラジーミルへ、そして最後にはモスクワへ移ったこと、正教会府主教の座所も、キエフがリトアニア支配下におかれて以降モスクワへ遷座したことを主張し、キエフが十七世紀に正教徒の「専制君主」（アレクセイ帝）の庇護下におかれたことは、望ましい出来事であったと評価するのである（『シノプシス』の著者は、アレクセイ帝がリューリク朝ではなく、ロマノフ新王朝の皇帝であったこと、すなわち王朝の交代があったことについては言及せず、つまり問題としていない）。すなわち、現ウクライナの地で書かれ、近代における「東スラヴ」最初の通史と呼ばれることとなるこの書物は、驚くべきことに、今日のロシア史学の基本的主張を先取りするような歴史観をすでに十七世紀後半に表明していたのである。その意味で、先に見たフルシェフスキーのロシア史学に向けられた批判は、まさに同郷の匿名の著者による『シノプシス』にも向けられていたことになる。

『シノプシス』にはおそらく実際的な目的もあった。一つにはモスクワのツァーリに対し、ポーランド支配下のドニェプル右岸地域の正教徒をカトリックの抑圧から解放する戦いを継続するよう呼びかけることであり、第二には左岸地域へトマン国家の上層エリート層をロシア帝国貴族社会に速やかに受け入れるようツァーリに要望することであった。著者の、いわば親モスクワ的な立場は、そうした目的から要請されたものであった。その目論見が功を奏したかどうかはともかくとして、ウクライナ人の一人の知識人がこの時期に後の大ロシア人とほとんど同様の見解を抱いていたことは驚くべきことであった。さらに注目されるのは、ロシア人との一体性を主張する初期ウクライナ人の著作が、その後しばらくの間ロシアでも広く普及したことである。上記ミレルによれば、この書は十八世紀半ばまで（つまりタチーシチェフやカラムジンの通史が現れるまで）、ほかならぬロシアにおいても唯一の歴史教科書であったという。[45] そしてそれは広く受け入れられた。すなわち十九世紀中葉までおよそ三十版を重ね、それでも足りずに繰返し筆写されたという。タチーシチェフは自らが本書（キエフとサンクト・ペテルブルクでの刊本）を三、四冊（部）所有していると記している。[46] ミリュコフによれば、「『シノプシス』の精神は十八世紀においてもわが歴史学の根幹を

なしていたし、読者の趣味と関心を規定し、大半の研究者にとっての［ロシア史の］出発点となった」と記している。(47)

要するに、近代ロシア史学の伝統的「体系」がかくも強固であった理由の一つに、その初期の段階（十七世紀半ばから十九世紀中頃まで）においては、「ウクライナ人」（当時のもっとも普及した用語では「小ロシア人」）の間においてすら自らをロシアと一体化するような感覚が顕著に認められたこと、つまりロシアに対する「反感」はいまだみられず、むしろ庇護（いうまでもなく、主にポーランドの抑圧からの解放）を求めての「親近感」の方が強かったことがあるように思われる。換言するならば、ロシア史学の伝統は、ウクライナ民族主義が強まる十九世紀後半までは、ある意味ロシアのみならずウクライナにおいても広く自然なものと考えられていたものの延長線上にあったのである。

それだけに十九世紀後半以降の急激な状況変化が決定的な意味をもつことになるが、それについては後に立ち戻りたい。ここでは、こうした激変がロシア史学の伝統的な「体系」の排他性を強化する方向に作用したことを指摘しておくにとどめたい。

第二章　キエフ・ルーシの「遺産」問題（二）

――J・ペレンスキの研究をめぐるノート――

I

「キエフ・ルーシ」の「遺産」を受け継ぐのはどの国（ないし民族）なのか、その歴史はどの国に属すべきかという問いが「問題」として認識され始めたのは近代（十七〜十八世紀）になってからと考えられるが[1]、それ以来この問題は、ロシアとウクライナの歴史に関わる多くの知識人、歴史家により論じられてきた。その一端はすでに本書第一章においても見たが、ここではこの問題に集中的に取り組んだアイオワ大学教授、J・ペレンスキの研究をとくに取り上げてみたい。彼はウクライナ系の両親より一九二九年にワルシャワで生まれた。彼の家族は一九四四年夏のワルシャワ蜂起直前にポーランドを離れたと伝えられる。戦後ドイツで高等教育を受け、アメリカに移住したのは一九五七年で、一九六八年コロンビア大学で博士号を取得、一九六七年よりアイオワ大学で教鞭をとり、現在（本稿執筆時点）その名誉教授である。

ペレンスキが「遺産」問題について最初の論考を発表したのは一九六七年のことであったが、それ以来一九九三年に至るまでの四半世紀余りにわたって計十一編（下記論文集付録に収録された一篇を含むと計十二編）の論文を公にしている。それらは一九九八年に一書にまとめられ刊行された。Pelenski J. The Contest for the Legacy of Kievan Rus'. N.Y., 1998 である。以下にその目次を記しておく（なお各章の表題中の（　）は原文、［　］は本稿筆者の補記、論文名に続く［　］内の数字はその初出年を表す。最初の掲載誌に関する情報などは、同書の p.vii-viii (Permissions) を見られたい）。

以上のうち、最初に発表された論考（第十章）はモスクワ国家のカザン・カン国併合（一五五二年）がどのようなイデオロギー的基盤に基づいてなされたのかをテーマとしているが、(2) モスクワの「帝国」イデオロギーへのこの関心が著者をキエフ・ルーシの「遺産」問題に向かわせるきっかけとなったと推測される。

本書では各論考は発表年順にではなく、対象とする時期（時代）順に並べられている。

著者はキエフ・ルーシの合法的相続人がどの国（民族）であるかの「競争」（ないし論争）はすでにキエフ時代に始まり、それが今日に至るまで続くと考えている。本稿筆者は、すでに記したように（注1）、「遺産」をめぐる「競争」が始まったのは近代歴史学の誕生以降のこととみた方がよいと考えているが（それ以前の年代記作者などの当事者は、自らの立場の合理化、正当化を図ったのであって、相互にイデオロギー論争を戦わせたわけでは必ずしもなかった）、その点はひとまず措いておき、まずは著者の研究内容を以下に追ってみたい。

第一章は研究史的考察を含む問題全体に対する序章と考えることができるが、これとそれに続く二つの章（第二、第三章）は「競争」の第一段階（十一世紀後半〜十三世紀後半）に焦点をあてている。第四章から第七章までの四章はモスクワ国家と正教会による遺産要求の始まりとその展開を扱う。第八章はリトアニアとオルダー（キプチャク・カン国）の、第九章はポーランドの旧キエフ・ルーシ領に対する支配権要求を取り上げる。第十章と付録はモスクワ国家のカザン支配を正当化するイデオロギーについて、そのキエフの遺産への要求と関連づけながら論じる。そして初期ロシア史学とウクライナ史学間の論争を扱う第十一章が本書全体の結論部と考えることができる。

筆者は問題をとくにロシアとウクライナの関係に限定して論じたいと考えているので、以上のうち第八〜十章、および付録論文はここでとくに考慮することはしない。(3) それゆえ以下では、まず第一〜第三章を、次いで第四〜第七章、最後に第十一章と大きく三分して考察し、最後にこの問題とそれに対するペレンスキの見解についての筆者の判断を示すこととしたい。

II

まず「競争」の第一段階（十一世紀後半〜十三世紀後半）である。

第一章は帝政ロシア、ウクライナ、ソヴィエト史学のこの問題をめぐるそれぞれの立場について概観した後、(4) 第一段階の全体的状況を展望し、それをうけて第二、第三章でとくにウラジーミル大公アンドレイ・ボゴリュープスキー（在位一一四七〜一一七四年）の「遺産」要求と彼の宗教・教会政策について論じる。

遺産をめぐる争いは、キエフ国家の「衰退」が始まるとともに、最初は次の四者間で繰り広げられた。すなわち、チェルニゴフ（チェルニヒウ）、スーズダリ‐ウラジーミル、スモレンスク、ガーリチ（ハーリチ）‐ヴォルィニ各公国の諸公が「キエフ大公位」をめぐって争ったという。そこからまずチェルニゴフが、次いでスモレンスクが脱落し、争いはスーズダリとガーリチの二者間に集約されてゆく。大公位をめぐる争いは、一一六九年のアンドレイ・ボゴリュープスキーのウラジーミル公国軍（アンドレイの子ムスチスラフが率いた）によるキエフ攻略（占領と破壊）

後も続くが、この攻略を機に、諸公が実際にはキエフに移り住まず、自領地に留まり、そこを拠点として全ルーシに号令を発する傾向が定着する。一方、「遺産」争いは、やがて教会中心地（キエフ府主教座所在地）をめぐっても繰り広げられることになる。府主教自身が荒廃化しつつあったキエフを離れ、北方の進境著しいウラジーミルを目指すこととなったのである。この動きはやがて西部ルーシ（ガーリチ－ヴォルィニ）にこれとは別の独自の府主教座を設立する動きを誘発し、ルーシ正教会は分裂の危機にさらされる。

著者はウラジーミル－スーズダリおよびガーリチ－ヴォルィニ諸公それぞれの「キエフの遺産」要求について具体的に検討した後、両者の主張の性格を次のように対比させている。

すなわち前者は、ウラジーミル軍のキエフ破壊にはっきりと示されているように、キエフに対する敬意を欠いていた。北方の諸公はクリャジマ河畔のウラジーミルをキエフに取って代わる新たな中心地と考えていた。他方ガーリチ諸公には、キエフの価値を低めそれに取って代わろうとする志向はなく、あくまでもキエフの遺産に敬意を払いつつ引き継ごうと考えていたとする。著者は遺産請求問題については後者に理があると考えているのである。

著者によれば、そもそもキエフ・ルーシを一体的政体（polity）と捉えることは正しくなく、各地方は最初から異なる自立的存在であったという。キエフ・ルーシに一体的観念や連帯感を想定することは誤りだというのである。ガーリチとウラジーミルは「異なった文明［環境］にあり」、「異なった商業圏」を構成していた。両者の違いは十三世紀四〇年代に侵入したモンゴルに対する態度においても明瞭に表れていた。ウラジーミル大公国はモンゴル支配に従順、融和的で、これに対しガーリチ諸公はそれに抵抗する姿勢を強く見せたという。そして最後に、もし宗教と王朝的継続性に重点を置いて考えるならば、ウラジーミル－スーズダリ側に遺産を相続するより大きな権利が認められ、他方で領土的・エトノス的継続性、社会・制度的伝統を重視するならば、ガーリチ－ヴォルィニにより有利な判断が下されると結論づけている。

第二章はアンドレイ・ボゴリューブスキー公の遺産相続権主張を、宗教的・教会的側面に焦点を合わせて論じる。具体的には次の八点が問題とされる。

（一）ビザンツ起源の由緒ある聖母イコン（後に「ウラジーミルの聖母のイコン」と呼ばれる）のウラジーミルの地への移送。

（二）ウラジーミルにおける野心的教会建築事業（ウラジーミルの聖母就寝ウスペンスカヤ教会などの建立）。同地をルーシの宗教的中心地としようとする試み。

（三）アンドレイ公自身の宗教的イデオロギー（いわゆる「ボゴリューブスキー作品群」の分析）

（四）ウラジーミル府主教座設立の試み

（五）一一六九年のウラジーミル公国軍によるキエフ攻略

（六）府主教候補者フェオドルの断罪と処刑

（七）二度目のキエフ攻略の試み（一一七三年）

（八）「アンドレイ公殺害物語」の『キエフ年代記』への採録の意味

以上の検討の結果、アンドレイ公にはキエフに代わりウラジーミルの地をルーシ教会の中心地としようとする野望があったが、新府主教座創設の試みがコンスタンティノープル総主教の断固たる拒絶にあっただけでなく、自らも反対派の手で暗殺されるなどして、結局は頓挫したことが明らかにされる。

著者ペレンスキはアンドレイ公の以上のごとき野望をもっともよく表現するものとして、一一六九年のキエフ攻略を重視する。第三章はとくにこの件について論じる。

著者は最初に、南北両ルーシの立場を代表するとみてよい『キエフ年代記』と『スーズダリ‐ウラジーミル年代記』の記述を対比的に論じる。(5)「攻略」をめぐる双方の記述は、言うまでもなく基本的には類似している。ただし大きく異なる点もある。なによりも描写は前者の方がはるかに詳細である。攻略の厳密な日時（三月八日、水曜日）が記されているほか、破壊略奪された、あるいはそれを免れた教会・修道院等が列挙され（前者が聖ソフィヤ、デシャチンナヤ教会であり、後者がペチェールスキー修道院である）、攻撃軍の編成も明らかにされている（スモレンスク、スーズダリ、チェルニゴフなどの諸公軍から構成されていた、またベレンデイ、トルク族などのステップ諸族も加わっていたなど）。こうした記述は後者の年代記にはない。

攻略をどう見るかという点においても違いは際立っている。前者はキエフを襲った不幸を嘆き、首都とその住民に対し同情的である。後者は事実を手短に淡々と記すだけでなく、これをあたかも敵地に対する攻撃とみて、破壊略奪も当然と考えているかのごとき印象を与える。ただし「前代未聞」の出来事とする認識はもっている。前者はあくまでもキエフとキエフの地の側から見ているが、後者の視点は明らかに外部にある。こちらでは勢威を失ってしまったキエフは進境著しいウラジーミル‐スーズダリ国に従属すべきであるとするかのごとき論調が支配的である。アンドレイ公の野心的姿勢が表明されているともいえる。父のユーリー・ドルゴルーキー公と異なり、アンドレイ公にはもはや大公としてキエフに座す意図はない。彼にはウラジーミルを新たな首都、少なくとも宗教的中心地としようとする意志が強くみられる。新たな教会の建立に力を注ぎ（ウラジーミルの名高い首座聖堂聖母就寝ウスペンスカヤ教会やネルリ河畔のポクロフ教会などの建立はこの時のことである）、ウラジーミルを新たな府主教座所在地にしようとする。しかしこの試みはコンスタンティノープル総主教ルカス・クリュソベルゲスの断固たる拒否にあう（一一六八年頃）。ウラジーミル公国軍によるキエフの徹底的破壊は、キエフの遺産相続を目指すのではなく、ウラジーミルをそれに代わる新たな中心地に祭り上げようという決意の表明と理解すべきである。それゆえ後のモスクワ知識人（年代記作者、著述家ら）が、キエフとモスクワ両時代の継続性を主張したとみるのは正確ではない。モスクワはキエフの遺産を要求するが、むしろ「キエフと断絶し、それをウラジーミルに従属させ、歴史の記憶から除去しようと」したのである。その限りにおいて、遺産相続人としては不適格である。

Ⅲ

第四〜第七章はモスクワの国家と正教会によるキエフの遺産に対する要求について検討される。モスクワによる遺産要求は、世俗権力側のそれに先立って、まずは教会の側からなされた。第四章はその「起源」の問題にあてられている。著者によると、モスクワ正教会による主張は次の四点にまとめることができる。

第一は、「キエフと全ルーシの府主教座」のモスクワへの遷移である。ルーシ府主教の北方への傾斜はすでにウラジーミル大公と密接な関係を取り結んだ府主教キリル（在位一二四二〜一二八一年）においてみられたが、次のマクシム（一二八三〜一三〇五年）は「タタールの抑圧に耐えかねて」キエフを去ったと『スーズダリ年代記』に記され、続くピョートル（一三〇八〜一三二六年）の代になって最終的にモスクワが府主教の座所となったとされる。

第二に、「キエフと全ルーシの府主教」はこのようにその居所を実質的に北方（ウラジーミル‐モスクワ）へ移すこととなったが、府主教座の正式の所在地をめぐり諸勢力間に争奪戦が起きる。言うまでもなく、この戦いを有利に進めたのはウラジーミル‐モスクワであったが、これに対してガーリチ‐ヴォルィニ公国、やがてリトアニア‐ルテニア（そしてそのポーランドとの合同国家、ジェチ・ポスポリータ）が挑戦してきたのである。後二者はそれぞれに独自の府主教座の設立を図り、時に一時的ながら成功を収める。ガーリチ府主教座の場合――最初は一三〇三年、その後廃止されるが、一三七一年に復活する。この場合モスクワのそれと異なり、「全ルーシ」に対する主張は希薄であった、あるいはほとんど見られなかった。リトアニア府主教座の場合は、一三〇〇年あるいは一三一五〜一三一九年に設立された。当初部分的要求であったが、アルギルダス大公（一三四五〜一三七七年）以降、要求は時に「全ルーシ」へと拡大された。もっとも全体を通してみると、ルーシ教会の分裂を望まぬコンスタンティノープル総主教庁の方針（必ずしも一貫していたわけではなかったが）もあって、ルーシ教会は基本的にはモスクワの下に統一されていた。モスクワはこの状況のなかで総主教庁に何らかの形で（おそらく府主教自身が）働きかけを強めたと考えられる。ただし争いは続き、最終的には一四五八年にリトアニア大公国に合同派の「キエフ府主教座」が設立されるに至って、ルーシ正教会は分裂することとなった。(6)

第三に、モスクワ正教会は三人の府主教、ピョートル、アレクシー（一三五四〜一三七八年）、ヨナ（一四四八〜一四六一年）の列聖に努めた。これらはモスクワ大公権に接近し、同大公国の発展を強力に支持した府主教であった。モスクワはこれにより全ルーシ教会の統一の象徴であるキエフ府主教座の遺産相続権を主張しつつ、聖俗両権の緊密な関係を構築し、正教会はモスクワ的専制の精神的支柱となった。

第四は、初期モスクワ系年代記におけるキエフからスーズダリ＝ウラジーミルを経てモスクワに至る連続性理念の芽生えである。とくにキプリアン府主教（一三八〇〜一四〇六年）官房で編まれた『トロイツカヤ年代記』にこうした理念が萌芽的にみられると指摘される。この年代記の原本は一八一二年（ナポレオン軍侵入時）のモスクワ大火の際に失われ、今日ではM・D・プリショールコフによる復元版で伝わるが、冒頭に『過ぎし年月の物語』を置き、それに続きウラジーミル＝スーズダリ史料を配置している。モスクワがキエフ・ルーシの直系の継承者であるとする立場を鮮明にしたのである。それはいまだモスクワ大公権による全ルーシへの大胆な覇権要求とまではいえず、控えめなものに留まってはいるが、やがて十六世紀になって『ヴォスクレセンスカヤ』、『ニコン』、『スチェペーンナヤ』などの諸年代記によって全面的に展開されることになる。

モスクワ正教会による「遺産」要求は以上のごとくに行われたが、俗権の側は、いつどのようにして「遺産」請求の声を上げたのであろうか。第五章はこの問題にあてられる。

著者によると、ソヴィエト中世文学の権威D・S・リハチョフは、ロシア人の民族意識が最初の昂揚期を迎えた十四世紀末から十五世紀初頭がその時期であったと考えたが、それは正確ではない。著者の考えでは、このような要求が最初に表明されたのは、やや遅く十五世紀中頃、とりわけ『ドミトリー・ドンスコイ伝』（以下『伝』と略記）においてであった。

『伝』の原初（簡略）版は『ソフィヤ第一年代記』や『ノヴゴロド第四年代記』の一三八九年の項にみられるが、『伝』がそれらの年代記に取り込まれたのは一四五〇年代中頃であった[7]。モスクワ公がキエフ諸公の後継者であるとする見方は、『伝』において初めて直接的に表明された。そこにはモスクワ大公ドミトリーが「ツァーリ・ヴォロディメル」すなわちウラジーミル聖公の子孫であるとする主張がみられ、「奇跡行使者、（聖）ボリス・グレープの親族」であるとする認識も示されている。著者によれば、初期のモスクワの立場を表明した年代記『トロイツカヤ』や『シメオーノフ』では、ドミトリーの祖先はウラジーミル大公ヤロスラフ・フセヴォロドヴィチ（在位一二三八～四六年）までしか遡及されていなかった。『伝』原初版はそれをさらに聖ウラジーミルにまで遡らせたのである。

本稿の筆者は、モスクワをキエフと初めて結びつけたのが『伝』であるとする見解が妥当かどうかについての判断はここでは留保し、著者の見解をさらに追うことにする。著者は続けて、こうした認識が可能となるのは、フェラーラ・フィレンツェにおけるカトリック、正教両教会合同公会議（一四三八～一四三九年）、またビザンツ帝国の滅亡（一四五三年）以後のことであると言う。そして十五世紀後半以降、『伝』がモスクワの公式的諸年代記（『ニカノロフスカヤ』、『十五世紀末モスクワ年代記集成』など）に取り入れられるに至って、キエフ―ウラジーミル‐スーズダリ―

モスクワを継続的に捉える理念が成立し、同世紀末、すなわちイヴァン三世治世（一四六二～一五〇五年）にモスクワ国家の公式的理念となったと主張する。

イヴァン三世治世は西部ルーシ、すなわち旧キエフ・ルーシの地をめぐるリトアニア（後にポーランド‐リトアニア王国）とモスクワ間の争奪戦が激化した時代でもあった。両者の戦争は一四四〇年代末から一七九五年までの三世紀半に及んだと考えることができるが（これに終止符を打ったのがいわゆる「ポーランド分割」である）、キエフの遺産をめぐる争いはこの長期の戦争の初期段階を特徴づけるものであった。西部ルーシをめぐる両国間の戦いの第一局面（一四四九～一四八五年）では、軍事的にはとくに大ノヴゴロドとトヴェーリ公国の支配権獲得をめぐって行われた。この戦いはモスクワ側の勝利で終わった（モスクワによる一四七八年ノヴゴロド、一四八五年トヴェーリの併合）。戦いの第二局面（一四八七～一五三七年）は、両国が国境地帯（現ベラルーシおよびウクライナ領）をめぐり激しく争った時期で、モスクワ側が優勢のうちにチェルニゴフ、ノヴォ・セーヴェルスキー（一五〇三年）、スモレンスク（一五一四年）などを獲得して終わった。一四九四年に結ばれた和約では、イヴァン三世は「全ルーシの君主」を自称し、相手側にもこの称号を認めさせたが、これは明らかに彼がキエフの領有権を意識していたことをうかがわせる。一五〇三～一五〇四年のモスクワからハンガリー、およびポーランド‐リトアニアへ送られた外交文書には、「全ルーシの地、キエフとスモレンスクその他の諸都市、わが先祖代々の、太古の昔からのわが世襲地」という文言がみられる。

モスクワ側のこの成功は十六世紀になるといっそう明確になる。とくにモスクワが「第二のキエフ」であるとする認識が表明され、キエフの遺産に対する要求がモスクワ国家の公式的な立場として定着した(8)。

キエフの遺産に対するモスクワ国家の立場を主題とする続く第六章は、一四八二年のクリミア・カン、メングリ‐

ギレイ（一四六八～七八、一四七八～一五一四年）によるキエフ攻略に焦点をあて、当時のモスクワ諸年代記の記述を分析している。[9] クリミア・カン国は分解しつつあったキプチャク・カン国から十五世紀前半に自立化し、成立した国であるが、当初はポーランド－リトアニア国家と良好な関係を結び、モスクワに対抗していた。それが一四七〇年代初めにこの地域における国際関係上の大変化が起きた結果、クリミアはモスクワに接近し、ポーランド－リトアニアとは敵対的な関係に入ることとなった。これはイヴァン三世のモスクワ政府が、クリミア側に外交的働きかけを強めた結果と考えることができる（著者によれば、モスクワは一四七二～一四八二年にクリミアへ七度外交使節を派遣している）。モスクワは、分裂したキプチャク・カン国を引き継ぐ形で成立したもう一つの国家である大オルダー国とクリミアとの対立関係を利用して、後者を自陣営に引き込んだのである。これにより一方ではモスクワとクリミアの、他方ではポーランド－リトアニアと大オルダーの二つの同盟関係が成立し、それぞれが敵対する関係が出来上がった。この関係はクリミアとロシア関係が破綻し、両者が再度敵対することになる一五一一年頃までのほぼ四十年間続いた。

したがって一四八二年のクリミア軍によるキエフ攻略も、モスクワ側の意向に沿う形で行われたと考えられている。実際モスクワの同時代のいくつかの年代記は、攻撃が大公（イヴァン三世）の教唆ないし指示によるものであることを示唆している。[10]

さて著者はこの攻略について記述しているモスクワのとくに四つの年代記を分析し、この時点でのモスクワがキエフをどう見ていたかを確認しようとしている。四年代記というのは、『シメオーノフ』、『ソフィヤ第二』『ヴォロゴツコ－ペルムスカヤ』および『チポグラフスカヤ』である。それぞれの記述は言うまでもなく多様であるが、分析の詳細をたどることは省略したい。

本稿にとってさしあたり重要なのは、著者が到達した結論である。それによると、この時点におけるモスクワは、キエフの遺産をめぐって内部に深刻な見解の対立を抱えていた。正教会の指導層にはキエフに対する共感と同情が、それ以上にキエフとの一体感が存在していたのに対し、モスクワ国家当局（俗権側）にとっては、キエフはもはや外国都市のひとつにすぎず、それをめぐる争奪戦においては、破壊も当然のことと考えられていたという。同じくキエフの遺産の獲得を目指すといっても、聖俗両権の間には大きな違いがあったとする認識である。著者は、モスクワ国家の遺産請求には正当性が欠けていると考えているのである。

これに続く第七章は、モスクワ国家がキエフの遺産要求というだけでなく、さらにそれをビザンツ帝国にまで拡大させ、その「帝国」遺産の継承をこそ目指していたとする主張を展開する。

主張が質的に転換を遂げたのは、十五世紀末から十六世紀前半（一四八七〜一五三七年）にかけてのことであった。新たな主張は、著者によれば、まずはモスクワ知識人による二つの著述、「スピリドン－サヴァの書簡」および「ウラジーミル諸公物語」によって鮮明に表明された。両作品は、いわゆる「モノマフ冠帝伝説」また「アウグストゥス後裔伝説」を伝えるが、両伝説は第一に、ビザンツ帝国の支配権の標章がまずはキエフ大公ウラジーミル・モノマフにもたらされ、その後モスクワにまで伝えられたこと、そして第二に、キエフとモスクワの君主の血統がローマ皇帝アウグストゥスにまで遡る由緒あるものであることを説いていた。

これらの伝説は、モスクワによる「キエフの遺産」継承権主張を補強するだけでなく、その要求をさらに世界帝国であるローマとビザンツにまで拡大させる野心的な内容のものであったが、これをさらに強化する役割を果たしたのが、ほぼ同時期に成立した修道士フィロフェイのモスクワ大公に宛てられた書簡であった。そこで表明されたのがいわゆる「モスクワ・第三ローマ」理念であるが、その詳しい内容については（上記二伝説についてと同様に）、本稿筆者自身が以前紹介したことがあるので、ここでは省略する。(11)

以下著者ペレンスキの到達した結論を記しておく。

モスクワでは十五世紀末から十六世紀初頭にかけて、キエフに対する遺産要求に止まらず、一四五三年に滅亡したビザンツ帝国の遺産にまで要求が高められた。それは諸外国、とりわけリトアニア‐ポーランド国家との対決上、またそれだけでなくヨーロッパと東方の諸国に対する自国の国際的地位の向上のためにも必要と考えられたが、それと同時に国内における「ツァーリ」権力の神聖化にも大きく貢献したのである。

Ⅳ

著者によれば、「遺産」問題が最初に近代歴史学の俎上に載せられたのは十九世紀四〇年代のことであった。それはロシアとウクライナの文人、知識人らによる論争という形をとった。論争はその後も二十世紀に至るまで断続的に、時に激しく行われた。

論争のきっかけとなったのは、著者によれば、西ウクライナ人（カルパト・ルテニア人）のスラヴィストIu・I・ヴェネーリンの論文「南方人と北方人による彼らのロシア性に関する論争」（一八四七年）であった。ヴェネーリンはその中で、南方人（ウクライナ人）が北方人（大ロシア人）とは異なる存在であることを主張するウクライナ民族主義者を批判していた。[12]

問題をさらに展開したのがM・P・ポゴージンであった。彼は一八五六年に「古代ロシア語についての覚書」と題する論文を発表し、直後にM・A・マクシモーヴィチの批判を招いたのであったが、両者の論争については本書もすでに見たところである。[13]

論争にはポゴージン、マクシモーヴィチだけでなく、M（N）・コストマーロフらも加わって、『ロシアの談話』誌や新聞『ジェーニ』、また後にはウクライナ文化運動の機関紙でもあった『オスノーヴァ』誌上で繰り広げられ、後

SEIBUNSHA

出版案内
2023

ネヴァ川の戦い（『『絵入り年代記集成』が描くアレクサンドル・ネフスキーとその時代』貼函より）

成文社

〒 258-0026　神奈川県開成町延沢 580-1-101
Tel. 0465-87-5571　Fax. 0465-87-9448　URL https://www.seibunsha.net/

価格はすべて本体価格です。末尾が◎の書籍は電子媒体（PDF）となります。

歴史

栗生沢猛夫著

『ロシア原初年代記』を読む

キエフ・ルーシとヨーロッパ、あるいは「ロシアとヨーロッパ」についての覚書

A5判上製貼函入
1056頁
16000円
978-4-86520-011-9

キエフ・ルーシの歴史は、スカンディナヴィアからギリシアに至る南北の道を中心として描かれてきた。本書は従来見過ごされがちであった西方ヨーロッパとの関係（東西の道）に重点をおいて見直し、ロシアがヨーロッパの一員として歴史的歩みを始めたことを示していく。　2015

歴史

栗生沢猛夫著

イヴァン雷帝の『絵入り年代記集成』

モスクワ国家の公式的大図解年代記研究序説

A5判上製
396頁
6000円
978-4-86520-030-0

「天地創造」からの「世界史」とそれに続く16世紀までのロシア史を極彩色細密画で描き出す『絵入り年代記集成』。21世紀に初めて出版された『集成』はなぜこれまで日の目を見なかったのか。謎の解明を目指すと同時に、全体構成と内容、歴史史料としての意義について考察する。　2019

歴史

栗生沢猛夫編訳著

『絵入り年代記集成』が描くアレクサンドル・ネフスキーとその時代　全2巻

A5判上製貼函入
480+512頁
12000円
978-4-86520-057-7

ロシアの英雄の実像とは？　モスクワ国家の公式的大図解年代記に残る二九六枚の極彩色の絵と年代記テクストから探っていく。描かれる人々の生活、天変地異、災害、そして戦争。それを描かせた、そして描いた人々の思惑、そこから立ち現れてくる歴史の実像に迫る。　2022

歴史

R・G・スクルィンニコフ著　栗生沢猛夫訳

イヴァン雷帝

四六判上製
400頁
3690円
978-4-915730-07-8

テロルは権力の弱さから発し一度始められた強制と暴力の支配はやがて権力の統制から外れそれ自体の論理で動きだす――イヴァン雷帝とその時代は、今日のロシアを知るうえでも貴重な示唆を与え続ける。朝日、読売、日経、産経など各紙誌絶賛のロングセラー。　1994　◎

歴史

長縄光男著

評伝ゲルツェン

A5判上製
560頁
6800円
978-4-915730-88-7

トム・ストッパード「コースト・オブ・ユートピア」の主人公の本邦初の本格的評伝。十九世紀半ばという世界史の転換期に「人間の自由と尊厳」の旗印を掲げ、ロシアとヨーロッパを駆け抜けたロシア最大の知識人の壮絶な生涯を鮮烈に描く。　2012

歴史

国際通信史でみる明治日本

大野哲弥著

A5判上製 304頁 3400円 978-4-915730-95-5

明治初頭の国際海底ケーブルの敷設状況、それを利用した岩倉使節団と留守政府の交信、台湾出兵時の交信、樺太千島交換交渉に関わる日露間の交信、また日露戦争時の新技術無線電信の利用状況等の史実を明らかにしつつ、政治、外交、経済の面から、明治の日本を見直す。2012

歴史

日露戦争の秘密

ロシア側史料で明るみに出た諜報戦の内幕

D・B・パヴロフ、S・A・ペトロフ著　I・V・チェレヴァンコ史料編纂　左近毅訳

四六判上製 388頁 3690円 978-4-915730-08-5

大諜報の主役、明石元二郎を追尾していたロシア側スパイ。ロシア満州軍司令部諜報機関の赤裸々な戦時公式報告書。軍事密偵、横川省三、沖禎介の翻訳されていた日記。九十年を経て初めてロシアで公開された史料が満載された「驚くべき書」（立花隆氏）。1994 ◎

歴史

バルチック艦隊ヲ捕捉セヨ

海軍情報部の日露戦争

稲葉千晴著

四六判上製 312頁 3000円 978-4-86520-016-4

新発見の史料を用い、日本がいかにしてバルチック艦隊の情報を入手したかを明らかにし、当時の海軍の情報戦略を解明していく。さらに世界各地の情報収集の現場を訪れ、集められた情報の信憑性を確認。日本海軍がどれほどの勝算を有していたか、を導き出していく。2016

歴史

日露戦争一〇〇年

新しい発見を求めて

松村正義著

四六判上製 256頁 2000円 978-4-915730-40-5

日露戦争から一〇〇年を経て、ようやく明らかにされてきた真実を紹介する。講和会議を巡る日露および周辺諸国の虚々実々の駆け引き。前世紀末になって開放された中国、ロシアの戦跡訪問で分かった事。歴史的遺産を丹念に発掘し、改めて日露戦争の現代的意義を問う。2003

歴史

マツヤマの記憶

日露戦争一〇〇年とロシア兵捕虜

松山大学編

四六判上製 240頁 2000円 978-4-915730-45-0

マツヤマ！　そう叫んで投降するロシア兵がいたという。国際法を遵守して近代国家を目指した日本。実際に捕虜を迎えた市民たち。捕虜受け入れの実相、国内の他の収容所との比較、日露の収容所比較、ロシア側からの視点などを包摂して、その実態を新たに検証する。2004

歴史

日露戦争研究の新視点

日露戦争研究会編

A5判上製 544頁 6000円 978-4-915730-49-8

戦争に大きく関わっていた欧米列強。戦場となった朝鮮半島と中国。戦いの影響を受けざるをえなかったアジア諸国。当事国であった日露、とくにロシア側の実態を明らかにするとともに、従来の研究に欠けていた新たな視角と方法を駆使して百年前の戦争の実相に迫る。2005

歴史

松村正義著

日露戦争と日本在外公館の〝外国新聞操縦〟

A5判上製　328頁　3800円

978-4-915730-82-5

極東の小国日本が大国ロシアに勝利するために採った外交手段のひとつが〝外国新聞操縦〟であった。現在では使われなくなったこの用語の内実に迫り、戦争を限定戦争として世界大戦化させないため、世界中の日本の在外公館で行われた広報外交の実相に迫る。　2010

歴史

土屋好古著

「帝国」の黄昏、未完の「国民」

日露戦争・第一次革命とロシアの社会

A5判上製　352頁　6000円

978-4-915730-93-1

日露戦争がロシアに問いかけたもの――それは、「帝国」という存在の困難と「国民」形成という課題であった。日露戦争を「長い一九世紀」という歴史的文脈の中に位置づけて、自由主義者たちの「下から」の国民形成の模索と第一次革命の意味を論じる。　2012

歴史

稲葉千晴著

ヤド・ヴァシェームの丘に

ホロコーストからユダヤ人を救った人々

四六判並製　160頁　1500円

978-4-86520-051-5

イェルサレムにあるヤド・ヴァシェームは、ホロコーストによって命を奪われた同胞と、ナチの脅威に立ち向かった英雄を追悼する場所である。本書は、その場所の成り立ち、ホロコーストからユダヤ人を救った「有徳の人」を概説し、かれらを具体的に紹介していく。　2020

歴史

コンペル　ラドミール著

長い終戦

戦後初期の沖縄分離をめぐる行政過程

A5判上製　320頁　5600円

978-4-86520-047-8

いったい何が沖縄の戦争の幕引きを長引かせたのか。「降伏をめぐるプロセス」と「沖縄の行政分離に至るプロセス」の二つのプロセスに注目して、その過程を見ていく。沖縄の問題に、戦後初期の日米の資料を多角的、多面的に解明することで迫っていく。　2020

歴史

E・J・ディロン著　成田富夫訳

ロシアの失墜

届かなかった一知識人の声

A5判上製　512頁　6000円

978-4-86520-006-5

十九世紀半ば、アイルランドに生まれた著者は、ロシアへと深く入り込んでいく。ウィッテの側近にもなっていた彼は、帝政ロシアの崩壊に直面。ロシアが生まれ変わろうとするとき、それはロシア民衆にとって幸せなことか、未知なるものへの懐疑と願望を吐露していく。　2014

歴史

E・J・ディロン著　成田富夫訳　西山克典監修

ロシア　昨今

ソヴィエト・ロシアへの偏らざる見解、1928年再訪の記録

A5判上製　360頁　5000円

978-4-86520-046-1

革命後の一九二八年秋、十四年間の空白の後、人生の思い出多きロシアの地を訪れたひとりのアイルランド人。革命とボリシェヴィズムを世界に対する「浄化」カタルシスと捉え、期待と危惧を秘めたソヴィエト社会を活写していく。異色のソヴィエト社会・文化論。　2020

歴史・文学

E・J・ディロン著　成田富夫訳

トルストイ　新しい肖像

四六判上製
344頁
3400円
978-4-86520-024-9

アイルランド生まれの著者は、十九世紀末葉、世界的に名を馳せていたトルストイとの関係を築いていく。文学作品の翻訳から始まり、トルストイと彼を取り巻く人々との交わりは、著者ならではの体験と観測とを育み、新たなトルストイ像が形造られていく。　2017

歴史・文学

セルゲイ・トルストイ著　青木明子訳

トルストイの子どもたち

四六判上製
274頁
2500円
978-4-86520-037-9

トルストイは十三人の子どもをもうけたが、夭折した五人を除く八人について孫である著者が語る。かれらは父の死後、第一次世界大戦、ロシア革命、内戦と続く二十世紀初頭の激動の時代を生きた。そんな波乱に満ちた彼らの生涯に通底する文豪との関係にも迫る。　2019　◎

現代・ビジネス

中尾ちゑこ著

ロシアの躁と鬱

ビジネス体験から覗いたロシア

四六判上製
200頁
1600円
978-4-86520-028-7

ソ連崩壊後に「気まぐれな好奇心」からモスクワのビジネススクールで短期講師に就任。それ以来、ロシアに特化したビジネスを展開する著者の目に映ったロシア、ロシア人、彼らとのビジネスを赤裸々に描く。48歳でロシアビジネスに踏み込んでいった女性の型破りの記録。　2018

歴史

沢田和彦著

日露交流都市物語

A5判上製
424頁
4200円
978-4-86520-003-4

江戸時代から昭和時代前半までの日露交流史上の事象と人物を取り上げ、関係する都市別に紹介。国内外の基本文献はもとより、日本正教会機関誌の記事、外事警察の記録、各地の郷土資料、ロシア語雑誌の記事、全国・地方紙の記事を利用し、多くの新事実を発掘していく。　2014

歴史

沢田和彦著

白系ロシア人と日本文化

A5判上製
392頁
3800円
978-4-915730-58-0

ロシア革命後に故国を離れた人びとの多くは自国の風俗、習慣を保持しつつ、長い年月をかけて世界各地に定着、同化、それぞれの国や地域の政治・経済・文化の領域において多様な貢献をなしてきた。日本にやってきたかれらが残した足跡を精緻に検証する。　2007　◎

歴史

沢田和彦著

ブロニスワフ・ピウスツキ伝

〈アイヌ王〉と呼ばれたポーランド人

A5判上製
400頁
4000円
978-4-86520-040-9

ロシア領リトアニアのポーランド貴族の家に生まれたピウスツキは、ペテルブルグ大学へ進学するも、皇帝暗殺未遂事件に連座してサハリン島へ流刑。過酷な運命を生きた巨人の生涯を、近代史を彩るアイヌ、日本を含む珠玉のような事柄とともに描く、本邦初の本格的評伝。　2019

歴史

ニコライ堂遺聞

長縄光男著

四六判上製 416頁 3800円 978-4-915730-57-3

明治という新しい時代の息吹を胸に、その時代の形成に何ほどかの寄与をなさんとした人々。祖国を離れ新生日本の誕生に己の人生をかけたロシア人たちと、その姿に胸打たれ後を追った日本人たち。ニコライ堂に集った人々の栄光、挫折、そして再生が描かれる。 2007

歴史

白系ロシア人とニッポン

ポダルコ・ピョートル著

A5判上製 224頁 2400円 978-4-915730-81-8

来日した外国人のなかで、ロシア人が最も多かった時代があった。一九一七年の十月革命後に革命軍に抗して戦い、敗れて亡命した白系ロシア人たちだ。ソ連時代には顧みられなかった彼らを、日露関係史を専門とするロシア人研究者が入念に掘り起こして紹介する。 2010 ◎

歴史

満洲の中のロシア

境界の流動性と人的ネットワーク

生田美智子編

A5判上製 304頁 3400円 978-4-915730-92-4

満洲は、白系ロシアとソヴィエトロシアが拮抗して共存する世界でも類を見ない空間であった。本書は、その空間における境界の流動性や人的ネットワークに着目、生き残りをかけたダイナミズムを持つものとして、様々な角度から照射していく。 2012 ◎

歴史・思想

ボリス・ブルツクスの生涯と思想

民衆の自由主義を求めて

森岡真史著

A5判上製 456頁 4400円 978-4-915730-94-8

ソ連社会主義の同時代における透徹した批判者ボリス・ブルツクスの本邦初の本格的研究。ブルツクスがネップ下のロシアで、また国外追放後に亡命地で展開したソヴェト経済の分析と批判の全体像を、民衆に根ざした独自の自由主義経済思想とともに明らかにする。 2012

歴史

在外ロシア正教会の成立

移民のための教会から亡命教会へ

近藤喜重郎著

A5判上製 280頁 3200円 978-4-915730-83-2

革命によって離散を余儀なくされたロシア正教会の信徒たち。国内外で起きたさまざまな出来事が正教会の分裂と統合を促していく。その歴史を辿るなかで、在外ロシア正教会の指導者たちがいかにして信徒たちを統率しようとしていったのかを追う。 2010

歴史

クレムリンの子どもたち

V・クラスコーワ編　太田正一訳

A5判上製 446頁 5000円 978-4-915730-24-5

「子どもたちこそ輝く未来！」――だが、この国の未来はそら恐ろしいものになってしまった。秘密警察長官ジェルジーンスキイから大統領ゴルバチョフまで、歴代の赤い貴族の子どもたちを通して、その「家族の記録」すなわち「悲劇に満ちたソ連邦史」を描き尽くす。 1998

歴史

モーリーン・ペリー著　栗生沢猛夫訳

スターリンとイヴァン雷帝

スターリン時代のロシアにおけるイヴァン雷帝崇拝

978-4-915730-71-9

四六判上製　432頁　4200円

国家建設と防衛、圧制とテロル。矛盾に満ちたイヴァン雷帝の評価は、その時代の民衆と為政者によって、微妙に、そして大胆に変容を迫られてきた。スターリン時代に、その跡を辿る。国家、歴史、そしてロシアを考えるうえで、示唆に満ちた一冊。　2009

歴史

J・ロッシ著　外川継男訳　内村剛介解題

さまざまな生の断片

ソ連強制収容所の20年

978-4-915730-16-0

四六判上製　208頁　1942円

フランスに生まれ、若くしてコミュニストとなり、スパイ容疑でソ連で逮捕。以降二十四年の歳月を収容所で送った著者が、その経験した出来事を赤裸々に、淡々と述べた好編。スターリン獄の実態、そしてソ連邦とは何だったのかを考えるうえでも示唆的な書。　1996 ◎

歴史・思想

外川継男著

サビタの花

ロシア史における私の歩み

978-4-915730-62-7

四六判上製　416頁　3800円

若き日にロシア史研究を志した著者は、まずアメリカ、そしてフランスに留学。ロシアのみならずさまざまな地域を訪問することで、ロシア・ソ連邦史、日露関係史に関する独自の考えを形成していく。訪れた地域、文明、文化、そして接した人びとの姿が生き生きと描かれる。　2007

歴史・思想

外川継男著

サビタの花

ロシア史における私の歩み

978-4-915730-62-7

四六判上製　416頁　3800円

若き日にロシア史研究を志した著者は、まずアメリカ、そしてフランスに留学。ロシアのみならずさまざまな地域を訪問することで、ロシア・ソ連邦史、日露関係史に関する独自の考えを形成していく。訪れた地域、文明、文化、そして接した人びとの姿が生き生きと描かれる。　2007

歴史

太田丈太郎著

「ロシア・モダニズム」を生きる

日本とロシア、コトバとヒトのネットワーク

978-4-86520-009-6

A5判上製　424頁　5000円

一九〇〇年代から三〇年代まで、日本とロシアで交わされた、そのネットワークに迫る。個々のヒトの、作品やコトバの関わり、その彩りゆたかなネットワーク。それらを本邦初公開の資料を使って鮮やかに蘇らせる。掘り起こされる日露交流新史。　2014

歴史

太田丈太郎著

イリーナさんというひと

ソ連という時間をさがして

978-4-86520-048-5

A5判上製　272頁　3000円

ソ連という時間を生きた女性が遺した文書を読み解き、個々のヒトの「ヴォイス」を甦らせていく。いぬいとみことチュコーフスキーの児童文学、ブブノワの画家としての業績、「青年同盟」をめぐるニコライ・ハールジエフの研究、島尾敏雄の小説が蘇ってくる。　2020

歴史

神長英輔著

「北洋」の誕生

場と人と物語

A5判上製
280頁
3500円
978-4-86520-008-9

北洋とは何か、北洋漁業とは何か。十九世紀半ば以降のその通史（＝場）を概観し、そこに関わった人物たちの生涯（＝人）を辿りながら、北洋（漁業）の歴史の語り方そのもの（＝物語）を問うていく。いまなお形を変えながら語り継がれている物語に迫る。 2014

歴史

N・ヴィシネフスキー著　小山内道子訳

トナカイ王

北方先住民のサハリン史

四六判上製
224頁
2000円
978-4-915730-52-8

サハリン・ポロナイスク（敷香）の先住民集落「オタス」で「トナカイ王」と呼ばれたヤクート人ドミートリー・ヴィノクーロフ。かれは故郷ヤクーチア（現・サハ共和国）の独立に向け、日本の支援を求めて活動した。戦前、日本とソ連に翻弄された北方先住民たちの貴重な記録。 2006

歴史・文学

リディア・ヤーストレボヴァ著　小山内道子訳

始まったのは大連だった

リュドミーラの恋の物語

四六判上製
240頁
2000円
978-4-915730-91-7

大連で白系ロシア人の裕福な家庭に育ったミーラ。日本降伏後に進攻してきたソ連軍の将校サーシャ。その出会い、別離、そして永い時を経ての再会。物語は、日本人の知らなかった満州、オーストラリア、ソ連を舞台に繰り広げられる。 2012

歴史

エレーナ・サヴェーリエヴァ著　小山内道子訳　サハリン・樺太史研究会監修

日本領樺太・千島からソ連領サハリン州へ

一九四五年―一九四七年

A5判上製
192頁
2200円
978-4-86520-014-0

日本領樺太・千島がソ連領サハリン州へ移行する過程は、ソ連時代には半ばタブーであった。公文書館に保存されていた「極秘」文書が一九九二年に公開され、ようやくその全容が知られることになる。民政局によって指導された混乱の一年半を各方面において再現、検証する。 2015

歴史

水谷尚子、ニキータ山下著

夕空の鶴　音楽CD付き

ニキータ山下オーラル・ヒストリー

A5判上製
304頁
4000円
978-4-86520-061-4

日本とロシア、中国の血筋を引くニキータ山下はロイヤルナイツのメンバーとして1960、70年代に人気を博し、同時代のソ連邦ではアイドル的存在であった。同時に彼は、日ロの政治、経済、芸術の交流現場に立ち続けてきた人物でもあった。ニキータの声を聴く。 2022

歴史・文学

長與進、沢田和彦、アンドレイ・ドミートリエフ編

日露文学研究者の対話

安井亮平＝ボリス・エゴーロフ往復書簡 1974–2018

A5判上製
414頁
4200円
978-4-86520-064-5

長年にわたる稀有な文通は、ロシア文学とロシア文化に対する両氏の深い愛着と見識、そこから生まれる両氏の間の人間的共感に支えられていた。これらの書簡群は、二つの稀有な知性と魂の触れ合いを示すと同時に、ソ連邦の崩壊など激動の時代の証言ともなっている。 2023

歴史

異郷に生きる
来日ロシア人の足跡
長縄光男、沢田和彦編

A5判上製
274頁
2800円
978-4-915730-29-0

日本にやって来たロシア人たち――その消息の多くは知られていない。かれらは、文学、思想、芸術の分野だけでなく、日常生活の次元において、いかなる痕跡をとどめているのか。数奇な運命を辿った人びとの足跡を追うとともに、かれらが見た日本を浮かび上がらせる。　2001

歴史

異郷に生きるII
来日ロシア人の足跡
中村喜和、長縄光男、長與進編

A5判上製
274頁
2800円
978-4-915730-38-2

数奇な運命を辿ったロシアの人びとの足跡。それは、時代に翻弄されながらも、人としてしたたかに、そして豊かに生きた記録でもある。日本とロシアの草の根における人と人との交流の跡を辿ることで、異郷としての日本をも浮かび上がらせる。好評の第二弾――　2003

歴史

遥かなり、わが故郷
異郷に生きるIII
中村喜和、安井亮平、長縄光男、長與進編

A5判上製
294頁
3000円
978-4-915730-48-1

鎖国時代の日本にやってきたロシアの人や文化。開国後に赴任したペテルブルクで榎本武揚が見たもの。大陸や半島、島嶼で出会うことになる日露の人々と文化の交流。日本とロシアのあいだで交わされた跡を辿ることで、日露交流を多面的に描き出す、好評の第三弾――　2005

歴史

異郷に生きるIV
来日ロシア人の足跡
中村喜和、長縄光男、ポダルコ・ピョートル編

A5判上製
250頁
2600円
978-4-915730-69-6

ポーランド、東シベリア、ウラジヴォストーク、北朝鮮、南米、北米。ロシア、函館、東京、ソ連、そしてキューバ。時代に翻弄され、数奇な運命を辿ることになったロシアの人びと。さまざまな地域、時代における日露交流の記録を掘り起こして好評のシリーズ第四弾――　2008

歴史

異郷に生きるV
来日ロシア人の足跡
中村喜和、長縄光男、ポダルコ・ピョートル編

A5判上製
360頁
3600円
978-4-915730-80-1

幕末の開港とともにやって来て発展したロシア正教会。日露戦争、日露協商、ロシア革命、大陸での日ソの対峙、そして戦後。その間にも多様な形で続けられてきた交流の歴史。さまざまな地域、時期における日露交流の記録を掘り起こして好評のシリーズ第五弾――　2010

歴史

異郷に生きるVI
来日ロシア人の足跡
中村喜和、長縄光男、沢田和彦、ポダルコ・ピョートル編

A5判上製
368頁
3600円
978-4-86520-022-5

近代の歴史の中で、ともすれば反目しがちであった日本とロシア。時代の激浪に流され苦難の道を辿ることになったロシアの人々を暖かく迎え入れた日本の人々。さまざまな地域、さまざまな時期における日露交流の記憶を掘り起こす好評のシリーズ、最新の論集――　2016

歴史

ハプスブルクとハンガリー

H・バラージュ・エーヴァ著　渡邊昭子、岩崎周一訳

四六判上製
416頁
4000円
978-4-915730-39-9

中央ヨーロッパに巨大な版図を誇ったハプスブルク君主国。本書は、その啓蒙絶対主義期について、幅広い見地から詳細かつ精緻に叙述する。君主国内最大の領域を有し、王国という地位を保ち続けたハンガリーから眺めることで、より生き生きと具体的にその実像を描く。　2003

歴史

オーストリアの歴史

R・リケット著　青山孝徳訳

四六判並製
208頁
1942円
978-4-915730-12-2

中欧の核であり、それゆえに幾多の民族の葛藤、類のない統治を経てきたオーストリア。そのケルト人たちが居住した古代から、ハプスブルク帝国の勃興、繁栄、終焉、そして一次、二次共和国を経て現代までを描いた、今まで日本に類書がなかった通史。　1995

歴史

オーストリア現代史
1918─2018

アンドレーアス・ピットラー著　青山孝徳訳

四六判上製
160頁
1600円
978-4-86520-055-3

オーストリア＝ハンガリー君主国が崩壊し、そこに暮らしていた諸民族は、自分たちの民族国家を樹立したり、すでに存在した同一民族の国家に加わったりした。取り残された「オーストリア人」が、自らのアイデンティティを求めて歩んだ共和国一〇〇年の歴史を辿る。　2021

歴史

たそがれのウィーン

エドワード・クランクショー著／今井道夫、青山孝徳訳

四六判上製
304頁
3000円
978-4-86520-060-7

ウィーンの街を遠近のはっきりした絵画に見立て、時代が刻印されたそれぞれの地域を紹介していく。観光の要所を押さえ、その歴史が文化はもちろん政治史も的確に取り込みながら叙述される。原著はヒトラーによるオーストリア併合の時期に書かれ、現代を彷彿とさせる。　2022

歴史

カール・レンナー
1870─1950

ジークフリート・ナスコ著　青山孝徳訳

四六判上製
208頁
2000円
978-4-86520-013-3

オーストリア＝ハンガリー帝国に生まれ、両大戦間には労働運動、政治の場で生き、そして大戦後のオーストリアを国父として率いたレンナー。本書は、その八十年にわたる生涯を、その時々に国家が直面した問題と、それに対するかれの対応とに言及しながら記述していく。　2015

歴史

カール・レンナー
その蹉跌と再生

ジークフリート・ナスコ著　青山孝徳訳

A5判上製
400頁
5000円
978-4-86520-033-1

二つの世界大戦後の混乱の中で二度の共和国樹立者、つねに調和を重んじ、構想力に富み、前向きで思いやりのある政治家。すでにコンパクトながら包括的な伝記のある著者が、本書でより詳細にレンナー八十年の実像に迫る。粘り強くオーストリアを率いた「国父」の肖像。　2019

歴史

カール・レンナー入門

アントーン・ペリンカ著　青山孝徳訳

四六判上製
176頁
1800円
978-4-86520-050-8

オーストリアの「国父」は死後70年の現在も評価と批判が交錯する人物である。オーストリアの抱える「あいまいさ」――ナチから解放された国であるとともに、ナチとともに犯した加害を忘れた国――を作り出したのはレンナーではないか、と著者は鋭く迫る。

2020

歴史

資本主義の世界像

オットー・バウアー著　青山孝徳訳　水田洋 序論

四六判並製
96頁
1000円
978-4-86520-052-2

本書は一九一六年、シベリアの捕虜収容所において、大きな資料的制約の下で執筆された、バウアーの唯一とも言える哲学的著作である。名著『封建的世界像から市民的世界像へ』の著者フランツ・ボルケナウは、自分が重要な示唆を受け取った著作の一つに本書を上げる。

2020

歴史

統制経済と食糧問題

第一次大戦期におけるポズナン市食糧政策

松家仁著

A5判上製
304頁
3200円
978-4-915730-32-0

十八世紀末葉のポーランド分割でドイツに併合されたポズナン。本書は、第一次大戦下、そこで行われた戦時統制経済を具体的に描き出し、分析していく。そこには、民族、階級の問題など、それ以降の統制経済に付き纏うさまざまな負の遺産の萌芽がある――。

2001

歴史

国家建設のイコノグラフィー

ソ連とユーゴの五カ年計画プロパガンダ

亀田真澄著

A5判上製
184頁
2200円
978-4-86520-004-1

ユーゴスラヴィア第一次五カ年計画のプロパガンダは、ソ連の第一次・第二次五カ年計画とはいかに異なる想像力のうえになされていたのか。それぞれのメディアで創りだされる視覚表象を通し、国家が国民をどのようにデザインしていったのかを解明していく。

2014

歴史

彗星と飛行機と幻の祖国と

ミラン・ラスチスラウ・シチェファーニクの生涯

ヤーン・ユリーチェク著　長與進訳

A5判上製
336頁
4000円
978-4-86520-012-6

スロヴァキアの小さな村に生まれ、天文学の道へ。パリ―アルプス―南米―タヒチと世界を巡り、第一次大戦時にはフランス軍でパイロットとして活躍。そして、マサリク、ベネシュとともにチェコスロヴァキア建国に専念していく。その数奇な生涯をたどる。

2015

社会思想

私の社会思想史

マルクス、ゴットシャルヒ、宇野弘蔵等との学問的対話

黒滝正昭著

A5判上製
488頁
4800円
978-4-915730-75-7

「初期マルクス」の思想形成過程から入って、宇野弘蔵、ヒルファーディング等現代社会思想の森林の迷路を旅する。服部文男・ゴットシャルヒの導きで学問的対話の域に達した著者四十五年間の、研究の軌跡と問いかけ。

2009

歴史・思想

ユートピアの鎖

全体主義の歴史経験

小沼堅司著

四六判上製
296頁
2500円
978-4-915730-41-2

マルクス＝レーニン主義のドグマと「万世一党」支配の下で起っていた多くの悲劇。本書は、スターリンとその後の体制がもったメカニズムを明らかにするとともに、ドストエフスキー、ジイド、オーウェルなどいち早くそこに潜む悲劇性を看取した人びとの思想を紹介する。2003

歴史・思想

ヒルファディング伝
ナチズムとボルシェヴィズムに抗して

A・シュタイン著　倉田稔訳

B6変並製　112頁　1200円
978-4-915730-00-9

名著『金融資本論』の著者としてだけでなく、社会民主主義を実践し大戦間の大蔵大臣を務めるなど党指導者・政治家として幅広く活躍したヒルファディング。ナチズムによる非業の死で終った彼の生涯を、個人的な思い出とともに盟友が鮮やかに描き尽くす。　1988

歴史・思想

マルクス『資本論』ドイツ語初版

倉田稔著

B6変並製　36頁　300円
978-4-915730-18-4

小樽商科大学図書館には、世界でも珍しいリーナ・シェーラー宛マルクス自署献呈本がある。この本が、シェーラーに献呈された経緯と背景、また日本の図書館に入って来ることになった数奇な経緯をエピソードとともに辿る。不朽の名著に関する簡便な説明を付す。　1997

歴史

ハプスブルク・オーストリア・ウィーン

倉田稔著

四六判上製　192頁　1500円
978-4-915730-31-3

中央ヨーロッパに永らく君臨したハプスブルク帝国。その居城であったウィーンは、いまでも多くの文化遺産を遺した、歴史に彩られた都である。その地に三年居住した著者が、歴史にとどまらず、多方面から独自の視点でオーストリア、ウィーンを描きだす。　2001

歴史・思想

ルードルフ・ヒルファディング研究

倉田稔著

四六判上製　240頁　2400円
978-4-915730-85-6

二十世紀前半の激動の時代に、ヒルファディングは初めマルクスに従いながら創造的な研究をし、そしてマルクスを超える視点を見出した。『金融資本論』の著者は、新しい現実をユニークに分析し、とりわけナチズムとソ連体制を冷静に観察し、批判した人物でもある。　2011

歴史・思想

ヨーロッパ社会思想　小樽
私のなかの歴史

倉田稔著

四六判上製　256頁　2000円
978-4-915730-99-3

学問への目覚めから、ヨーロッパを中心とする社会思想史、そして小林多喜二論、日本社会論へと続く、著者の学問的足跡をたどる。『北海道新聞』に連載された記事（2011年）に大きく加筆して再構成。また、留学したヨーロッパでの経験を、著者独自の眼差しで描く。　2013

歴史・思想

マルクス主義

倉田稔著

四六判並製　160頁　1200円
978-4-86520-002-7

マルクス主義とは何か。その成り立ちから発展、変遷を、歴史上の思想、人物、事象を浮き彫りにしながら辿る。かつ、現代の世界情勢について、マルクス主義の視座から、グローバルにそして歴史を踏まえつつ分け入っていく。今日的課題を考えるときの一つの大きな視点。　2014

現代・思想

倉田稔著

日本社会をよくするために

B6変並製
32頁
300円
978-4-86520-026-3

金権政治、選挙、行政、労働それに教育とテーマは幅広く深い。それにも関わらず、平易な文章なので、日本語を母国語としない学習者向け教材にも活用できる程。何よりも著者が自身の考えや知識で教え導くのではなく、読者に寄り添い共に考えてくれる意義深い書物。　２０１８

歴史・思想

N・K・ミハイロフスキー著　石川郁男訳

進歩とは何か

A5判上製
256頁
4854円
978-4-915730-06-1

個人を神聖不可侵とし、個人と人民を労働を媒介として結び付け、社会主義を「共同体的原理による個人的原理の勝利」とする。この思想の出発点が本書でありナロードニキ主義の古典である。その本邦初訳に加え、訳者「生涯と著作」所収。待望の本格的研究。　１９９４

歴史・思想

高野雅之著

ロシア「保守反動」の美学

レオンチエフの生涯と思想

四六判上製
240頁
2400円
978-4-915730-60-3

十九世紀ロシアの特異な人物であり、今日のロシアでブームを呼び起こしているレオンチエフの波乱にみちた生涯を追う。そして思想家としてのかれのなかに、すなわちその政論と歴史哲学のなかに、「美こそすべての基準」という独自の美学的世界観を跡づけていく。　２００７

歴史・思想

浜由樹子著

ユーラシア主義とは何か

四六判上製
304頁
3000円
978-4-915730-78-8

ロシアはヨーロッパでもアジアでもないユーラシアである。ソ連邦崩壊後にロシア内外で注目を集めたこの主張は、一九二〇年代のロシア人亡命者の中から生まれた思想潮流に源を発している。その歴史的起源を解明し、戦間期国際関係史の中への位置づけを図る。　２０１０

歴史・思想

デイヴィド・シンメルペンニンク＝ファン＝デル＝オイェ著　浜由樹子訳

ロシアのオリエンタリズム

ロシアのアジア・イメージ、ピョートル大帝から亡命者まで

A5判上製
352頁
4000円
978-4-86520-000-3

敵か味方か、危険か運命か、他者か自己か。ロシアにとってアジアとは。他のヨーロッパ人よりもはるかに東方に通じていたロシア人が、オリエントをいかに多様な色相で眺めてきたかを検証。ユーラシア史、さらには世界史を考えようとする人には必読の書（杉山正明氏）。　２０１３

歴史・思想

イヴァーノフ＝ラズームニク著　佐野努・佐野洋子訳

ロシア社会思想史 上巻

インテリゲンツィヤによる個人主義のための闘い

A５判上製　６１６頁　７４００円　978-4-915730-97-9

ロシア社会思想史はインテリゲンツィヤによる人格と人間の解放運動史である。ラヂーシェフ、デカブリストから、西欧主義とスラヴ主義を総合してロシア社会主義を創始するゲルツェンを経て、革命的民主主義者チェルヌイシェフスキーへとその旗は受け継がれていく。　２０１３

歴史・思想

イヴァーノフ＝ラズームニク著　佐野努・佐野洋子訳

ロシア社会思想史 下巻

インテリゲンツィヤによる個人主義のための闘い

A５判上製　５８４頁　７０００円　978-4-915730-98-6

人間人格の解放をめざす個人主義のための闘い。倫理的個人主義を高唱したトルストイとドストエフスキー、社会学的個人主義を論証したミハイローフスキー。「大なる社会性」と「絶対なる個人主義」の結合というロシア社会主義の尊い遺訓は次世代の者へと託される。　２０１３

歴史・文学

松原広志訳

監獄と流刑

イヴァーノフ＝ラズームニク回想記

A５判上製　３８０頁　５０００円　978-4-86520-017-1

帝政ロシアの若き日に逮捕、投獄された著者は、物理学徒からナロードニキ主義の作家・思想家の途へ転じ、その著作で頭角を現す。革命後のロシアでは反革命の嫌疑をかけ続けられ、革命と戦争の激動の時代に三度の投獄・流刑の日々を繰り返した。その壮絶な記録。　２０１６

歴史・文学

松原広志著

ロシア・インテリゲンツィヤの運命

イヴァーノフ＝ラズームニクと20世紀前半ロシア

A５判上製　３１２頁　４０００円　978-4-86520-032-4

自由と人格の尊厳を求めて文筆活動に携わり、帝政ロシアからスターリンの監獄までを経験、その後ナチス・ドイツの収容所を経て、戦火のヨーロッパ各地を流転。その間、多くの知識人たちと交わした論争を紹介しながら、その流浪の生涯を浮き彫りにしていく。　２０１９

歴史・思想

T・G・マサリク著　石川達夫訳
ロシアとヨーロッパⅠ
ロシアにおける精神潮流の研究

A5判上製
376頁
4800円
978-4-915730-34-4

第1部「ロシアの歴史哲学と宗教哲学の諸問題」では、ロシア精神を理解するために、ロシア国家の起源から第一次革命に至るまでのロシア史を概観する。第2部「ロシアの歴史哲学と宗教哲学の概略」では、チャアダーエフからゲルツェンまでの思想家たちを検討する。　2002

歴史・思想

T・G・マサリク著　石川達夫・長與進訳
ロシアとヨーロッパⅡ
ロシアにおける精神潮流の研究

A5判上製
512頁
6900円
978-4-915730-35-1

第2部「ロシアの歴史哲学と宗教哲学の概略」（続き）では、バクーニンからミハイローフスキーまでの思想家、反動家、新しい思想潮流を検討。第3部第1編「神権政治対民主主義」では、西欧哲学と比較したロシア哲学の特徴を析出し、ロシアの歴史哲学的分析を行う。　2004

歴史・思想

T・G・マサリク著　石川達夫・長與進訳
ロシアとヨーロッパⅢ
ロシアにおける精神潮流の研究

A5判上製
480頁
6400円
978-4-915730-36-8

第3部第2編「神をめぐる闘い。ドストエフスキー」は、本書全体の核となるドストエフスキー論であり、ドストエフスキーの思想を批判的に分析する。第3編「巨人主義かヒューマニズムか。プーシキンからゴーリキーへ」では、ドストエフスキー以外の作家たちを論じる。　2005

歴史・思想

石川達夫（編）、貝澤哉、奈倉有里、西成彦、前田和泉著
ロシア・東欧の抵抗精神
抑圧・弾圧の中での言葉と文化

四六判上製
176頁
1800円
978-4-86520-065-2

長い歴史のなかで権力に対峙し、いまもそれを続けている人々や思想をロシア、ベラルーシ、ウクライナ、ポーランド、チェコのなかに見ていく。権力に対する言葉による抵抗と苛酷な弾圧。ロシアのウクライナ侵攻が続くいま、ロシア・東欧の人々の抵抗の軌跡を辿る。　2023

歴史・思想

A・F・ローセフ著　大須賀史和訳

神話学序説

表現・存在・生活をめぐる哲学

四六判上製
322頁
3000円
978-4-915730-54-2

スターリン体制が確立しようとする一九二〇年代後半、ソ連に現れた哲学の巨人ローセフ。革命前「銀の時代」の精神をバックグラウンドに、ギリシア哲学、ロシア正教、宗教哲学、西欧哲学に通暁した著者が、革命の時代に抗いながら提起した哲学的構想の一つ。　2006

歴史・思想

御子柴道夫著

ロシア宗教思想史

四六判上製
304頁
2500円
978-4-915730-37-5

神を論じることは人間を論じること、神を信じることは人間を信じること。ロシア正教一千年の歴史のなかで伝統として蓄積され、今なおその底流に生き続ける思想とはなにか。ビザンチン、ヨーロッパ、ロシアの原資料を渉猟し、対話することで、その思想の本質に迫る。　2003

歴史・思想

御子柴道夫編

ロシア革命と亡命思想家

1900―1946

A5判上製
432頁
4000円
978-4-915730-53-5

革命と戦争の時代を生きたロシアの思想家たちが、その雰囲気を語り、その社会に訴えかけた諸論文を紹介する。その背後には、激しい時代の奔流の中で何かを求めて耳傾けている切迫した顔の聴衆が見える。時代を概観できる詳細な年表、各論文の丁寧な解題を付す。　2006

歴史・思想

セルゲイ・ブルガーコフ著　堀江広行訳

名前の哲学

二十世紀ロシア神名論の哲学

A5判上製
352頁
5000円
978-4-86520-049-2

無神論に対抗して二十世紀初頭に花開いたロシア宗教哲学は、ロシア正教の言語観と神名論に着目した独自の言語哲学を生む。名詞の背後に人間を介した宇宙の発話と、宇宙を介した個人の発話を見て、これら人間によるすべての命名の頂点にある神名の啓示を説く。　2021

歴史・文学

川崎隆司著

原典によるロシア文学への招待

古代からゴーゴリまで

四六判上製
336頁
3200円
978-4-915730-70-2

古代から近代までのロシア文学・思想を、その特異な歴史的背景を解説しながら、それぞれの代表的作品の原典を通して紹介。文学を理解するために一番大切なことはなによりも原典を読むことであるとする著者が、独自の視点で描く。　2008

歴史・文学

白倉克文著
近代ロシア文学の成立と西欧

四六判上製
256頁
3000円
978-4-915730-28-3

カラムジン、ジュコフスキー、プーシキン、ゴーゴリ。ロシア文学の基礎をなし、世界的現象にまで高めたかれらは、いかにして西欧と接し、どのようなものを享受したのか。西欧世界の摂取を通じ、近代の相克そのものを体験せねばならなかったロシアを微細に描きだす。　2001

歴史・文学

白倉克文著
ラジーシチェフからチェーホフへ
ロシア文化の人間性

四六判上製
400頁
4000円
978-4-915730-84-9

十八世紀から二十世紀にかけてのロシア文化が、思想・文学を中心に据えて、絵画や音楽も絡めながら、複合的・重層的に紹介される。そこに通底する身近な者への愛、弱者との共感という感情、そうした人間への眼差しを検証していく。　2011

歴史・文学

ゲーリー・マーカー著　白倉克文訳
ロシア出版文化史
十八世紀の印刷業と知識人

A5判上製
400頁
4800円
978-4-86520-007-2

近代ロシアの出版業はピョートル大帝の主導で端緒が開かれ、十八世紀末には全盛期を迎えた。この百年間で出版業の担い手は次々に移り変わったが、著者はその紆余曲折を、政治・宗教・教育との関係のなかに丹念に検証していく。特異で興味深いロシア社会史。　2014

歴史・文学

M・プリーシヴィン著　太田正一訳
森と水と日の照る夜
セーヴェル民俗紀行

A5変上製
320頁
3107円
978-4-915730-14-6

知られざる大地セーヴェル。その魂の水辺に暮らすのは、泣き女、呪術師、隠者、分離派、世捨て人、そして多くの名もなき人びと…。実存の人、ロシアの自然の歌い手が白夜に記す「愕かざる鳥たちの国」の民俗誌。一九〇六年夏、それは北の原郷への旅から始まった。　1996

自然・文学

M・プリーシヴィン著　太田正一編訳
プリーシヴィンの森の手帖

四六判上製
208頁
2000円
978-4-915730-73-3

ロシアの自然のただ中にいた！　生きとし生けるものをひたすら観察し洞察し表現し、そのなかに自らと同根同種の血を感受する歓び、優しさ、またその厳しさ。生の個性の面白さをとことん愉しみ、また生の孤独の豊かさを味わい尽くす珠玉の掌編。　2009

歴史・文学

太田正一編訳
プリーシヴィンの日記
1914―1917

A5判上製
536頁
6400円
978-4-86520-025-6

本書は、プリーシヴィンが長年に渡って書き続けた詳細かつ厖大な日記のなかで、第一次世界大戦からロシア革命に至る四年間を選び出し編訳したものである。メディアや人びとのうわさ、眼前に見る光景などが描かれ、時代の様相と透徹した眼差しが伝わってくる。　2018

歴史・民俗

ロシア民衆挽歌

セーヴェルの葬礼泣き歌

中堀正洋著

四六判上製
288頁
2800円
978-4-915730-77-1

世界的に見られる葬礼泣き歌を十九世紀ロシアに検証する。天才的泣き女と謳われたフェドソーヴァの泣き歌を中心に、時代とセーヴェル（ロシア北部地方）という特殊な地域の民間伝承、民俗資料を用い、当時の民衆の諸観念と泣き歌との関連を考察していく。　2010

歴史・文学

イワンのくらし いまむかし

ロシア民衆の世界

中村喜和編

四六判上製
272頁
2718円
978-4-915730-09-2

ロシアで「ナロード」と呼ばれる一般の民衆＝イワンたちはどんな生活をしているだろうか？「昔ばなし」「日々のくらし」「人ともの」「植物誌」「旅の記録」。五つの日常生活の視点によってまとめられた記録、論稿が、ロシア民衆の世界を浮かび上がらせる。　1994

文学

村の生きものたち

V・ベローフ著　中村喜和訳

B6判上製
160頁
1500円
978-4-915730-19-1

ひとりで郵便配達をした馬、もらわれていった仔犬に乳をやりにいく母犬、屋根に登ったヤギのこと……。「魚釣りがとりもつ縁」で北ロシアの農村に暮らす動物好きのフェージャと知り合った「私」が、村のさまざまな動物たちの姿を見つめて描く詩情豊かなスケッチ集。　1997

文学

時空間を打破する ミハイル・ブルガーコフ論

大森雅子著

A5判上製
448頁
7500円
978-4-86520-010-2

二十世紀ロシア文学を代表する作家の新たな像の構築を試みる。代表作に共通するモチーフやテーマが、当時のソ連の社会、文化の中でどのように形成され、初期作品から生涯最後の長篇小説『巨匠とマルガリータ』にいかに結実していったのかを明らかにする。　2014

文学

わが家の人びと

ドヴラートフ家年代記

S・ドヴラートフ著　沼野充義訳

四六判上製
224頁
2200円
978-4-915730-20-7

祖父達の逸話に始まり、ドヴラートフ家の多彩な人々の姿を鮮やかに描きながら、アメリカに亡命した作者に息子が生まれるまで、四代にわたる年代記が繰り広げられる。その語りは軽やかで、ユーモアに満ち、どこまで本当か分からないホラ話の呼吸で進んでいく。　1997

文学

かばん

S・ドヴラートフ著　ペトロフ＝守屋愛訳　沼野充義解説

四六判上製
224頁
2200円
978-4-915730-27-6

ソ連からアメリカへ旅行鞄一つで亡命したドヴラートフ。彼がそのかばんをニューヨークで開いたとき、そこに見出したのは、底の抜けた陽気さと温かさ、それでいてちょっぴり悲しいソビエトでの思い出の数々だった。独特のユーモアとアイロニーの作家、本邦第二弾。　2000

文学

古宮路子著

オレーシャ『羨望』草稿研究

人物造形の軌跡

A5判上製
240頁
4000円
978-4-86520-058-4

革命後のロシア文壇に彗星のごとく現れ、わずか10年の活躍ののちにスターリン体制によって窒息させられたユーリー・オレーシャ。無名だった彼を一躍文壇の寵児にした小説『羨望』の草稿を読み解き、作品として形を取るまでのプロセスに肉薄、小説誕生の軌跡に迫る。　2021

文学

竹内恵子著

廃墟のテクスト

亡命詩人ヨシフ・ブロツキイと現代

四六判上製
336頁
3400円
978-4-915730-96-2

ソ連とアメリカ、東西陣営の両端から現代社会をアイロニカルに観察するという経験こそ、戦後の文化的廃墟から出発した彼を世界的詩人へと押し上げていく。ノーベル賞詩人の遺したテクストを読み解く本邦初の本格的研究。「極上の講義を受けている気分」（管啓次郎氏）。　2013

歴史・文学

高橋誠一郎著

ロシアの近代化と若きドストエフスキー

「祖国戦争」からクリミア戦争へ

四六判上製
272頁
2600円
978-4-915730-59-7

祖国戦争から十数年をへて始まりクリミア戦争の時期まで続いたニコライ一世（在位一八二五―五五年）の「暗黒の三〇年」。父親との確執、そして初期作品を詳しく分析することで、ドストエフスキーが「人間の謎」にどのように迫ったのかを明らかにする。　2007

歴史・文学

高橋誠一郎著

黒澤明で「白痴」を読み解く

四六判上製
352頁
2800円
978-4-915730-86-3

「白痴」の方法や意義を深く理解していた黒澤映画を通し、登場人物の関係に注目しつつ「白痴」を具体的に読み直す―。ロシアの「キリスト公爵」とされる主人公ムィシキンの謎に迫るだけでなく、その現代的な意義をも明らかにしていく。　2011

歴史・文学

高橋誠一郎著

黒澤明と小林秀雄

「罪と罰」をめぐる静かなる決闘

四六判上製
304頁
2500円
978-4-86520-005-8

一九五六年十二月、黒澤明と小林秀雄は対談を行ったが、残念ながらその記事が掲載されなかったため、詳細は分かっていない。共にドストエフスキーにこだわり続けた両雄の思考遍歴をたどり、その時代背景を探ることで「対談」の謎に迫る。　2014

歴史・文学

高橋誠一郎著

「罪と罰」の受容と「立憲主義」の危機

北村透谷から島崎藤村へ

四六判上製
224頁
2000円
978-4-86520-031-7

青春時代に「憲法」を獲得した明治の文学者たちの視点で、「憲法」のない帝政ロシアで書かれ、権力と自由の問題に肉薄していた『罪と罰』を読み解き、島崎藤村の『破戒』や『夜明け前』との関連に迫る。さらに、徳富蘇峰と小林秀雄の文学観の危険性に迫る。　2019

文学

長瀬隆著

ドストエフスキーとは何か

四六判上製
448頁
4200円
978-4-915730-67-2

全作品を解明する鍵ドヴォイニーク（二重人、分身）は両義性を有する非合理的な言葉である。唯一絶対神を有りとする非合理な精神はこの一語の存在と深く結びついている。ドストエフスキーの偉大さはこの問題にこだわり、それを究極まで追及したことにある。　2008

文学

木下豊房著

近代日本文学とドストエフスキー

夢と自意識のドラマ

四六判上製
336頁
3301円
978-4-915730-05-4

二×二が四は死の始まりだ。近代合理主義への抵抗と、夢想、空想、自意識のはざまでの葛藤。ポリフォニックに乱舞し、苦悩するドストエフスキーの子供たち。近代日本の作家、詩人に潜在する「ドストエフスキー的問題」に光を当て、創作意識と方法の本質に迫る。　1993

文学

木下豊房著

ドストエフスキー その対話的世界

四六判上製
368頁
3600円
978-4-915730-33-7

現代に生きるドストエフスキー文学の本質を作家の対話的人間観と創作方法の接点から論じる。ロシアと日本の研究史の水脈を踏まえ、創作理念の独創性とその深さに光をあてる。国際化する研究のなかでの成果。他に、興味深いエッセイ多数。　2002

文学

木下宣子著

ロシアの冠毛

A5判上製
112頁
1800円
978-4-915730-43-6

著者は二十世紀末の転換期のロシアを三度にわたって訪問。日本人として、日本の女性として、ロシアをうたった。そこに一貫して流れるのは、混迷する現代ロシアの身近な現実を通して、その行く末を温かく見つめようとする詩人の魂である。精霊に導かれた幻景の旅の詩。　2003

歴史・芸術

近藤昌夫、渡辺聡子、角伸明、大平美智代、加藤純子著

イメージのポルカ

スラヴの視覚芸術

A5判上製
272頁
2800円
978-4-915730-68-9

聖像画イコン、シャガール、カンディンスキーの絵画、ノルシュテインシュヴァンクマイエルのアニメ、ペトルーシュカやカシュパーレクなどの喜劇人形——聖と俗の様々な視覚芸術を触媒に、スラヴ世界の共通性とともに民族の個性を追い求める六編を収録。

2008

文学

J・サイフェルト詩集　飯島周訳

新編 ヴィーナスの腕

四六変上製
160頁
1600円
978-4-915730-26-9

詩人の全作品を通じて流れるのは『この世の美しきものすべて』、特に女性の美しさと自由に対するあこがれ、愛と死の織りなす人世模様や不条理を、日常的な言葉で表現しようとする努力である。ノーベル文学賞を受賞したチェコの国民的詩人の本領を伝える新編選集。

2000

文学

関口時正・沼野充義編

チェスワフ・ミウォシュ詩集

四六判上製
208頁
2000円
978-4-915730-87-0

ポーランドで自主管理労組《連帯》の活動が盛り上がりを見せる一九八〇年、亡命先のアメリカでノーベル文学賞を受賞し、一躍世界に名を知られることとなったチェスワフ・ミウォシュ。かれの生誕百年を記念して編まれた訳詩集。

2011

文学

飯島周、小原雅俊編

ポケットのなかの東欧文学

ルネッサンスから現代まで

四六判上製
560頁
5000円
978-4-915730-56-6

隠れた原石が放つもうひとつのヨーロッパの息吹。四十九人の著者による詩、小説、エッセイを一堂に集めたアンソロジー。目を閉じてページをめくると、そこは、どこか懐かしい、それでいて新しい世界。ポケットから語りかける、知られざる名作がここにある。

2006

芸術・文学

加藤有子編

ブルーノ・シュルツの世界

A5判上製
252頁
3000円
978-4-86520-001-0

シュルツの小説は、現在四十ちかくの言語に訳され、世界各地で作家や芸術家にインスピレーションを与えている。そのかれは画業も残した。かれのガラス版画、油彩を収録するほか、作品の翻案と翻訳、作品が各所に与えた影響を論じるエッセイ、論考を集める。

2013

歴史・文学

沓掛良彦・阿部賢一編

バッカナリア　酒と文学の饗宴

四六判上製
384頁
3000円
978-4-915730-90-0

「酒」を愛し、世界の「文学」に通じた十二名の論考による「饗宴」。世界各地の文学作品で言及される酒を、縦横に読解していく。盃を片手に、さらなる読書へと誘うブックガイドも収録。酒を愛し、詩と小説を愛するすべての人に捧げる。

2012

歴史・芸術

石川達夫著

チェコ・ゴシックの輝き

ペストの闇から生まれた中世の光

978-4-86520-056-0

A5判上製
196頁
3000円

不条理な受難をいかに受け止め、理不尽な不幸といかに折り合いをつけるか——チェコがヨーロッパのゴシック文化の中心地のひとつとなった時代はペストが猛威を振るった時代でもあった。建築・美術のみならず文学・音楽も含めたチェコ・ゴシックの全体像を探る。　2021

歴史・文学

コスマス年代記

浦井康男訳

プラハ教会・聖堂参事会長によるチェコ人たちの年代記

978-4-86520-063-8

A5判上製
288頁
3000円

「現存するチェコ中世の年代記はすべて本書を出発点にしている」と言われ、チェコ最古の歴史書であると共に「チェコの地で書かれた最も重要な中世文学作品の一つとなっている」。一方、歴史学の文献という枠を超えて、読み物としても非常に面白いものになっている。　2023

歴史・文学

アロイス・イラーセク著　浦井康男訳

暗黒　上巻

18世紀、イエズス会とチェコ・バロックの世界

978-4-86520-019-5

A5判上製
408頁
5400円

フスによる宗教改革の後いったんは民族文化の大輪の花を咲かせたものの独立を失い、ハプスブルク家の専制とイエズス会による再カトリック化の中で言語と民族文化が衰退していったチェコ史の暗黒時代。史実を基に周到に創作された、本格的な長編歴史小説。　2016

歴史・文学

アロイス・イラーセク著　浦井康男訳

暗黒　下巻

18世紀、イエズス会とチェコ・バロックの世界

978-4-86520-020-1

A5判上製
368頁
4600円

物語は推理小説並みの面白さや恋愛小説の要素も盛り込みつつ、いよいよ佳境を迎える。隠れフス派への弾圧が最高潮に達した18世紀前半の宗教・文化・社会の渾然一体となった状況が、立場を描き分けられた登場人物たちの交錯により、詳細に描写されていく。　2016

文学

ペトル・クラール著　阿部賢一訳

プラハ

978-4-915730-55-9

四六判上製
208頁
2000円

パリへ亡命した詩人が、故郷プラハを追憶するとき、かつてない都市の姿が浮かび上がってくる。さりげない街の光景に、詩人は、いにしえの都市が発するメッセージを読み取っていく。夢想と現実を行き来しながら、百塔の都プラハの魅力を伝えてくれる珠玉のエッセイ。　2006

歴史・文学

エマヌエル・フリンタ著　ヤン・ルカス写真　阿部賢一訳

プラハ　カフカの街

978-4-915730-64-1

菊判上製
192頁
2400円

プラハ生まれのドイツ語作家フランツ・カフカ。彼のテクストに刻印された都市を、世紀末プラハを知悉する批評家エマヌエル・フリンタが解読していく。世紀転換期における都市の社会・文化的位相の解読を試みる画期的論考。写真家ヤン・ルカスによる写真を多数収録。　2008

芸術・文学

イジー・コラーシュの詩学

阿部賢一著

A5判上製
452頁
8400円
978-4-915730-51-1

チェコに生まれたイジー・コラーシュは「コラージュ」の詩人である。かれはコラージュという芸術手法を造形芸術のみならず、言語芸術においても考察し、体系的に検討した。ファシズムとスターリニズムの時代を生きねばならなかった芸術家の詩学の全貌。　2006

文学

古いシルクハットから出た話

アヴィグドル・ダガン著　阿部賢一他訳

四六判上製
176頁
1600円
978-4-915730-63-4

世界各地を転々とした外交官が〈古いシルクハット〉を回すとき、都市の記憶が数々の逸話とともに想い起こされる。様々な都市と様々な人間模様——。プラハに育ち、イスラエルの外交官として活躍したチェコ語作家アヴィグドル・ダガンが綴る晩年の代表的な短編集。　2008

歴史・建築

ベドジフ・フォイエルシュタインと日本

ヘレナ・チャプコヴァー著　阿部賢一訳

A5判上製
296頁
4000円
978-4-86520-053-9

プラハで『ロボット』の舞台美術を手がけ、東京で聖路加国際病院の設計にも加わった、チェコの建築家・美術家フォイエルシュタインの作品と生涯を辿る。日本のモダニズム建築への貢献、チェコでのジャポニスムの実践と流布など、知られざる芸術交流をも明らかにする。　2021

文学

ミラン・クンデラにおけるナルシスの悲喜劇

ローベル柊子著

四六判上製
264頁
2600円
978-4-86520-027-0

クンデラは、自らのどの小説においてもナルシス的な登場人物の物語を描き、人間全般にかかわる根幹的な事柄として、現代のメディア社会が抱える問題の特殊性にも着目しつつ、考察している。本書はクンデラの小説をこのナルシシズムのテーマに沿って読み解いていく。　2018

文学

三輪智恵子訳　ダヴィド・ゴギナシュヴィリ解説

アレクサンドレ・カズベギ作品選

四六判上製
288頁
3000円
978-4-86520-023-2

ジョージア（旧グルジア）の古典的著名作家の本邦初訳作品選。グルジア出身のスターリンもよく読んでいたことが知られている。ジョージア人の慣習や気質に触れつつ、ロシアに併合された時代の民衆の苦しい生活を描いた作品が多い。四つの代表的短編を訳出。

2017

文学

五月女颯著

ジョージア近代文学のポストコロニアル・環境批評

A5判上製
336頁
5000円
978-4-86520-062-1

ロシアの植民地として過酷な変容を迫られた十九世紀ジョージア。この地の若き知識人たちは、カフカース山脈を越えて、宗主国ロシアに新たな知見を求めねばならなかった。ジョージア近代文学を環境・動物批評など新しい文学理論を駆使して解読、新機軸を打ち出す。

2022

文学

イヴァン・ゴドレール、佐々木とも子訳　鈴木啓世画

イヴァン・ツァンカル作品選

四六判上製
176頁
1600円
978-4-915730-65-8

四十年間働き続けたあなたの物語――労働と刻苦の末、いまや安らかな老後を迎えるばかりのひとりの農夫。しかし彼の目の前に突き出されたのはあまりにも意外な報酬だった。スロヴェニア文学の巨匠が描く豊かな抒情性と鋭い批判精神に満ちた代表作他一編。

2008

文学

イヴァン・ツァンカル著　佐々木とも子、イヴァン・ゴドレール訳　鈴木啓世画

慈悲の聖母病棟

四六判上製
208頁
2000円
978-4-915730-89-4

町を見下ろす丘の上に佇む慈悲の聖母会修道院――その附属病棟の一室に十四人の少女たちがベッドを並べている。丘の下の俗世を逃れたアルカディアのような世界で四季は夢見るように移り変わり、少女たちの静謐な日々が流れていくが……。

2011

文学

工藤左千夫著

新版 ファンタジー文学の世界へ

主観の哲学のために

四六判上製
160頁
1600円
978-4-915730-42-9

ファンタジーは現代への警鐘の文学であるとする著者が、J・R・R・トールキン、C・S・ルイス、フィリパ・ピアス、神沢利子、M・エンデ、ブロイスラー、宮沢賢治、ル・グウィンなどの東西の著名な作品を読み解き、そのなかで、主観の哲学獲得のための糸口を探る。 2003

文学

工藤左千夫著

すてきな絵本にであえたら

絵本児童文学基礎講座Ⅰ

四六判並製
192頁
1600円
978-4-915730-46-7

小樽の絵本・児童文学研究センターで長年にわたって開講され、好評を得ている基礎講座の待望の活字化。第一巻の本巻は、就学前の児童にどのような絵本を、どのように読み聞かせたらよいのかを解説する。母親が子どもと一緒に学んでいくための必携、必読の書。 2004

文学

工藤左千夫著

本とすてきにであえたら

絵本児童文学基礎講座Ⅱ

四六判並製
200頁
1600円
978-4-915730-66-5

絵本・児童文学研究センター基礎講座の第二弾。本巻は、就学後の児童にどのような本を与えたらよいのかを解説する。情操の必要性、第二次反抗期と秘密、社会性の意味、自尊の必要性など、子どもの成長に合わせ、そして自己実現へ向けた本との出会いを考えていく。 2008

文学

工藤直子、斎藤惇夫、藤田のぼる、工藤左千夫、中澤千磨夫著

だから子どもの本が好き

四六判上製
176頁
1600円
978-4-915730-61-0

私は何故子どもの本が好きか、何故子どもと子どもの本にかかわるのか、子どもの本とは何か——。五人の著者たちが、多くの聴衆を前に、この難問に悪戦苦闘し、それぞれの立場、それぞれの方法で、だから子どもの本が好き!、と答えようとした記録。 2007

文学

南裕介著

シベリアから還ってきたスパイ

四六判上製
340頁
1600円
978-4-915730-50-4

敗戦後シベリアに抑留され、ソ連によってスパイに仕立てられた日本人。帰国したかれらを追う米進駐軍の諜報機関、その諜報機関の爆破を企む反米過激派組織。戦後まもなく日本で起きたスパイ事件をもとに、敗戦後の日本の挫折と復活というテーマを独自のタッチで描く。　2005

国際理解

横浜国立大学留学生センター編

国際日本学入門

トランスナショナルへの12章

四六判上製
232頁
2200円
978-4-915730-72-6

横浜国立大学で六十数カ国の留学生と日本人学生がともに受講することのできる「国際理解」科目の人気講義をもとに執筆された論文集。対峙する複数の目＝「鏡」に映り、照らし合う認識。それが相互に作用し合う形で、「日本」を考える。　2009

哲学

佐藤正衞著

素朴に生きる

大森荘蔵の哲学と人類の道

四六判上製
256頁
2400円
978-4-915730-74-0

大森哲学の地平から生を問う！　戦後わが国の最高の知性の一人である大森荘蔵と正面からとり組んだ初めての書。大森が哲学的に明らかにした人間経験の根本的事実を、人類の発生とともに古い歴史をもつ狩猟採集文化の時代にまでさかのぼって検証する。　2009

芸術

マイヤ・コバヒゼ著　鍋谷真理子訳

ロシアの演劇教育

A5判上製
228頁
2000円
978-4-86520-021-8

ロシアの演劇、演劇教育は、ロシア文化と切っても切り離せない重要な要素であり、独自の貢献をしている。ロシアの舞台芸術に長く関わってきた著者が、劇場、演劇教育機関、その俳優教育メソッドを紹介し、ロシアの演劇教育の真髄に迫る。　2016

語学

宮崎千穂、エルムロドフ・エルドルジョン著

調査・実務・旅行のためのウズベク語会話

ロシア語付き

A5判並製
196頁
2000円
978-4-86520-029-4

勤務先の大学で学外活動をウズベキスタンにおいて実施する科目を担当する著者が、現地での調査や講義、学生交流、ホームステイ時に学生たちの意思疎通の助けとなるよう、本書を企画。初学者から上級者まで、実際の会話の中で使えるウズベク語会話集。　2018　◎

歴史・思想

石川達夫著

マサリクとチェコの精神

アイデンティティと自律性を求めて

A5判上製
310頁
3800円
978-4-915730-10-8

マサリクの思想が養分を吸い取り、根を下ろす土壌となったチェコの精神史とはいかなるものであり、彼はそれをいかに見て何を汲み取ったのか？　宗教改革から現代までのチェコ精神史をマサリクの思想を縦糸として読み解く。サントリー学芸賞・木村彰一賞同時受賞。　1995

歴史・文学

カレル・チャペック著　石川達夫訳

マサリクとの対話

哲人大統領の生涯と思想

A5判上製
344頁
3800円
978-4-915730-03-0

チェコスロヴァキアを建国させ、両大戦間の時代に奇跡的な繁栄と民主主義を現出させた哲人大統領の生涯と思想を、「ロボット」の造語で知られるチャペックが描いた大ベストセラー。伝記文学の傑作として名高い原著に、詳細な訳注をつけ初訳。各紙誌絶賛。　1993

チャペック小説選集

珠玉の作品を選んで編んだ本邦初の小説集

……【全6巻】

子どもの頃に出会って、生涯忘れることのない作家。今なお世界中で読み継がれている、チェコが生んだ最高の才人。そして「ロボット」の造語で知られるカレル・チャペック。文学史上名高い哲学三部作を含む珠玉の作品を選んで、作家の本領を伝える。

文学

①受難像

K・チャペック著　石川達夫訳

四六判上製
200頁
1942円
978-4-915730-13-9

人間が出会う、謎めいた現実。その前に立たされた人間の当惑、真実を探りつつもつかめない人間の苦悩を描いた13編の哲学的・幻想的短編集。真実とは何か、人間はいかにして真実に至りうるかというテーマを追求した、実験的な傑作。

1995

文学

②苦悩に満ちた物語

K・チャペック著　石川達夫訳

四六判上製
184頁
1942円
978-4-915730-17-7

妻の不貞の結果生まれた娘を心底愛していた父は笑われるべきか？　外的な状況からはつかめない人間の内的な真実や、ジレンマに立たされ、相対的な真実の中で決定的な決断を下せない人間の苦悩などを描いた9編の中短編集。

1996

文学

③ホルドゥバル

K・チャペック著　飯島周訳

四六判上製
216頁
2136円
978-4-915730-11-5

アメリカでの出稼ぎから帰ってくると、家には若い男が住み込んでいて、妻も娘もよそよそしい……。献身的な愛に生きて悲劇的な最期を遂げた男の運命を描きながら、真実の測り難さと認識の多様性というテーマを展開した3部作の第1作。

1995

文学

④流れ星

K・チャペック著　飯島周訳

四六判上製
228頁
2233円
978-4-915730-15-3

飛行機事故のために瀕死の状態で病院に運び込まれた身元不明の患者X。看護婦、超能力者、詩人それぞれがこの男の人生を推理し、様々な展開をもつ物語とする。一人の人間の運命を多角的に捉えようとした作品であり、3部作の第2作。

1996

文学

⑤平凡な人生

K・チャペック著　飯島周訳

四六判上製
224頁
2300円
978-4-915730-21-4

「平凡な人間の一生も記録されるべきだ」と考えた一人の男の自伝。その記録をもとに試みられる人生の様々な岐路での選択の可能性の検証。3部作の最後の作品であり、哲学的な相対性と、それに基づく人間理解の可能性の認知に至る。

1997

文学

⑥外典

K・チャペック著　石川達夫訳

四六判上製
240頁
2400円
978-4-915730-22-1

聖書、神話、古典文学、史実などに題材をとり、見逃されていた現実を明るみに出そうとするアイロニーとウィットに満ちた29編の短編集。絶対的な真実の強制と現実の一面的な理解に対して、各人の真実の相対性と現実の多面性を示す。

1997

は行

ま行

や行

ら行

わ行

書名索引

＊は現在品切れです。

者が廃刊に追いこまれる一八六二年まで続けられた。

著者は論争を概観し、論争の学術的性格、意義（価値）について検討した後、最後にウクライナ－ロシア間論争の初期段階の帰結を次のようにまとめている。

（一）論争は、キエフ・ルーシとウクライナの一体性（後者が前者の直接的後継であること）を主張したマクシモーヴィチらの見解の妥当性を確認している。

（二）［ドニェプル川中流域地方の］土着住民である「南方人」の居住地域と現ウクライナ領がほぼ一致することの確認。東スラヴ三言語のうち南方語が最古の言語とみなしうるとする結論。

（三）キエフ・ルーシ時代から赤ルーシ（ガリツィア）、小ロシア（コサック・ウクライナ）、南部ロシア（十九世紀）に至る諸時代の連続性を説くマクシモーヴィチのウクライナ理論も妥当であることが示された。換言するならば、論争は、ロシア当局が新たな呼称（「南部ロシア」）を創作することによって覆い隠そうとしたもの（すなわち「ウクライナ」）を回復した（復活させた）と言える。

（四）マクシモーヴィチはキエフ・ルーシの遺産のウクライナによる継受をエトノスや言語的にではなく、社会・政治的に根拠づけようとしたが、その有効性も確認された。彼の見解の基盤にはコストマーロフの二論文「二つのルーシ民族」、「連邦制原理に関する思想」が横たわっている。すなわちコストマーロフは、前者において、習俗、自然観、個人と集団の関係、財産に対する態度におけるロシアとウクライナの相違性のみならず、社会政治諸制度における異質性にも注目し、それがキエフ時代以降一貫して続いていたことを主張した。ウクライナでは最初から個人主義、自由への志向が特徴的であり、他方モスクワでは集団主義、専制、強力な国家を求める傾向が顕著であったとする。宗教的には前者における寛容の精神、後者における不寛容、カトリックへの敵意などがとくに目につくとする。(14)

V

以上がペレンスキの「キエフ・ルーシの遺産」問題研究のおおよその内容である。はたしてこれはどのように評価されるべきものであろうか。

本書は、「遺産」に関する問題の発生期（キエフ時代末）から近代にいたるまでを視野に収め、史料・文献を渉猟しながら丹念に検討した結果であり、学ぶべき点がきわめて多いと評価できる。それは研究史的に見ても類書がなく、貴重な学術的貢献である。とりわけ、キエフ・ルーシ史を「ロシア史」だけの古代と見てきた今日の大多数のロシア史研究者に、反省を促す刺激的な問題提起の書である。それは、ロシア史学の伝統を十分に踏まえながら、それとは異なる見方を慎重に提起し、ときにそちらの方が「合理的」であるとする立場を具体的に示してみせた。さらにまた、遺産に対するモスクワ（ロシア）の要求が近代ロシア帝国によって初めてなされたかのような見方に対して疑問を突きつけている点でも、本書は注目に値する。

とはいえ、その結論やそこに至る過程や個々の論点には、少なからぬ疑問点が指摘できることもまた事実である。以下は筆者が感じた本書に対する若干の問題点である。

著者は、「遺産」に対するロシア（ウラジーミル／モスクワ国家とその教会）の要求を、ウクライナ（ガーリチ‐ヴォルィニ）のそれに比して、本来的に根拠薄弱、あるいは少なくとも分が悪いと判断している。まずはこのことについて考えてみたい。著者のこうした判断は本書でも随所で表明されている。それをもっとも直截簡明に示したのが本書「まえがき」における大要次のような記述である。

キエフ・ルーシの遺産のもっとも合法的な相続人はウクライナである。このことは、ロシア（およびベラルーシ）がそれに対しいかなる権利も有しないという意味ではない。ただ後二者の要求は二義的であり、「弟分」的なものにすぎない。このように主張した後、著者はこれをあえて数値で示している。すなわち、「長兄」としてのウクライナが六五〜七五％、ロシアは一五〜二〇％、ベラルーシは一〇〜一五％の権利を有するというのである[15]。

著者のこの判断には驚かされる。「キエフ・ルーシ」は歴史上の一時代であり、これを分割したり分与したりすることが可能とするかのごとき思考法が適切とは思えないからである。著者のこの判断はほとんど無意味ですらあるように思う。ウクライナ人がキエフ・ルーシを尊重するのは当然であろう。その点を強調するとともに、「遺産」に対するロシア人やベラルーシ人の権利にも一定の理解を示した著者は、ある意味では、ほとんど拒絶的な態度を示してきた一部のウクライナ系研究者に比するならば、穏健妥当な判断を行ったと評価することもできる。しかしながら、自己のアイデンティティの源をキエフ時代に求める他の国民、民族の信念を退ける、あるいは低く見るような判断は、本来的にみて妥当でないと言わざるを得ない。さらに、あえてこれを数値化するという試みに至っては、危険ですらある。たとえ著者に明確な意識がなかったとしても、今日に伝わる文化遺産の、場合によっては領土も含めて、分割の可能性を示唆しているようで、好ましいものではなかろう。キエフ・ルーシの文化とその「遺産」は分割になじむものではないし、少なくとも東スラヴ三民族にはそのままの形で広く等しく開かれていると筆者は考えている[16]。

著者の結論に疑念があるだけではない。個々の論点においても幾多の疑問点が指摘できる。たとえば、著者は、従来の研究者の多くがキエフ・ルーシを政治的に統一され、エトノス・文化的に均質な国家であったとみていることにふれ、それは事実ではないと批判する（3-5頁）。これをロシア、ウクライナ双方の歴史家に共通にみられる誤解であるとする点で、著者自身が偏狭な民族主義に囚われているわけではないことをも示す形になっており、その意味で批判が適切であることは認めたい。ただしこれが歴史的に見て正しい判断かどうかは別問題である。本稿筆者も、キエフ・ルーシが今日的な意味では政治的統一性を云々できるような国家ではなかったと考えている。民族的、文化的にも均質的とは到底言い難い。ただし当時としては、政治、文化、宗教的に一定のまとまりのある政治体であったことまでは否定できないと考える。言語的にも、ビザンツに由来する正教信仰を基本としていたという点でも、非スラヴ人や、非キリスト教徒を多数含んでいたとしても、それなりの一体性を有していたと考えてよいように思う。[17]「統一性」を否定する著者の主張は、キエフ・ルーシがきわめて多様な構成をしており、それを構成する諸地方がそれぞれ独自の存在であったこと、換言するならば、現ロシアとウクライナの双方は最初から別々の、異質の存在であったことを示そうとする意図からなされており、その意味で一貫しているともいえるが、それだけに額面通りには受け取れないのである。

これとの関連で、著者は、「遺産」問題の初期段階（十二〜十三世紀）におけるウラジーミル‐スーズダリ側の要求がいまだ明確な形をとっていなかった（曖昧な性格を有していた）ことを指摘する。すなわち、一方では公権力の王朝的継承性を主張しつつも、他方ではキエフを攻略・破壊するなど、キエフを尊重する精神に欠けていたというのである。キエフを尊重していたかどうかは、「遺産」問題とは別種の問題と考えられ、ここでとくに論じる必要もないようにみえる。いずれにせよ、ここには著者のウクライナ系研究者としての立場が強く表れている。ここで著者はとくにアンドレイ・ボゴリュープスキー公によるキエフ攻略（一一六九年）の件を念頭においているが、筆者の見るところでは、公はキエフを軽んじていたが故にキエフ攻略に及んだのではなく、大公位をめぐる敵対者（ヴォルィニ公ムスチスラフ・イジャスラヴィチ、当時彼がキエフ大公位にあり、首都防衛にあたっていた）との戦いの中で破壊の挙に出たと言うべきであろう。アンドレイ公がキエフ攻略後、そこに移り住まずウラジーミルの地に留まったことも、当時のキエフ（とその地方）がすでに相当に荒廃し、疲弊状態にあったことと無関係ではなかろう。遷都が試みられたと考えることもできる（著者は遷都をキエフ再生とは異なるとして、遺産相続要求とは相入れないとみているが、これなどは筆者には、たんなる議論のための議論に陥っているようにしか思われない）。

しかしここではアンドレイ公ではなく、彼と同じくウラジーミル大公であったアレクサンドル・ネフスキーの場合をとくに取り上げてみたい（ネフスキーはアンドレイ公の弟の孫である）。著者がネフスキー公に言及しつつ、総じて北東ルーシ諸公がキエフを軽視していたことを強調しようとしているからである。著者によれば、ネフスキー公自身も端的に言って「遺産」要求をしなかったという。公はキエフのことなど念頭においていなかったとも言う。これは『アレクサンドル・ネフスキー伝』（原初版）が公の血統を精々彼の祖父（フセヴォロド・ユーリエヴィチ大巣公、アンドレイ公の弟である）にまでしか遡及させていないこと、公没後（一二六三年）の府主教キリルの嘆き（「スーズダリの地の太陽は沈んだ」）にもキエフへの関心（意識）がみられないこと、などを根拠にして行われた主張であるが、これをそのまま受け入れることはできない。この点は筆者自身のこれまでの仕事と直接関係してくるので、以下少々立ち入って論じることとしたい(18)。

まず『ネフスキー伝』（原初版）の冒頭部で、公の血統が祖父（フセヴォロド大巣公）までしか遡及されていないという指摘は、確かにその通りである。ただし、聖者『伝』を根拠にすることの問題性についてここでは問わないにしても、系譜の記述方法を根拠に、この時代のウラジーミル諸公がキエフを念頭においていなかったと結論づけることができるかどうかは、大いに疑問である。明確に記述されていなかったとしても、彼の祖父がウラジーミル・モノマフ公の孫であり、モノマフ公がヤロスラフ賢公の孫であり、ウラジーミル聖公の曾孫であることは、周知の事実、ネフスキー公にとっても大前提であったと考えられるからである。直接ウラジーミル公やヤロスラフ賢公に言及していないからといって、ネフスキー『伝』がキエフを念頭においていなかったとは到底言えないであろう。それだけではない。著者は『伝』（原初版）が、別の箇所でヤロスラフ賢公やその二人の子、聖ボリスとグレープに言及していることを承知しながら、それらは後代の挿入（付加）であると主張するのであるが、『伝』の原初版（現存する最古とみなされる版）に残る記述を後代の挿入とする主張は、典拠が示されない限り、受け入れられるものではない。自ら手稿本にあたって、後の書き込みがあったことを確認したというのでもない。二十を超える版の存在が確認されている『伝』のどの版に、あるいはどの版からこれらの語句が現れたのかを明らかにするわけでもない。著者はそのような作業をまったくすることなく、原初版に後に挿入されたと主張する。根拠なき主張と言わざるをえない。

府主教キリルの嘆きに関する著者の主張も、問題である。ネフスキーを「スーズダリの地の太陽」と表現したのは、当時のウラジーミルの人々の意識がスーズダリという狭い地方にしか及んでいなかった証拠とする主張である。たしかに『伝』(の作者)ないしキリル(自身が作者の可能性が高い)がこう表現したのは、おそらくは『伝』成立当時(十三世紀末)のウラジーミル諸公がオルダーやリトアニアに対抗して南方へ進出する実力を欠いており、そうした課題自体をいまだ設定していなかったことの表れであったと考えることができる。しかしそうだとしても、当時のウラジーミル諸公が自身をキエフとは無縁の、切り離された存在と考えていたわけではけっしてない。彼らがキエフの人々ときわめて近い(同じとは言わないにせよ)言葉を話し、同じ教会に属し、その父、祖父らがキエフ大公位をうかがっていた以上、彼らの意識がキエフと密接なつながりの中にあったことは否定できないように思われる。

著者はさらに年代記におけるネフスキー関連記事をも問題としている。彼はネフスキーがモンゴル皇帝により「キエフと全ルーシの地」の公に任じられたと伝える『スーズダリ年代記』の記述にふれ、これも後代の挿入記事であると主張する(7頁、58頁)。筆者はこの主張も問題であると考える。筆者は年代記のこの記述をある程度信頼してよいと考えている。この記述は、厳密に言えば、当時(十三世紀末から十四世紀初頭)の年代記作者の認識、すなわちモンゴル皇帝(帝国当局)がウラジーミル公国をキエフ・ルーシの一部とみていたとする認識を、表現しているだけのことである。ただし年代記作者自身はそれに違和感を抱いていない。したがって当時キエフと北東ルーシ(ウラジーミル)は一体的にみられていた、少なくとも年代記はそう感じていた、ということは言えるように思う。両ルーシ間の断絶性、異質性を何とかして際立たせようとしたペレンスキの試みが成功したとは言い難いのである。

M(N)・コストマーロフ以降のウクライナ系研究者に特徴的な、南北両ルーシ間の根本的異質性を強調する主張をここで立ち入って検討する余裕はないが(19)、以下、著者がコストマーロフらに基づきながら、モンゴル支配に対する態度においても両ルーシは異なるとしたその見解に限定して、論じてみたい。

著者によれば、南西ルーシはモンゴル支配に対し反抗的であったが、北東ルーシは融和的、協調的であったという（14頁）。このような決めつけ方が問題であることはいうまでもない。著者はガーリチ＝ヴォルィニ公ダニールとチェルニゴフ公ミハイルの例をあげて南西ルーシ諸公がモンゴルに対し反抗したかのように主張するが、周知の通り、彼らも押し寄せるモンゴル軍の前に逃走したのであり、戦ったとするならばむしろシチ河畔で戦死したウラジーミル公ユーリーの方であった（逃走中攻撃され、やむを得ず防戦したということではあったが）。ダニールは西方からの援軍を期待してローマ教皇庁に接近したこともあり（結局援軍は得られなかった）、モンゴル支配に対抗するかのような動きを示したと理解され、反抗したとする言説を生み出したと考えられるが（結局はカンの下に出向いて公国支配を安堵してもらったのである）、いずれにせよ事実はより複雑であった。カン国で処刑されたミハイル公の場合も（正教会は彼を殉教者として列聖したけれども）同様である。両ルーシのモンゴル支配に対する態度は、地理的（国際環境）要因や諸状況によるところが大きく、北東ルーシが押し寄せるモンゴル軍にあっさりと屈服したり、臣従したわけではなかったのである。南西ルーシがタタール支配を免れたのは、強力なリトアニアの版図に入ったことが大きかった。モンゴルはいっとき戦場でリトアニアを破ったこともあったが（ヴォルスクラ河畔の戦い一三九九年）、リトアニアや他の西方諸勢力を圧倒して南西ルーシを直接支配する実力に欠けていたのである。

本稿では省略することが多かったが、実はアンドレイ公のキエフに対する態度に関しても論ずべき点は多い。とくにそのウラジーミル府主教座設立に向けての動きや、公が担ぎ出した府主教候補者フェドル（フェオドル、フェドレツ）の運命（彼はキエフ府主教により手を切断され、舌を切り取られ、目をくりぬかれて処刑されたのである）などについては、検討すべき点が多々ある。しかし、「遺産」をめぐる「競争」問題に関しては、すでに本質的な点は指摘しえたように思う。モスクワ時代に関する諸章にも論ずべき問題は無数にあるが、同様である。とくにモスクワの聖俗両権による「遺産」請求が「帝国的」性格を帯びるに至る過程に関する著者の単線的な解釈には、筆者としては納得できない部分が多い。しかしそれについてここで論じることは控えたい[20]。

全体として、本書は「遺産」をめぐる問題が抱える多くの論点を史料・文献を渉猟して丹念に検討している点で、きわめて貴重な研究といえる。しかし、微妙な問題に対しできるだけ客観的な姿勢であたろうという著者の意図にもかかわらず、個々の論点について結論を出すことにおそらく急ぎすぎたために、あるいは著者自身の立ち位置を十分に客観化できなかったがゆえに、コストマーロフらのやや一方的な結論を繰り返す結果になっているように思われる。北東ルーシに対する一方的な決めつけ（集団主義的、中央集権・専制主義的、反カトリック的等々）が繰り返されているのである。たとえモスクワにそのような傾向が認められたとしても、その具体的な現われ方は時と状況によって様々であるのであり、それを無視して、一般的、普遍的に強調するならば非歴史的という誹りを免れまい。世に広く受け入れられているこうした捉え方を繰り返すだけでは、問題の解明には至るまい。著者がウクライナ研究者の視点を広く展開したことが本書の最大の貢献であったことは疑いえないが（とくにウクライナ史学の一部の極端な傾向から一定の距離を置こうとしている点は、今一度指摘しておくべきであろう）、解明されるべき点はまだまだ残っていると言わざるをえない。

第三章　「キエフ・ルーシ」の建国問題

――O・プリツァークの『ルーシの起源』をめぐって――

はじめに

「キエフ・ルーシ」時代はロシア史の最初の段階、すなわち「古代」である。少なくとも長い間そう考えられてきた。ソヴィエト時代にはこれは「ロシア史の」ではなく、「ロシア、ウクライナ、ベラルーシ史の」と言うべきであるとする認識が強かったが、実はそれにも問題がないわけではないとする指摘が、とくにウクライナ系研究者の側から出されてきた。この点は本書第一章でもある程度検討したので、ここでは立ち入らないが、問題はまだ残っていると感じる。本章ではそのうちの一つ、「キエフ・ルーシ」の建国問題について考えてみたい。

よく知られているように、歴史家はこのキエフ国家の建国を、通常次の二つの立場のいずれかによりながら、記述してきた。一つは、最古の年代記、すなわち『過ぎし年月の物語』(『原初年代記』)や『ノヴゴロド第一年代記(新輯)』の伝える「リューリク招致物語」(「ヴァリャーギ招致物語」)に基づくもので、最初の国家は、八六二年に「海の向こう」からやって来た「ヴァリャーギ」のリューリクら三兄弟によって、まずは北部ロシアに拠点が築かれ、二十年後には南部をも併せキエフを中心とする統一国家として創建されたとする。「招致物語」では、リューリクら「ヴァリャーギ」は「ルーシ」とも自称したとされているが、彼らがスカンディナヴィア方面からやって来たノルマン人であることは確かと考えられ、ノルマン説と呼ばれるようになった。帝政時代のロシアや欧米の歴史家の多くはこの立場である。これに反対するのが、過去と現在のロシアの歴史家の多くで、彼らは反ノルマン主義者と呼ばれ、「リューリク招致物語」は伝説にすぎず、ルーシ国家は土着のスラヴ人による長期の活動の結果成立したと主張する。もとより今日の歴史家が、こうした古典的な「ノルマン説」や「反ノルマン説」に依りながら、国家が偉大な個人によって一瞬のうちに創建されたかのように主張したり、それに反対することに躍起になったりしているわけではなく、いわば袋小路に陥った研究状況を打開しようという大胆な試みも数多く出されるに至っているが、両説が今日においてなお基本的な視点を提供していることは否定できない(1)。

ウクライナ史学においてもこの点は本質的には変わらなかったようにみえる。かつては彼らもロシアの歴史家と同様の立場をとることが多かったように思うが(たとえば、M・S・フルシェフスキーは反ノルマン主義的である)、ソヴィエト連邦崩壊後は研究の自由化が進み、独自の立場の模索が進んでいる。欧米に拠点をおくウクライナ系研究者が増えた現代にあっては、ノルマン主義的な観点に立つ者も多く、ロシア史学と同様、さまざまである(2)。

わが国のロシア史の概説や通史、研究文献においても、細部においてはさまざまな違いがみられるものの、おおむね上記のいずれかの立場によりながら解説されてきた。というか多くの場合ノルマン説に依拠して、ただ時には逆の立場から、また時に両説の折衷を図りながら、記述されてきたといえる(3)。

こうした流れに大きく抗ったようにみえるのが、『新版世界各国史二〇　ポーランド・ウクライナ・バルト史』(山川出版社、一九九八年)におけるキエフ・ルーシ建国論である(著者は中井和夫(4))。これは少なくともわが国ではまったく見られなかった斬新な記述である。同じ世界各国史シリーズ『ロシア史』におけるキエフ・ルーシ建国論(一九七九年版の国本哲男、一九九五年『世界歴史体系』版の清水睦夫、二〇〇二年版の細川滋）とはまるで異なる見方が表明されたわけである。多様な説が提唱されることはもちろん歓迎すべきである。問題は、相互に排除しあう見解が、互いに他を考慮することなしに、ただ主張されるという状況である。

はたして『ポーランド・ウクライナ・バルト史』におけるキエフ・ルーシ建国論はどのように評価されるべきものなのか。管見の限り、刊行後四半世紀を経た現在に至るも、未だにこれを正面から論じる者のいないことは、キエフ・ルーシに関心を抱く者にとって、きわめて残念なことである。というより、筆者を含む研究者の怠慢が責められて然るべきところである。以下、あまりにも遅すぎた試みではあるが、ここで表明された見解について考えてみたい。ロシアやウクライナ史におけるキエフ・ルーシの意味（ないし位置）の問題[5]が鋭く問われることとなった現在、筆者にとってどうしても果たしておかなければならない責務と考えるからでもある。

I

上掲書第三章第一節〈キエフ・ルーシの建国とその社会〉（とくにその96-101頁）について、まずその内容を大要紹介しておく。

著者は最初に、研究史上におけるノルマン説、反ノルマン説の対立にふれ、そのいずれもが建国問題の解決策とはならなかったことを示唆する。そのうえで、やや唐突に、建国には九世紀アッバース朝政治家イブン・フルダーズビフの伝える、南フランスに拠点をもつ二つの国際商人団が重要な役割を果たしたと主張する。

二つの商人団とは、ユダヤ商人団ラダニヤとキリスト教商人団ルーシのことである。前者は紀元七五〇年頃から、商品である奴隷を求めて地中海経由ではるか東方ヴォルガ川流域地方へ向かい、後者はそれに五十年ほど遅れて同じく奴隷交易のために、北回り（バルト海）ルートで同地方へ向かったとされる（地中海を通る南ルートはアラブ人に抑えられ、キリスト教徒には閉ざされていた)。当時ヴォルガ地方はハザール・ハン国の支配下にあったが、ラダニヤはここで影響力を発揮し、同国貴族層の多くはユダヤ教を受け入れる。そして八三五年頃ハンに対する反乱がおきる(カバール革命)。ハンは北方のヴォルガ上流域のロストフへ逃れる。そこで北回りで到来したルーシ商人団と出会い、ハンの息子とルーシ商人団長の娘が結婚してルーシ・ハン国が形成される。その後ルーシは拠点をヴォルガ流域からドニェプル中流域のキエフに移し、キエフ・ルーシ国が成立する(九世紀末)。かくしてキエフ・ルーシはルーシ商人団とハザール・ハン一族の協働の産物であった。

キエフ・ルーシの成立に関しては、これまでも実に多様な、時に奇想天外ともいえる仮説が目白押しで、研究の歴史を正確に把握することはきわめて困難な状況にある。ただしそれでも研究者間では基本的な部分においてある程度共通の認識が形成されているのも確かである。その意味で以上のごとき見解は、相当に特異なものと言ってよい[6]。少なくともロシアおよび欧米諸国、さらにはわが国の教科書的な通史類において、これまでこのような見解が述べられたことはなかった。後述するところからも明らかなように、近年とくに注目されるようになったウクライナ史学の伝統に立つものとも思えない。

はたして、キエフ・ルーシ成立の以上のごとき理解は、事実に即したものとみることができるであろうか。それはいかなる史料的、研究史的基盤に基づいているのであろうか。

まず著者が史料として明示したのは、上述のごとくイブン・フルダーズビフ(ホルダドベーと表記されることもある)であるが、多くの関連史料の中から、他のどれをもまったく考慮することなしに、著者はいきなりこのペルシャ人記述者に飛びついている。いかに概説書とはいえ、これは良心的ではなかろう。ちなみにこの記述者(フルダーズビフ)は、確かにルーシ商人について言及しているが、彼らはスラヴ人であると明記しており、南フランス出身などとはまったく書いていない。そこに関係するとも言っていない。またユダヤ商人ラダニヤにも言及してはいるが、こちらは南フランスというよりはむしろスペイン（「アンダルス」）ないし「フランク人」地域から出たと記しているにすぎない。かれらがキエフ・ルーシ国の創建者であるかのような記述はまったくみられない。[7]

実際のところ、当時いかに国際奴隷貿易が重要であったとしても、[8]一商人団（何人くらいのグループであったのかなどはもちろんわからない）がはるばる東方の地に来たって、紆余曲折の末にドニェプル流域に一大国家を創建し、それに自らの名称を与えたなどということが考えられるだろうか。これでは、伝説的であるとして退けられることの多かった「リューリク招致物語」とあまり変わらない、もう一つの非歴史的仮説の提唱に過ぎないのではなかろうか。「ルーシ」商人団と言うが、この「ルーシ」はいったいどのようなルーシなのか。この呼称については、中世はおろか最古の時代から数多くの類似の語形（ルーシもどき）が知られており、ヨーロッパ中世に限定しても幾多の類似形が指摘されている。[9]「ルーシ」の語の吟味が、最低限必要なのである。またルーシ商人団長の娘と亡命中のハンの息子の結婚と言うが、それはどの史料に基づくものなのか、たとえ結婚が事実であると仮定しても、それでこの時代にヴォルガ中流域（ロストフ付近）に一つの国家が形成されるというのはどういうことなのか。そもそも西方のラダニヤ商人団が、ハザール・ハン国にユダヤ教をもたらした主役であったと考えることはできるのか、「カバール革命」とは何なのか、[10]その他多くの疑問が浮かんでくる。

イブン・フルダーズビフの記述を熟知しているはずのこれまでの諸研究者が思いもつかなかった説を、著者はどのようにして、影響力の少なくない「新版世界各国史」中の一冊に記述することができたのであろうか。

著者は明記していないが、筆者の見るところでは、彼はもっぱらウクライナ出身のアメリカの歴史家、O・プリツァークの所説にほとんど（というのは「正確に」というわけではないからである）全面的に依拠している。[11]

オメリヤン・プリツァークは一九一九年にウクライナに生まれ、リヴィウとキーウで高等教育を受けた。第二次大戦後ドイツで研鑽を積み（ベルリンとゲッティンゲン大学で学び、後者から「トルコ語学、アルタイ語学、イスラーム学、スラヴ語学」分野で博士号を授与されたと伝えられる）、ハンブルク大学でトルコ語学教授に就任、その後アメリカ合衆国にわたる。一九七三年ハーヴァード大学ウクライナ研究所の創設に尽力し、一九七五年には同大学歴史学部に新たに設けられたM・フルシェーフスキー名称ウクライナ史講座初代教授に就任、二〇〇六年に亡くなっている(12)。

はたして、歴史学から言語学にいたる広範な学問領域をカバーし、スカンディナヴィア諸語からトルコ、アルタイ諸語に至るユーラシア大陸の広大な領域の言語に通じるといわれた、この博学無比の研究者プリツァークの「ルーシ論」とはいったいいかなるものであるのか、以下にその大著を繙きながら理解に努めてみたい(13)。

II

プリツァークの著書『ルーシの起源』（注11）は当初全六巻からなると予告されていたが(14)、実際には一九八一年に第一巻が刊行されただけで、第二巻以降は執筆（少なくとも刊行）されなかった。第一巻は副題に明示されているように、「サガ以外の古スカンディナヴィア史料」にあてられている。第二巻は「サガ」、第三巻は「オリエントおよび中国史料」、第四巻は「ビザンツ、ラテン、古ルーシ史料」の分析に予定されていた。ここまでが史料分析で、最後の二巻が、それに基づく「北部、東部ヨーロッパから中央アジアに至る諸社会の社会構造」の検討（第五巻）、そして最終第六巻が「ルーシ国家建国問題」にあてられることとなっていた。ルーシ建国問題に関する著者の最終見解は第六巻に予定されていた。それゆえ厳密に言えば、それについて知り論じることは不可能である。ただし著者は、第一巻の第一部（「全巻への序」）第一章（「全巻解説――ルーシの起源」）において、おそらくは彼の「結論の要約版」とも表現できるような記述を行っているので、それを見て彼のルーシ建国論の概要を推測することは可能である。いずれにせよプリツァークのルーシ建国論について知ろうと思うならば、そうする以外にない(15)。

　以下にこの第一章を見てみるが、その前に第一巻全体の構成を知っておく必要があろう。もとより第一巻だけで九百頁を超える大著である。その内容を全面的に検討するというわけにはいかない。筆者の能力の問題もあるが、それだけではなく、本書の内容、あるいは著者の思考法や「方法論」の特異性ゆえでもある。率直に言って、これを忠実にたどることはほとんど不可能に近い。個々の記述に何かしらの問題が感じられ、理解困難な箇所も多く（読み手の能力の問題もあるが）、論理の飛躍もあって、読み通すことが難しいのである。このことは以下の筆者による検討の具体的様子をご覧いただくならば、おそらく納得いただけるであろう。過去二百年余に及ぶ研究の歴史をほとんど考慮に入れていないことは、著者自認の基本的態度であるので（つまりそこに「解決策」も学ぶべき点もないと考えているのである）、いまは問題としないが、それにしても、例えば中国史料が「ルーシの起源」にどう関係するというのであろうか。もっともこれなどは小さな問題にみえる。本質的なのはおそらく次の点である。すなわち、過去に何度も議論され、その都度論駁されてお蔵入りとなったとみなしうる様々な見解や憶測が随所に脈絡もなく繰り返されたり、諸事象を時代や地域の違いをものともせず恣意的（と思われる）に結び付けたり切り離したりする手法がとられていることとである。著者が神話（とくに北欧のそれ）をあたかも事実そのものであるかのように扱い、自由奔放に議論を展開しているのも問題である。どこからどこまでが学術的なのかと思えるところが少なくないのである。

　しかしながら、まずは本書の目次を概略（というのはそれだけでも十頁に及ぶからである）掲げておく（以下、基本的には章までを拾い、各節の内容までは記さない。（xv）や（1、2……）は頁数を表す。また（　）は原文、太字も原文強調、［　］は本稿筆者による説明ないしコメントである）。

O・プリツァーク

『ルーシの起源』、第一巻『サガ以外の古スカンディナヴィア史料』一九八一年刊（原文タイトルは本章注11を参照）

目次

以上の第一巻全体の目次を一見しただけで、著者が、「ルーシの起源」問題に関するスカンディナヴィア史料（第二巻に予定されているサガを含めて）を包括的に論じようとしていることがよくわかる。ただ第一部（全四章）はやや奇異な印象を与える。「全巻への序」と謳いながら（第一章は確かにそのように考えてよいが）、第二～第四章は、第一、第二巻のみに対する序となっているからである。要するに、ここから言えることは、著者がスカンディナヴィア史料だけを集中的に取り扱おうとしていることである。少なくともこの段階では、中国やオリエントの東方史料、またビザンツを含む西方史料に予定されていた第三～第四巻はおろか、問題の総括をはかる第五、第六巻にまで立ち入る準備は、まだできていなかったことを表している。「ルーシ」を論じるのにビザンツ史料にあまり重きをおいていないように見えるのは、いささか奇妙であるが、過去の研究のビザンツ偏重主義に対する著者の批判的態度がここに示されているといえるのかもしれない。

いずれにせよ、スカンディナヴィアを専門とするわけでもない筆者が、本書を全面的に俎上に上すことが至難なことであるのは疑いない。それゆえ基本的には第一部第一章「全巻解説――ルーシの起源」を中心に見ていくほかない。ただその他の箇所にも関連する記述が散見されるので、必要と思われる限りそちらにも目を広げることにする。

著者はまず「序言」(xv-xxi頁) 冒頭において、これまでのノルマン・反ノルマン主義者の対立が今や「荒涼たる状況」を引き起こし、出口の見えない袋小路に入り込んでいることを指摘した後、次のように続ける。「[残された唯一の道は]長い過去の無益な論争……を脇におき、全課題をまったく新たに考察しなおすことである。私は新たなアプローチと、異なる方法論を採用し、直接原史料に向かうことを決断した。」(xv頁)

著者はこれまでの研究者が、原史料にあたってこなかったと (あたかも翻訳に頼るなどしたかのように) 批判するのであるが、問題の本質はおそらくその点にではなく (著者も、これまでの研究者のすべてが、翻訳だけに頼ってきたとは思っていないだろう。また多くの諸史料の質の高い学術的な翻訳が相当程度なされてきたこと、専門を異にする研究者の場合にはそうした翻訳を利用することもある程度許容されることを、全面的に否定するわけでもなかろう)、「史料」の範囲という点にあるようにみえる。著者は既述のように、はるか東方諸史料にまで範囲を広げ、さらには神話をも含めて考えようとしているのである。それにしても、従来の研究者の営為をすべてまとめて「無益」と断じて切り捨てるような態度が問題であることは言うまでもないが、それについては指摘しておくにとどめる。

著者は引き続き、自身の信じる次の五つの原則を提唱する。①狭い愛国主義的視点の放棄、②「ルーシ」のごとき政治組織（国家）の成立は、長期的な過程として捉えるべきこと、③キエフ・ルーシ国家は混合的、融合的性格を有するということ（キエフ公が「王」、「カガン」、「ツァーリ」と三様に呼ばれていることの意味）に留意すべきこと、④史料分析のマルク・ブロック的方法（「遡及的考察」）の採用（史料が比較的に多い十一〜十三世紀史料に基づき八〜十一世紀を考察する）、⑤国家は都市文明から成立し、農村からは生まれないということ、また国家の理念は自然に生まれるものではなく、既存の先発国から導入される必要のあることの認識。

これらの諸原則は、本来ならそれぞれ具体的に吟味される必要があるが、一応は理解ないし了解可能である。問題は著者が自らこれをどう実践しているのかである。時に自ら掲げた原則にあからさまに反しているようにみえる場合もあるからである。例えば、②である。著者は長期的過程といいながら、現実にはルーシ・カガン国やキエフ・ルーシ国の成立の具体的な（社会経済的側面にまで立ち入った）分析を行うことはない。そしてあたかも商人団の動向だけで国家が（一瞬にして？）成立するかのごとき記述をしている。あるいは、著者の「長期」というのは、ルーシ商人団が南仏からヴォルガ流域を経てドニェプル中流域にまで進出する長い旅程のことを言っているのかもしれない。また⑤について、著者は第一次大戦後のウクライナが国家建設に失敗したことを例にあげ、都市の未発達がその一因であるかのような議論をしているが、ウクライナがすぐれて「農民の国」であることが確かであるにせよ（しかしどの程度そうであったかは問題にされない）、それが国家建設の失敗の原因とは到底言えまい。むしろこの場合、それを取り巻く国際政治的環境や状況が決定的であったと考えるべきではなかろうか。ところがそうした分析はまったくなされていない。国家理念の外部からの導入の必要性という主張も、そのまま首肯するわけにはいかないであろう。

さて第一章「全巻解説——ルーシの起源」（3-33頁）の検討に移ろう。

第一章については各節の内容にまで立ち入って見ておく必要がある。それは以下のとおりである。

各節のおおよその内容をみておこう。

著者は本書をまず、一七四九年九月六日の、ロシア帝国修史官にしてアカデミー会員G・F・ミレル(ミュラー)による「ルーシの民族と名称の起源」に関する記念講演から始めている(3-7頁)。それがその後今日まで続くノルマン説・反ノルマン説間の長い論争の嚆矢となったと考えているからである。ここで講演とそれに続く事態の詳細に立ち入ることはしないが、上記中井和夫の記述もまさにこのときのことから始められている。ただプリツァークは、ミュラーが聴衆の騒擾のため講演を終えることができなかったと記してはいるが、「壇上からひきずりおろされ」、その後「シベリア流刑となり、シベリア研究に専念するよう命令された」などとは書いていない。ミュラーはそもそもシベリアを専門とする研究者であったのであり、この後「古ルーシ」研究を禁じられはしたものの、その後はシベリア研究に復帰し、それに専念しただけのことであった。流刑になったからシベリア研究に従事したというわけではない⒃。

著者プリツァークはノルマン・反ノルマンそれぞれの立場の代表的研究者を列挙し、両派が根拠とする諸点を略述した後に、双方ともに弱点を抱えており、決定力に欠けて泥沼に陥り、長期の論争に終止符を打つことができなかったと主張する。彼はとりわけこれまでの研究者の視野の狭さや、史料を翻訳で利用しようとする態度を批判している。彼が独自に提唱しようとするコンセプトと方法論とは（8-9頁）、大きく二点に関わる。第一点は歴史（学）と考古学の関係の問題である。著者によれば、前者（歴史学ないし歴史意識）が後者（考古学）に意味を与えるのであり、後者を前段階（prehistory 先史）とみて、両者を継続的にとらえるべきではない。これは考古学に強度に傾斜しつつあった（とプリツァークが考えている）ソヴィエト史学への批判となっているようにみえるが、逆に考古学の意義を過小評価することになりかねない見解である。

第二点は、個々の歴史的諸事実が「大システム」の中でのみ理解可能とする立場の表明である。彼の言うルーシの起源問題がその内部で論じられるべき大システムとは、メソポタミアから古代ギリシアをへてローマ帝国の成立に至った後の世界システムのことをいうが、具体的には、①ローマ帝国によるリーメス（防御線）の放棄（紀元四〇〇年頃）後の、フランク人、フリジア人、アングロ・サクソン人の歴史舞台への登場、②新型ステップ帝国の出現（アヴァールの平和、五六八～七九九年頃）、スラヴの活性化（スカンディナヴィア人に対する「抑止（力）restraint」としてのスラヴの登場）、③アラブの地中海への、ハザールの東欧への進出（紀元六五〇年頃）、アッバス朝経済革命（七五〇年)、④アヴァールの平和の崩壊、ローマ帝国の復興(シャルルマーニュ、八〇〇年)、スカンディナヴィア人の勃興(ヴァイキング時代、七九三年以降)、スラヴのキリスト教化(八六三年以降)である。これらを大システムと捉え、その中でのみ「ルーシ」問題の解決も可能とする。従来の研究者がこうした枠組を考慮に入れてこなかったとは思えないが、彼はそのように考えている。

これに続く各節では大システムの各構成要素が分析される(フランク人、遊牧民と諸帝国、国際交易商人、アングロ・サクソン人……)(9-21頁)。なかでもとくに重要と考えられるのがフリジア人、またヴァイキングとヴェリングである。これらについて具体的に見ておこう。

フリジア人(21-22頁)はライン川とユトランド半島間の長い海岸線沿いに住むゲルマン系の人々であるが、七世紀から十二世紀にかけての東西、南北間交易の仲介者であった。彼らは各地の河川を利用して国際交易を営む典型的な「河川遊牧民」(fluvial nomads)であった。著者は明記しないがその後の記述から、フリジア人が南仏からバルト海経由で東方をめざす商人らと一体となって「ルーシ」国家の成立に貢献したと考えている。

一方、これまでルーシの起源に直接関係すると考えられてきたヴァイキング/ヴェリング(ヴァリャーグ)に関する著者の見解は(22-23頁)、きわめて特異である。それによると、彼らは国際交易に従事する商人らに、護衛、傭兵、あるいは運送業者として仕える人々を指した。それはエルベ川以西の地ではヴァイキングと、以東ではヴェリングと呼ばれた。それは時の経過とともに、雇用主(商人の都市や帝国)からの独立を求め、自ら支配者の地位に就くこともあった。それはさまざまな民族や諸地方の出身者からなる専門家集団(職業)であった。それゆえその民族性を明らかにしようとする試みは無益である。

著者の以上のごとき(とくに民族性を否定する)ヴァイキング観が、ときに中世における「民族」を現代的に理解しようとする立場への疑念からきていることは十分に理解できるが、これを極端にまで推し進め、逆に北欧人との関連性を遮断（排除）するかのような様相を呈することになるのであれば、別の意味で問題であろう。いずれにせよ、著者がキエフ・ルーシとノルマン人（ヴァリャーギ）を直接的に関連させせようとしてきた従来の研究に異議を唱えていることは確かである。

次の課題は中世地中海における奴隷貿易の活性化である（大陸間交易の成長、23–24頁）。六五〇年頃、アラブ・ムスリム帝国の出現により地中海はムスリム圏（南・東岸地帯）とキリスト教圏（北・西岸地帯）に分断される。アラブ人はガリアにまで進出するが、七四〇年頃までにその征服拡大も終わりをつげ(トゥール・ポワチエ、七三二年)、労働力としての戦争捕虜・奴隷獲得の機会が失われる（奴隷の欠乏は、今日流に表現すれば、エネルギー問題であった）。かくして商人は奴隷を求めて東方の供給地域へと向かう。エルベの東からシル・ダリヤの西および北の広大な地域がそれであるが、それはSaqlab/Sclav（奴隷供給地域）と呼ばれ、地中海経済圏に統合される。中世における奴隷貿易の重要性が強調される。

西欧で奴隷貿易を担ったのが二つの商人団であったとされ、ここで九世紀アラブのイブン・フルダーズビフが典拠としてあげられる。ただしこれに関する説明部分は著者独自のものである（24–26頁）。

一つはユダヤ人のラダニヤ（Rādāniya）であり、他はルテニキス（Rutenicis > Rodez）出身の非ユダヤ人貿易業者ルス（Rūs）であった。後者は、商人法（や慣習）を熟知し、国際的な信用を博する商人団で、強力な政治組織（東西ローマ帝国）により保証された平和を享受していた。それは今日の南フランス・ロデズ（Rodez）に根拠をおいていた。Rodezは古くはRutenicisといい、元来はケルト・ラテン語でRuteniないしRutiと呼ばれる人々の居住地であった。それは後に中世フランス語でRusi、中高ドイツ語でRūzziと呼ばれるに至った。それゆえ、よく主張されるように、スオミ・フィン語のruotsiがrūsの原語ということはありえない。それは逆で、スオミ・フィン人が中高ドイツ語のrūzziを借用してruotsiと表記したと考えるべきである。

プリツァークの「ルーシ」に関するこうした語源論がはたして言語学的に根拠あるものと言えるのか、筆者には判断できないが、少なくとも大方の承認するところとはなっておらず、一部の研究者からの強い批判にさらされている[17]。さてラダニヤの方は、プリツァークによれば、これに先立って七五〇年頃から(八三〇年代にかけて)、東欧を舞台に活動していた。彼らのみがマルセイユから地中海を航行し(戦争状態にあったムスリムとキリスト教徒にはこの海は閉ざされていた)、ハザーリアに至り、そこで奴隷を獲得することができた。ハザールの軍事・経済指導層は彼らの影響下にユダヤ教を受け入れ始めた。これに対しハザール・カガンは伝統的(トルコ的)宗教に忠実であり、両者(貴族層とカガン)の関係は緊張することとなった。

一方、地中海を閉ざされていた非ユダヤ商人は、ラダニヤにやや遅れてRodez/Rutenicisから北上し、バルト海経由でハザーリアを目指した。彼らは、すでに紀元五世紀頃から海上活動を活発化させていたフリジア人と一体となってバルト海域に進出し(著者はこの段階でフリジア人をRutenianと記し、それとRodez商人団とを同一視するに至っている)、八世紀後半には、スカンディナヴィア人とも協働して、ビルカ(ウップランド)方面にも進出、ラダニヤとの競合関係に入ることになったとされる。

このようにRodez商人、すなわち著者の言うところのRusはフリジア人の助力をえて、やがて「〈デーン〉人海上遊牧社会」a "Danish" society of nomads of sea)を発達させ、八世紀末までにはヴァイキングとしての活動を開始した。」(26頁)

「バルト海経済圏の出現」(26‐28頁)と題する節はこのように始められているが、これは一体どのように理解すべきなのであろうか。まず著者は、Rodez とRus(Rūs でもRus' でもなく、たんにRus と記される)[18]を同一視しているが、それは確かな根拠をもつ見方なのであろうか。詳しい説明がないので、なんとも言えない。いずれにせよ先の注17に紹介したように、これには重大な疑念が出されている。次に、「〈デーン〉人海上遊牧社会」とは何なのか。「海の遊牧民」

は理解可能である。しかしなぜここでいきなり「デーン人」と限定するのか。説明はない。著者は、何の説明もなく、Rodezをフリジア人のみならずデーン人とも一体化しているのである。それだけではない、Rodezが八世紀末には「ヴァイキング」として活動し始めたというのは、どのように理解すべきなのか。「ヴァイキング」の一部となったということなのであろうか。ヴァイキングは民族ではなく、職業であるとする著者の立場がここに表れていると考えることはできるが、デーン人と他のスカンディナヴィア人との関係はどうなっているのであろうか。いずれにせよ、きわめてあいまいな論述である。

さてRodez/Rusのさらなる東方、ロシア方面への進出である。それは二経路で行われた。すなわち、①スカンディナヴィア半島を回って白海、ビアルミヤBiarmiia［北ドヴィナ川下流域］へ、②ビルカ経由でオーランド諸島からネヴァ川河口への道である。両ルートともにヴォルガ川方面へつながる。さらにもう一つ考えられるのが、ヴェンド人のBerik（>Reric、八〇四年以後のデーン人のヘーゼビュー／ハイタブのこと）から西ドヴィナ（デュナ）経由で、オカー川（さらにヴォルガ）方面へ向かう道である。

バルト海から東方へのルートとしてこれらの道をあげることは、理解できよう。しかしながらドニェプル川上流域にあるグニョズドヴォ遺跡の「三八二六の墳丘（tumuli）」を、典拠も示さずに、八〜九世紀ヴァイキングの活動の証拠とするのはどうであろうか。ソヴィエト考古学界ではこの遺跡とヴァイキングとの関連性はあってもきわめて弱いと考えられているのである。[19]ポロツク、スモレンスクはバルト・ヴェンド人の入植の結果成立し、それらが中心となって北部ロシアに都市国家連合が形成されたかのごとき主張も、無条件で認められるものではない。この連合に参加したというラドガ（アルデイギュボルグ）がエスト人により、ベロオーゼロがヴェプシ人、イズボルスクがスラヴ・ヴェンド連合による創建と断定するのも、問題なしとはしない。彼らが、支配者として強力なフリジア・デーン王レーリクRørikを招いたとするに至っては、問題は深刻と感じざるをえない。その後ノヴゴロドがヴェンド人のゴストムィスルを招いたとするのにも驚かされる。ゴストムィスルは伝説上の人物とみた方がよいと考えられるからである。著者は本書の後半部においてノヴゴロドをヴェンド人による創建と記しているが（583頁）、これも問題なしとしない。これらの諸説は過去にさまざまな形で提唱され、その都度さまざまに、多くの場合、否定的に議論されてきたものである。少なくとも研究史にまったくふれることもなしに、あっさりと肯定できるような説ではない。著者が確たる典拠も示さずに、また伝説と事実とを区別せずに、点と点をつなぐような議論を展開していることは明らかである。

ここでは、以上にあげた論点のうち一点についてだけ、少々立ち入って検討しておきたい。上記「フリジア王レーリク Rørik」についてである。プリツァークはこれを伝統的に、ルーシの「建国者」と考えられてきたリューリクその人とみている。はたして、ロシア史の概説や通説で正面から取り上げられることのあまりない、こうした見方は正しいのであろうか。[20]

レーリクについて比較的最近詳細な伝記を著したE・プチェーロフによれば、レーリクがフランク王国の諸年代記に記述されるのは、八五〇年頃からであるという。ただその時点で、彼はルートヴィヒ一世敬虔帝（八一四〜八四〇年）からドレスタッドを封地（ベネフィキウム）として受領していたことが判明しているので、彼がこの時すでに成人に達していたことは疑いないと思われる。プチェーロフはレーリクの生年を八一七年頃と推測している。[21]

さて、八五〇年頃の記述によれば、レーリクは、ルートヴィヒ一世没後、皇帝となったその子ロータル一世（八一七〜八五五年）により、裏切りの廉で投獄されてしまう。ただ彼はこれを脱し、東フランク王ルートヴィヒ（ドイツ人王）の下にしばし難を避けた後、多くのデーン人を従えてロータル一世領の各地に略奪遠征を仕掛ける。たまらずロータルはドレスタッドを返却して彼を家臣として受け入れる。彼の略奪遠征は広範囲に及んだが、時にはイングランドにまで及んだと言われる。以下彼について史料に言及されるという諸事実を概略記しておこう。

八五五年、彼は親族のゴットフリートとともにデンマーク王位を狙って攻め入るが、これには失敗する。八五七年、ユトランド王（コヌング・ホーリク二世）に攻撃を仕掛け、その地の一部を奪い取る。八六三年、シャルル禿頭王（八四〇～八七七年）の家臣としてフリースランドに封地を獲得する。八六七年、フリースランドの拠点を失った彼はロータル二世（八五五～八六九年）に対し戦いを仕掛けようとする。八七〇年、シャルル禿頭王と同盟する。八七二年、シャルル禿頭王にリエージュで再度拝謁し、自身を王の家臣と認める。八七三年、アーヘンでルートヴィヒ（ドイツ人王）の家臣となる。最後に八八二年には、レーリクのフリースランドの所領が、カール肥満王（皇帝）によりノルマン人の別の指導者に引き渡されたことが知られているので、おそらくレーリクはこの時点ですでに生存していなかったと考えられる。以上である。

ではレーリクとルーシのリューリクを同一人物とみることは可能であろうか。これを支持する論者があげる論拠は大きく言って二つある。第一は名前の類似性である（双方ともに、なるほどそれほど一般的ではないにせよ、古スカンディナヴィアの Hrærekr/Hrœrekr に由来すると考えられる。いずれも「強者」、「栄誉ある者」の意であるという）。もう一つは両者の活躍した時期が一致することである。

もちろん否定的な見方もある。[22] レーリクに言及する西方の諸年代記に、はるか東方ルーシの地における活動について触れられることがまったくないことが指摘されている。イングランドから北部ロシアまでの広域にわたる活動が不可能と言うことはできないにせよ、現実的でないことも指摘されている。プチェーロフ自身はレーリクとリューリクを同一視する諸研究者の論拠を慎重に検討しながら、その可能性を否定することはできないとする立場に傾いている。しかし彼が見過ごしているように見える点が一つある。それはリューリクによるルーシ建国を伝える「ヴァリャーギ招致物語」自体が、多くの研究者によって「伝説」と考えられていることである。[23] もとより「物語」の作者（それが誰なのか、『原初』の編者と仮定しても、具体的に明らかにすることは難しい）が、西方の英雄を念頭において「リューリク招致」物語を創作したと考えることも可能であろうが、いずれにせよヴァリャーギの「リューリク」を実在の人物とみなし、西方の類似の名をもつ歴史上の人物に見立てるような議論はあまりにも非現実的、不確かな根拠に基づく憶測と言って差し支えないように思われる。

ここまでがユトランドのレーリクとヴァリャーギのリューリクに関する問題である。プリツァークの書に戻ろう。

著者によれば、以上のような経緯で、東欧北部（著者はこれを「大スウェーデン」とも、また「大スキティア」とも呼ぶ）は、八〇〇～八六〇年にかけて、「バルト海社会」（a society of Mare Balticum）として出現することになる。それはカリスマ的諸族（これを率いるのが上記レーリクやゴストムィスルらさまざまな伝説的人物である）とルーシ商人団 Rodez/Rus とにより支配される新たな交易圏である。

「バルト海社会」は、デーン人、フリジア人、さらにルース（Rus）が協働する多民族的、多言語的、非領土的社会であった。彼らは「海の遊牧民」であり、農民や手工業者ではなく、都市居住者であった。国際交易に従事する商人であり、多言語話者であった（少なくとも二、三の共通語 limguae francae を操った）。ビザンツ皇帝コンスタンティノス・ポルフィロゲニトス七世（九一三～九五九年在位）がドニェプルの瀑布の二通りの名称［スラヴ語とルーシ語］をあげるのも、バルト海社会のドニェプル・ルートの利用者らが二通りの共通語を操っていたことを表現している。彼らはヴォルガ・ルートを利用するときはホラズム語およびフン・ブルガール語を用いた。それゆえ八～十世紀ルーシをスウェーデン人と限定することはできない。当時のバルト海交易の中心的拠点がスウェーデンのウプサラにあったが、ここには多くの地域から各種エトノスの人々が出入りしており、それぞれが通常二、三通りの呼称をもっていた……

今日的な意味での「民族」（主義）的思考に惑わされまいとする著者に特徴的な見解ではあるが、それが歴史的現実を正確に捉えるものであったかどうかはまた別問題である。

さてバルト海を東方へ進んだ「ルース」（すなわち南仏から出たスラヴ化される以前の同名の商人団、ここでは

Rūs と記される）はロシア平原に至り、そこで「ルース・カガン国」（Rūs kaganate）の創建に一役買うこととなるが、その経緯を著者は、きわめて簡潔に（わずか半ページで）以下のごとく記す（28頁）。

まずハザーリアにおける、いわゆる「カバール革命」の勃発である。すなわち八三〇年代に、伝統的宗教に忠実なカガンとその支持者らが、ユダヤ教化したベグら貴族層を放逐しようとしたとされる（171、182頁）。しかし「革命」は挫折する。敗れたカガンらは、ヴォルガ上流域ロストフ付近のキリスト教商人団ルス（ルース）の拠点に逃れ、この亡命したカガンの息子らと商人団の有力者の娘らとの間に婚姻関係が成立し、ここにルーシ（ルース）・カガン国が創建されたとされる。(24) ヴォルガ・ルースはすでに八三〇年代にラダニヤとの競争に打ち勝ち、後者を排除していた。かくてルーシ支配者はカガンの称号を得て、大いなる権威を獲得した。後にキエフ府主教のイラリオンが、キエフ大公ウラジーミル［聖公］を「カガン」と呼んだのはそれゆえであった。またウラジーミルはその称号ゆえにビザンツ皇帝の娘と結婚することも可能となった……

最初ルース国はヴォルガ中流域に建国されたとか、後に「説明」されるように、それがさらにドニェプル川中流域に進出してその地を支配し、その国に自らの名を与え、それが後の「キエフ・ルーシ国」となったとか、このような主張をどう評すべきか、筆者には適切な言葉が思いつかない。国家建設とは長期的な過程であると、先に著者は主張していたが、それがこのような意味においてであったとは意外である。著者によれば、「ルーシ」国の成立とは、南仏 Rodez で成立した商人団が、はるばる東方ロシア平原に至り、紆余曲折の末十一世紀後半に（と著者は考えている、xvi頁）キエフに確固たる拠点を築くに至るまでの「長期にわたる過程」であったというのである。これが学術的に説明される通常の建国論とはまったく異なるものであることは指摘するまでもない。著者は相互の関係が定かでないさまざまな「史料」の断片的記述をつなぎ合わせて、自説を論証したと考えているようであるが、論証になっているとは到底思われない。

第一章の最後に著者が描くのはキリスト教化したキエフ・ルーシの建国である（30‐33頁）。その前におかれた節「アヴァール人の衰退とモラヴィア宣教」（29‐30頁）は、その前史である。八世紀末まで異教世界に属していた東部ヨーロッパ諸族がキリスト教世界に組み込まれる経緯がここに記述される。すなわち、ここを六世紀以来支配していた東方遊牧民族のアヴァールが八世紀末にシャルルマーニュの軍門に下り、その後ビザンツ帝国から派遣された宣教師によりモラヴィア地方がキリスト教化されたのを契機に、東欧一帯がキリスト教化されたのである。キエフ・ルーシもこうした流れの中でその一員となったことが示される。ただしここで言われていることだけならば、とくに目新しいことであるわけではない。

さて「ルース／ルーシ・カガン国」の「キエフ・ルーシ国」への変容であるが、著者によると、「ルース・カガン国」の歴史は次の三段階に分けられる。①ヴォルガ時代（おおよそ八三九～九三〇年）、②ドニェプル時代（九三〇頃～一〇三六年）、③キエフ時代（一〇三六～一一六九年）。①、②ではルース／ルーシは領土や住人を意味する語ではなく、もっぱら国際交易路を支配する人々を指していた。③はルース／ルーシの文化的統合段階であり、領土を支配する国家へと進む。同時にそれは「民族化」の時期でもあった。ドニェプル川中流域における「ルーシ」国家の成立を一〇三六年とする見解をどうみるか、疑問は膨らむばかりであるが[25]、ここではさらに著者の論述を追うことにする。最終段階（③）において、ルーシ・カガン国の支配下にあったノヴゴロドがその重要性においてアルデイギュボルグ（古ラドガ、スカンディナヴィア的性格をもつ）を上回るに至る。ノヴゴロドは最初からバイリングアル的であった。さらにバルト・スラヴ／ヴェンドの子孫のデーン的要素との融合、ヴァイキング的法観念（ルースカヤ・プラウダの成立）とスラヴ的政治文化が展開した。

一〇三六年、ノヴゴロド公「ヤリツレイフル」（ヤロスラフ賢公をサガはこう表記した）がキエフを支配した。賢公はペチェネギ（ハザールの後継）を一掃し、キエフ・ソフィヤ聖堂とノヴゴロド法システムをイデオロギー的基盤とするローマ的帝政の独自の形態を創り上げた。さらに（衰退したドナウ・ブルガールの衣鉢を継ぐようにして）教会スラヴ語を宗教・法的言語として採用する。

ヤロスラフ公はルーシを領域国家とする。「ルーシ」および「ルーシの地」の名称は十一世紀後半〜十二世紀初めに新たな意味（キエフ、チェルニゴフ、ペレヤスラヴリを中心とする南ルーシ地方、今日のウクライナ）を獲得する。民族的にはスラヴ的ポリャーネに非スラヴ的ルーシが融合する［後者のスラヴ化］。新国家をキリスト教的に合法化すべくボリス・グレープ［ブルガリア人の母］崇拝を積極的に活用する。

かくて、著者が到達した、従来の通説と異なる新たなキエフ・ルーシ像とは、以下のようにまとめられる。八〜九世紀に、バルト海域に、社会・経済活動（海上交易）によって組織された、多民族・多言語的な統一体が出現する。それはいまだ「低文化」段階にあったが、次第に地中海から「高文化」の担い手も流入してくる。その後ほぼ二世紀をかけて、多民族・多言語的冒険商業社会また「海上遊牧民」集団が、政治的構造とステップ帝国的カリスマ支配の手法を学び、最終的に東方ロシアの地において高文化社会（国家）へと変質する。これがキリスト教を信奉しスラヴ語を基本とするキエフ・ルーシ国家であった。

著者の以上のような結論から判断するならば、「ルーシ」研究者によく知られる、フランクの年代記の一つ『ベルタン年代記』八三九年の項の「ロース」も、八六〇年に帝都コンスタンティノープルを襲撃したとされる（総主教フォティオスが伝える）「ロース」も、オレーグの九一一年のビザンツとの条約（『原初年代記』）も、「キエフ・ルーシ」とは無関係、それらはすべてヴォルガ・ルーシ・カガン国から、あるいはその他の類似の名称をもつ集団の行ったものということになる。[26] 大胆きわまる仮説と言う以外にない。

III

以上、プリツァークの「ルーシ」起源論の紹介に努めてきた。すでに明らかにしたように、筆者は、著者の野心的な試みが成功したとはまったく思っていない。本書が学術的に見て問題が多すぎることは、ここまでの要約紹介からも明らかであると思うが、そのことは本稿で利用したいくつかの書評などを見ても裏づけられる。これを積極的、肯定的に評価する研究者を筆者は知らない。(27)

大著である本書について論じるべき点がまだ残っていることは疑いないが、それについては断念せざるをえない。最後に一点だけ付け加えて本稿を閉じたい。

プリツァークが欧米の学界でどのように評価されているかを象徴的に示していると筆者に思われる一つの出来事について記しておきたい。とはいっても、筆者自身の見聞ではなく、わが国の代表的北欧研究者の一人、熊野聰が書いていることである。

熊野はその著書『サガから歴史へ』（一九九四年刊）の中で、一九八五年の「第六回サガ学会」（ヘルシングエア、デンマーク）におけるある出来事について記している。席上「ある報告者」（著者注によれば、まさしくO・プリツァークその人のようである）が、「ほかに史料がないのだからサガを使うしかないではないか」という趣旨の発言をしたという。これに対しノルウェーの若い歴史家である司会者が、「非常にそっけなく、『使えない』」と答えたと著者は伝え、そのことを彼は「印象深く憶えている」と書いている。(28)

熊野はここでプリツァークの大著について言っているわけではないし、それについて何らかの判断をしているのでもない。しかし彼の伝えるこの出来事は、本稿の筆者にとってもきわめて意味深長である。以下はその場にいたわけでもない筆者のたんなる憶測にすぎないが、一九八五年時点ではすでに北欧の研究者はあまねく、プリツァークの一九八一年の大著を知っていたと推測される。そしてこれに対しロシアや欧米各国の研究者が厳しく辛辣な書評を書いていたことも、また定評ある通史類ではそれがほとんど顧みられていないこともよく知っていたと思われる。ドイツの中世ロシア史研究者H・リュスは、すでにプリツァークの一九七六年論文について、その「思弁」は「歴史研究上の一つのエピソード」に過ぎないと書いていたし、英国の著名な考古学者D・ウィルソンに至っては、「このようなナンセンスは……九〜十世紀バルト海の主要な政治的諸問題と格闘している者にとって有益ではない。我々は［ハーヴァードの］ウクライナ研究所が無益なことに手を出さず、ウクライナ研究［自体］を推進するよう、またアイデンティティを求めて西ヨーロッパをさまよい歩くようなことのないよう、望まなければならない」とまで記している。おそらく上記司会者はプリツァークの「研究」がいかなる類のものであるかを熟知しており、それゆえにこそ「サガ」やスカルド詩を「史料」として自由奔放に活用する彼に対し、「非常にそっけなく」否定的返答をしたと筆者には思われるのである。

プリツァークの著書を何の説明もなく、ルーシ建国史のための基盤に据えることはできないと言わざるをえない。

第四章　「ヴァリャーギ」とは何か

――キエフ・ルーシにおけるスカンディナヴィア人（問題の再考）――

はじめに

ロシア、ウクライナ、ベラルーシの古代史（キエフ・ルーシ史）にはスカンディナヴィア出身者が深く関わっていたことが知られている。ルーシ最古の年代記『過ぎし年月の物語』（ときに『原初年代記』ともいう、以下『原初』と略記）では、スカンディナヴィア人は、多くの場合「ヴァリャーギ」の名称で登場する。彼らは主に西方へ雄飛したいわゆる「ヴァイキング」と同一視されることもあるが、逆に異質な存在として対比的に言及される場合もある。

かつて著者は拙著（二〇一五年刊）において、「ヴァリャーギとは何か」について論じたことがある。[1]『原初』に頻出する「ヴァリャーギ」をどう理解すべきかを問うたのであるが、その際、同年代記にみられる事例を逐一検討したうえで、おおよそ次のような結論に到達した。まずそれをここに記しておこう。

『原初』に現れる「ヴァリャーギ」は、すべての場合において、「海の向こう」、すなわちスカンディナヴィア方面からやって来た、ときに「商人」を含む、主に戦士からなる集団であった。彼らは最初は「ルーシ」と同一視される存在であった(『原初』中の「ヴァリャーギ招致物語」)。だが時の経過とともに両者は区別されるようになり、「ルーシ」がキエフ社会と国家、またその住人を全体として表示する語となる一方で、「ヴァリャーギ」はエトノス的な個別集団とみなされるようになった。そして最後に両者は明確に区別される存在となった。すなわち十世紀後半になると、「ヴァリャーギ」はスラヴ諸族やルーシに対置される、北方出身の異族人とみなされるようになったのである。(2)

以上であるが、その後さらに検討を進めるなかで、当時の著者の認識は不十分で、若干の誤りを含むものであることもわかった。上記結論自体にとくに修正すべき点があるわけではないが、『原初』の記述の分析だけでは十分でないことは明らかであり(拙著が必ずしもそれに限定したわけではなかったが)、またとくに「ヴァリャーギ」という語の出現時期と場の問題をめぐっては、著者の理解にやや不正確な点、また誤りのあったことが判明したのである。本章はその誤りや不十分な点を正し、できる限り補おうという目的で執筆された。

不正確な点、また誤りとは具体的に以下のようなものである。

著者は、先に「ヴァリャーギ」論を展開した際に、とくに近年の研究者E・A・メリニコヴァとV・Ia・ペトルーヒンの共著論文「十~十一世紀ルーシとビザンツにおけるスカンディナヴィア人――〈ヴァリャーギ〉の呼称の歴史をめぐって」(一九九四年)に注目した。(3)両研究者によれば、スカンディナヴィア史料(ルーン文字碑文、サガ等)に現れる「ヴェリンギ」(væringi)、ギリシア史料の「ヴァランゴイ/バランゴイ」(βάραγγοι/varangoi)、そしてルーシの「ヴァリャーギ」(варяги/variagi)は共通の語源(古ノルド語)に遡及されるが(ただそれは史料には現れず、理論的に想定されるだけである)、その存在が最初に知られるのはルーシにおいてであった。『原初』に現れる「ヴァリャーギ」こそが、当の存在を示す最初の歴史的呼称であった。その後「ヴァリャーギ」（の一部）は十世紀末（大公ウラジーミル治世）にキエフから大挙ビザンツに移動し、ビザンツ皇帝に主に戦士として仕えることとなったが、その段階で彼らはギリシア語で「ヴァランゴイ」という呼称を獲得することとなった。

実際『原初』の九八〇年の項には、ウラジーミル大公に不満を抱いた一部のヴァリャーギがキエフを去り、コンスタンティノープルへ向かったとする記述がある。またこれとは別に、『原初』に言及はないものの、九八〇年代半ばに大公が、内乱に悩まされていたビザンツ皇帝の要請に応じて、六千人ともいわれる援軍を派遣したことも知られている。(4) 彼らはビザンツ史において一時期重要な役割を果たすが、その後ルーシを経由して北方の故郷に帰る者も多く、そこで「ヴェリンギ」と呼ばれるようになり、これがサガ等にも痕跡を留めることとなったというのである。

メリニコヴァ／ペトルーヒンの見解を以上のごとくまとめた後で、拙著はさらに次のように続けた。

「〈ヴァリャーギ〉の呼称がそもそもルーシで成立したとする両研究者のこうした見解は衝撃的である。著者の見るところでは、通常はまったく異なる理解がなされているからである。たとえば、ドイツのG・シュラムの見解を以下に記そう……(5)」

すなわち著者は、「ヴァリャーギ」の語の起源がビザンツ（の「ヴァランゴイ」）にあり、そこからルーシにもたらされたと考えるのが通説的と漠然と理解していたのであるが、その後検討を続けるなかで、この理解には問題のあることが明らかになったのである。ビザンツの「ヴァランゴイ」は比較的によく（おそらくはルーシの「ヴァリャーギ」以上に）知られており、(6) 本章でも以下に検討するように、研究者にもそうした理解をする者が少なくなかったことが、著者の誤解の源にあったと思う。つまり上記引用箇所の「両研究者の……見解は衝撃的」とした部分は不正確であった。著者はいまでは、メリニコヴァ／ペトルーヒンの見解が研究史上必ずしも孤立しているわけではなく、むしろ研究者の間では広く支持されており、しかも説得的でもあると考えるに至っている。また上記に続いて「ドイツのG・シュラムの見解」にふれた部分では、著者は端的に誤っていた。拙著のヴァリャーギ論には不備があったことになる。[7] 著者はこの不備を正し、不十分な点を補うべく改めて問題の再検討を迫られることとなった。以下はその暫定的報告である。

I

「ヴァリャーギ」をめぐる問題は、研究史上「ルーシ」との関連の中で論じられるのが通例であった。つまり「ヴァリャーギ問題」は、古ルーシ史研究を賑わせてきたいわゆる「ノルマン問題」と密接に関わっていた。両者が同じことを意味すると考えられることも多かったのである。[8] ただその場合でも、実際に議論になるのは、多くは「ルーシ」のほうで、「ヴァリャーギ」がとくに取り上げられることは少なかった。その背景には、上述のように、「ヴァリャーギ招致物語」が「ヴァリャーギ」と「ルーシ」を同一視していたことがあると考えられるが、いずれにせよ、特殊「ヴァリャーギ」研究が多かったとはいえない。[9] しかし以下では、それでも相当数存在する研究のいくつかによりながら、「ヴァリャーギ」の語の成立の時期と場の問題を中心に、考えてみたい。

ヴァリャーギ・ルーシ問題に関する学術的研究は、一七二五年のロシア帝国科学アカデミーの創設とともに始まったと言ってよい。二十世紀最初の二〇年代までの初期の研究史を網羅的に検討したV・A・モーシンによれば、アカデミー創設に際して招聘されたドイツ人研究者G・S・バイエル（一六九四〜一七三八年）は、内外の諸史料の分析に基づいて、ルーシの年代記に言われる「ヴァリャーギ」がルーシ諸公の下で戦士として仕えたスカンディナヴィアやデンマーク系の人々であることを主張した。最古の年代記（『原初』）の主張を確認したことになるが、その意味で最初の学術的ノルマン主義者は彼であった。本稿との関連で重要なのは、彼が、「ヴァリャーギ」に相当する語は当のスカンディナヴィアには見られないことを指摘する一方で、ルーシの「ヴァリャーギ」とビザンツの「ヴァランゴイ」、またノルマンの「ヴェリンギ」（Vaeringi、上述の如く史料には現れず、彼により想定された語）を密接に関連する同種の存在と見て、三者の関係の問題を提示したことである。[10]

ヴァリャーギ・ルーシがノルマン人であるとする立場は、その後やや遅れてアカデミー会員となった同じくドイツ人のG・F・ミュラー（ミレル、一七〇五～一七八三年）にも引き継がれ、これらに対してはM・V・ロモノーソフら多くのロシア人学者が激しく反発して、いわゆる「ノルマン問題」（論争）が繰り広げられることとなるが、[11]ただこの段階では、ヴァリャーギ、ヴァランゴイ、ヴェリンギ三者の関係が（本来ならばこれにさらにアラブなど東方史料における用語も加えて考察することが望ましいであろうが）具体的にどうだったのかという問題は、それとしては認識されていなかったようにみえる。

これが認識されたのは十九世紀半ばになってからのことで、おそらくこれを最初に提起したのは、これも科学アカデミー会員であったA・A・クーニク（一八一四～一八九九年）であった。彼は会員候補に選出されたときに二巻本『フィン人とスラヴ人によるスウェーデン系 Rodsen の招致』（一八四四～一八四五年）を発表したが、その中でおおよそ以下のような主張を展開した。

「ヴァリャーギ」の語は、音韻学上、外来語の *Warang、*Waring、*Warank（* はいずれも理論的に想定された語をさす）などに由来すると考えられる。反ノルマン主義者の主張する variau（?・教会スラヴ語の variat'「予告する、先んじる」の一人称形か、それとも varit'「煮る」の派生語か）や、vorog（敵）、vor（盗人）などの語を語源とみることはできない。またノルウェーのサガに現れる Vaering をその候補とみることもできない。語源として想定されるのは、ビザンツ皇帝に軍人として仕えたゴート人やヘルール人「傭兵」（三～四世紀ローマ皇帝親衛隊・護衛兵）がおそらくは自称したと推測される *Varang である。このゴート・ヘルール人傭兵の役割を後に引き継いだノルマン人も同様にこれを名乗った。それをギリシア人はヴァランゴス（ヴァランゴイ）と表記し、東スラヴ人はヴァリャーギと、ノルウェー人はヴェリングと呼んだのである。[12]

以上のように、クーニクはヴァランゴイの語が最初ローマ・ビザンツ帝国のゴート人傭兵から発し、それがやがてノルマン系のヴァランゴイを指すようになり、そこからルーシへ伝えられたと考えた。ヴァランゴイを三～四世紀ゴート人傭兵にまで遡及させる彼の見解がその後大方の賛同を得たとは言えないが[13]、ヴァリャーギの起源がビザンツにあり、さらには帝国からルーシを経ての帰還者によって、当の北欧にも伝わったとする見解は、魅力的でそれなりに説得力もあり（アイスランド・サガが帝都コンスタンティノープル「ミクラガルド」（ミヒクラガルズル）で活躍した人々について頻繁に記述しているからである）[14]、しばらくは影響力を保ち続けたようにみえる。

クーニクは、『原初』の「ルーシ」がスカンディナヴィア出身者であると考えた点でノルマン主義者であったが（「ルーシ」の語は元来フィン人がスウェーデン東海岸地方民を指して呼んだ「ルオツィ Ruotsi」に由来するとした）[15]、ヴァランゴイ、ヴァリャーギ、ヴェリンギの語の関係については、後期ローマ（ビザンツ）に元々の起源（出発点）があったかの如くに主張したのである。著者が二〇一五年の拙著で誤った判断をしてしまったのも、こうした見方が脳裏にあったからであったように思う。

さて、ヴァリャーギの語がギリシアから伝えられたとしたクーニクに批判的な反応を示したのが、S・A・ゲデオーノフ（一八一八～一八七八年）であった。彼は一八六二～一八六三年に発表した論考において、「ルーシ」の語のフィン語起源説を退け、南ロシア起源を主張して反ノルマン主義の立場を鮮明にする一方、「ヴァリャーギ」についても、同様の観点から考察を進めた。ゲデオーノフについては本章注7でも言及したが、以下に改めて見てみる。

彼によれば、*Varang の形は北ゲルマン史料には現れない。ノルウェー語の Vaeringi は十一世紀（後半）になって出現し、すでに傭兵としてのヴァランゴイ部隊が成立していたビザンツからの帰還者を通じてもたらされた。ただそのビザンツでもヴァランゴイは、ルーシからのヴァリャーギの到来をもってその歴史が始まったのである。ビザンツ史料におけるこの語への最初の言及は一〇三四年のことである。ヴァランゴイの語はヴァリャーギから造られた。ルーシのヴァリャーギはノルマン人ではなく、西スラブ人（バルト・スラヴ）であった。西スラヴ語で varang は「剣」を意味し、もっぱら剣の力で富の獲得を目指してルーシを訪れた西スラヴ人を、ルーシ人（スラヴ系である）は「ヴァリャーギ」と呼んだのである。[16]

ゲデオーノフの「ヴァリャーギ」をバルト・スラヴとみる主張は（varang を西スラヴ語の「剣」とする見解とともに）、本書著者がすでに指摘したように（本章注2、7）、広く受け入れられることにはならなかった。しかしながら、ギリシアの「ヴァランゴイ」がルーシの「ヴァリャーギ」に由来するとする見解は、直ちに賛同者を見出した。すなわちN・ラムビンが一八七四年の論考で、「ヴァランゴイ」は北欧の「ヴェリンギ」から直接的にではなく、スラヴ語の「ヴァリャージ」を経由して成立したと記したのがそれである。彼によれば、ビザンツで「ヴァランゴイ」が成立したのは、九八〇年にキエフ大公ウラジーミルにより追放された「ヴァリャージ」がビザンツにやって来た時のことであり、それ以前には、「ゲデオーノフが論証したように」、「ヴァランゴイ」の名称は知られていなかったのである。[17]

以上のように、本書著者が前著で紹介したメリニコヴァ／ペトルーヒンの見解の基本的視点は、この段階ですでに明瞭に打ち出されていたと言ってよい。その意味で両著者の主張は決して「衝撃的」ではなかったのである。この点が確認できたことで本稿の目的の一半は達成されたと言えるが、まだ課題の他の半分が残されている。それは第一に、「ヴァランゴイ」が「ヴァリャーギ」の影響のもとで成立したとする見解が、その後の研究の歴史において、どの程度、あるいはそもそも受け入れられたのかを検証することである。そして第二に、拙著が正しく認識できなかったG・シュラムのこの点に関する見解を改めて確認する作業である。そのためにはいましばらく主要な諸研究を追ってみる必要がある。シュラムの研究の分析はこの作業の後に初めて可能となると考えられるからである。

II

まず帝政期のビザンツ史家、V・G・ヴァシリエフスキーの長大な論文「十一～十二世紀コンスタンティノープルにおけるヴァリャーギ・ルーシおよびヴァリャーギ・アングル親衛隊」（一八七四～一八七五年）を取り上げたい。その見解を以下に要約しよう。

ミカエル・プセロスの『年代記』などビザンツ史料では、九八八年にルーシからビザンツへ援軍が送られたことが記されているが、これがそもそもの始まりである（ヴァシリエフスキーは『原初』の九八〇年の項のヴァリャーギを最初のヴァランゴイとはみていない。『原初』の記述から推測して、皇帝がこれを受け入れなかったと判断している）。アルメニア史料（タロンのステファノス、アソギク）によれば、援軍の数は六〇〇〇とされる。これ以後、帝国各地（ブルガリア、南イタリア、アジア国境地帯など）におけるルーシ人部隊の活動報告が相次ぐ。ただ当初これは「ヴァランゴイ」ではなく、「ルーシ」や「タウロスキタイ」（クリミア・スキタイ）などの名で記された。ビザンツ史料における「ヴァランゴイ」の語の初出は一〇三四年のことである。ゲオルギオス・ケドレヌスの『年代記』中に、その年、小アジアのテマ・トラキアでヴァランゴイ部隊が冬営した際のことが記されている。ヴァシリエフスキーによれば、ヴァランゴイを皇帝の親衛隊とみるのは不正確で、それは第一義的にはビザンツ皇帝の同盟者、傭兵部隊であり（広義のヴァランゴイ）、そこから選抜された一部分が皇帝の親衛隊を形成したのである（狭義のヴァランゴイ）。史料にもっとも頻繁に現れるのは帝国各地で戦う傭兵隊としての広義のヴァランゴイであった。ヴァランゴイ隊の主な構成員は「ルーシ人」（すでにスラヴ化したルーシ）であった。ヴァランゴイをもっぱらスカンディナヴィア系ノルマン人とみる俗説は受け入れられない。『グルジア（ジョージア）年代記』の記述では、一〇四六～一〇四七年の冬、グルジア王（皇帝）に対する反乱軍を支援すべく、ビザンツ皇帝によりヴァランゴイ部隊が同地に派遣されたが、その数は三〇〇〇人であった。これはヴァランゴイの一部であったと考える必要がある。つまりヴァランゴイは全体では相当数に上っていた。このすべてをスカンディナヴィア出身者と考えることはできない。ビザンツにおけるノルマン人の役割は過大評価されている。十一世紀のビザンツ史にとって最も重要な史料は上記プセロスとミカエル・アッタレイアテスであるが、前者ではヴァランゴイの語は使用されず、代わりに「ルーシ」が用いられる。一方後者では、両語は同義語として併用されている。このことは他の公式文書でも確認できる。皇帝の四点の金印文書では、両語は緊密に結びつく不可分の用語である。公式文書では「ルーシすなわちヴァランゴイ」であり、「ヴァランゴイすなわちルーシ」であった。スカンディナヴィア人はコンスタンティノープルにルーシを経由して現れた。ルーシでは彼らは諸公の傭兵であった。彼らはキエフでもビザンツでもルーシ人とともに勤務した。ビザンツでは彼らはヴァランゴイ（・ルーシ）軍中の一部、少数者でしかなかった。ヴァランゴイの語は語源的にはスカンディナヴィア北方に発したとみることができる。だがビザンツへは主にキエフから（そこを経由して）現れた。キエフでは傭兵はスカンディナヴィア人であった。彼らは自らヴェリンギと称した。この語がルーシに広がり、ヴァリャーギと呼ばれた。ビザンツに赴いて傭兵となったルーシもこれを自称した。これがギリシア語でヴァランゴイとなった。十一世紀末になると、ビザンツに傭兵としてアングロ・サクソン人が流入し始める。それはノルマン・コンクウェスト（一〇六六年）の後、十字軍の開始（一〇九二年）直前、コムネノス王朝（一〇八一～一一八五年）の始まりの時期のことであった。アングル人の流入とともに、ビザンツにおけるルーシ正教徒の役割は低下することとなる[18]。

以上がヴァシリエフスキーの見解であるが、彼はノルマン人がルーシ国家の形成に果たした役割の問題においては、それを否定する立場には立っていない。これを批判する反ノルマン主義者の立場は説得力に欠けると判断している。

つまり彼はノルマン主義の立場に傾いているが、それと同時に、ヴァリャーギ問題においては、ノルマン人の過大評価を戒め、ヴァランゴイの主役をスラヴ化したルーシ人とみて、スカンディナヴィア人の役割を低く考えているのである。

「ヴァリャーギ」論に関してはヴァシリエフスキーが後のメリニコヴァ／ペトルーヒンの先行者の一人であることは明らかである。

北欧の研究者の立場も見ておく必要があろう。

まず十九世紀後半のデンマークの言語学者・歴史家で、ヴァリャーギ問題に関する古典的研究（一八七七年）を著わしたと評価されるV・トムセンの見解をみておく。彼は次のように記す。

「Varangiansがコンスタンティノープルでおかれていた位置ゆえに、またそれがロシア史上諸公に近侍する傭兵隊員として頻繁に登場するという事情に鑑みて、この名称はこれまで一致して、まず何よりも軍事部隊を意味し、しかもコンスタンティノープルで成立したと広く信じられてきた。そしてそれが［皇帝の］護衛隊員の帰属する民族［nation、具体的にはスカンディナヴィア人］を指すようになったのは後代になってからのことと考えられた。(19)」

ここには「ヴァランゴイ／ヴァリャーギ」（Varangians）に関するトムセン以前の「通説」がいかなるものであったかが、明瞭に表現されている。彼以前の初期の研究者が、「ヴァリャーギ」は第一義的に軍事部隊を意味し、エトノスを指すようになるのは後のこととみていたこと、さらに、それが最初ビザンツにおいて成立し、そこからルーシ（さらにはスカンディナヴィア）へと伝えられたと認識していたことがわかる。(20)

トムセン自身は、ヴァリャーギが商人であれ、武人であれ、本来北方からの到来者を表す「地理的」（エトノス的）な意味の語であることを指摘して、従来の「通説」を批判するのであるが、それとともにその成立地の問題に関しても「通説」とは異なる見解を表明している。すなわち彼によれば、スカンディナヴィア人の活躍はギリシアに先立って、まずはルーシにおいて始められたのであり（これが「ヴァリャーギ」である）、その意味で「ギリシア人がこの語をロシアから受け入れた」ことも明らかである。「この語がギリシアで成立し、後にロシアにもたらされたなどと考えるのはばかげている」のである[21]。

おそらくトムセンは、自ら意識することなく（というのも彼はここで先行研究にまったく触れることがないからである）、すでにみたゲデオーノフやヴァシリエフスキーの立場を踏襲し、後のメリニコヴァ／ペトルーヒンの見解を先取りしていたと言ってよい。

トムセンの見解は以上にみた通りであるが、誤解を避けるため付言しておくと、彼がこの語の語源をスカンディナヴィアに求めていることは確認しておきたい（古スカンディナヴィア語 Old Norse の væringi、原ノルド語の *vāring-、その語根は vār）[22]。ただし彼がそれをスカンディナヴィアでは「半ば外来語 a half-foreign word」であったとしていることも[23]、また興味を引くところである。トムセンがここで言わんとしているのは、この語が北方ではもっぱら「ギリシア皇帝の護衛隊に勤務したスカンディナヴィア人」を指す語としてのみ存在したということである。つまり彼の考えでは、この語は本来のノルド語にはなかった。「スカンディナヴィア人」を指す語として本来的にあった語ではなく、ビザンツから帰郷したスカンディナヴィア人によって持ち込まれたのである。「半ば外来語」というのはそのような意味である。この語が本来スカンディナヴィアには存在しなかったと断言する研究者が少なくないのも[24]、このような意味においてであると考えることができる。

二十世紀二〇年代のＦ・Ａ・ブラウンの見解もみておこう。

ブラウンは一九二五年に発表した論文（「ルーシにおけるヴァリャーギ」）において、おおよそ次のような見解を表明した。

この語がスカンディナヴィア起源であることは明らかであるが、ロシア語形は古スカンディナヴィア語 væringi を忠実に反映している。それはロシア（ルーシ）では最初は特権的な、つまりルーシ法の特別の庇護下にあるスウェーデン人（商人であれ戦士であれ）を意味したが、やがて急速にスウェーデン人一般の意味をもつにいたり、十世紀になるとアラブ語に（varank）、またギリシア語（ヴァランゴイ）、さらにはスカンディナヴィア語自体に入るにいたった。スカンディナヴィアではこの語はもっぱら「ビザンツのヴァランゴイ」、すなわち「ビザンツ帰りのスカンディナヴィア人」の意味で用いられた[25]。

ブラウンの見解の全体が受け入れ可能なものであるかどうかは、もちろん問題となる。たとえば、「ヴァリャーギ」がルーシで最初に「特権的なスウェーデン人」を意味したとする点、またこの語がルーシからまずはアラブへ、その後にギリシアへ入ったとする点など、細部においてはいまだ検討を要する点があるだろう。ただこの語がまずはルーシで成立し、その後アラブやギリシア、またスカンディナヴィアへ伝えられたとする点では、先のトムセンの見解に相通じることは確かであろう。メリニコヴァ／ペトルーヒンの見解に一定の研究史的根拠があることはここでも確認される。

同じく二十世紀前半のデンマークの著名なスラヴ学者A・ステンダー＝ペーターセンの見解も重要である[26]。彼によれば、ヴァリャーギ（Väringer）の原初的意味に関するトムセンの理解は正しい。すなわちトムセンは、Väringer がルーシの地では元来戦士という意味ではなく、地理（エトノス）的な意味を有していたことを主張したが、この点で彼の見解に無理はない。ただし十分に正しいというわけではない。つまりトムセン説には修正が必要なのである。それは初期のルーシ諸公（彼らも北方系である）が新たに到来した同郷人を「被庇護人」（Schützbürger, protégé）として自己の配下においたことを裏付ける史料はないからである。

St.‐ペーターセンによれば、ヴァリャーギとは、本来、早い段階（古ルーシ国家成立以前）から北部ルーシに出現し、ヴォルガ川経由でイスラーム諸地域との東方交易に従事した商人であった。彼らは交易に伴う安全確保のために特別の団体を結成し、その団体への参加に際しvārar（安全、保証、相互間の責任義務）を相互に提供しあったスカンディナヴィア系商人仲間であり、それが原ノルド語で*vāringjar と言ったという[27]。つまり彼は、東方ルーシ方面に進出した初期のスウェーデン人を主に東方（ヴォルガからさらに南方）との交易を目指す商人とみなし、ルーシ諸公（とまだ成立以前の、あるいは成立して間もないルーシ「国家」）とは無縁の存在であったと考えているのである。

この語がその後の歴史において意味的にどのような変化を遂げたかについて、St.‐ペーターセンは最終的に次のように問いつつ、それへの回答を求めようとしている。

「はたして、ヴァリャーギ（*varęgъ/var’ag）の語はそもそもスラヴ人にとって本来的にたんにスカンディナヴィアから到来した異郷人全般を意味し、そこから後に諸地域の産物を求めて広く歩き回る商人（異郷出身の、そして後に国内の）を指す語へと特殊化したのであろうか［ここで「国内の」と言う時、St.‐ペーターセンはこの語が「今日」のロシア語の一部方言において有している意味（村々を回りあらゆる物資の買い付けをする者）を念頭においている。ダーリ『註解辞典』参照］。それともこの語は、最初から異郷出身の北方商人を指しており、後にキエフ・ロシアにおいて初めて北方の異郷人一般という意味が導き出されたのであろうか[28]。」

St.‐ペーターセンがヴァリャーギについて論じた一論文の末尾で提起したこの設問には理解の難しいところがある。彼はこの語の意味として二つの要素しか念頭においていないからである。すなわち「北方出身の異郷人」（もっぱらエトノスの問題）、そして「（北方出身の、後には「国内の」も含む）商人」（社会的性格の問題）の二側面であり、彼はそのいずれが原初的かという問いを最後に解決すべき課題として提起したのである。ここには「ヴァリャーギ」について通常問題とされるもう一つの側面が完全に抜け落ちている。それは「戦士」や「傭兵」すなわち武装集団としての政治・軍事的な側面である。したがってSt.‐ペーターセンの上記の問いの意味を理解するには、彼がそもそもスカンディナヴィア人の東方への進出をどのようなものと考えていたのかを知る必要がある。

まずSt.‐ペーターセンが、スウェーデン人を主とする北方人の東方への進出を西方へのいわゆる「ヴァイキング」（主にデンマーク、ノルウェー人）の活動とは明確に区別し対照的に考えていることに注意しなければならない。彼によれば、スウェーデン人のルーシ等東方への進出は「名も知れぬ農民・植民者」の「平和的膨張」であり、「自然発生的な前進運動［膨張活動］」であった。その点で略奪と征服をもっぱらとする西方へのヴァイキングとは性質を異にしていた。[29] こうした捉え方が正しいかどうかはおおいに問題となるが、[30] 少なくとも彼が最後に解決すべきと考えた東方への進出者（ヴァリャーギ）の問題で、軍事的側面を完全に捨象しているのは、こうした理解が背景にあると考えられる。

さて最後の問いに対する彼自身の回答が先の二要素の後者（北方から来た商人の意味を原初的とする）であったことは、すでにみた通り、明らかである。かれは原義をエトノスと考えたトムセンとはこの点で逆の立場に立っているのである。

この語の意味のその後の変遷は、St.‐ペーターセンによれば以下のごとくである。

北部ロシアにおいて商業的な意味で理解されたヴァリャーギの語は、その後キエフを中心とした国家が形成される段階になると、もっぱらスカンディナヴィア出身者全般を指すようになる。そして十世紀末、とくに十一世紀になってルーシ諸公に仕える北方出身の傭兵が大挙ビザンツを目指すに至って、スラヴ語でエトノスを指したこの語もビザンツ（ギリシア語）に入る（ヴァランゴイ）。後者はノルド語の *væringi* を基にできたのではなく、スラヴ語「ヴァリャーギ」の相当に厳格なギリシア語表現（再現）とみるべきである。当初ガルダリキ（ルーシ）経由でビザンツ入りした北方人は十一世紀になるともっぱらビザンツ皇帝軍への勤務を目指すようになり、ヴァランゴイは次第に北方出身者の皇帝警護兵という狭い意味をもつようになった[31]。

St.－ペーターセンの以上のごとき見解が、ヴァリャーギの語がルーシで成立し、その後ギリシアにも伝えられたとする限りにおいて、後のメリニコヴァ／ペトルーヒンのそれを思わせるものであることは明らかであろう。

St.－ペーターセンとの関連で、『原初』の英訳者でもあるイギリスの研究者S・H・クロスの見解も興味深い[32]。クロスはヴァリャーギの原義をスカンディナヴィア商人とみるSt.－ペーターセンの立場を承認する一方で、この語の成立時期と場所の問題に関しては、大きく異なる見解を表明する。すなわちクロスによれば、ヴァリャーギの語はノヴゴロドを中心とする北部ロシアで成立したが、南方のキエフでは「専門用語」としては十世紀中頃までは（少なくとも九四五年以前には）知られることがなかった。そう考えられる理由は、十世紀に数次にわたって結ばれたビザンツ・ルーシ間条約にこの語が現れないからである。他方、この語がゲルマンやスカンディナヴィアの民族名を指すようになるのはビザンツにおいてであり、キエフではこの用法がビザンツから採用されたという。彼はさらに、この語法がビザンツで用いられるのが十一世紀になってからのことであると主張する（史料における初出は一〇三四年）。このことは皇帝レオン六世（八八六～九一二年在位）の艦隊に仕えたスカンディナヴィア人が「ヴァランゴイ」ではなく「ロース」と呼ばれていたことからも裏付けられるという。つまりクロスによるならば、スカンディナヴィア人を指す用法がキエフに伝わるのは、十一世紀中葉以降（ヤロスラフ賢公治世後半）という相当に遅い時期になってからのことなのである[33]。

キエフで用いられたヴァリャーギの語がビザンツのヴァランゴイから影響を受けて成立したとするクロスの見解は、トムセン以前の旧説に戻るものであり、St.－ペーターセンはもとより、メリニコヴァ／ペトルーヒンの説とも相容れぬものと言ってよい。

引き続いて、「ヴァリャーギ」の原初形について特別に論じたG・ヤコブソンにもふれておこう。後に検討するシュラムが、クロスと並んでこのヤコブソンの研究をも考察の対象としているからである。

ヤコブソンは一九五四年の論文において、とくに言語・音声学者としての立場からこの問題に取り組んでいる。(34) 本稿の著者が問題の言語学的な側面に深く関わる点について独自の判断を下すことはできないが、ヤコブソンの言わんとするところを追ってみたい。

ヤコブソンによれば、古ルーシ語の var'agъ は古ノルド語の *vàringr に遡るとする見方が今日一般に受け入れられている（こうした立場はたとえば既述のごとく、クーニクやトムセンにみられる）。だが原初形とされる古ノルド語が古ルーシ語や、とくにギリシア語（βάραγγος）やアラブ語（warank）の基盤になりうるかという音声学上の疑問は相変わらず残っているという。すなわち、原初形と推測される語の接尾辞が -ing- であるのか、それとも -ang- であるのかが問題なのである。問題をこのように設定した上で、ヤコブソンは、これをクーニクなどのように *varing- の形と見ることはできず、*varang- をこそ原初形と考えるべきであると主張する。ヤコブソンによれば、古アイスランド語に現実にみられる væringiar の語は、「半ば外来語 un mot à demi étranger」と考える必要がある。それは常に、ビザンツで皇帝の軍に勤めたスカンディナヴィア人のことを指し、語自体はスラヴ人の地に住むスカンディナヴィア人「ルーシ」の間で成立した。後にこの語が古アイスランド語（スカンディナヴィア）にもたらされ、もっぱらビザンツ帰りの北方人を指すものとして用いられるようになったとするのである。

væringiar の語が北方では「半ば外来語」とするヤコブソンの見解は一見して上に見たトムセンのそれに類似しているように見えるが、(35) 古ノルド語の原型をどう想定するかという点では、両者は異なっている（トムセンの *vāring

に対し、*varang とする）。もしヴァリャーギやヴァランゴイが古ノルド語に遡及されるとするならば、後者の如くに想定する必要があるとする主張である。ここでその是非を検討することはできないが、本稿にとって重要なのは、ヤコブソンが、スカンディナヴィアの væringiar を「スラヴの地［ルーシ］で生まれた原形の後代の適応形」としていることである。[36] 彼は後のメリニコヴァ／ペトルーヒンとは異なって、この語がルーシからギリシアに入ったとは考えない。むしろ逆に考えている。すなわち彼は、自らに先立つフィンランド人言語学者A・J・シューグレンの見解を肯定的に紹介していることからもうかがえるように、古ノルド語の原初形（*varang-）があくまでも出発点にあり、それがギリシア語に直接取りいれられた（いうまでもなくギリシアに到来した北方系傭兵を通じてである）と考えている。ルーシ語の場合には、直接古ノルド語から入った（ないし場合によってはギリシアを経由しての可能性も排除しない）と考えている。つまり後にスカンディナヴィアで現実にみられる形はルーシにおける形を受け継いだものだとしても、元来の形は古ノルド語（*varang- の形）にあったと推測すべきであるというのである。そしてそれがヴァランゴイとなり、ヴァリャーギともなったと主張したのである。スカンディナヴィアに現実に見られる形と完全に異なる原初形を想定する見解の是非を論じる能力は筆者にはないが、ヤコブソンが少なくともこの点でメリニコヴァらとは逆の立場に立つことは明らかである。[37]

Ⅲ

さてヴァリャーギ問題にこれまでもっとも本格的に取り組んだ研究者の一人は、（西）ドイツのG・シュラムであろう。とくに「ヴァリャーギ」問題を直接論じたその一九八三年論文が重要である。[38]

シュラムは最初に、一九七〇年にソヴィエトの研究者A・G・クジミーンがこれまでの学界の定説を大胆に批判しながら主張した、「ヴァリャーギ」＝西スラヴ人（バルト海西部南岸地域に居住するオボドリト族など）説を取り上げ、詳細な批判を展開しているが[39]、それについてここでは立ち入らない。クジミーンの主張がその後大方の支持を得ることができなかったばかりでなく、本稿の著者自身がすでに指摘したように、かれの場合反ノルマン主義的立場が前面に出すぎており、それが学術的価値を著しく損ねる結果になっていると考えるからである。[40]

本稿にとって直接関係するのは、シュラムのヤコブソン批判に関わる部分である。

ヤコブソンに対するシュラムの批判は次の文章に簡潔に示される。

「われわれが発端に古ノルド語の *wāring- をおく伝統的シェーマを最適な解決策として復活させるなら、〈ヴァリャーグ〉(varjag) と〈ヴァランゴス〉(varangos) の系統［親子関係］を逆立ちさせるようなあらゆる無理をせずにすむ。〈ヴァリャーグ〉が〈ヴァランゴス〉を説明するのであって、その逆ではないのである。[41]」

すなわち、シュラムはヤコブソンが音声学的な視点から古ノルド語の *vǣring- ではなく、*varang- を原初形としていたのを批判して、「伝統的なシェーマ」、つまり前者を原初形とする見方を復活させるなら、すべては無理なく解決できるとしたのである。ヤコブソンはビザンツの「ヴァランゴス」を直接古ノルド語（シュラムはこれを *wārangR と表記する。ヤコブソンは *varang- としていた）に遡及させようとしたが、それが問題なのである。ヤコブソンが古ルーシの「ヴァリャーグ」を（古ノルド語に発するとはいえ）ギリシア語を経由して成立したかのように主張することも誤りである。正しくは、ビザンツのヴァランゴスの -an- は、古ルーシ語ヴァリャーグの -ja- （こちらは古アイスランド語 væringiar の -in- からきている）を置き換えたものであり、「ヴァランゴス」が「ヴァリャーグ」を基に創られたと考えるべきなのである。

シュラムの以上のごとき主張に対する説明をさらに追ってみよう。

彼によれば、これらの語の原初形は、「古典的な」説に従えば、古アイスランド語の væringi である。ルーシに古ノルド語の *wāring- の形が入ったのは八五〇年頃と推測される。*wāringjan- (Wäringer) の語は、トムセンの主張したように、異郷の君主の下に仕え「保護を求めた」個々のスカンディナヴィア人ではなく、ある団体の成員を意味した。væringi の語中の vár は、「保護」でも「誓い」でもなく、団体（組合）員間の「誠実」に基づく結合関係を表している。シュラムによれば、*wāringjan- の語がどのような団体的関係を指したかについては、諸説入り乱れているが（St.-ペーターセンは商人組合の成員間の相互扶助を、クーニクは「傭兵隊員の君主に対する忠誠の誓い」を考えているなど）、この語のルーシでの出現が九世紀中頃と推測されることを考慮すると、いずれの説も成り立たない。この時期の公権力が未発達で、商人に特権を授けたり、傭兵を多数抱えたりしたとは考えられないからである。シュラム自身はこの語の原初的な意味を「ノルマン人長距離遠征隊の成員」と考えている。遠征隊員は相互に誓約し合い、集団をなして諸方へ遠征に繰り出したが、かれらはヴァイキングのように沿岸（vík「湾」）を中心に略奪活動を行ったのではなく、奥地にまで入り込み、略奪のみならず交易にも従事した。

それは北部ロシアではとくに交易（商業）に従事し、やがて一定の治外法権と法的優遇措置を受けるようになった（『ルースカヤ・プラウダ』における「ヴァリャーギ」と「コルビャーギ」）。他方、かれらが南方キエフに進出するようになると、諸公により傭兵としても雇用され、かくて「スカンディナヴィア人傭兵」の意味合いが強まり、やがてはスカンディナヴィア人そのものを指す語となる。すなわちヴァリャーギはキエフにおいて、原初的な「遠征隊（員）」から北方出身の「傭兵」の意味に変化した。キエフでは元来が北方系の諸公・貴族層がスラヴ化した後にもスカンディナヴィア人の雇い入れが続き（イーゴリの九四一年、ウラジーミルの九七七年、ヤロスラフの一〇一四年）、そしてこれをビザンツも受け継いだ(九八〇年以後)。このころには「ルーシ」の語はすでに原初的な「スカンディナヴィア人」という意味を喪失し、スラヴ人を指すようになっており、「ヴァリャーギ」が代わってスカンディナヴィア人を指すものとして用いられた。

シュラムは、純エトノス的な意味がビザンツで成立したことを主張したS・H・クロスをも批判している。すなわちクロスは、ビザンツではヴァランゴイは最初「スカンディナヴィア人傭兵隊」の意味で用いられたが、やがてそれが純エトノス的意味で使用されることになった、そしてビザンツにおけるこの意味変化がその後ビザンツ文献を通じてキエフにも持ち込まれたと主張した。これに対しシュラムは、ヴァリャーギ部隊はビザンツに先駆けてキエフで成立したと考える。そしてかれらがビザンツへ大挙して進出する以前に、古ルーシ語では、「ヴァリャーギ」がスカンディナヴィア人を意味する語となっていた。既述のごとく「ルーシ」の語が「スカンディナヴィア人」の意味を喪失していたからである。つまりスカンディナヴィア人傭兵からスカンディナヴィア人一般への意味変化はまずロシアで起こったのである。北方の戦士を多数受け入れるようになったビザンツでは、初めからこの語（ヴァランゴイ）は双方の意味で用いられた。そこでは「ロース」がすでにスカンディナヴィア人の意味を喪失しており、キエフにおけると同様に「ヴァランゴイ」がエトノスをも指す語として用いられたのである。

ところでシュラムはギリシアのヴァランゴイ部隊が九八〇年頃を境に成立したと考えている。彼があげる九八〇年というのは、すでに記した通り、『原初』で、キエフを占領したウラジーミル公に対し、彼の下にいたヴァリャーギの一部（むしろ相当部分と考えるべきかもしれない）が報酬をめぐって不満を表明し、公の了解を得てビザンツへ向かったとされる年である。また同年代記に記述はないものの、九八〇年代中頃には、内乱に悩むビザンツ皇帝がルーシに援軍派遣を要請し、ウラジーミルがこれに応えて大軍を派遣したこともあった。(42) シュラムはこれを重視して、キエフを活動場所としたヴァリャーギがビザンツに向かい、その地でヴァランゴイ部隊の成立を促したと考えたのである。この見解はまさにメリニコヴァ／ペトルーヒンが主張したところであり、研究史上においても、しばしばみられたものであった。シュラムの視点はメリニコヴァ／ペトルーヒンと言語学的分析の面では相当に異なる部分があるが、(43)

大筋で重なるものであることは確かであるように思われる。著者が先の拙著において、シュラムがあたかも両者とは対極に立つ研究者であるかのように記したのは、明らかな誤りであった。

著者は、本章でヴァリャーギをめぐる研究の歴史を再検討したいまとなっては、メリニコヴァ／ペトルーヒンが一九九四年にまとめて提唱した見解が、当初思われたほどに孤立したものではなく、むしろ相当数の研究者によって共有されていること、それだけでなく相当に説得的であるとすら感じている。いまの時点でこれが絶対というわけにはもちろんいかないが、ある程度の見通しは付けられたように思っている。

第五章　「小ロシア」考

――ロシア、ウクライナの歴史的呼称、用語をめぐる覚書――

はじめに

ウクライナはかつて「小ロシア」と呼ばれたことがある。これに対しロシアは「大ロシア」であった。これらの語が今日公式的に使用されることはないが、ロシア帝国時代には通常の用語であった。これらの語をめぐっては今日さまざまな疑問が投げかけられている。はたしてこれらはたんなる地名であったのか。そこに何らかの価値判断的なニュアンスが含まれるということはなかったのか。それにしてもそれらは一体いつ頃から用いられた語なのか。そもそも両者はなんらかの関連性を有する対語であったのか。時代によって使われ方、また意味合いが異なるということはなかったのか等々、ロシアとウクライナの関係の歴史的変遷について明らかにするためには、両語また「ウクライナ」その他の語について、改めて吟味してみる必要がありそうである。

本章では両語のみならず、ロシア、ウクライナ、またベラルーシの、通常東スラヴといわれる民族の数ある歴史的呼称のなかのいくつかについて考えてみたいと思う。もっとも、言うまでもないことだが、この問題はそうたやすく結論がえられるようなものではない。個々の呼称について、史料に基づく厳密な考証が要求されるからである。この場合あらゆる史料が対象となりうるが、それは広範囲にわたり、数的にも膨大、かつ現れ方はきわめて多様、また散発的、断片的である。年代記類はもちろん重要であるが、当該部分がいつ書かれたか（あるいは編まれたか）、写本ならば、いつのものなのかを特定することが前提となる。外交文書を含むその他の事務行政文書も不可欠である。聖者伝や文学作品も当然対象となるが、その取扱いには慎重を要する。内容の虚構性という問題だけでなく、多くは後代の写本でしか伝わらないからである。その他書信や私的覚書の類なども考慮される必要がある。一方、原史料（文書）があっても、それらを実際に手にとって見ることは簡単ではない。加えて、研究者には歴史学のみならず言語学の専門知識も要求されてくる。端的に言って、筆者には歯のたたない課題としか言いようがない。だがだからといって手をこまねいていてよいということにはなるまい。そこでこれまでに発表された諸研究のなかから筆者が入手しえた限りの文献を検討し、その知見をまとめてみることとした。もっとも、それらの研究自体、問題を抱えている場合が少なくない[1]。たまたま手にした文献に基づいて、安易に結論を導き出すわけにはいかない。したがってここでの試みはたんなる暫定的な研究ノート以上のものではない[2]。

Ⅰ　「大ローシア」と「小ローシア」――キエフ・ルーシから十四世紀まで――

最初に、ロシアとウクライナがいつ頃から、「大ロシア」や「小ロシア」と呼ばれるようになったのかについて考えてみたい。

「大ロシア」や「小ロシア」の場合には、そもそもルーシ人の言語（これを「ルーシ語」と呼んでおこう）に「ロシア」という語が現れてからのことであるので、早くとも十四世紀末以降のことである[3]。それ以前には現ウクライナやロシアの一部地域は、基本的に「ルーシ」、または「ルーシの地」と呼ばれた。「ルーシ」に「大」や「小」を付す例があったかどうかは微妙である。たしかにキエフ・ルーシの時代にも「大」を付しての呼び方はあった。ただしその多くはギリシア語文書（コンスタンティノープル総主教庁やビザンツ皇帝官房のルーシ関連の、ないしルーシに送付された文書）においてであり（ルーシでは府主教をはじめとする高位聖職者の多くがギリシア出身者であった）、「大ローシア」（ἡ Μεγάλη Ῥωσία）の形をとっていた。それらがルーシ語で「大ルーシ」（いわんや「大ロシア」）と表記されることはなかったのである。[4] 一方、この時期に「小ルーシ」はおろか、「小ローシア」もほとんど現れることがなかったようにみえる。[5]

それゆえ「大ロシア」、「小ロシア」（あるいは「大ロシア人」と「小ロシア人」）の語について問題となるのは、キエフ時代より後、具体的には後述するが、とくに「大ロシア」の場合は十六世紀になってから、「小〜」の方はそれよりやや遅れて、十六世紀後半になってからのこととなる。

だが他方、「大ロシア」、「小〜」の語は、上述のとおり、近代になって突然現れたわけではない。とくにギリシア語の「大ローシア」は遅くとも十二世紀には、また「小ローシア」もギリシアやラテン文献において十四世紀には用いられていたので、「大・小ロシア」には中世以来の伝統があって、その伝統を近代の呼称も何らかの形で受け継いで使用されたと考えることができる。それゆえまずは中世における用例からみていく必要がある。

A・(V)・ソロヴィヨフは「大ルーシ」がすでに十二世紀には知られていたと主張する。ただしその際の典拠は、「ボリス・グレープの物語」中の一節（v Rus'skei storone velitsei）であり、[6] これを根拠にできるかどうかは疑問である。ここは「大いなるルーシの国」と訳すこともできる箇所で、固有名詞（地名）の「大ルーシ」とは別に考えた方がよいと思われるからである。

筆者の考えでは、この問題についてもっとも考慮に値する観点を提供するのは、A・V・ナザレンコとB・M・クロスである。

まずナザレンコによれば、「大」を付してルーシを呼んだ最初の例は十二世紀ビザンツのある教会関連文書である。そこに「大ローシア」の語が現れる。その一方で、この時期、通常「大ローシア」の対語とみられる「小ローシア」はまったくみられない。それゆえ両語の出現時期（起源）は同じではなかった。少なくとも当初、両語は別々に、まず「大ローシア」が現れ、「小～」の出現はだいぶ後のことであったという(7)。

それではこの場合「大ローシア」はどのような意味をもち、なぜビザンツ側はルーシをそのように呼んだのか。ナザレンコは十二世紀六〇年代のキエフ府主教（コンスタンティノス二世）の印璽上に「全ローシア」（πάσα Ῥωσία）の語が現れることを指摘する(8)。そのうえで彼は、「大ローシア」が「全～」と同じ意味で用いられたと考えた（その際おそらく後者「全ローシア」のほうがより始原的な基本形であった）。「大ローシア」は「小～」やその他の語（たとえば「新～」）の対語ではなく、キエフ府主教座の一体性を強調しようとするギリシア教会（総主教庁）の用語で、「全ローシア」の意味であったというのである。この時期府主教座がキエフ以外に、チェルニゴフやペレヤスラヴリにもあったと推測されることを想起するならば(9)、ルーシ教会の分裂傾向を危惧した総主教庁がキエフ府主教を「全ローシアの」、あるいはそれと同じ意味で「大～の」と呼ぼうとしたことも理解できる。初期のルーシ府主教は、総主教庁では通常たんに「ローシア」（ルーシでは「ルーシ」）の府主教と呼ばれた。そこには「キエフの」も「全ローシアの」も付されていなかった。それがある時期に「全ローシア」また「大～」の府主教と呼ばれたのは、ルーシ府主教座の一体性が脅かされたからにほかならなかった。総主教庁はルーシ府主教管区の一体性の維持に腐心していたのである。

では「小ローシア」のほうはいつ現れたのか。上述のように、そして多くの論者が同意するように、この語は、十三世紀末～十四世紀初めに始まったルーシ府主教座の、キエフから北東ルーシ（クリャジマ河畔のウラジーミル）への移転（遷座）の動きとともに使用されるに至ったと考えられる。[10] すでにモンゴル軍のルーシ侵入（一二三八～四二年）後の最初の府主教であったキリル二世（一二五〇頃～一二八一年）がその任期前半のほとんどを北東ルーシ（スーズダリ‐ウラジーミル地方）で過ごしている。キリルがウラジーミル大公アレクサンドル・ネフスキーと親密な関係を取り結んだことも知られている。[11] キリルの後を継いだマクシムはキエフを完全に離れ、一二九九／一三〇〇年に居所を北方のウラジーミルに遷した。その後モスクワ公の国土統一事業を支持したピョートル（一三〇八～二六年）以降、府主教の座所はモスクワと永続的に結びつけられることとなった。

このような動きは、当時、旧キエフ・ルーシの西部地方における有力な勢力であったガーリチ‐ヴォルィニや、この地域への進出が急であったリトアニア、そしてポーランドの反発を招くこととなった。それらはたびたびコンスタンティノープルに働きかけ、自領内の正教徒の司牧（また管轄）のため独自の府主教座の設置を働きかけた。かくて十四世紀にはウラジーミル（後にモスクワ）を含め、二つ、時に三つの府主教座（管区）が並立することとなった。

このような状況の中で、総主教庁はとくにガーリチ府主教を「小ローシア」（ἡ Μικρὰ ʽΡωσία）の語を付して呼んだ。[12] これはガーリチ地方がそのように呼ばれていたからではなく、すでに存在する「大ローシア」に対応する語として、あるいは前者の一部を構成する地方の意味で用いられたと考えられる。その際「小～」はガーリチ‐ヴォルィニを中心とする地域で、キエフは含まれていなかったことに留意する必要がある。キエフは、その中心を北東地方に遷しつつあった「全ルーシ府主教座」の名目的座所であり続けたのである。[13]

かくて「大・小ローシア」の語は総主教庁官房の中で生まれ、ルーシの地理的現実を反映していたわけではなかった。古ルーシ史料にはこれらの語は現れない。それは後にモスクワ大公官房で採用されることになるが(Velikorossiia/velikorusskii, Malorossiia/malorusskii など)、最後まで法的官房用語に留まり、日常語となることはなかった。ルーシの住民（正教徒）が自身を「大ルーシ人」、「小ルーシ人」と呼ぶことはなく、言わばたんに「ルーシ（人）」(russkii)

を自称したのであった[14]。

以上がナザレンコの見解であるが、その最後にふれた部分（「大・小ローシア」の語が通常のルーシ語に転化することはなかった）にはクロスが鋭く反応し、独自の見解を表明している。ただそれについてみるのは後にして、ここでは「大、小ローシア」の語自体についてさらに検討を続ける。

さて、ナザレンコは「大ローシア」が「小～」に対応する語ではなく、当初単独で、しかも「全～」の意で用いられたと結論づけたのであるが、実は、それとは無関係に（ナザレンコ論文は比較的近年のものなので、必ずしも彼を批判してというわけではないが）、「大・小」をあくまでも対語と考えようとする研究者の多いことも確かである。たとえば、すでにふれたソロヴィヨフがそうである。彼も当初「大ローシア」が「全～」の意味で用いられたことに言及しているが、最終的には「大」は「北」を意味した（「小」は「南」）との立場に行き着いているようにみえる[15]。実はここで問題となるのは、「大」「小」が対語かどうかということもそうであるが、それ以上に、それぞれの語がいかなる文献で、どのような時に、どのような状況の下で用いられたのか、ということなのであるが、多くの論者はそういうことにはお構いなく、両語を一般化・普遍化し、あたかも常に対語的に現れるかのごとくに考えている。だが用いられた時期と場合を特定することが必要なのである。そのような意味で重大な疑念を抱かせるのが、著名な言語学者でソヴィエト科学アカデミー会員でもあったO・N・トゥルバチョフの場合である。彼もこの問題に重大な関心を寄せているのである。

トゥルバチョフは「ルーシ」民族起源問題について言語学の立場から活発に発言してきた。彼は一九八〇年代からスラヴの原郷をドナウ川中流域に求める古典的な（というか、今となってはもはやほとんど顧みられることのない）立場を表明していたことで名高いが、二〇〇二年にその集大成ともいうべき著書を出版した。『最古のスラヴ人の民族起源と文化』である[16]。その中で彼は、多くの国々・地域の歴史的地名に付された「大」や「小」に関し興味深い魅力的な見解を表明した。それによると、「小」は当該諸族の、本来の居住地域、すなわちその「中心地」を、「大」はその後に植民された新たな、副次的地域を指すという。その古典的な例が、古代ギリシア人のシチリアおよび南イタリア植民地を指した「大ギリシア」（メガーレー・ヘラス、マグナ・グラエキア）であり、「大ブリテン」（ブルターニュ地方からのケルト系ブリトン人の移住先）、また「大ポーランド」（ヴィエルコポルスカ、グニェズノ・ポズナン地方のこと）である。「大ルーシ（ロシア）」の場合も同様に考えられるという。すなわち「小ルーシ（ロシア）」が、「始原的ルーシ」（Rus' iznachal'naia）を意味するのに対し、「大ルーシ」は後に植民された「新ルーシ」を意味した。そこにはしばしば誤解されるような、差別的、価値判断的な意味はまったく含まれていなかったとする。[17]

たしかに魅力的な説である。似たような見解は研究史上より早くからしばしば表明されてきたこともよく知られている。[18] しかしこれをそのまま受け入れることはできるであろうか。以下この点について少々考えてみたい。

まずトゥルバチョフは、「大」「小」付きの地名の例を数多くあげて、そのすべてが同様の意味で理解しうると主張する。彼のあげる例は、ギリシア、ブリテン、ポーランド、ロシア以外に、さらにドイツ（マグナ・ゲルマニア）、フリギア、アジア（アシア）、モラヴィア（メガーレー・モラヴィア）、スコットランド（スコティア・マイオール）などに及ぶ。[19] はたしてそれらはすべて同じ意味で理解できるのであろうか。筆者にはこれらについてすべてをしかるべき手順を踏みながら検証する力量はない。彼がとくに力を入れているように見える「大モラヴィア」の例を見てみたい。[20]

九世紀の西スラヴ人最初の国家を「大モラヴィア国」と呼んだのは、ビザンツ皇帝コンスタンティノス七世ポルフィロゲニトス（在位九一三〜九五七年）と考えられるが、[21] 皇帝がそのように呼んだのは、トゥルバチョフによれば、いわゆる「モラヴィア国」（チェコ・モラヴィア地方）ではなく、より南方、ドナウ川の南のスラヴォニア（あるいはパンノニア）地方のことであった。モラヴィア国の領域は相当に広かったと推測されるので、そうした見解も成立する余地はあると思うが、チェコではなく、南方ドナウ川流域と明言することは、通説を真っ向から否定したものと考えてよい。こうした仮説が、言語学者としてのトゥルバチョフの長年の研究に基づいていることは言うまでもないが、アメリカの研究者I・ボーバの研究をも一つの拠り所としている。そのボーバは、八六三年にスラヴの使徒コンスタンティノスとメトーディオス兄弟が布教したとされる「モラヴィア」を、従来あまねく信じられてきた北方のそれではなく、パンノニアのシルミウム（現ベオグラード付近のスレム）であると主張していた[22]。

いまボーバのこれまた大胆な仮説を検証する余裕もない（トゥルバチョフ自身が記すように、それは当然予想されたように、各方面から厳しい批判にさらされ、ほとんど黙殺されたという）。ここでは本稿にとって重要な「大モラヴィア」をドナウの南の地域にみるトゥルバチョフの見解自体について引き続き見てみる。

彼によれば、皇帝コンスタンティノス七世が「大モラヴィア」と呼んだのは、本来のモラヴィア（チェコ）からのスラヴ人が植民した地方であるスラヴォニアの「モラヴィア」、すなわちサヴァ川とドラヴァ川（そしてスレマ／シルミウム）に挟まれた地域であったという（トゥルバチョフによれば、ドナウ流域には「モラヴァ」川とそれに由来する地名が数多くある。ドナウに南方から流入するセルビアのモラヴァもその一つであるが、彼はこちらを「大モラヴィア国」ととくに結びつけることはしていない）。皇帝自身が「トルコ人と隣り合う諸エトノスについて」の箇所（第十三章）で、トルコ人（ここではマジャール／ハンガリー人のことであろう）の西にフランク人、北にペチェネグ人、南に「大モラヴィア、スフェンドプロコス［スヴァトプルク侯］の国」があると記している。「北にペチェネグ」とあるのはやや気になるが、スヴァトプルク侯（在位八七一～八九四年）の国がマジャール人の南にあったとすれば、皇帝のいう「大モラヴィア」がドナウ以南に位置すると考えても不自然ではない[23]。

トゥルバチョフのこうした見解の背後には、スラヴ語とバルト語の始原的近親性（バルト・スラヴ共通基語時代）を否定し、スラヴ語が印欧基語から早期に直接的に分岐したとみる立場があり、そこからスラヴ原郷＝ドナウ中流域説も導きだされたと考えられるが、それと、「大モラヴィア」国を、上記の如く、本来の北のモラヴィア地方からの植民の結果、ドナウ以南の地に成立した国とみる彼の見解が、どのように結びつくのか、判然としない。何よりも、ビザンツ皇帝の記述中の「大モラヴィア」の「大」がトゥルバチョフのあげる他の諸例と同じ意味のものであるかどうかを問う必要性があるように思うが、どうなのであろうか。いずれにせよ、彼のスラヴ原郷＝ドナウ中流域説は、いわば『過ぎし年月の物語』以来の、古くて陳腐で非学術的な（学問以前の）見解、その後学界でほとんど顧みられることのなかった立場の繰り返しとみなされ[24]、これを今の段階で復活させようとする試みが驚きの念をもって受け取られていることは[25]、指摘しておくべきであろう。それについてもここで詳しくみる余裕はないが、彼自身がこの状況を認識して、学界の大勢に抗して必死に立ち向かおうとして研究人生の後半のほとんどを捧げたことが、ここで取り上げた彼の著書からよくわかる。トゥルバチョフ説を真剣に考慮する必要性を説く研究者も一部には存在するようであるが[26]、筆者としては、これを正面から取り上げ、適切に判断する専門家の現れることを期待するのみである。

それはともかく、以上からも推測できるように、トゥルバチョフの「大モラヴィア」に関する説は、直ちに受けいれることのできるような仮説とはいいがたい。同様のことは彼の「大ポーランド」（ヴィエルコポルスカ）論についても言えるように思う。

トゥルバチョフによれば、ポーランド人の祖先は、スラヴの原住地と彼が考えるドナウ中流域から北に向かって移動し、ヴィスワ川源流地方を経て北部および北西方面へと向かい、漸次ヴィスワ - オドラ両川間地方に定住するに至った。「大ポーランド」と「小〜」の呼称がそれを物語っているという。すなわち彼はここでも「小ポーランド」を始原的、「大〜」を前者からの植民の結果できた二次的地方と考えているのである[27]。しかしながらこれは通常の「大・小ポーランド」の語の理解とは異なり、未だ歴史時代以前の、おそらくは紀元前にまで遡る時代のことを考慮したもののように思われる。通常、これらの語は精々が紀元十世紀のピアスト朝の建国以来のことに関連するものと理解されているのである。すなわち、これらの語が史料に現れるのはピアスト朝国家建国後大分経ってからのことであり、それ以前にそうした呼称が成立していた形跡はないと言ってよい。したがって以上のごときトゥルバチョフの見解は、従来の通説（とりわけポーランド史学の立場）を完全に否定するものと言ってよい[28]。

はたしてこれを受け入れることはできるであろうか。たしかにクラクフが十四世紀から十七世紀初頭まで統一ポーランド王国の首都であったことを根拠にしてか、「小ポーランド」をポーランドの「中心」、「大〜」を周辺部と考える者もいないわけではない[29]。しかしながら、最初のポーランド国家の首都グニェズノとその周辺地方、すなわちいわゆる「大ポーランド」を最初の中心、クラクフなどの「小〜」を後にこれに統合された地域とみるのが通常の見方ではないであろうか。

かくて今のところトゥルバチョフの見解には問題が多すぎるように思われる。なかでももっとも問題と思われるのは、彼の考察が言語理論偏重であることである。歴史時代（起源五、六世紀以降）の史料におけるこの語の現れ方の分析がほとんどなされていないのである。加えて、考古学や歴史人類学、先史（古）人口学、気象学等々の研究成果との突き合せがなされていないことも気になる。仮に理論的に一定のことが言えたとしても、史料上における用語の現れ方が、「理論」通りであるとは限らない。「大」であれ「小」であれ、時代と状況によって意味が変化することも当然考えられる。いわんや国や地域が異なれば、語の用い方も異なるということはむしろ普通である。「小ロシア」の場合、後述するように、近代ウクライナ人自身が進んでこの語を使用した例が少なくない。逆にこれが差別的な意味をもち忌避された例にも事欠かない。ソヴィエト時代にこの語が使用されなくなったのは、それが否定的意味を含むと認識されたためであっただろう。トゥルバチョフにはこうしたことに対する配慮が十分でないように思われる。

「大・小ロシア」の問題に戻ろう。

先に、ナザレンコが「大ローシア」を総主教庁の奥深くで生み出された用語で、ルーシで実際に使用されることはほとんどなかったと主張し、これに対しクロスが批判的に応じたことにふれた。この問題は「大ローシア（ロシア）」の語のその後の用法に関わる重要な論点であるので、ここでとくに考えておきたい。

既述の如く（本章注3）、クロスによれば、「ロシア」の語がルーシ（ないしルーシ語文献）に初めて現れたのは十四世紀末のことである。いうまでもなくその後もしばらくの間は「ルーシ」が主に用いられた。だが「ロシア」の方も次第に、十五世紀後半からは急速に普及し、遅くとも十七世紀から十八世紀初頭にはこちらの方が優勢となる。

一方、「大ロシア」の方の出現はやや遅れ、十六世紀になってからのことであるが（最初は「大ルーシ」の形をとった）、その後は急速に広がる。[30] この語にまず関心を示したのは、ビザンツ帝国滅亡（一四五三年）後のコンスタンティノープル総主教庁であった。その背景にあったのは、かつて単一であったルーシ府主教座の二つの部分（モスクワとリトアニア東部正教徒地域）を明確に区別する必要が出てきたことである。とくにこの時期にロシア・リトアニア間の、国境地域をめぐる対立の激化したことが大きかった。総主教庁は唯一の正教国となったモスクワに肩入れする動きを強めたと推測される。まず一五〇八年には聖アトス山の総院長（prot）パイーシーがモスクワ大公ヴァシーリー三世に宛てた感謝状で大公を「大ルーシの専制君主」と呼んだ。「大」はルーシ全域の意であると同時に、「専制君主」の語と同様に、何よりも相手を称える語と考えることができる。同年、同聖山パンテレイモン修道院掌院サヴァも同公に宛てた書簡で「大ルーシのモスクワ大公」の表現を用いている。一五一六年には総主教テオレプトスがモスクワ府主教に宛てた書簡の中で、同大公を「全正教の地、大ルーシのツァーリにして王」と呼んだという。[31]

一五一九～一五二一年には、一時モスクワ府主教に任じられたこともある老スピリドン‐サヴァの有名な「書簡」が、ヴァシーリー三世を「大ロシアの自由な専制君主にしてツァーリ」と呼び、「大ルーシ」ではなく、「大ロシア」（Velikiia/-kya Rosiia）の表記を用いた。今のところこれが、「大ロシア」の知られている最初の例といえそうである。

この「書簡」はモスクワ国家の公式的政治理念の核心をなす「モノマフ帝冠伝説」と「アウグストゥス後裔伝説」を含んでおり、そのこともあって「大ロシア」の語はこれ以後モスクワ国家において広く普及することになる。[32]

「大ロシア」の語のその後の用例について詳しくみることは控えるが、イヴァン雷帝治世だけでも次のような例があげられる。

まず一五五一年の「ストグラフ（百章）」におけるツァーリ・イヴァンの「自筆書簡」の箇所[33]、また十六世紀五〇年代の公式的年代記の一つ『皇（帝）国の始まりの年代記』[34]、さらに『スチェペーンナヤ・クニーガ』[35]などに「ロシア」や「ロシア皇（帝）国 Rosiiskoe tsarstvie」と並んで、「大ロシア」の語が散見される。イヴァン雷帝とアンドレイ・クールプスキー公のよく知られた『往復書簡』では、ツァーリ自身がその第一の返書の標題に「大ロシア」の語を使用している（ただしその一度限りであるが[36]）。

さらに一五五五年からは、具体的な典拠をあげることは省略するが、コンスタンティノープル総主教をはじめとする東方諸教会の総主教らがイヴァン雷帝やモスクワ府主教マカーリーを「大ロシアのツァーリ」、また「全大ロシアの府主教」と呼び始めている。さらに一五八四年のフョードル・イヴァーノヴィチの戴冠式規定、一五八九年のモスクワ総主教座創設決議書、一五八八〜一五九四年のロシア・ギリシア間外交文書等々と時を追うごとに「ロシア」、「大ロシア」の語の使用が頻繁になっていったことが確認される。[37] 教会関係ではどちらかといえば「ルーシ」の語が依然として優勢であったが[38]、この場合でも「ロシア」の語が散見される事態となっている。従来の研究者が十六世紀の諸文書に十分な注意を払わず、ルーシ（ロシア）における「大ロシア」の語の出現を十六世紀後半から世紀末以降（場合によっては十七世紀）のことと考えたり、使用されることはほとんどなかったと主張したりする傾向が強かったといえるが、これは今や見直されるべきであろう。[39] クロスの徹底した史料研究がそれを示している（彼は常に諸文書の原本を突きとめ、当然のことではあるが、実際にそれにあたって検討することに努めたのである）。

それはともかくとして、クロスがとくに注目した十六世紀の例では、「大ロシア」の語は「小ロシア」とは必ずしも対比されず単独で用いられ、その多くがモスクワ国家(とその君主)を称える意味であったことが明らかである。「小ロシア」が併用されなかった理由を明らかにすることは困難であるが、モスクワ国家が正教国であるのに対し、「小ルーシ」(つまりかつてのキエフ地方)がもはやそうではないと考えられたことが大きかったように思われる。すなわち今やそれはカトリック圏に包摂され、その正教徒住民は宗教的抑圧にさらされるに至っていた。モスクワでは、「ルテニア人」と呼ばれるようになっていた彼らを、同じ「ルーシ人」と認識する志向が低下していた可能性が考えられる。モスクワの知識人にとっては、両者をことさらに並べて論じる必要もなく、自らの君主とその支配(モスクワ国家)を賛美するだけで十分であったと言ってよい。いずれにせよ、両語が対比的に用いられることがなかったという事実は、「大・小ロシア」が当時地名としてまだ定着するに至っていなかったことをも示しているように思われる。

II 「小ロシア」の出現とその後の展開——十六、十七〜十九世紀初め——

「小ロシア」(「小ローシア」)の語は、上述の如く、十四世紀初めにコンスタンティノープル総主教庁文書において初めて使用されたと考えられるが、その後はどのように用いられたのであろうか。

一般的には、こちらの方はそもそも用いられる頻度が低いと考えられている。たとえばA・ソロヴィヨフは、「小ルーシ」(Russia Minor)の語が、ガーリチ-ヴォルィニ公ユーリー二世の没(一三三九年)後、急速に使用されなくなったと主張する。(40) またボルシチャクは、この語(Mala Rosiia)が「書き言葉」であり、用例が少なく、一六〇〇年から一六五四年までの時期に知られるのは三度だけ(すべて教会関連である)と記している。(41) A・カペラーも「大・小ロシア」両概念が十六世紀にポーランド-リトアニア領内のウクライナ人(ルテニア人)によって「改めて」取り上げられたこと、その後「小ルーシ／ロシア」の場合は一六二〇年に新たに任じられたキエフ府主教の称号に、そして一六五四年以降はロシア・ツァーリの称号に採り入れられ、ウクライナの公式的呼称となったことを指摘している[42]。つまり彼も十四世紀から十六世紀のある時点まではこの語が使用されなかったと考えているのである。

したがって多くの研究者はこの点では一致しているようにみえるが、あっさりとそう結論づけるわけにはいかない。実は十四世紀に限って言えば、ソロヴィヨフらの主張にも拘わらず、「小ローシア」はユーリー二世没後の時期にも、教会関係に限定されはするものの、相当頻繁にみられるからである。十四世紀は、既述のごとく、ガーリチ地方やリトアニアに独自の府主教座の設置が繰り返し試みられた時期である。この動きは相当に複雑で、史料状況からしてその経緯を厳密にたどることはきわめて困難であるが[43]、ガーリチについて言えば、そうした試みは一三〇三年、一三三一年、一三四〇年代、一三七二年、一三七五年、一三九一年などと繰り返され、十五世紀に入ってもしばらくは続けられている。リトアニア府主教座の場合も一三〇〇年頃から一三二九年にかけて、さらに一三五五／五六年、一四〇六年などと繰り返されている。そしてこれに伴い総主教庁や皇帝官房がその都度発した諸文書に、頻繁に「大・小ローシア」の語がみられるのである。少なくとも十四世紀に関しては、両語はビザンツ側から発せられる諸文書では珍しくなかったと言ってよい[44]。問題は、それでは両語が「ルーシ語」に入り、地名として当の住民らにより認識（あるいは使用）されたと言えるのか、ということであろう。これについてはすでに記した通り、否定的に答えるしかないが、この点を明確にするためにはさらに検討を続ける必要がある。

ただその前に一点考えておきたいことがある。十四世紀にビザンツ文献でしばしば「大・小ローシア」が用いられたとして、それがなぜ「大・小」であり、そこにどのような意味が込められていたのかという点である。これについてもすでにふれた通り、さまざまな立場があった。「大と小」を「北と南」とみたり（ソロヴィヨフ、ボルシチャク）、「植民地」に対する「中心地」を指すとしたりする立場（トゥルバチョフ）、さらにはコンスタンティノープルからの距離を識別基準とみる立場（カペラー）もあった。多くの研究者が（おそらく無意識的に）、「大・小ローシア」は本来的に当該地域の地理的呼称であった（あるいは早い段階でそうなった）と考えているように思われるが、それも以上のような見方を根拠にしているからであろう。

しかしながら筆者はこれには賛成できない。ビザンツ側がまずは「大」の呼称を単独で、すなわち「小」のそれへの言及なしに、単一のルーシ府主教管区の全域という意味で用いたとするならば（ナザレンコ）、その後大分経ってから現れる「小」は、ルーシの一部、一小地域（具体的にはガーリチ‐ヴォルイニをさした）の意とみるのがもっとも自然と考えるからである。当初「小ローシア」にキエフが含まれていなかったこともこれを裏付けている。十四世紀における「小ローシア」府主教管区が六主教区、「大ローシア」管区が十二主教区から構成されていたとみられることもその根拠となるかもしれない。[45] おそらく十四世紀に関してはこのように理解すべきであり、これらの語が当時のルーシ語文献で用いられることがほとんど（あるいはまったく）なかったとするならば、それはルーシ人にとってはいまだ自身の住む地域を指す地名とはなっていなかったからであろう。そうなったのはやはり近代のことと考えるべきであろう。

そこで近代における「大・小ロシア」の語の成立、また展開の様相である。

近代における「小ロシア」の意味変遷について本格的な調査を試みた近年の研究として、A・L・コチェンコ、O・V・マルティニュク、A・I・ミレルの三人の研究者による「Maloross」（小ロシア人）と題された長大な論文（二〇一二年）をあげることができる。[46] 以下は主にこれによりながら、この語がどのような歴史的意味変遷をとげたかについて考えてみたい（以下 Kotenko et al.Maloross、ないし「共著論文」と略記する）。

共著論文は、『マロロス』の概念がロシア語に現れたのは十七～十八世紀の交、それもキエフから［の影響を受けてのこと」であった」と記す。(47) もっともこれにはおそらく説明が必要である。一つには、既述のごとく長い空白の後一六二〇年のキエフ府主教の称号中に、さらに一六五四年にはロシア・ツァーリ（アレクセイ・ミハーイロヴィチ）の称号中にも、「小ルーシ／ロシア」の語が用いられていたからである。とくにツァーリの新称号は広く周知せしめられたと考えられる。それゆえ「十七〜十八世紀の交」というのはやや理解に苦しむところである。ここは、「小ロシア」の語が通常のロシア語文献において広く見られるようになったのが、少々後の十七世紀末以降という意味で理解すべきであろう。おそらく著者らの念頭には、後述の『シノプシス（梗概）』（一六七四年頃）などの文献があったと推測される。

もう一点、より重要なのは、ロシア（語）では十七世紀末以降のことであったとしても、当のウクライナ（「ルテニア」）では、より以前からすでに用いられていたということである。この点は上記カペラーなども指摘していたところであったが、それは十六世紀後半からのことであった（当初はもっぱら教会関係者に限定されていた）。この点は共著論文自体が指摘するところでもあった（「キエフから［の影響を受けて］」）。

したがってまずは十六世紀後半に遡って見ておく必要がある。K・ハルラムポーヴィチによれば、当時、当該地方の聖職者は「モスコーヴィア」（モスクワ国）に経済的その他さまざまな意味での支援を求め、盛んにロシア当局への接触を試みたといわれる。この語はそうした際に使用されたというのである。そのような事例の最初のものは、一五六一年の「ルシン人」修道輔祭イサイヤのモスクワ訪問であった。この時は、ツァーリの蔵書から聖書その他の文献を譲り受けること（リトアニア領内正教徒の教育のためである）が目的であったといわれる。ただし残念ながら、これら「南方」の聖職者が、モスクワにおいて具体的にどのように「小ロシア」の語を用いたのか、その際「大ロシア」の語にも言及されたのかどうか（並列的に用いられたのか）等々については知られていない。(48) ただはっきりしているのは、「小ロシア」がカトリックの攻勢にさらされていた当時の南西地方の正教徒にとって、適切な（望ましい）用語と考えられていたことである。唯一の正教国モスクワ（それは次第に「ロシア」と呼ばれるようになっていた）の存在があり、とりわけそのツァーリや国家を念頭におく必要のある場合には、自身の住む地域を「小」を付して呼ぶということは大いに考えられることである。それは当然「大ロシア」を念頭においた語であったと考えられる。十四世紀の「小ローシア」の語が意識下にあったということも当然推測できよう。またこの語の方が、たとえばラテン的「ルテニア」や「ロクソラニア」、あるいはまた次第に使用されるようになっていた「ウクライナ」等の用語より、キエフ・ルーシの伝統に近く、モスクワのルーシに対しても親和的と考えられたこともあったかもしれない。(49) いずれにせよ、これは正教国モスクワからの支援の獲得のためには、大いに望ましい用語と考えられたことであろう。

「小ロシア」の語の使用が本格化する契機となったのは、いうまでもなく十七世紀中葉の「コサック諸戦争」（とりわけフメリニツキー(50)の対ポーランド反乱）とその最中にモスクワとの間に結ばれた「ペレヤスラフ協定」（一六五四年）の締結と考えられる。(51) これを機にツァーリ・アレクセイは「全ての大・小ロシアのツァーリにして大公、専制君主」の称号を帯びることとなったからである。(52)「小ロシア」はこの時をもって公式化されたと言ってよい。

ペレヤスラフ協定二十年後の一六七四年、キエフの一聖職者により『シノプシス（梗概）』と題される作品が編まれる。それはキエフとモスクワを宗教と王朝（リューリク朝）の共通性により結びつけ、「小ロシア」と「大ロシア」を一体とみなして、これを「キリスト教的スラヴ・ロシア民族」（Slavo-rossiiskii narod）と呼んでいる。先に見たとおり、(53) この作品はロシア帝国でタチーシチェフやカラムジンの通史が現れるまで、ウクライナはもとよりロシアにおいても唯一の歴史教科書として広く読まれたと言われる（十九世紀末までに三十を超える版を数えた）。ここでは当のキエフ人が「小ロシア」の語を積極的に用いていることがわかる。

もっとも、当時のウクライナには、当然のことながら「大」、「小」ロシアの関係をめぐってきわめて多様な立場があり、ときには『シノプシス』に真っ向から対立する観点もみられた。たとえば、キエフの聖ミハイル修道院長フェオドーシー・ソフォノーヴィチによる『クロイニカ』(年代記、一六七二年頃)である。この作品はポーランドの古い年代記などを利用しながら、ウクライナ・コサック国家の成立史を描こうとしたものである。その際それはモスクワ(ロシア)にはあまり言及せず、もっぱらキエフとヴォルィニ地方、さらにガーリチの歴史に関心を集中させているという。[54] また同じころに現れたいわゆる『〈目撃者〉の年代記』も自らの国(ドニェプル両岸地方)やその住民をもっぱら「ウクライナ」また「ウクライナ人」の語で呼び、「小ロシア」の語は用いていないという。「大ロシア」の語も用いられず、ロシアはもっぱら「モスクワ国家」(ロシア人は「モスクワ」人)と呼ばれている。[55]「小ロシア」の語が公式化されたとはいえ、実際にはまださまざまな呼称が入り混じっていたのである。

十八世紀初頭の北方戦争が「小ロシア」の語をめぐる状況に大きな変化をもたらす。ピョートル一世に反旗を翻し、スウェーデン王カール十二世のもとに走ったヘトマン・マゼーパの試みが挫折した(ポルタヴァ戦、一七〇九年)後、ヘトマン国家の聖俗エリート(長老)層は、改めてロシア皇帝の庇護が不可欠であることを認識させられることになる。彼らは自身をポーランドやスウェーデンとではなく、より強くロシアと結びつけざるを得なくさせられたのである。

この転換点において重要な役割を演じたのが、キエフ・モヒラ・アカデミー学長で、その後ピョートル大帝の教会改革における顧問をも務めたフェオファン・プロコポーヴィチ(一六八一〜一七三六年)である。彼は「小ロシア人」の祖国が、いまやウクライナ(「小ロシア」)ではなく、ロシアとなったと考えた。彼の著作では、ポルタヴァで戦ったのは「大・小のロシア人」ではなく、「ロシア人」(rossiiane)であり、「ロシアの戦士」にほかならなかった。ウクライナ人にとって「小ロシア」は生まれ故郷ではあるが、祖国は「ロシア」と考えられたのである。

とはいえ、プロコポーヴィチのような考え方がただちに広く受け入れられたわけではない。また「大・小」ロシア人の一体性が説かれたからといって、両者がエトノス的に同一と考えられたわけでもない。ヘトマン・マゼーパが非難されるのは、彼が民族(ロシアというエトノス)に対する「裏切」を働いたからではなく、自らの「君主」、「祖国」、

「民」（ナロード）、「正教信仰」に反逆したからなのであった。エトノス的意識がより明確になるのはさらに後のことと考えられる。この段階では現在のウクライナを指す呼称は、ルーシ、ローシ、小ロシア、小ルシア（ヤ）、小ロシア的ウクライナ、ウクライナなどとさまざまであり、確定していなかったといえる。(56)

ここでウクライナの語についても一言しておく必要があろう。現ウクライナの呼称の数ある候補（たとえば「小ロシア」はその最たるものである）の中で、ほかならぬ「ウクライナ」が他を圧倒する位置を占めるようになるには、後に見るように、十九世紀後半以降の民族主義運動高揚期をまたなければならないが、語自体は早くから知られていた。キエフ・ルーシ時代における「ウクライナ」の語については、本書付録2（「プーチン論文を読む」解説注11）を参照願いたいが、ここではその後の時期（リトアニア、ポーランドによる支配期、十四〜十七世紀）についてみておこう。(57)この時期リトアニアの大公官房文書では、ステップとの境界地帯が、まさに「境界」や「辺境」を意味する「ウクライヌィ」(ukraïny)の語をもって、またその住民は「ウクラインニキ」(ukraïnnyky/liudy ukraïnni)と複数形で表記されていたという。ウクライナと表記されるさまざまな小地域があったわけである。他方、国家の南方国境地帯をまとめて「ウクライナ Ukraïna」と単数形で呼ぶ場合も知られていた。

この語法は、一五六九年のルブリン合同後ポーランド王国にも伝わり、たとえば一五八〇年のステファン・バトーリ王のある文書は「ルーシ、キエフ、ヴォルィニ、ポドリア、ブラツラフのウクライナに居住する領主と騎士らに」宛てられていたという。(58)ここでは「ウクライナ」は、ルブリン合同後ポーランド王国領となったルテニア諸地域（キエフ、ブラツラフそしてヴォルィニ各軍管区）のみならず、それ以前からポーランド領であった地域（ポドリアとルーシ）をも含む包括的な表示となっている。要するに、「ウクライナ」はここでは「ルーシ」、すなわち旧キエフ・ルーシ領のほぼ全域を指しているといってよいが、こうした広義の「ウクライナ」の呼称は当時旧リトアニア領正教徒住民の中に広く知られていたという。

ただそれと同時に、同じ「ウクライナ」が、各文書の書き手の居所によって、大きく異なる内容となっていたことにも注意が必要である。たとえば、「マウォポルスカ」（クラクフ地方）の住人にとって、ウクライナとは、そのすぐ東に横たわる地域（ポーランド東方国境地帯、たとえばリヴィウやサンボル）を指していた。一方、当のリヴィウ人にとってはそのさらに東方地域（キエフ、ポドリア、ブラツラフ、チェルニヒウ、ヴォルィニなど）がウクライナであった。他方で、ヴォルィニの住民は、自身をウクライナ人と呼ぶことはなく、タタール・ステップ地帯との境界地方（キエフ、ブラツラフ、ポドリア地方など）をウクライナとみなした。これに対し同じくステップとの境界地方に位置するポドリア人の場合は、自身がウクライナ人であることを否定しなかったという。いわば彼らはウクライナ的アイデンティティをわがものとしつつあったと言えるが、この点ではキエフ地方の住人にはかなわなかった。キエフ人は自身の居住地（ドニェプル中流域）のみをウクライナとみる傾向が強く、他地方をその中に含めようとしなかったとすら言われる。大貴族でキエフ城主であったミハイロ・ヴィシュネヴェツキーの死を悼むある詩（一五八五年）では、キエフ地方は「沿ドニェプル・ウクライナ」(Poddnieprska Ukraina) と呼ばれているという。この背後にはキエフ地方こそがキエフ・ルーシの伝統の主たる継承者とする地域住民の自負が潜んでいるようにみえる。

以上、要するに「ウクライナ」は、この段階ではいまだあいまいでアモルファスな概念であったが、キエフ時代以来の基本的な語義、すなわち「辺境（国境）地方」という意味は一貫して続いていると言えそうである。他方、それと同時に、すでに東・南方地方（ポドリア、ブラツラフ、とくにキエフ）では、これを自己の呼称としようとする動きもすでにみられることが確認できる。地名・国名の有力な候補に名乗りを上げたと言えるかもしれない。

「ウクライナ」の語の場合も、十七世紀のコサック諸戦争、とりわけフメリニツキーの反乱が重大な転機となった。フメリニツキーの支配領はヘトマン国家（ヘトマンシチナ）と呼ばれるが、当初はキエフ、チェルニヒウ、ブラツラフ地方から構成されていた。アンドルーソヴォ条約（一六六七年）後は、ロシア領となったドニェプル川左岸地方に限定されてゆくが、それでもコサックのエリート層（長老層）は彼らの「ウクライナ」を「ルーシ」、すなわち旧キエフ・ルーシ領の一部と考えようとしていたと言われる。ヤコヴェンコによれば、この時期ヘトマンらの多くの布告書の中に「全ウクライナ」の語が散見されるようになったという。それは「全ルーシ」と同じ意味で用いられていた。[59] 共著論文も指摘するように、コサック・エリート層はそれまでポーランド王に仕え、共和国こそが自らの祖国と考えていたが、[60] まさにヘトマン国家創建の過程で、次第に旧来の意識から脱却し、「全ルーシ」（旧キエフ・ルーシ）領を表す「ウクライナ」を祖国と見るようになっていったのである。[61]

しかしながらコサックのこの野望が実現されることはなかった。上述のとおりコサック国家は事実上左岸地域に限定され、コサック・ウクライナと「全ルーシ」の同一視は単なる願望に留まった。そして実際のコサック国家では、これもすでに見た通り、自称として「小ロシア」の方が好まれるようになったのである。このことは十八、十九世紀の史料を見ることで確認できる。

十八世紀ウクライナにおけるもっとも注目される歴史記述は、フメリニツキーの時代を主要な対象として書かれた、いわゆる「コサック諸年代記」であったと考えられる。[62] そこでは従来の聖職者中心の記述では十分に表現されなかった「コサック」の立場が鮮明に主張されている。すなわち、「大・小ロシア（人）」は共通の君主により統合されるに至ったが、両者は異なる別個の民であること、それゆえそれぞれが「伝統的」法と、自由に対する同等の権利を有することが説かれた。ここには「小ロシア人」の歴史意識の高まりが表現されていると考えることができる。

コサック・エリート層の立場をもっともよく表現するのは、十九世紀初めの成立と考えられる『ルーシ人あるいは小ロシアの歴史』であろう（通常『イストーリヤ・ルーソフ』と呼ばれる。以下『歴史』と略記）。

プーシキンやゴーゴリ、またシェフチェンコやデカブリストのルィレーエフなど、ウクライナ人はもとより多くのロシア人作家や詩人、知識人に霊感と大きな影響を与えたと言われる『歴史』については、わが国でもすでに中井和夫が詳しく論じている。[63] それゆえここで本書の内容に立ち入ることはしないが、ただそこではふれられなかった点について少々考えてみたい。『歴史』が「小ロシア」の語をどのように用いているかという問題である。

まず直ちに気づくのは、『歴史』が、標題自体からも推測できるように、「小ロシア」の語を多用し、逆に「ウクライナ」の語を避けようとしていることである。[64]『歴史』はよく、ウクライナ民族意識の覚醒に特別な貢献をした作品と言われる。[65] たしかにそれは「ルーシ人」(Rusy, Rusnaki, Roksolany, Rossy) つまりウクライナ人(ここでは「小ロシア人」)と、「モスクワ人」(Moskovity, Moskhi) とを明確に区別し、「ルーシ人」にとっては「小ロシア」こそが祖国であるとする立場が打ち出されており、[66] その「小ロシア」愛郷主義にも並々ならぬものがあるので、結論的にはウクライナ民族主義の形成に大きく貢献したといって差し支えない。ただここで「ウクライナ」ではなく「小ロシア」とされていることが問題となる。つまりこの点に留意し、また書かれた時期の状況を考慮に入れるならば、ことはそう単純でないのである。『歴史』の著者はなぜ「ウクライナ」の語を避け、[67] どのような意味で「小ロシア」を多用したのであろうか、換言するならば、『歴史』は本来何を目指して書かれたものなのかをはっきりさせる必要が要請されているのである。

ここで参考になるのが近年のS・プローヒィの論考である。[68]

プローヒィによれば、『歴史』の真の意図を探るためには、その氏名不詳の著者(本章注63)が、具体的にどのような相手を論敵として本書を書いたのかを明らかにする必要があるという。プローヒィは作品では明記されていないこの隠れた論敵を特定する鍵が本書の序文にあるとして、その分析を進める。

『歴史』の序文に次のような一節がある。

「残念ながら言わなければならない。不幸にも〈小ロシア〉の年代記に、愚にもつかぬ作り話と中傷が、生まれながらの〈ルーシ人〉である年代記作者たち自身により持ちこまれた。彼らは、悪意に満ちた恥知らずの〈ポーランド〉と〈リトアニア〉の作り話作家らに、うかつにも追随してしまったのである。たとえばある教科書の描く史話には、〈古ルーシ〉ないし今の〈小ロシア〉の舞台上に、〈ドニェプル〉川沿いのある新地域（そこには〈ウクライナ〉と記されている）が書き込まれ、そこに〈ポーランド王〉により新たな入植地が設けられ、〈ウクライナ〉コサック［軍団］が組織された［と記されている］。それ以前その地は住む者のいない荒野で、〈ルーシ〉に〈コサック〉はいなかったとされている。だがどうやらこの何かに怯えているような史話の作者である御仁は、自分の学校以外のどこにもいたことがなく、自分がウクライナと呼ぶ地域に、〈ルーシ〉の都市……を見たこともなかったようである……(69)」

序文によれば、どうやら『歴史』が直接批判しようとしたのは、従来言われてきたような、ポーランド人著述家自身（たとえばJ・ポトツキやT・チャツキなど）であるよりは、それらポーランド人の「作り話」を真に受けた「小ロシアの年代記作者たち」のようである。そしてこの者らが信じてしまった「作り話」とは、「小ロシア」（彼らはこれを「ウクライナ」と呼んでいる）の過去を否定し（「住む者のいない荒野」）、コサックの組織者をポーランド王などと考える謬説のことであるように思われる。

ではこの「年代記作者たち」とは具体的にはいったい誰のことをいうのであろうか。プローヒィは引き続きその探索に入る。彼は何人かの候補者を検討した後、最終的にマクシム・ベルルィンスキー（一七六四～一八四八年）なる人物をその人と結論づける。この人物はプチーヴリ近郊に正教聖職者の子として生まれた、キエフの学校（後のキエフ・ギムナジウム）教師で、自国史に関する数多くの作品を著したことで知られている。彼こそが経歴的にも、また思想的にも『歴史』の序文で批判される論敵（「生まれながらの〈ルーシ人〉［小ロシア人］」であり、「学校以外のどこにもいたことがない」）に合致しているというのである。

プローヒィによれば、『歴史』の著者がとくに問題視したのは、ベルルィンスキーが執筆した教科書「青年のための簡略ロシア史」（モスクワ、一八〇〇年）、なかでもその「小ロシア」史を扱った部分（「小ロシアに関する注釈」、以下「注釈」と略す）であった。

たしかにベルルィンスキーは、その「注釈」の冒頭に「ウクライナは『小ロシア』の呼称をロシアとの合同の後に受け取った」と記しているという。キエフを含む地方は本来「ウクライナ」であり、「小ロシア」の語は合同（ペレヤスラフの）後に採用されたと考えているのである。さらに彼は、コサックを組織したのがポーランド王ジグムント一世（一五〇六～四八年在位）であるとも主張している（「ジグムント一世は、コサックとして知られるウクライナ人の勇敢で英雄的な活動を見て……彼らにキエフ周辺の土地を領有する許可を与え、一五〇六年にリャスコロンスキー［ランコロンスキー］なる者をヘトマンの称号をもつ最初の指導者として与えた」）。このように「注釈」の著者は、『歴史』（序文の著者）が批判したように、「ウクライナ」が古来の呼称であり、コサック軍団の組織者がポーランド王であると主張していたのである。

かくて『歴史』著者の論敵が「注釈」の著者であったとするプローヒィの見解に無理はないように思うが、それにしても、『歴史』はなにゆえ「注釈」著者の「ウクライナ」の語の使用にそれほど強く反発したのであろうか。プローヒィによれば、実は当時（十九世紀初頭）「ウクライナ」はすでに相当に普及しており、しかも何ら否定的な意味ももたず、すでに確立した伝統となっていたとすら言えるという（この点は本稿もすでに記したところと一致する）。当該地域を指す呼称が多様であったなかで、次第に「ウクライナ」の語が定着しつつあったというのである。実際『歴史』自体、ウクライナの語を徹底的に排除しえたわけではなく、著者の本意でなかったにせよ、それをときに使用せざるを得なくされていたことは上に見た通りである。したがって『歴史』著者の「ウクライナ」への敵意は、初期近代コサック歴史記述の伝統に反するものですらあったという。

それにもかかわらず『歴史』が「ウクライナ」の語に反発したとするならば、それにはそれなりの理由があったと考えるべきで、それが何であるかを探る必要もでてくる。プローヒィのみるところでは、それは当時（十九世紀初頭）、「ウクライナ」の意味に若干の変化が出てきたことと関係している。以前それはもっぱらコサックの地を意味していた。それが十八世紀後半から十九世紀にかけて、帝国の膨張とともにそれ以外の地をも含むようになった。ロシア帝国の「ウクライナ防衛線」が東方、南方へと拡大されて行ったのである。一七六五年にはハリコフを中心とするスロボツコ－ウクライナ県が創設される（一八三五年にはハリコフ県）。他方エカチェリーナ二世によるヘトマン国家廃止後の当該領は短期間小ロシア県として存在するに至る（一七九六〜一八〇二年）。『歴史』の著者には「ウクライナ」の語がやや疎遠に感じられるに至っていたというのである。

だがそれ以上に決定的であったのは、『歴史』の著者が、ナポレオン戦争直前の状況下で自らの「故郷」に対するポーランドの「陰謀」を強く意識していたことがあった。実際当時のポーランド・エリート層はナポレオンの庇護下にポドリア（ポディリア）、ヴォルィニ、右岸ウクライナを将来の独立ポーランド国家に編入しようと企てていた。これらのポーランド人は旧コサック国家領を「ウクライナ」と認識していた。『歴史』の著者はこうした立場を苦々しく思っていたという。その彼がまさに「注釈」のうちにポーランド人の陰謀をかぎつけたのである。彼は「注釈」著者に対し激しい怒りを感じた。彼は自身の故郷を何よりも「小ロシア」と認識し、あくまでもロシア皇帝の庇護の下に、それを守り抜こうと考えていたといえる。かくてプローヒィによれば、『歴史』を本来的にウクライナ民族意識覚醒の書とみる通説は修正されなければならない。『歴史』の、ロシアとウクライナ双方のアイデンティティを対峙させる志向を、過大に評価してはならない。著者の直接的目的はコサック・エリート層のロシア貴族層への速やかな融合と、右岸ウクライナにおけるポーランドの「陰謀」との闘争にペテルブルク政府を引き込むことであった。彼にとって自身のアイデンティティは「小ロシア」とともにあった。[70]

以上にみたように、現ウクライナの人々を指す「小ロシア人」（maloross）の語は十七〜十八世紀の交に、ほかならぬキエフからの影響のもとにロシア語に現れ、malorossiiane, malorossy その他の形で十八世紀中にロシア語に徐々に入り込むこととなる。その際「小ロシア」（Malorossiia）はもっぱら地理的な意味をもつ語であった。というか正確には、「小ロシア」はこの段階で初めて地名として定着したのである。十九世紀初め「小ロシア」は主にドニェプル左岸地方を意味し、その住民「小ロシア人」は何よりも同一の君主により、また同一の宗教を基盤として、「大ロシア人」（ヴェリコロスィ）と結合されていたが、歴史的、エトノス的には別個の存在と考えられた。「小ロシア」はロシア・ツァーリの称号中にも現れるように、帝国公認の用語ではあったが[71]、この段階では当該地域の住人に一方的に押し付けられたわけではけっしてなかったのである。ウクライナ人自身が、当初はある種の思惑があって、しかし次第に自らの意志で、「小ロシア」の語を自然に、ときに積極的に使用したという側面を見逃すことはできない。

Ⅲ　民族運動以前の「小ロシア」——十八世紀末〜十九世紀前半——

ポーランド分割（一七七二〜一七九五年）によりドニェプル右岸地域とヴォルィニ地方もロシア帝国に編入されたが、しばらくの間「小ロシア」の意味に変化はなかった。「小ロシア人」は引き続き、主に左岸地方の住民を指す呼称であり、同義語としての「ウクライナ人」や「南ルーシ人」（iuzhnorussy）の語と相並んで使用された。

当時のロシアではウクライナに対する親近感が広くみられ、当のウクライナでもそれに呼応した感覚が強かったといわれる[72]。この時期のウクライナ知識人は、多くの場合「小ロシア」に対する愛郷主義とロシア帝国に対する忠誠心とを矛盾なく両立させていたことも指摘されている。たとえば、『小ロシアの歴史』（全五巻、一八四二〜一八四三年）で名高い「N（M）・マルケーヴィチ（一八〇四〜一八六〇年）は、「祖国は故郷より尊い。故郷は祖国の一部にすぎないからだ。だが故郷をもたない人には祖国もないのだ」と書いた。また後にふれる「キリル・メトディー団」の一員であり、聖書のウクライナ語訳者としても知られるP・クリシ（一八一九〜一八九七年）も、「故郷への愛は祖国への愛の最良の基盤である」と記している。この場合、両者は自身の「故郷」を、それぞれ「小ロシア」、「南ルーシ」と認識していた。[73] このような雰囲気はロマン主義的時代精神によっても強められた。「小ロシア」は、ウクライナを旅する知識人の手になる「主情主義」（センチメンタリズム）的ルポルタージュにおいて「発見され」、「わがイタリア」（ないしスイス、またスコットランド）などと呼ばれた。それは教養ある善良な愛国主義的貴族と純朴で勤勉な農民の居住する、文明の汚れを知らぬルソー主義的世界と認識されたという。[74]

故郷への愛と祖国への忠誠心の両立は、ウクライナ出身だがもっぱらロシア語で執筆した作家N・V・ゴーゴリ（一八〇九〜一八五二年）の場合にもっとも鮮明に現れているが、[75] 興味深いのはデカブリスト南方結社のP・I・ペステリ（一七九三〜一八二六年）である。

ペステリが将来の共和国の憲法草案として作成した『ルースカヤ・プラウダ』（一八二四年）では、「本来のロシア国民を構成するスラヴ族」(plemia Slavianskoe, Korennoi Narod Russkoi sostavliaiushchee) は以下の五種からなるとされている。（一）いわゆる「ロシア人」(Rossiiane) ——大ロシア諸県民、（二）「小ロシア人」(Malorossiiane) ——チェルニゴフ、ポルタヴァ県民、（三）「ウクライナ人」(Ukraintsy) ——ハリコフ、クールスク県民、（四）「ルスナーキ」(Russnaki) ——キエフ、ポドリア、ヴォルィニ県民、（五）「ベラルーシ人」(Belorustsy) ——ヴィテプスク、モギリョフ県民。

ここでペステリはいわゆるウクライナ人を地域により三分し、それぞれ「小ロシア人」、「ウクライナ人」、「ルスナーキ」（ルスナーク人）と呼んでいる。だが彼は、これら三種間だけでなく、「スラヴ族」（「本来のロシア国民」）全五種すべての間にも、本質的な差異があるとは考えていない。『ルースカヤ・プラウダ』はそれを次のように表現する。

「本来のロシア国民を構成する諸範疇間には真の意味での相違などまったくない。わずかばかりの差異はあるが、それらは一つの全体へと結合されるべきものである。それゆえヴィテプスク、モギリョフ、チェルニゴフ、ポルタヴァ……の諸県に住むすべての住民を真のロシア人Rossiianeとみなし、それとは異なるいかなる特別の呼称も生じさせてはならない……。[76]」

このように当時のロシアにおいてもっともラディカルな思想の持主であったペステリにおいてさえ、すべてが「ロシア」人であり、そうならなければならないと、つまり小ロシア人とベラルーシ人の大ロシア人との完全な融合こそが喫緊の課題と認識されているのである。[77]

以上、いまだウクライナに確かな民族意識が覚醒する以前の状況を見てきたが、その後の展開をみる前に、ヘトマン国家が十八世紀末に終焉を迎えたことにふれておく必要があろう。ウクライナの地位が大きく変化したことで、彼らの意識（故郷愛と祖国愛の両立）にも何らかの否定的な変化が起きたのではないかという疑問が生じるからである。順を追ってみていこう。

ドニェプル左岸地方がロシア領となって（一六六七年アンドルーソヴォ条約）以来、ヘトマン国家（それは十八世紀に「ヘトマンシチナ」と呼ばれるようになった）は帝国内で一定の自治を認められてきた。それはいわば帝国内の通常の地域（地方）とは異なる特別な地位を認められていたのである。この自治を奪おうとした最初の皇帝はピョートル一世であった。[78]彼は一七二二年に、既述の如く（本章注71）「小ロシア参議会」を創設して、小ロシア支配を強化しようとしただけでなく、その直後に時のヘトマン、スコロパツキーが没すると、後継として選ばれたポルボトクを承認せず、逆に彼を逮捕してしまう（後者は二年後そのまま獄中で死亡する）。ピョートル没後、新ヘトマン、アポストルが選出され（一七二七～一七三四年）、自治は回復されるが、それも短期間に終わり、その後はヘトマンの選出は禁じられてしまう。一七五〇年、新たにキリロ・ロズモフスキーがヘトマンとなるが、これはもはやコサックの自治を守る闘士というよりは、帝国中央から派遣された官吏といった方が適切な人物であった。彼は皇帝エリザヴェータ（在位一七四一～一七六一年）の寵臣であった兄（オレクシー・ロズモフスキー伯爵）の推挙で、復活したヘトマン職に就くことができたにすぎない。その後エカチェリーナ二世が、クーデタで夫のピョートル三世を排除して帝位につくと（一七六二年）、ヘトマン国家に対する帝国の政策はエリザヴェータ治世とは一変した。典型的な「啓蒙専制君主」であったエカチェリーナは、ヘトマンシチナのみの自治と特権を許容する志向性とは無縁で、帝国内に例外的存在などあってはならないと信じていたのである。

かくてヘトマン国家の終焉はまもなくやってきた。一七六四年秋ロズモフスキーは首都サンクト・ペテルブルクに召喚され、ヘトマン職は廃止される。ロズモフスキーは広大な領地と年金を与えられ、一八〇三年静かにその生涯を閉じた。旧ヘトマン国家領は「小ロシア参議会」の管轄下におかれ、ヘトマンに代わって同参議会の責任者また「小ロシア」総督に任命されたのは大ロシア人のP・A・ルミャンツェフ将軍である。将軍は生涯その地位にとどまり（一七六四～一七九六年）、その地の軍事指揮権を握り（コサック軍団のロシア帝国軍への統合）、農民の移住を禁じ（ウクライナへの農奴制の導入）、その地の帝国への統合を促進する。

問題は、こうした事態の推移がヘトマン国家とその指導層また住民の間に反対の動きを誘発することはなかったのか、もし反発の声が大きかったなら、彼らの故郷（小ロシア）と祖国（ロシア帝国）の両立感情にも否定的に作用したとは考えられないのか、ということである。これは慎重な検討を要する問題であり、軽々に結論を出すことは控えるべきであるが、どうやらプローヒィによれば、「コサック将校らで抗議の声を上げた者はほとんどいなかった」ようである。[79]プローヒィのこの判断は妥当であるように思われる。自治的ヘトマン国家が比較的すみやかにその存在を止めたことは否定できないからである。確かに、エカチェリーナ二世治世初期のいわゆる「立法委員会」（一七六七年）には、小ロシアの貴族層などからヘトマンシチナの復活を訴える嘆願書が提出された。それには「立法委員会」委員のH・ポレティカ（ちなみに彼は、先に見た『イストーリヤ・ルーソフ』の有力な著者候補の一人である）ら九五〇名の貴族層が署名していたという。[80]ポレティカらはさらに帝国と「小ロシアの諸権利と自由」との両立を図る提言なども行ったという。しかしすべては無駄であった。エカチェリーナ政府（小ロシア総督P・ルミャンツェフら）は統合を、時間をかけて慎重に行う一方、抵抗運動に対しては厳しく対処したことが知られている。上記嘆願書の提出者のうち三十六人の貴族には死刑宣告が下されたことがその例である（後に減刑された）。一方、小ロシアのコサック・エリート層にとっても、自らが帝国貴族層の一員として迎え入れられるなら、そのほうがむしろ歓迎すべきと考えられた。自領地農民の農奴化（ウクライナへの農奴制の適用）もコサック・エリート層には願ってもないことであった。彼らの前には帝国軍や行政、宗教界におけるキャリア形成という広い展望も開かれたのである。もちろん当の農奴化された農民たちの怒りは想像に難くない。それは折にふれて爆発することになるが、それこそこの帝国の通常の現象であったのである。小ロシアの帝国への統合はほぼ完全となったといえる。

上層コサックの帝国貴族層への統合は十八世紀を通じて徐々に行われた。すでにピョートル一世の時期にウクライナ人聖職者が多数ロシアに移り、帝国内正教会の要職に名を連ねたのと同様に、エカチェリーナ二世期の一七五四〜一七六八年にも、三〇〇人以上のキエフ・アカデミー出身者がさまざまな分野で帝国勤務についたとされる。帝国ではウクライナ人の博士号取得者はロシア人の二倍に上り、世紀末の二十年間におけるサンクト・ペテルブルク教育大学の学生の三分の一以上がヘトマンシチナ領出身者であったという。[81]こうした状況の中でコサック・エリート層がヘトマン国家の廃絶にそれほど強く反発しなかったとしても、不思議ではなかった。ヘトマンシチナのエリート層にとって「小ロシア」への故郷愛と帝国への忠誠心との間に大きな矛盾はなかっただけでなく、時を追うごとに、帝国への忠誠心のほうが強くなっていったとすら考えられる。ピョートル一世時代にロシアをこそ「祖国」とみなすに至ったウクライナ人フェオファン・プロコポーヴィチの立場が、今や現実的な基盤を見出すこととなったといえよう。

Ⅳ　民族主義時代の「小ロシア」――十九世紀中葉――

一八四〇年代になると、芽生えつつあったウクライナ民族主義運動に大きな転機が訪れる。(82) 一八四五年末〜四六年初キエフにおいて、政治的秘密結社キリル・メトディー団が結成される。農奴制の廃止とスラヴ連邦枠内でのウクライナ独立国家の形成を目標としていた。その存在は一年足らず後には当局の知るところとなり、全団員が逮捕され解体へと追いやられるが、ウクライナにおける民族意識の高まりをはっきりと示す出来事であった。民族主義者の出現は「小ロシア（人）」の語の意味と用法にも大きな変化をもたらす。

団員の一人であったN・I・コストマーロフ（一八一七〜一八八五年）は、彼自身が主要な執筆者の一人と推測される同団の綱領的文書「ウクライナ民族創世記」（一八四五年末〜一八四六年）において、「真のウクライナ人は、庶民の出であろうと貴族のそれであろうと、ツァーリや領主を望んではならず、天と地のツァーリにして主人なるただ一人の神イエス・キリスト（イイスス・フリスト）を尊び大切に想うべきである」と書き、ウクライナ人が目指すべきはツァーリも領主もいない世界、すなわち自由と社会的平等の国であること、この自由と兄弟的平等（連邦主義）を呼び掛ける「ウクライナの声」は、ポーランドや「大ロシア」をも含むすべての国々のスラヴ諸民族に向けられていることを主張した。(83)

一方、もう一人のメンバーであったP・A・クリシは、コストマーロフが運動の「ウクライナ性」を軽視していると考え、「われらにとってかくも貴重な［民族の］名を忌避することがあってはならない」と批判した。コストマーロフが「ウクライナ人」を自称することが稀であり、通常「南ルーシ（人）」や「小ロシア（人）」の語を用いたことが批判されたと考えられる。(84) ここからは、「ウクライナ」と「小ロシア」を含むその他の用語の間で、どれを選ぶかという問題が切実な問題として表面化してきていることがうかがえる。

ただしこれとほぼ時を同じくして（キリル・メトディー団結成直前に）、ルシン人のスラヴ学者Iu・I・ヴェネーリンがクリシと異なる立場を表明していたことも見過ごしてはならない。ヴェネーリンは呼称としての「ウクライナ人」も「小ロシア人」をも拒否しつつ、「全ロシア人は、今現在そうであるように、その大勢力ゆえに［一つであり、区分するとしても精々］二分することができるだけである。すなわち〈北〉と〈南〉［の支族への区分］であり、それらは北方人（セヴェリャーネ）また南方人（ユジャーネ）という以外に呼びようがない」と書いた。彼は、ウクライナ人は「南方人」（南ルーシ／ロシア人）と呼ばれるべきであり、「北方人」とともに「大きなロシア人」（スラヴ人、上記「全ロシア人」）を構成していると主張したのである。(85)

だが総じて、キリル・メトディー団の結成を機に、「ウクライナ」の語が急速に普及し始めたことは否定しがたい。全ヨーロッパ的な民族主義運動の高まりがそれを後押ししたといえる。A・I・ミレルによれば、まさにこの時期に、「ウクライナ主義」（ukrainofil'stvo、親ウクライナ主義）の語が生み出され、普及し始めたという。(86)

もっとも最初にこの語を使用したのは帝国政府当局の側であったようにみえる。すなわち憲兵隊長官A・F・オルロフがツァーリ宛て秘密報告書（一八四七年五月二十六日付）において、「キエフまた小ロシアにおいては、スラヴ主義はウクライナ主義（ウクライノフィリストヴォ）へと変貌しつつあります」と書いたのがそれである。(87) オルロフはさらに、現地ではスラヴ連邦の理念と小ロシアの言語・文学・風習の復興思想とが結びつけられ、かつての［カザークの」自由とゲトマン国家復活の夢が語られるまでになっていると続け、具体的に次のような提言を行っている。

「教師や作家は、問題が小ロシアやその他のロシア支配地域の民族［ナロードノスチ］や言語に関わる場合には、故郷への愛が祖国なる帝国へのそれに優ることのないよう、後者への愛情を損なう可能性のある事柄はすべて排除するよう、とりわけ支配下諸族の、現在の想像上の不幸と、過去のこの上ない幸福な状況［を想起させることのないように］……小ロシア、ポーランド、その他諸国を個別的存在としてではなく、それらが一体となって構成しているロシア帝国を賛美するように［配慮すべきであります(88)。］」

この報告で興味深いのは、当時当局がウクライナ民族自立の機運の高まりに警戒心を抱きつつも、そのことが社会的に公然化しないよう（広く知られることのないよう）細心の注意を払っていることが見て取れることである。報告書には次のような文面もみられる。「彼らすべてが陰謀家であるわけではありません……政府は幾分慎重な措置を講ずべきであります。」「慎重な政策は、ウクライナ・スラヴ社会が当初純粋に学術的な考察に集中していたのが、後になって政治的な判断に向かったことを考慮するならば、一層必要となります。」

憲兵隊長官は、ウクライナに対しては、反ロシア感情の強いポーランドなどに対するのとは異なる政策が必要であることを強調し、勧告しているのである。

ウクライナ主義とそれに対するこの時期の帝国政府当局の懸念と慎重な態度は、文部大臣で「正教・専制・民族性」理論で名高いS・S・ウヴァーロフも共有していた。彼は内務大臣への書簡（一八五四年四月二十七日付）で、オルロフの先の報告書中の一節（「問題が小ロシアやその他のロシア支配地域の民族や言語に関わる場合には、故郷への愛が祖国なる帝国へのそれに優ることのないよう……」）をそのまま繰り返しているという(89)。

しかしながら「ウクライナ」の語の使用は日を追って拡大する。たとえば、共著論文によりながら、ウクライナの国民的詩人・作家のシェフチェンコ（一八一四〜一八六一年）の場合をみてみよう。実は彼はその作品において「ウクライナ人」の語はいまだ用いていない（「ロシア人」の語も同様見られない）[90]。だが「ウクライナ」とその派生語の場合は、以下の如く頻繁に用いられているという。

すなわち、ウクライナ語作品においては、Ukraïny が二〇一回、Ukraina - 三三回、Vkraïna - 一八回、ukraïns’kii が七回使用されている。これに対し malorosiis’kogo - 二回、Malorosiï - 三回、khokhla - 一回で、「ウクライナ」と「小ロシア」双方の使用頻度における対照性は明らかである。ロシア語作品の場合には、malorossiiskii - 五三回、malorossiianin/malorossiianka - 三回と一回、ukrainskii は一一回、khokhlatskii - 一六回、khokhlachka - 八回、khokhl - 一六回（うち蔑称的ニュアンスでは一回のみ、罵倒表現として一回）である。こちらでは「小ロシア」の方が多く使われている[91]。

もちろん以上の数字だけでは、シェフチェンコが時を追って「ウクライナ」の語をひんぱんに使用するようになったかどうかははっきりしない。ただ彼がこれをウクライナ語作品の中で非常に多く使用していたことは確認できた。シェフチェンコにおいて「ウクライナ」の語が多用されながら、「ウクライナ人」の語の使用がまったくないという事実が何を意味するか、筆者にいまそれについて明確に答える準備はないが、もし彼が両語を意識的に区別していたとするならば、それは意味深長である。彼の時代に地理的概念としての「ウクライナ」が確立しつつあった一方で、独立の民族としての「ウクライナ人」民族意識はいまだ十分に育っていなかったことを示すと考えられるからである。彼の時代はいまだウクライナ民族主義運動の初期の段階であったのである。

六〇年代になると、「ウクライナ」の正しい表記に関する主張がなされるようになる（Ukraina の i を短いそれではなく、長母音で記し、「ウクライーナ」と発音させるべきとする見解などが表明された)。マゼーパ時代のある詩に現れる「小ロシア」の語をすべて「ウクライナ」に置き換えて復刊するといった事例もみられるようになる(同様のことは、ゴーゴリの『タラス・ブーリバ』のウクライナ語訳においてもみられるという[92])。

民族主義的ウクライナ観念の始まりを象徴するのは、一八六一年に元キリル・メトディー団の団員らによりペテルブルクで創刊された雑誌『オスノーヴァ』であった。雑誌の書き手たちは「小ロシア人」や「南ルーシ人」よりは、「ウクライナ人」の語を優先的に使用したといわれる[93]。ただし彼らも、ロシア人を含む広範な読者を想定する場合には「小ルーシ人」や「南ルーシ人」を用いることが多かったということも確認される。(大)ロシア人との交流の促進という願望もあったが、検閲を意識する必要もあったであろう。現に雑誌自体翌年にはその短い存在に終止符を打つことになる。こうした、用語をめぐるいわばあいまいな態度は第一次世界大戦の始まるまで続くことになる。

民族主義的気運の高まりは、言うまでもなく一直線に進んだわけではない。新たな潮流に対しては内外における激しい反発もあったからである。ウクライナの外部、すなわちロシアからの反発が強かったことは、改めて言うまでもなかろう。すでに阿部三樹夫が紹介しているように、「小ロシア」に親近感を抱いていたスラヴ主義者のI・S・アクサーコフですら、ロシアとウクライナの一体性を説き、「小ロシアの芸術家」もロシア語で執筆すべきだと主張して、ウクライナ独自の言語と文化を否定し、コストマーロフの強い抗議を受けたのである。また阿部は、『モスクワ通報』や『ロシア報知』誌の編集者として名高いM・N・カトコフとコストマーロフとの論争にも言及している。カトコフはウクライナ主義者がポーランドの「陰謀」の走狗となっていると非難し、「小ロシア語」はかつて存在しなかったし、今も存在しないと主張してコストマーロフとの間に激しい論争を引き起こしたのである[94]。カトコフは六〇年代から急速に排外主義的な立場を強めたことで知られるが、一八六一年の初めのころは、「ウクライナは自分の言葉[ナレーチエ]をもっている……それはほとんど独自の言語[ヤズィク]となる直前の段階にあると言ってよい」と書き、そのうえで「小ロシア」と「大ロシア」は「ともに補い合いあっており、両者間の対立は同じ一つの調和内でのそれにすぎない」と述べていた。ところが同年末になると、こうしたいわば説諭的な調子は影を潜め、攻撃的になっているという。彼はウクライナ主義者がロシア国民を分断させようとする「ポーランドの陰謀」に意識的ないし無意識的に加担していると非難しながら、「二つのロシア民族［ナロードノスチ］」や二つのロシア語が存在しうると主張することは、二つのフランス民族、二つのフランス語が存在しうると主張するのと同様に……扇動的で馬鹿げたソフィズムである」と記したのである。(95)

ウクライナ主義は当の「小ロシア」にとっても有害であるとする声もあった。内部からの批判である。『南西・西ロシア』誌一八六二年号には以下のような匿名の記述があるという。

「我らの文語である全ロシア語は大ルーシ人（velikorussy）の財産であると同様、小ルーシ人（malorussy）のそれでもある。その発展に偉大な両種族が寄与したからである……我々は小ルーシ人とその言語の独自性の思想をまったく馬鹿げたものと考える。それは小ルーシとその言語を、個別性と独自性にではなく、滅亡に導く。我らの成熟した、すでに諸文学作品によって豊かになった全ロシア的言語なしには、それは我らがよく知る西方の宣伝の荒波の中で、必ずや消滅してしまうだろう。(96)」

以上の如く、ウクライナ主義者の主張に対しては反対の声も強く、「ウクライナ」と「小ロシア」の語をめぐる状況は混沌としていたが、一八六〇年代初めの時点ではおそらく確実に次のように言うことができる。すなわち、「小ロシア人」の語は、「小ロシア」を帝国の一部と位置づけ、その中で独自の地位を築こうと志向する多少なりとも「全ロシア」的観念に忠実な人々を指す用語であった。一方、新たに出現した「ウクライナ主義者」（ukrainofil）は、当局の側から何らかの不審の念を呼び起こす、場合によっては敵対的、時には分離主義的な人々を意味する語であった。

それゆえ当時の帝国政府当局が許容し、また自ら使用したのはもっぱら「小ロシア人」、そして「小ロシア」の語であったが、その場合にも問題がないわけではなかった。

一八六〇年、ある帝国三等文官は、クリシの著作『フメリニーチチナ』(Khmel'nichchina) の検閲が行われていたころ、そのことに触れて次のように記したという。

「この小さな書物の……小ロシア語［ヤズィク］による出版は、なるほどロシア文字を用いてはいるが……小ロシア民族［ナロードノスチ］を改めて独自の個別的生活へ誘おうとする意図を露わにしている。私の考えでは、それ［小ロシア民族］を大ロシア民族［ナロードノスチ］との不可分の統一体へと徐々に、そして確実に融合させることが、政府の、強制力に頼らない、だが不断の努力目標でなければならない。我らが信ずる宗教は同一である。小ロシア住民の上流階級は……社会的職務的な面で、すでに大ロシア族［プレーミャ］のそれに相当に近づき融合している。庶民はロシア軍の相当部分を占めるに至っている。彼らの農業、産業、商業的利益は全ロシア国家のそれとの相互的一体化を通じてのみ勢いを獲得し、さらに前進することができる。大ロシアと小ロシアの庶民は、同じ言語［ヤズィク］の別個の方言［ナレーチエ］と若干の地方的慣習の面で、部分的にはいまだ違いを有し、一体的ではない。これらの相違を強制的手段により除去することは不可能であり、そのようなことがあってはならない……両者の接近は時間をかけて行うべきである。いかなることがあろうとも、政府当局の名において、あるいはその影響のもとに、時の自然な流れを妨げたり、［逆に］小ロシア方言と小ロシア文学の新たな活性化を助長したり、また双方にとって破滅的で、国家の一体性にとって危険ですらある将来における、［二つの］血族間の分離の再来を促進したりすることがあってはならない。さらに付言させていただくならば、英国とフランスはこのような方針に従っており、重要なことはそれこそが両国の今日の繁栄の源となっていると考えられることである。この両国は最初我ら共通の祖国ロシア以上に多種多様な諸部分の寄せ集めであったのである。」[97]

ここには当時の帝国政府が直面していた状況、すなわち一方では、「大・小のロシア人」間の相違はやがてなくなるという期待感と、他方では、この相違が将来再び拡大するという危惧、また西欧諸国（英仏、これにやがてドイツも加えられることになる）において実行されてきた穏健な国民統合政策への注目という新たなテーマが、見事に描き出されている。

いわば様子見の状態にあった政府当局の態度が定まるのは、「小ロシア語」による出版活動をほとんど全面的に禁じたいわゆるヴァルーエフ秘密指令（一八六三年）とエムス法（一八七六年）を契機としてであった。前者は小ロシア語による宗教的および教育目的の著作物の出版を禁じ（純文学は例外とされた）、後者は禁止令を全小ロシア語出版物に拡大し、その外国（とりわけガリツィア）からの持ち込みをも禁止したのである。これがウクライナ民族運動にどのような影響を与えたのか、すでにある程度明らかにされているので、ここで立ち入ることはしない。運動の継続を志す者は（M・ドラホマノフやM・ジーベルなど）、ガリツィアや国外にその場を求める以外になかったのである。[98]

帝国政府当局のウクライナ民族主義運動に対する態度は定まったと言ってよいが、用語の問題においては若干の不一致がしばらく続いたようにみえる。たとえば上記ヴァルーエフ指令においては、「いかなる特別の小ロシア語［ヤズィク］も存在しなかったし、存在しえない。庶民の用いるその方言［ナレーチエ］もポーランドの影響により歪められただけの同じロシア語にすぎない」とあり、小ロシア語の独自性の否定という立場は明快である。しかしながら、「指令」において小ロシア語という場合、その存在が否定されるべきとする立場であったにもかかわらず、常に「ヤズィク」

の語が使用され（全体で八度）、「ナレーチエ」（方言）とは一度も言われていない（庶民の「方言」の場合を除いて）。これが一貫するのはエムス法の段階になってからである。こちらでは「小ロシア」語は一貫して「ナレーチエ」と表記されているのである。[99]

「ヤズィク」と「ナレーチエ」の問題に劣らず重要に思われるのは、両法令では「ウクライナ語」の語がほとんど使用されていないことである。一貫して「小ロシア語」が用いられているのである。当局は「ウクライナ」の語は徹底して避けようとしているようにみえる（ヴァルーエフ指令で「いわゆる」を付して一度だけ用いられている。またエムス法においては「ウクライナ主義者／親ウクライナ派（ukrainofil）の危険な活動」などの形で「（親）ウクライナ主義」とその形容詞形は使用されている。これらはある意味当然で、まさにそれを否定の対象としていたからである）。当局にとっては、少なくともこの段階では、問題は「ウクライナ（語）」ではなく、「小ロシア（語）」なのであった。当のウクライナ人の間でいまだ両語をめぐって論争が行われている段階では、当局の側が主に「小ロシア語」を問題としていたのも、ある意味では当然のことであった。[100]

V 「ウクライナ人」と「小ロシア人」――用語をめぐる論戦（一）、十九世紀後半～同世紀末――

六〇年代から七〇年代にかけて、ウクライナでは「ウクライナ人」（ウクライニェツ）と「小ロシア人」（マロロス）のいずれを採るかの問題が厳しさを増す。すでに六〇年代からウクライナ派の勢力が急速に拡大したことは、この時期「ウクライナ人」という偽名（ペンネーム）で執筆活動を行う人物が続出したことにもよく現れている。[101]

一八七六年にはキエフ・フロマーダ（六〇年代初のウクライナ文化活動の中心的組織）の会員の一人が、ウクライナ民族主義の代表的な思想家、運動家であるM・P・ドラホマノフ（一八四一～一八九五年）に対し、次のような呼びかけを行っている。

「私に小さなお願いがある。貴君にはあの〈小ロシア〉の語を今後金輪際使わないでいただきたいのだ。わが親友よ、お願いだからあれはやめていただきたい。それとも貴君にはあの〈小ロシア〉が〈ウクライナ〉より心地よいのであろうか。だがその〈小〉が私を突き刺し、あの〈ロシア〉がその国家性で私を焼き尽くすのだ……この呼び名は私には身体に沁みついた忌まわしい汚点だ。私はわが身からこれを皮膚もろともはぎ取りたいほどだ。貴君には今や力がある。貴君が望みさえすれば、〈小ロシア〉はたちまちのうちに消え去り、我らは永遠にウクライナ人となるのだ。私の願いは自然で本能的なものだ！　それは我々すべての者の心の底に宿っている。誰にとっても「ウクライナ」が「小ロシア」よりも甘美なのだ。君においても、心が語り始めるや「ウクライナ」が姿を現すだろう。シェフチェンコがウクライナ人であって、ドラホマノフが小ロシア人だなんて……私の体はばらばらに引きちぎられそうではないか？　なぜ〈小ロシア〉などという新語をウクライナ語に持ちこむ必要があるのだろう？　『持ちこむ』と言ったが、かつて貴君以外には誰もウクライナ語でそう言ったことはなかったからだ……モスクワ語では、場合によってはそれもさほど忌むべき語ではないかもしれない。だがウクライナ語ではそうなのだ。誰もが〈小は悪なり〉という諺を知っている。もし誰かがどこかでウクライナ語で〈小ロシア〉と口に出して言うなら、私は、彼が私を侮辱していると考えるだろう。どうかわたしを侮辱しないでくれたまえ！[102]」

これに対しドラホマノフは次のように答えたという。

「私はウクライナ人でありたいと心から願っている。そのことに気づかない者は、自分がそれを望んでいないのだ。私は大分前に『プラウダ』［ガリツィアのウクライナ主義者（ナロドフツィ）の雑誌］に自分の〈親モスクワ的〉論文を書いたが、その際すでに〈ウクライナ人〉と署名し、ガリツィア人をウクライナ主義（ウクラインストヴォ）へと誘おうとした。私は十七世紀にすでにコサック国領（コザーチナ）がこの地の全域に及んでいたならと、つまりわれらの地全体がウクライナであればと願ったが、それがティサ川流域までは到達しておらず、スルチ川流域までしか及んでいなかったときに、どうすることができたというのであろうか。私は願っただけではない。まさに新たなウクライナ主義が、われらの民族学的同族の地域全体の結節点となるよう努力してもいるのだ。これら全地方がウクライナの名のもとに結集するならば、私は幸せである。（ただこのことは私には表面的なことにすぎない……）。というのも、人々の思考がそうしたさほど重要でもない事柄に引きつけられ、多くの重大な事象が放置されてしまっているからだ！　必要なのはただ一つ、ウクライナがまずは自らの確たる地歩を築くことである。現実的な意味で新しい、論理的で組織的、機能的で強力なウクライナ主義の創出が必要なのだ。かくて、『小ロシア語が聞かれるところ』(wo die kleinrussische Zunge klingt) すべての地で、それ［ウクライナ主義］が人々の心をとらえるとき、その時いたるところで、わが『一つに集められた祖国』は自ずからウクライナと呼ばれることになろう。だが今は、我々もそうであるが、何かいかにも弱弱しく不安定な［ウクライナという］名称がそこにあたかも父親の如く傲然と居座ろうとしているかのようだ。そして人々は、それに対し何か目を剥くというか、憤慨しているのだ。だから今のところ「小ロシア」（マーラヤ・ラシーア）と「小ロシア人」が我々にふさわしいのである。もちろん民衆にとってそれは理解しやすいわけではない。彼らは、ヴォルィニにおいてもそうだが、自分がそもそもウクライナ人であることを知らないのだ。おまけに我らと西スラヴの知識人は「小ロシア」の語にもっとも慣れ親しんでいる。まさに血族的な意味においてである。私がこの語を用いるのはこの理由だけによっているのである。[103]」

このようにウクライナ主義者が「小ロシア人」の呼称を「皮膚もろともはぎ取りたいほど」に憎悪する一方、ドラホマノフは「ウクライナ」と「ウクライナ人」の語に対し、より慎重な姿勢をとろうとしていた。しかしながら以上の両者は民族の自立性を主張するという基本的姿勢においては一致していた。

これに対し、小ロシア派の中には基本的立場としては大きく異なる、というよりむしろ正反対の立場に立つ者らが混在していた。たとえば、以下は一八七五年時点での別のある小ロシア派の見解である。

「わが南西地方はウクライナではない。ロシア史の最古の時代からロシアのこの地方［とその住民］は〈ルーシ〉、また〈ルーシ人〉の名で呼ばれてきたのだ……それ以来今日に至るまで、南西地方においては、たとえば農場は、ポーランド人のそれと区別して〈ルーシ人の農場〉と呼ばれてきた。誰も決して〈ウクライナ人の農場〉とは呼ばなかったし、今でもそうである……我々は何の権利があって自らに、昔からの、ウクライナならぬルーシの地に、ウクライナ人を名乗る者が入り込むことを許すのか。このような名称は好むままに取り換え可能なあだ名ではない。実際、誰がウクライナ主義者に、古来のルーシとそれに関連するすべての名称を我々から奪い取る権限を与えたのか。その中には我らの共通の文化的ロシア［ルーシ］語も含まれている。それは長期にわたる幾多の労苦の末に創り出された言語なのである。これらすべてを、はるかに後の時代に現れたウクライナの語に取り換えようというのか。それは純然たる地方、たんに辺境地方を意味するだけの語ではないだろうか……〈ウクライナ〉が我らにとり〈ルーシ〉より優れ、重要だなどという主張は、なんと馬鹿げており、哀れむべきではなかろうか！[104]」

小ロシア派の主要な機関紙、『キエフ人』（キエヴリャーニン）（一八六四〜一九一九年）紙も明確に反ウクライナ主義的、親ロシア的である。一八七四年九月一七日号には、ある小ロシア派の人物の、故郷に対する熱烈な愛情表現の文章が掲載されている。「［自分は］〈ガルーシュキ〉や〈ヴァレヌーハ〉の語を、感激の念とともに声に出して言い……小ロシアの旋律と小ロシアの村を愛す……ホホールである。」彼はロシア人との一体性を信じるとともに、「小ロシア」に愛着をもち、「ホホール」と自称する。そしてその一方、「ウクライナ」には激しい反発を示しているのである。[105]

同紙のヴォロネジ県発のある記事も、「小ロシアの清潔さと洗練性、大ロシアの活力と進取の気性、この両者の統合こそ」、「全ロシア的一体性」を象徴的に表すものであると熱く論じる。またさらに別な記事は、「才能豊かな、少しでも真剣な人々であれば、ウクライナ主義（ウクライノフィリストヴォ）を生み出したり、それを指導することはない」、「我らはウクライナ主義への野卑で滑稽な愛着を拒否するとともに、南ルーシ人の業績を常に満腔の共感と尊敬の念をもって受け入れる」と書き、シェフチェンコやコストマーロフまたマクシモーヴィチのような「才能豊かな人々」が自分たちの陣営に属すと主張し、彼らの帰属をめぐってウクライナ主義者と激しく争ったのである。[106]

同じく「小ロシア」派といっても、先のドラホマノフの場合とは異なる正反対の立場もあったのである。

かくして長らくウクライナを含むロシア帝国全体で用いられてきた「小ロシア」（「小ロシア人」）の語が、ここにきてとりわけ当のウクライナ人の間で、それが望ましい用語であるのか、それとも慎重に使用される場合にのみ容認されるのか、それどころかいまや「ウクライナ」の語を採用すべき時ではないのかという形をとって議論されるに至ったことがわかる。この問題に決着がつけられる時が近づいたのである。

Ⅵ　「ウクライナ人」と「小ロシア人」――用語をめぐる論戦（二）、十九世紀末～二十世紀初頭――

論争が新たな局面を迎えるのは、一九〇五年初の「血の日曜日」事件後に、帝国科学アカデミー言語部会が「小ロシア語」を独立の言語と認め、一八七六年のエムス法による制限の撤廃を勧告してからのことである。法令そのものが撤廃されることはなかったが、この時を境にその条項が適用されることはもはやなくなった。その結果一九〇五年末には各地で最初の小ロシア／ウクライナ語新聞が発行されることとなった[107]。もちろんこれで反ウクライナ主義者の勢いが止まったわけではない。「大」「小」両ロシア語の類似性を強調して、両「ロシア」が一体的存在であることを説く者と、「小ロシア語」ならぬ「ウクライナ語」の独自性を主張して、「ウクライナ」の独立を主張する者とでは、政治的立場が正反対で、両者の溝が埋まることはなかったのである。

用語をめぐる論戦はガリツィア（ハリチナ）をもとらえた。というより、ロシア本国での締め付けが厳しくなった十九世紀後半には、この地域がウクライナ民族主義運動の中心となっていた。

ガリツィアは元来ポーランドの影響が強かったが、十八世紀後半のポーランド分割後オーストリア領となっていた。ポーランド人領主によるウクライナ人農民支配という構造が大きく変わることはなかったが、総体的に見て、ある程度の政治参加を許容されたガリツィアのウクライナ人がドニェプル地方の同輩より恵まれた状況にあったことは確かであった[108]。

用語論争はこの時期のガリツィア・ルーシ人（「ルシン人」rusiny、オーストリアでは「ルテニア人」Ruthene）の民族的自己規定をめぐる問題と結びついていた。ガリツィアの状況を見るためには、少々時代を遡る必要がある。中井和夫によれば、ガリツィアではすでに一八三〇年代に政治的潮流としての「ロシア主義者」（「モスクワ派」、親ロシア派）が活動を始めていたが、とくに一八五九年の「アルファベット戦争」（ウクライナ語へのラテン文字の導入に反対するガリツィア人の戦い）後に、ロシア帝国の助力を得てポーランド人に対抗しようとする気運が高まったという。一方、世紀後半にロシア帝国内でウクライナ民族主義運動に対する抑圧が強まると、ガリツィアが運動の拠点となり、一八六〇年代には「ウクライナ主義者」（ukrainofil）、「ナロドフツィ（ナロードニキ）」が現れる。これは「ロシア主義者」（rusofily）に比べれば少数派ではあったが、それでも七〇年代にはかなりの勢力になったという。[109]

さてこの地域のウクライナ人は、第一次大戦時までは伝統的なルーシ（ガーリチ・ルーシ）の呼称に基づき「ルシン人」を称したが、これをどう理解するかで見解は分かれていた。たとえば、「ルーシ」の形容詞形には ruskii、russkii rus'kii など、微妙に異なるいくつかの形があったが、それらはそれぞれ「古ルシン人」、「親ロシア派（ロシア主義者）」、「親ウクライナ派（ウクライナ主義者）」と結びついていた。さらにポーランド化したガリツィア・ルシン人知識人の場合には、自称として「ルスキ」（ruski）を採用することもあったといわれる。ただしこれがそれ以外の層に広く浸透したということではなかった。[110]

一方、「小ルーシ人」（malorusskii）、また「小ロシア人」（malorossiiskii）の語は、元来ガリツィアでは稀にしか用いられなかった。ガリツィアがロシア帝国から切り離されていたからには、それも当然のことであった。しかし共著論文によれば、ガリツィア人もやがて「小ルーシ／小ロシア人」を名乗るようになったという。とくに三月革命後の一八四八～一八四九年にはガリツィアで親ロシア的傾向が強まり、「ガーリチ・ルーシ」と「小ルーシ」を同一視する立場が優勢になったという。[111] ポーランド人による支配が強化されるなか、保護者としてのロシアへの期待が高まったと考えられる。この傾向は六〇年代になってロシアの親ウクライナ主義者や汎スラヴ主義者の流入が相次ぎ、彼らとの接触の機会が増えるにつれてさらに強まり、ガリツィアでも公的一般的言説において、「小ルーシ人」、「小ロシア人」の語が頻繁に現れることになった。たとえば、あるギリシア・カトリック（ウニアート）聖職者は一八六六年に、

「我々はポーランド人ではありえない。大ルーシ［ロシア］人でもない。過去、現在、そして将来においても、小ルーシ人（malorusy）なのである」と述べたと伝えられる。[112] 六〇年代後半にはガリツィア・ルーシ運動の指導者たちは「小ルーシ／小ロシア人」を自称しつつ、「全ロシア世界」との文化的一体性を強調するようになる。ある親ロシア派は「ルーシでは……言語は一つ、ルーシ（ロシア）語である。この言語には二つの方言（ヴィゴヴォール）、すなわち小ルーシ語と大ルーシ（ロシア）語がある」と記し、両語が基本的に同一範疇に属することを主張している。[113]

他方、ガリツィアのウクライナ主義者の場合も、当初は広く「小ルーシ人」（malorus'kii narod）の語を用いたといわれる。ウクライナ主義者にとって、「ルーシ」も、「小ルーシ」も、そして後には「ウクライナ（ルーシ‐ウクライナ）」もが、大きく異なることのない、ほぼ同義の語であったという。[114] 共著論文のこの記述は、詳しい説明がないので、どう解釈すべきか難しい。もしこの場合の「小ルーシ」を「小ロシア」と同義と考えることができるとするならば、初期の段階では（というのもその後状況は大きく変わるからである）、ガリツィアの民族主義者ですら自身のアイデンティティをロシア（帝国）に見ていた、と言えるかもしれない。そしてこのような見方の背景には、オーストリア、ポーランドというまったく異質の社会の中で生きることを余儀なくされたガリツィア人の苦悩があったことが考えられる。

だが仮にそうであったとしても、時が進み二十世紀になると状況は一変する。「小ロシア」、「小ロシア人」（マロラシースキー）、また「（小）ルーシ人」（［マロ］ルースキー）自体が、親ロシア派（親モスクワ派）の自称として定着してしまったからである。ガリツィア‐ウクライナ主義者（親ウクライナ主義者・ナロドフツィ）にとって、それらの語はもはや受け入れられるものではなくなったのである。彼らがこの問題にどういう態度をとったか、代表者の一人、L・ツェゲリスキー（一八七五～一九五〇年）の場合を例に、少々立ち入ってみてみたい。[115]

共著論文によれば、ツェゲリスキーは、親ロシア派が使用する「小ロシア」の語の代わりに、「ルーシ‐ウクライナ」（ないし「ウクライナ‐ルーシ」）の採用を提唱したという。彼は伝統的な「ルーシ」と「ルシン人」を堅持しながら、それと並んで「ウクライナ」と「ウクライナ人」の使用をも呼びかけたのである。彼は、ヨーロッパ人である「ルシン（ルシヌイ）‐ウクライナ人」が、アジア人である「モスカーリ」（モスクワ人）に、精神的・人類学的に優越する存在であると考えていた。この点で彼が、ロシア人を野蛮なアジア人とみて、スラヴ族の範疇から排除しようとした、極端な人種主義で名高いポーランドの思想家F・ドゥヒンスキ（一八一六〜一八九三年）の影響下にあったことは明白である。[116]

ツェゲリスキーがとくに拒絶反応を示したのは「小ロシア」の語に対してであった。彼の考えでは、「小ルーシ」と「小ロシア」はまったく異なる概念である。前者は十四世紀のガーリチ公国を指す語であり、「古ルーシ」（キエフ・ルーシ）に直接連なる概念である。他方、後者はモスクワのツァーリによる造語で、「左岸ウクライナ」（ゲトマンシチナ）を表す。ツァーリはこれにより「小ロシア」が「大」のそれの下位に立つ、一「小」部分であることを示そうとした。ロシア政府とガリツィアの親モスクワ派は、「小ルーシ」と「小ロシア」を意識的に混同し（融合させ）、それを「ウクライナ‐ルシン人」に押し付け、かくして「ウクライナ‐ルーシ」を「モスクワ化」しようとしたと主張したのである。

このようにツェゲリスキーは改めて「ウクライナ」の語の妥当性を主張したが、それは「小ロシア」の語が伝統的な「ルーシ」の語までも取り込んでモスクワ化されようとしていることに危惧の念を感じたからであった。

ウクライナ派の攻勢が強まったことは確かであるが、親ロシア派の勢いも衰えたわけではなかった。たとえば、親ロシア派の一人O・A・モンチャロフスキー（一八五八〜一九〇六年）は、次のような主張を展開していた。「ウクライナ人」の語は「ガーリチ・ルーシ」には元々なかった。それが知られるようになったのは、ポーランド一月蜂起（一八六三年）以後のことである。ポーランド人反乱者が初めて持ち込んだのである。その結果、ガリツィアのウクライナ主義者は、十九世紀末には「小ルーシ」および「小ルーシ人」の語に替えて、「ウクライナ」と「ウクライナ人」を使用するようになった。彼らの目的は「ウクライナとルーシ［ロシア］との一体性を破壊することにあった」。「ウクライナ」の語はポーランド人の「陰謀」の所産であるとする主張である。[117]モンチャロフスキーの主張が正しいかどうかは別にして、ロシア帝国からの独立を希求するポーランド人が当時ウクライナ主義者らへの働きかけを強めようとしていたのは確かである。[118]そしてまさにモンチャロフスキーの危惧した通り、世紀末には多くの者が「ウクライナ人」を名乗るようになった。[119]

次の事例はそのことをよく表している。一八九一年、当時ソフィア大学教授であったM・P・ドラホマノフに対し、作家である姪のL・ウクラインカ＝コサチ（一八七一〜一九一三年）が次のように書いたという。「私たちは『ウクライナ主義者』の呼称を捨て、たんに『ウクライナ人』と名乗っています。というのも私たちは『主義者』ではなく、ウクライナ人そのものですから。[120]」ウクライナ派は「小ロシア人」はもとより、「ウクライナ主義者」（ukrainofil'）の呼称をも拒絶するに至ったのである。

以上は世紀末のウクライナ社会で自己規定の用語をめぐり大きな変化が起きていたことを示すものであるが、[121]「ウクライナ人」の呼称が推奨される一方で、「ウクライナ主義者」の方が忌避されたのは、後者が明確に否定的な意味をもつに至ったことを意味していた。それは「民族意識の、胎児段階や未熟性を」表す語にほかならず、ウクライナ派にとっては「すでに埋葬された観念であり」、「その生ける代表者たちが……あらゆる意味と社会的関心を喪失する」運命にあることは明白なのであった。[122]ここで言われる「代表者」の中にはN・I・コストマーロフも入っていた。

他方同じ「ウクライナ主義者」の語が、逆にロシア人社会においては肯定的な意味を帯び始めたことも指摘しておくべきだろう。先にふれたキエフ大学教授のフロリンスキーは「親ウクライナ主義」を「ウクライナ主義（派）」(ukrainstvo）と明確に区別し、前者を「漸進的な地方発展」を目指す穏健な立場と評価しつつ次のように記した。「ロシアの進歩的世論は、伝統的に『親ウクライナ主義的』(ukrainofil'skii) であるが、『ウクライナ主義（者）』(ukrainstvo) とは断固として、容赦なく全力で戦うべきである。それは我らの歴史の偉大なる達成である全ロシア的文化を弱体化させ、部分的に廃絶しようとすらしているからである。[123]」

一九〇五年革命後、用語論争は原則的に新たな時代に入る。まずそれは法的・政治的に現実の舞台、すなわち新たに開設が認められた国会と都市議会の選挙戦において、また同時に新聞等のプレス上でも繰り広げられた。[124] ウクライナ派の主要な新聞は日刊紙『ラーダ』(一九〇六～一九一四年) であり、これと対峙した反ウクライナ派のそれは『キエフ人』であった。後者の背後にはキエフ在住のロシア人を中心とする右派民族主義者の団体 (「ロシア民族主義者キエフ・クラブ、KKRN」) が控えていた。ウクライナ派も同じころキエフで「ウクライナ進歩主義者協会」(TUP) を結成し、それに対抗した。[125]

ウクライナ派とロシア派は同じキエフ知識人層に属し、時に互いに知り合うところがあったにもかかわらず、相互に激しく罵りあい、他を拒絶した。前者は後者を「黒百人組」、「反動主義者」、「祖国への裏切り者」などと、後者は前者を「マゼピンツィ（マゼーパ派）」、「背教者」、「分離派教徒」、「分裂主義者」、「ロシア嫌い」、「外国の手先」などと非難した。両者の極端で非妥協的な態度はウクライナの「自立」へ向けたその後の歩みに暗影を投げかけた。

両派の対立点を少々詳しくみてみる。

TUPの指導者の一人、E・Kh・チカレンコ (一八六一～一九二九年) はウクライナにおけるロシア化の進展に警鐘を鳴らし、喫緊の課題として非自覚的なウクライナ人の教育をあげたが、彼もまたことさらに大ロシア人の過度の飲酒癖、魔術的舞踏歌謡への耽溺、近親に対する粗野で乱暴な仕打ちなどを強調して、彼らを西欧的生活に不適格な半アジア的野蛮人と罵った。彼にとって大ロシア人は少数民族への配慮に欠け、国家の民主主義的変革に背を向ける搾取者、植民地主義者であったが、この点で彼は多くの西欧人のロシア人観を共有していたといえる。こうした見方からすると、ウクライナ人への共感を表明したカデット（立憲民主党）党首のP・N・ミリュコフですら典型的ロシア人にほかならず、彼もまた中央集権主義者（tsentralist）として批判の対象とされることとなる[126]。

一方、KKRNのキエフ・ロシア民族主義者は自ら「小ロシア人」を名乗り、この呼称に誇りをもっていた。彼らは『キエフ人』紙の伝統に立ちながら、「小ロシア」文化遺産への相続権を主張してウクライナ主義者と激しく対立した。彼らにとっては偉大な詩人シェフチェンコも「小ロシア人」にほかならなかった。詩人にみられる「分離主義的」傾向はキリル・メトディー団内の親ポーランド派の悪しき影響によるもので、本来の彼の姿ではなかった。KKRNの指導者の一人A・I・サヴェンコ（一八七四～一九一九年以後）は、キエフにシェフチェンコの記念碑設置運動が起きた時、それに激しく反対し、次のように記した。詩人は確かに「才能豊か」ではあったが、これを「天才」また「民族の父」と祭り上げ、政治化することは適切ではない、と。サヴェンコはさらに、「私は純血の小ロシア人である。私は故郷を熱烈に愛している……だが一方で私は親ウクライナ主義（ウクライノフィリストヴォ）を心の底から憎んでいる。それは下劣な裏切りの運動である」とも記した[127]。

サヴェンコはこのように自身が「小ロシア人」であることを強調したが、彼のいう「小ロシア人」は、陽気で善良、飲食を愛し歌謡を楽しむ南国の住民という従来のステレオタイプのそれではなく、今や帝国のロシア人と同様に相当数が都市に住み、商工業に従事するブルジョアであった。それだけではない。彼においては「小ロシア人」は新たな特徴をも備えるようになっている。すなわち、「大ロシア諸県が第三国会［一九〇七年十一月一日開会］に多数の革命主義者を送り込んだのと異なり、小ロシアはタヴリーダ宮［国会が開催された宮殿］にほとんどロシア民族主義者だけを送り込んだ。大ロシアのモスクワとペテルブルクが革命の砦であるときに、小ロシアの首都キエフは全ロシア的愛国運動全体の中心として機能している。」かくて「小ロシア人」は「大ロシア人」と異なり、革命派の影響に容易に屈しない、より確固たる「ロシア性」（「小ロシア的ロシア性」）を体現している、というのである。

ここで展開されたロシア派の「小ロシア人」観は、古典的なそれとは異なり、左岸ウクライナ工業地帯のブルジョア的産業人（企業家、大商人）の立場を反映していたと言ってよい。「小ロシア人」は十九世紀前半には、ポーランド人の独立を求める動きが急になったこともあって、自らの「ロシア性」について「改めて確認する」必要性に迫られていた。これに対し二十世紀初頭においては、ポーランド人の動向について語られることは稀になり、今やウクライナ主義からの防衛を要請されながらも、その「ロシア性」はもはや疑いえぬ、確かなものと認識されるに至っていた。いまや「小ロシア性」（「小ロシア人」は革命派（ボリシェヴィキ）の影響に安易に屈することのない、「大ロシア人」以上に確固たる「ロシア性」（「小ロシア的ロシア性」）を体現する存在と考えられるに至っていた。この「ロシア性」が帝政「ロシア」のそれを強く引き継ぐものでもあったことは言うまでもない。

論争は当然首都サンクト・ペテルブルクでも行われた。一九〇五年革命後の「十月宣言」（「十月十七日詔書」）で約束された国会選挙（一九〇六年二～三月）において選出された議員（当初四四八人であった）には、ウクライナ各地域から選ばれた六十二名も含まれていた（うち四十四名が自らウクライナ人であることを表明したという[128]）。彼らはウクライナ代表という資格で選ばれたわけではなく、地主や都市民、農民、労働者などのクーリヤ（選挙人等級区分）のいずれかに所属するものとして選出されていた。いうまでもなく選挙法は地主やブルジョアジーに有利になるように作られていた。諸少数民族の代表がとくに考慮されたわけでもなかった。加えて、小ロシアで世紀末から組織され始めていた政治的諸党派の選挙への参加は限定的で、社会主義者は選挙自体をボイコットした。またウクライナ民主ラディカル党（その一部メンバーは後に既述のＴＵＰを組織する）は首都での影響力行使の展望をもつことができず、ミリュコフやＰ・Ｂ・ストルーヴェの穏健自由主義的カデット党と連携する道を選んだ。カデットは非ロシア諸民族の活動に共感を示すことが多かったからである。ただ彼らとくにストルーヴェはウクライナ人などの連邦制の主張や政治的自立の要求には断固反対していた。

国会が召集されはしたものの、首都の情勢は多くの者が望んだようには進まなかった。帝国政府は一時の危機を脱すると政治活動に対する締め付けを厳しくし、第一国会は二か月ほどで解散に追い込まれた。一九〇七年二月に招集された第二国会も反政府的な姿勢を強めたため六月には再び解散させられた。その後新たな選挙法の下に選出された第三、第四国会（それぞれ、一九〇七〜一九一二、一九一二〜一九一七年）もその権限を著しく狭められた。

こうした状況の中でKKRN、TUP両派は「小ロシア人」とウクライナ問題の解決を目指して、それぞれ首都で独自の運動を展開する。

前者の代表、ポルタヴァの地主、A・I・サヴェンコはすでに一九〇八年、次のように書いていた。

「大ロシア人民族主義者が抱く誤解と不安の責任は、我々小ロシア人にもあると認めざるをえない。〈大ロシア〉の政治・文学関係者はウクライナ主義［ウクライノフィリストヴォ、親ウクライナ主義］については繰り返し耳にしたことがあろう。彼らがあちこちで大騒ぎしているからだ。彼らは厚かましくも全「ウクライナ人」［ナロード］の名の下に活動している。これに対し〈大ロシア〉では反ウクライナ主義運動については何も聞かれない。［我らキエフの］ロシア民族主義者クラブは、ウクライナ主義に対しウクライナ人自身の力で戦うことを主要課題の一つとしているが、この点ではまだほんの一歩を踏み出したにすぎないのだ。[129]」

第三国会に選出された「小ロシア」農民代議員の一人も同様に反ウクライナ主義的であったが、自らの心情を以下のように吐露している。

「我々はあらゆるウクライナ主義的宣伝を拒否する。というのも我々は自分がロシア人でないなどとは一度も思ったことがないし、それは今でも変わらない。世話好きなミリュコフ氏ら旦那方［カデット党員］が、我々と大ロシア人とは違う存在なのだと言葉巧みに教え込もうと躍起になっても、それがうまくいくことはないだろう。我々小ロシア人は大ロシア人と同じく、ロシア人［liudi russkie］なのだから。[130]」

ウクライナ主義陣営（TUP）も独自の運動を展開した。

一九一四年ペテルブルクで『ウクライナ問題』と題する匿名著者による大部のパンフレットが出版された。これは大ロシア人読者を想定してウクライナ主義者の立場を説明しようとする目的で書かれた。そこでは、ウクライナ内部における議論では「ウクライナ」の語が用いられる箇所で、しばしば「小ロシア人」の語が用いられている。彼らにとっては「小ロシア」と「ウクライナ」はときに垣根なしに互換的に使用され、ほとんど同義語となっているのである。一方、著者（たち）は明らかに大ロシア人を対象にした文面においても、慎重にではあるが、「ウクライナ人」の語を用いる。そして「小ロシア」（あるいは小ルーシ、南ルーシ）と「大ロシア」（大ルーシ、北ルーシ）の「二つのルーシ［ロシア］民族それぞれ」の民族的特性」(natsional'naia osobennost' dvukh russkikh narodnostei) がいまや覆い隠しがたくなっていることを指摘して、ウクライナ人の独自的存在を承認するよう求めたのである。[131]

このパンフレットは、その二年前に出版されたキエフの検閲官S・N・シチェゴーレフの『ウクライナ運動。南部ロシア分離主義の現段階[132]』を論駁する目的で執筆されたものであった。後者は今日でも、当時のウクライナ主義運動に関する最も詳細な文献と評価される著作であるが、著者はその中で運動の分離主義的性格を厳しく断罪していた。

検閲官は、ロシア民族の一体性の問題に関し、親ウクライナ派のロシア・アカデミー会員F・E・コルシが「もし我々がこの問題を東スラヴ（ロシア）語の現況からではなく、それら相互間の血族関係から判断するならば……〈マゼピンツィ〉［マゼーパ主義者、反ロシア主義者］をも〈ロシア民族〉とみなさなければならなくなる」と述べたことを捉え、次のように反論する。

「我々は、もしウクライナ人の語が民俗学（エトノグラフィヤ）的な意味においてのみ用いられるというのであれば、小ロシア人がウクライナ人と称することに何ら反対するものではない。ポーランド人が彼を〈ルシン人〉、ドイツ人が〈ルテニア人〉と呼ぶように［彼が自身を何と呼ぼうと問題はない］。しかしながら、この語は通常、文化・政治的（党派的）な〈信条〉と結びつけられているので、誤解を招く可能性がある。それゆえ、言葉遊びをするつもりのないすべての作家は、この語を慎重に用いる必要がある。問題の本質は次の点にある。〈マゼピンツィ〉はウクライナ派の多数（彼らはロシア嫌いの人々である）を占める。だが彼らは全体から見れば一部である。一方、党派としてのウクライナ人［主義者］は（オーストリアでもロシアでも）ウクライナ（小ロシア人［全体］の一部（多いか少ないかはともかくとして）である。後者の（民俗学的）概念を〈マゼピンツィ〉の語と同一視することは明らかに、もはやたんに無意味というだけでなく、はなはだしく馬鹿げている。[133]」

ここでシチェゴーレフは、「ウクライナ人」を称する人々を、オーストリア（ガリツィア）に多かった「マゼピンツィ」に対峙させ、前者を容認する一方、後者を厳しく拒絶しているのである。このことは、少なくともキエフの検閲官にあっては、「ウクライナ人」の語がいまや否定されるべき概念ではなくなっていることを示している。「ウクライナ（人）」の語は、いわば当局により「合法化」されたといってよい。この書は一九一七年のロシア革命までに四版を重ね、その簡略版も刊行されて、こちらはさらに広く読まれたという。[134] パンフレットの著者らウクライナ民族主義者としては、シチェゴーレフの著書に一部歓迎すべき点があったとしても、自立的傾向を強める彼らを「マゼピンツィ」と断じて抑えこもうとする検閲官に対しては断固反論する必要があると考えたのである。

以上の如く、帝政末期のロシアでは、「ウクライナ」の語自体はもはや大きな問題ではなくなっていた。問題は当該地方が帝国内部で占めるべき位置であり、究極的には「分離（独立）」の可能性もありうるのか、ということであった。帝国の存在が盤石である限り実際にはそれが日程に上ることはなかったとしても、その前提が崩れる場合には、先行きは不透明な状態にあったと言ってよい。用語問題としては、もし「ウクライナ」が容認されるのであれば、無理に「小ロシア」を使用する必要性もなくなることになる。そして「小ロシア」が不要になるならば、「大ロシア」も、ことさらにロシアを称えるために使用するのでない限り、不要となることが展望される事態となったと言えよう。

このように第一次世界大戦以前には、「ウクライナ」の語が諸用語の中で最も有力な位置を占めるに至っていた。そしてそれとともに「小ロシア」の語ももはやその存在意義を失っていたと考えることができる。後者はその後も直ちに姿を消すということはなく、おりにふれてさまざまな機会にさまざまな思惑をもって使用されたが、公式的な意味を喪失しつつあることは明らかであった。

結語

最後に本論文の趣旨を手短にまとめておく。

「小ロシア」の語は最初、十四世紀初めに、ビザンツ帝国官房とその教会（コンスタンティノープル総主教庁）文書において使用された（ギリシア語表記で「小ローシア」の形をとった）。正教会の「ローシア」府主教座が二分、さらに三分されたのに伴い、とくにガーリチ‐ヴォルィニ府主教座を指して用いられた。それは明らかに、すでに存在していた同じギリシア起源の語「大ローシア」との関連で使用され始めた。「大ローシア」に比して「小」、あるいは全体の一部という意味であったと考えられる。とはいえ、両語は最初から対語的に（ペアで）用いられたわけではない。両語の出現時期は明らかに異なっていた。「大ローシア」は単独で、遅くとも十二世紀には用いられていた。それは「全ローシア」と同じく、ルーシ教会全体の一体性を表す語であった。この段階では両語はいまだ地名ではなかったと考えられる。

著者は、「大」と「小」をいわばアプリオリに対語と捉え、それに対照的な意味を付与するがごとき立場（たとえば、中核部と植民地、中心と地方、南と北など）には立たない。対語的に用いられる場合には、ときにはそうした理解法もありえるだろうが、それが一般的な法則であるとは考えない。

「小ローシア」は十四世紀中にはしばしば用いられたが、その後ほとんど使用されなくなったようにみえる。十四世紀末から次第に「ロシア」の語がみられるようになる。ギリシア語表記を基盤にルーシでも「ロシア」の形が用いられ始めるのである。その段階で十五世紀、とくに十六世紀になると、「ロシア」とともに「大ロシア」の語も普及するようになる。その場合、多くはロシアを賛美する美称であり、とくに「小ロシア」を念頭において言われたわけではない。

「小ロシア」の語は、現ウクライナ地方の聖職者層がモスクワに目を向けるようになった十六世紀、とくにその後半から使用されるようになった。背景には、いうまでもなくポーランド‐リトアニア国家領内にあった正教徒が、進境著しい唯一の正教国ロシア（モスクワ大公国）に接近を図ろうとしたことがあった。なぜ「小」であったかは明確にしがたいが、一つには、十四世紀における使用例があったこと、さらには、ロシア・ツァーリに対する恭順の意の表明を意識したことも考えられる。

この語の使用は、十七世紀になりコサックの反ポーランド諸戦争が激化するとともに増え、ペレヤスラフ協定（一六五四年）後に、ヘトマン・フメリニツキーの支配地域がロシア・ツァーリの庇護下に入った時に公式化された。この時ツァーリ・アレクセイは自らの称号中に「小ロシアの」の語を含めたのである。この時点で「小ロシア（小ルーシ）」が地名としての意味をも持ち始めたと考えられる。

その後しばらくは「小ロシア」は現ウクライナ人の多くが（と言ってもエリート層中心ではあるが）、進んで使用する用語となった。彼らは「小ロシア人」と自称し、「小ロシア」を故郷とさえ理解するようになったのである。彼らにあっては故郷（「小ロシア」）に対する愛着と祖国（「ロシア」帝国）に対する忠誠が共存していた。この状況はヘトマン国家（ヘトマンシチナ）の自治が完全に奪われる十八世紀後半までは、おおむね続いたと考えられる。ウクライナの独自性を主張するウクライナ民族主義が芽生え、活性化する十九世紀前半から中頃が一つの転機となった。（ウクライナの語は近世においては最初リトアニア国家官房において現ウクライナ諸地方を指して用いられ始めたように思われる。そこから次第に現地の人々の間でも使用されたと考えられる。）十九世紀後半からは「小ロシア」と「ウクライナ」の語のいずれを用いるかの論争が激化する。それに決着がつけられたのは、一九〇五年革命から第一次大戦にかけてのことであった。一九一七年のロシア二月革命のさなかに、キエフに「中央ラーダ」が組織され、一八年一月の第四次宣言において「ウクライナ人民共和国」の独立を宣言した時に、「ウクライナ」が「小ロシア」に最終的に勝利したと考えることができる。「中央ラーダ」は直後にボリシェヴィキ軍により打倒されるが、一九二二年十二月のソヴィエト連邦の成立に際し、ウクライナが連邦構成共和国の一つとしてそれに参加することになり、「独立」の意味はあいまいになるが、「ウクライナ」の語が完全に定着するに至ったことは明らかであった。

付録1

〈翻訳〉ウラジーミル・プーチン「ロシア人とウクライナ人の歴史的一体性について」

訳者まえがき

二〇二二年二月二十四日、ロシアのプーチン大統領は「特別軍事作戦」の開始を宣言し、ロシア軍によるウクライナ侵攻が始まった。大統領がなぜ侵攻に踏み切ったか、すでに各方面で、また多様な形で広く論じられており、ここで屋上に屋を重ねる必要はないだろう。いわんや大統領の人や思想、また政策について特別に検討したこともない筆者にそれを論じる資格があるとも思えない(1)。ただ前年の夏(二〇二一年七月十二日)クレムリンは、上記のごとき表題の論文を公開している。著者は「ウラジーミル・プーチン」とされる。それが大統領その人の手で書かれたとはほとんど考えられないが、その名のもとに公開されたことはそれなりの意味をもつ。いずれにせよ、これについてもすでに広く各方面で批判的に論じられており、いまさら取り上げる必要などないかもしれない。それにウクライナの人々が長期間悲惨な状況を強いられている今となっては、その内容などどうでもよいことのようにも思われる。何よりも、大統領の意図がいかなるものであれ、それが残虐性を増大させる一方の軍事侵略の理由を説明し、いわんや正当化するわけではない。また人々がそれにより納得させられるというものでもなかろう。

しかしながら冷静に考えてみれば、この「戦争」が意外というか、予想外のものであったことも否定できないところである。その意味では「いったいなぜ?」と問うことが求められているように思われる。「意外」というのは、ロシアとウクライナは言語・宗教・文化的にきわめて近く、経済関係も緊密で、両国民間の姻戚関係もごく普通のことであるからである(これは大統領論文自体が強調するところでもある)。実際、両者はこれまで十八世紀初頭の北方戦争期、また二十世紀初頭のロシア革命後、さらに大祖国戦争(独ソ戦)時などにおける相対的に小さい衝突を除いて、真っ向から激突するという経験をしたことがなかったのであり(ウクライナが二十世紀初めまでひとつの国家として存在してこなかったからにはそれもある意味不思議なことではない)、対外的には比較的にまとまった存在ともみられてきたのである。両国間の全面戦争は歴史的にはむしろ考えにくいことであった。この点、ロシアをアプリオリに恐れまた敵視する感覚の強い欧米や我が国には、今回の軍事侵攻をあたかも予想されたこと、あるいは驚きでも何でもない(「ロシア人」ならやりかねない)と捉える向きもないわけではないように思うが、筆者はもちろん、そうは考えない。今日振り返って見れば、ウクライナが長い間ロシアに対し親近感を抱く一方で、逆に「不満」を覚え、それどころか「反感」さえ感じてきたことも確かである。しかしそれが一方からの大規模な侵略(そしてその後の両者の全面的軍事衝突)に至るほどのものであったかどうかは、自明なことではない。やはり「なぜ?」は必要である。

加うるに、「大統領」論文は、以下に見るように、ロシアとウクライナの歴史を正面から論じている。歴史研究者がこれを無視することは許されまい。「侵攻」がいかなる思想に支えられて実行に移されたのかを、ある程度立ち入って考えてみることも、それがたとえ遅すぎた試みであるとしても、無意味ではあるまい。少なくともそこには侵略当事者の思考過程の一端がくっきりと現れているからである。すでに各方面で広くまた繰り返し分析の試みもなされている。指摘済みのこと、また「専門家」には常識となっていることも少なくなかろう。だが以下に、中世史研究者の一人である筆者も改めてこれを検討し、せめて自身のための覚書として整理してみようと考えた。最初に本論文を翻訳し、そのうえで、これを読んでの筆者の考えるところを記すことにする。

〈翻訳〉ウラジーミル・プーチン「ロシア人とウクライナ人の歴史的一体性について」

二〇二一年七月十二日、十七時(2)

最近、私は、放送番組『直線』(プリャマーヤ・リーニヤ)においてロシアとウクライナの関係について質問を受けた。その際私はロシア人とウクライナ人が一つの国民(ナロード)(3)であり、一つの全体を成すと答えたが、それは何か政治的な状況に促されて述べた発言ではなく、何度も述べてきたように、私の信念である。それゆえここで自身の立場を詳しく説明し、最近の情勢についての判断を明らかにする必要があると考えた。

真っ先に強調したいのは、最近ロシアとウクライナの間に現れた壁のことである。両国は本質的に一つの歴史的精神的空間の二つの部分である。その間に出現したこの壁を私は双方に共通の大きな不幸、悲劇と考えている。それは何よりも我々自身が様々な時期に犯した誤りの帰結ではあるが、我々の一体性の破壊を不断に志向する、かの諸勢力の一貫した策略の結果でもある。彼らの行動様式は何世紀も前からよく知られている。それは分割して統治せよ、というものである。そこには新しいものは何一つない。民族問題を利用し、人々の間に諍いの種を播こうとする企てはすべてここからきている。超課題[最大目標]は、分断し、しかる後に一体的国民の諸部分を互いに争わせよ、である。

現在をよく理解し未来に思いをはせるためには、我々は歴史に目を向けなければならない。もちろん一千年以上にわたる出来事のすべてを検討することはできない。ただ我々、ロシアとウクライナの双方が想い起こす必要のある、鍵となる決定的な時期に注目してみたい。

ロシア人とウクライナ人は、ベラルーシ人とともに、ヨーロッパ最大の国家であった古ルーシ(4)［九～十三世紀初め］の遺産相続人である。スラヴ人と他の諸族は広大な地域（ラドガ、ノヴゴロド、プスコフからキエフとチェルニゴフに至る）において、今日古代ロシア語と呼ばれる単一の言語、経済的結びつき、リューリク朝諸公による統治によって一つに結び付けられていた。またルーシの洗礼［ルーシのキリスト教受容、九八八年］後は一つの正教信仰も結びつきを強化した。ノヴゴロド公であり、キエフ大公でもあった聖ウラジーミル［在位九七八～一〇一五年］の宗教的選択は、今日でも多くの点で我々同族を規定する要因となっている。

古代ロシア国家［の諸公の中］で支配的地位にあったのはキエフ公であった。『過ぎし年月の物語』［『原初』］は後世のために、英知あふれる賢明なオレーグ［初代キエフ公、九一二年没］の、キエフについての発言を伝えている。彼は、「これこそロシアの町々の母となるだろう」と言ったのである。

その後古ルーシは、他のヨーロッパ諸国と同様に、中央権力が弱体化し、国は分裂した。だが貴族も庶民もルーシを共通の空間、自分の祖国（父祖の地）と理解するようになった。

バトゥの侵入［モンゴル軍の征西、十三世紀］によりキエフをはじめ多くの都市が破壊され、分断が進行した。北東ルーシ［ウラジーミル＝スーズダリ地方］はオルダー［キプチャク・カン国］の支配下におかれたが、主権は限定的ながら維持された。南西ロシアの地(5)［ガーリチ＝ヴォルィニ地方］は主にリトアニア大公国により支配されたが、この国家は、とくに注意してほしいが、歴史文書では「リトアニアおよびロシアの大公国」と呼ばれたのである。(6)諸公また貴族の諸家門の成員たちは敵対しあう公から公へと勤務替えをしたが、同時に和合し同盟を結ぶこともあった。

一三八〇年のクリコヴォの戦い［オルダーに対する勝利］において、モスクワ大公ドミトリー・イヴァノヴィチ［ドンスコイの名でも呼ばれる］とともにヴォルィニの軍司令官ボブロクも戦った。リトアニア大公オリゲルドの子らアンドレイ・ポロツキーとドミトリー・ブリャンスキーも同様に参戦した。一方このときトヴェーリ公女の子であったリトアニア大公ヤガイロは自分の軍をママイ［オルダー軍の指揮官］軍と合流させようとしていた。こうしたことのすべてが我々の共通の歴史の一幕であり、その複雑性、多様性を反映していたのである。(7)

重要なのはロシアの西部地方でも東部でも同一の言葉が話されていたことである。信仰も同一の正教であり、教会組織も十五世紀半ばまでは一つであった。

歴史発展の新たな段階で古ルーシ領をまとめ上げるのがリトアニアであるか、あるいは急速に台頭しつつあったモスクワであるかは、明確でなかった。しかしやがて再統合の中心、古代ロシア国家の伝統を継承するのはモスクワであることが明らかになる。モスクワ諸公はアレクサンドル・ネフスキー［ウラジーミル大公、在位一二五二〜一二六三年］の子孫であり、外国の束縛から脱し、ロシアの歴史的諸地方の統合に着手した。

リトアニア大公国の歴史はモスクワとは異なる経過をたどった。十四世紀にそのエリート層はカトリックを受け入れた。十六世紀にはポーランド王国とルブリン合同を結び［一五六九年］、「両国民の共和国」（レーチ・ポスポリータ／ジェチ・ポスポリータ）を創建した。ポーランドのカトリック貴族はルーシ領において多くの領地と特権を享受した。一五九六年のブレスト教会合同の結果、西部ロシアの正教聖職者の一部はローマ教皇の権威に服することとなった。ポーランド化とラテン［カトリック］化が進行し、正教は抑圧された。

これに対し十六〜十七世紀にドニエプル川流域地方の正教徒住民の解放運動が活性化する。転換期はゲトマン［ヘトマンともいう。カザーク／コサックの頭領、首長の意］、ボグダン・フメリニツキー［一五九五頃〜一六五七年］時代の出来事である。彼の支持者らは共和国からの自立を求めた。一六四九年のザポロージエ軍団の共和国王に対する請願書には、ロシア正教徒住人の諸権利の保護について、「キエフ管区長官が神の教会［正教会］に介入しないように、［彼が］ギリシア法に属すルーシ人［正教徒］であるように……」と書かれていた。しかしザポロージエ人［カザーク」の請願は聴き入れられなかった。

そこでフメリニツキーは、今度はモスクワへ働きかけ、彼らの要望は何度かの全国会議（ゼムスキー・ソボール）において審議された。一六五三年十月一日、ロシア国家の代議制最高機関は、同信者たちを支援し、モスクワの庇護の下に受け入れることを決定した。一六五四年一月、この決定はペレヤスラフ・ラーダ［集会、会議］により確認された。その後フメリニツキーとモスクワ双方の使節団がキエフを含む数十の都市を回り、住民たちはロシアのツァーリ、アレクセイ・ミハーイロヴィチ［在位一六四五～一六七六年］に対し［臣従の］宣誓を行った。こうしたことは、たとえばルブリン合同の際には行われなかったのである。フメリニツキーは一六五四年のモスクワへの書簡の中でツァーリに対し謝意を表し、ツァーリが「全ザポロージエ軍団とロシアの全正教世界をツァーリご自身の強く高き御手の下に受け入れられた」と書いた。ここでザポロージエ人はツァーリに対してのみならず、ポーランド王に対しても、自分たちがロシアの正教徒住民であることを表明し、そう宣言したのである。

その後のロシア国家と共和国［ポーランド］との戦争［十三年戦争、一六五四～一六六七年］の過程で、フメリニツキー後のゲトマンたちはモスクワから「離反」したり、スウェーデン、ポーランド、トルコに援助を求めたりした。だが繰り返そう。住民にとって対ポーランド戦争は本質的に同国からの解放戦争であったのである。戦争は一六六七年のアンドルーソヴォ休戦協定により終結する。最終的結論が出されたのは一六八六年の「恒久講和」であった。この時キエフ、並びにポルタヴァ、チェルニゴフを含むドニェプル左岸地方、そしてザポロージエがロシア国家に編入されたのである。これらの地域の住民は正教ロシア国民の主要部分と再統合された。これらの地域に対しては「小ルーシ」（小ロシア）という名称が確立する。

「ウクライナ」という名称も用いられたが、それはすでに十二世紀の史料に現れて以来の意味、すなわち古代ロシア語の「辺境地帯」、つまり各方面の国境地方を指していた。一方、「ウクライナ人」は、古文書資料によって判断するならば、当初国境を守る勤務人［兵士］を意味していた。

共和国［ポーランド］領に留まったドニェプル右岸地域では、従来の社会秩序が再建され、［正教徒に対する］社会的、宗教的抑圧が強化された。これに対し、一つの国家［ロシア］に包含された左岸地域は活発な発展を遂げ始める。右岸地域からこちら側へ住人が大挙して移住してくる。彼らは言語と宗教を同じくする同胞に支援を求めたのである。

ロシア・スウェーデン間の北方戦争（一七〇〇～一七二一年）の時も、「小ロシア」住民の前に［ロシアと運命を共にする以外に］選択の余地はなかった。マゼーパ［一六三九～一七〇九年、ピョートル一世から離反し、カール十二世の側についた］を支持したのはわずかばかりのカザークだけであった。

上層カザーク（スタルシーナ）はロシアでは貴族身分を与えられ、政治、外交、軍事分野で高い地位についた。キエフ・モギラ学院［一六三一年キエフ府主教モギラ／モヒラにより創設された神学校モヒラ・コレギウムを前身とするモヒラ・アカデミーのこと］出身者は正教会において指導的な役割をはたした。ゲトマン国家の時代［一六四八～一七八二年］にもそうであったし、その後のロシア帝国においても同様であった。小ロシア人は多くの点で偉大なる共通の国家、その国家性・文化・学術を創出することに尽力した。彼らはウラル、シベリア、カフカース、極東の開発・発展にも貢献した。さらに言えば、ソヴィエト時代においてもウクライナ出身者は単一国家の指導的地位を含む最も重要な地位を占めたのである。要するに、N・フルシチョフやL・ブレジネフが（彼らの党員活動はウクライナと密接な関係があった）ソ連共産党をほぼ三十年にわたって指導したことを想起するならば、このことは明らかであろう。

十八世紀後半、オスマン帝国との諸戦争［一七六八～一七七四、一七八七～一七九二年］の後、クリミア、さらには黒海北岸地方がロシア領となった。後者は「新ロシア」と呼ばれることとなった。そこにはロシアのあらゆる地方出身の人々が移り住んだ。ポーランド分割後［ロシア、プロイセン、オーストリアによる三度にわたる分割、一七七二、一七九三、一七九五年］、ロシア帝国は古代ロシア時代の西部地方を取り戻した。ただガーリチ［ガリツィア］とザカルパチアだけがオーストリア、その後オーストリア－ハンガリー帝国領に留まった。

西部ロシアの地が共通の国家空間に統合されたのは、たんに政治的、外交的決定の帰結というだけではなかった。それは共通の信仰と文化的伝統の基盤の上に可能となったのである。改めてとくに指摘しておきたい。言語的共通性が重要であったのだ。すでに十七世紀初頭にウニアート教会［ギリシア典礼を保持しつつ、ローマ教皇の首位権を認めた正教会のこと］の聖職者の一人イオシフ・ルーツキーは教皇庁に対し次のように伝えていた。モスコーヴィア［モスクワ大公国］の住民はポーランド共和国のロシア人を兄弟と呼んでおり、彼らの書き言葉は全く同じである、と。彼によれば、話し言葉は異なっているが、その差は大きくない。ちょうどローマとベルガモ［北イタリア］のそれと同じような違いしかない。

もちろん分断が長引けば、異なる国家においては言語にも地域的特徴が現れ、方言となる。文語は民衆語を糧として内容豊かになる。ここで巨大な役割を果たしたのがイヴァン・コトリャレフスキー［一七六九～一八三八年］、グリゴーリー・スコヴォローダ［一七二二～一七九四年］、タラス・シェフチェンコ［一八一四～一八六一年］であった。彼らの作品は我らに共通の偉大なる文学・文化財産である。タラス・シェフチェンコはウクライナ語で詩作したが、散文は主にロシア語であった。ポルタヴァ生まれのロシアの愛国者ニコライ・ゴーゴリ［一八〇九～一八五二年］は、民衆の小ロシア語の表現やフォークロアを豊富に交えながらもロシア語で書いた。彼らの作品をロシアとウクライナで分割することなどできるだろうか。なんの必要があってそんなことをするのであろうか。

ロシア帝国の南西地方、すなわち小ロシア、新ロシア、クリミアは住民の民族的、宗教的構成から言って複雑多様である。タタール人、アルメニア人、ギリシア人、ユダヤ人、カライム人、クリミア人、ブルガリア人、ポーランド人、セルビア人、ドイツ人、その他実に多様な人々が居住している。彼らはみな自分の信仰、伝統、慣習を維持している。

私はなにも理想化するつもりはない。ウクライナ語の宗教的、社会政治的文献の出版、外国からの持ち込みを禁止した一八六三年のヴァルーエフ指令や一八七六年のエムス法はよく知られている[8]。だがこの場合、歴史的コンテクストが重要である。これらの諸決定は、ポーランドにおける劇的な諸事件［クリミア戦争後の同国の独立運動の激化、とりわけ一八六三年の一月蜂起など］を背景に採択されたのである。このときポーランド民族運動の指導者たちは「ウクライナ問題」を自己の利益のために利用しようとしていた。それに文学作品、ウクライナ語詩集、民衆歌謡は引き続き出版されたのである。客観的に見れば、ロシア帝国では、大ロシア人、小ロシア人、ベラルーシ人を統合するロシア大民族[9]の枠内で、小ロシアの文化的一体性は活発な発展を遂げていたのである。

他方、ポーランドのエリート層や小ロシアの一部のインテリゲンツィヤの間には、ウクライナ人がロシア人とは異なるとする見方が生まれ、強まっていた。だがそれには歴史的根拠はなかったし、ありえなかった。それゆえ彼らの主張はありとあらゆる虚構の上に築かれていた。中にはウクライナ人はそもそもスラヴ人ではないとしたり、あるいは逆にウクライナ人こそ真のスラヴ人であり、「モスコヴィティ」と呼ばれるロシア人はそうではない、とするものまでもあった。こうした「仮説」が政治的目的のため、ヨーロッパ諸国家間競争の手段としてますます頻繁に用いられるようになった。

十九世紀末になるとオーストリア‐ハンガリー政府がこのテーマに飛びついた。彼らはポーランド民族運動への対抗のためのみならず、ガーリチにおける親モスクワ的心情の抑圧のためにも、これを利用しようとしたのである。第一次世界大戦期にはウィーンはいわゆるウクライナ・シーチ射撃大隊［シーチ銃兵隊］の編成を支援した。一方、正教とロシアへの共感を疑われたガーリチ人は激しい弾圧をうけ、タレルゴフとテレージンの強制収容所に投じられたのである[10]。

その後の展開はヨーロッパ諸帝国の崩壊、旧ロシア帝国の広大な領土で繰り広げられた激烈な内戦、そして外国からの干渉戦と結びついている。

二月革命後の一九一七年三月、キエフに最高権力機関を標榜する中央ラーダが組織される。同十一月にはその第三次宣言においてロシア連邦内にウクライナ人民共和国（ＵＮＲ）の創設が宣言される。

同十二月ソヴィエト・ロシアとドイツおよびその同盟諸国との会議が行われていたブレスト‐リトフスクにＵＮＲの代表団が到着した。一九一八年一月十日［旧暦］の会議の場で、ウクライナ代表団長は独立ウクライナに関する覚書を読み上げた。その後中央ラーダは第四次宣言においてウクライナの独立を宣言する。

主権宣言はしたものの、それは短命に終わった。文字通りこの数週間後にラーダ代表団は独墺側と単独で条約を締結した［旧暦一九一八年一月二十七日］。窮地にあった独墺側はウクライナの穀物と原料を必要としていた。大規模な調達を実現するため彼らはＵＮＲに対し軍と技術要員の派遣に同意したが、実際それは占領のための口実に過ぎなかったのである。

今日ウクライナを完全なる外国支配下に追いやった者たちは、かつて一九一八年の同様の決定が当時のキエフ当局にとって致命的であったことを想起してみるがよい。占領軍の直接的関与の下で中央ラーダは排除され、権力の座に就けられたのはゲトマン、Ｐ・スコロパツキー［一八七三～一九四五年］であった。彼はＵＮＲに代わってウクライナを統治する旨宣言したが、実態はドイツの傀儡であったのである。

一九一八年十一月、ドイツとオーストリア‐ハンガリーにおける革命的諸事件の結果、Ｐ・スコロパツキーはドイツ軍の後ろ盾を失って方針を転換する。彼は「ウクライナは他に先駆けて大ロシア連邦結成事業に参加しなければならない」と言明したが、まもなく政権はまたもや替わる。いわゆるディレクトーリヤ［中央ラーダの流れをくむＶ・ヴィンニチェンコ、Ｓ・ペトリューラらが率いる政権］の時代が始まる。

一九一八年秋、ウクライナ民族主義者は西ウクライナ人民共和国（ＺＵＮＲ）の成立を宣言した。一九一九年一月、それはＵＮＲ［ディレクトーリヤ政府］との合同をも表明する。一九一九年七月、ウクライナ人部隊はポーランド軍に敗北し、旧ZUNR領はポーランドの占領下に入る。

一九二〇年四月、ペトリューラ［一八七九〜一九二六年］（今日ウクライナで「英雄」と強弁されている輩の一人である）は、UNRディレクトーリヤ政権の名のもとにポーランドと秘密協定を結ぶ。それにより彼らは軍事支援を見返りに、ガリツィアと西ヴォルィニをポーランドに引き渡した。同五月ペトリューラはポーランド人部隊に伴われキエフに入城する。だがそれも長続きせず、同一一月にはポーランド - ソヴィエト間休戦条約に伴い、ペトリューラ部隊の残党はポーランドに降伏する。

UNRの例は、内戦と混乱［スムータ］期に旧ロシア帝国領の各地に生じた種々の疑似国家がいかに脆弱であったかを示している。民族主義者たちは独自の国家を志向し、白衛軍の指導者たちは不可分のロシア［全ロシアへの支配権］を要求した。ボリシェヴィキ支持派が創建した多くの共和国はロシアの外部には及ばなかったが、ボリシェヴィキ党の指導者らは時には様々な思惑からこれを文字通りソヴィエト・ロシアの外部にまで広げることもあった。

たとえば一九一八年初め、ドネツク - クリヴォローシ・ソヴィエト共和国の樹立が宣言され、モスクワ中央に対しソヴィエト・ロシアへの加入問題の審議を申請した。これに対する回答は拒絶であった。V・レーニンは共和国指導部と会って、彼らがウクライナ・ソヴィエトの構成員となるよう説得した。一九一八年三月十五日にはロシア共産党（ボ）中央委員会はウクライナ・ソヴィエト大会に代表団（ドンバス代表をも含む）派遣の決議を行い、「全ウクライナに一つの政府」を創設するよう求めた。ドネツク - クリヴォローシ・ソヴィエト共和国領は以後基本的にウクライナの、南東部の一州とされたのである。

一九二一年、RSFSR（ロシア・ソヴィエト連邦社会主義共和国）と、USSR（ウクライナ・ソヴィエト社会主義共和国）、さらにポーランドとの間にリガ条約が締結された。これにより旧ロシア帝国西部地方はポーランド領となった。戦間期ポーランド政府は積極的な移民政策を展開し、「東部国境地域」の民族構成を変えようとした。強引なポーランド化が行われ、地方文化や伝統は抑圧された。第二次大戦が勃発するとウクライナの急進的民族主義者は、これを口実にポーランド人に対してのみならず、ユダヤ人とロシア住民に対してもテロルを行った。

一九二二年SSSR（ソヴィエト社会主義共和国連邦、ソ連邦）成立に際し（USSRも最初から参加した）、ボリシェヴィキ指導層の間で激しい議論が行われた末に、平等の権利を有する諸共和国の連邦制国家創建というレーニンの構想が実現した。ソ連邦創設宣言および一九二四年の連邦憲法には諸共和国の自由な離脱権が明記された。かくてわが国家の根底に危険極まりない「時限爆弾」が仕掛けられた。それはソ連共産党の指導的役割という安全弁が機能しなくなるや爆発し、共産党自体が内部から崩壊する。その後は「主権国家のパレード」が始まり、一九九一年一二月八日、いわゆるベロヴェジヤ協定が結ばれた。独立国家共同体（SNG／英語CIS）が成立し、「国際法上の主体であり地政学的現実であるソ連邦はその存在を終了する」と宣言された。ちなみにウクライナは一九九三年に採択されたSNG規約に署名せず、批准もしなかったのである。

一九二〇～三〇年代、ボリシェヴィキは積極的に「現地化」（コレニザーツィヤ、土着化）政策を推進した。ウクライナでは「ウクライナ化」として実施された。象徴的なのは、この時期ソヴィエト当局の承認の下、M・グルシェフスキー［歴史家フルシェフスキー、一八六六～一九三四年］が帰国し、アカデミー会員に選ばれたことである。彼は元中央ラーダ議長、ウクライナ民族主義のイデオローグの一人であり、一時オーストリア゠ハンガリーの援助を受けていたこともあった。

「現地化」がウクライナ文化、言語、そのアイデンティティの発展・強化に大きく貢献したことは言うまでもない。だが同時に、ウクライナ化はしばしば、いわゆるロシアの大国主義的ショーヴィニズムとの闘争という装いの下に、自分をウクライナ人とは考えない人々に対しても押し付けられた。まさにソヴィエトの民族政策が、国家レベルで、スラヴ三国民（ロシア、ウクライナ、ベラルーシ）それぞれの個別［自立］性という考え方を強化したのである。それは、大ロシア人、小ロシア人、ベラルーシ人からなる単一のロシア大民族、つまり三国民は一体であるとする命題にとって代わったであった。

一九三九年、ポーランドによる占領地域がソ連邦（SSSR）に返還され、大部分はソヴィエト・ウクライナへ編入された。一九四〇年、ルーマニアにより一九一八年に占領されたベッサラビア地方が、また北ブコヴィナがウクライナ共和国（USSR）に編入された。一九四八年には黒海上のズメイヌィ島も同様であった。一九五四年にはロシア共和国（RSFSR）のクリミア地方がUSSRへ割譲された。これは当時の現行法に対するあからさまな違反であった。

ポトカルパト・ルーシの運命についてとくに述べておこう。それはオーストリア‐ハンガリーの崩壊後チェコスロヴァキア領となった。地域住民の大多数は「ルシン人」（ルシヌイ）であった。今日言及されることは少ないが、同地の正教徒住民会議は、ソヴィエト軍によるザカルパチエ「解放」後、ポトカルパト・ルーシの、独立のカルパト・ロシア共和国としてのRSFSRないし直接SSSRへの加盟を議決した。だが住民の希望は無視され、一九四五年夏、『プラウダ』の表現によれば、ザカルパト・ウクライナへの再統一が宣言されたのである。(11)

かくて現ウクライナは完全に丸ごとソヴィエト時代の産物である。我々はそれが相当程度歴史的ロシアの犠牲の上に創出されたことを知っているし、忘れていない。［ウクライナが］十七世紀ロシア国家に再統合されたとき［フメリニツキーの時代］、どれほどの領土をもっていたか、またウクライナ共和国（USSR）がいかなる領土を伴ってソ連邦を離脱したかを比較してみれば、一目瞭然であろう。

ボリシェヴィキはロシア国民をあたかも社会的実験のための無尽蔵の材料として取り扱った。彼らは世界革命を夢見て、民族国家をすべて廃絶しようとした。それゆえ国境を恣意的に分割し、領土を惜しげもなく「贈り物」としてばらまいた。つまるところ、国を切り刻んでしまったのでは、彼らがどのような思想に導かれていたかなど、どうでもよいことになる。ロシアは事実上略奪されたのである。

以上に記してきたことは何か秘密の史料に基づくものではなく、すべて公開史料によっており、よく知られた事実である。現ウクライナ指導部やその外国の庇護者らはこれらの諸事実を想い起こそうとはしない。それどころか今日いたるところで広範に「ソヴィエト体制の犯罪」に対する糾弾が行われている。だが彼らは、ソ連共産党もソ連邦自体も、いわんや現ロシアもであるが、まったく関与していなかった事柄を断罪しているのだ。他方では、ロシアからその歴史的領土を強奪したボリシェヴィキの行為だけは、犯罪とみなさない。なぜなのか。答えは明らかである。悪意を抱く者らにとっては、ロシアが弱体化するのであれば、何でもよいのだ。

ソ連邦では言うまでもなく、諸共和国間の境界は国境ではなく、条件付きの性格を有していた。それはあらゆる連邦制的特性を有しつつも、ソ連共産党の指導下に相当程度中央集権化された単一国家の枠内での境界にすぎなかった。ところが一九九一年これらの諸領土とそこに住む住民は、瞬時にして国境外に出ることになった。実際それらは歴史的祖国から強引に引き離されてしまったのである。

どう言うべきであろうか。すべてが、国も、社会も変わってしまった。もちろん、一体的な国家の一部分がその発展の途上で、突然自身が個別の民族であると感じ、意識することはある。これに対してはどう向き合うべきか。答えはもちろん一つである。互いに敬意をもって、である!

あなた方は自分の国家をもちたいと願うのか? どうぞご随意に! だがいかなる条件においてか? ここで私は、新生ロシアの最も輝ける政治家の一人、サンクト・ペテルブルク初代市長A・サプチャク［一九九一〜一九九六年在職］の、すべての決定は合法的でなければならないとする言葉を思い起こす。最も優れた法律専門家としてのサプチャクによれば、共和国はソ連邦の一制度である。連邦自体が一九二二年条約［ソ連邦を成立させた］を廃棄したからには、各共和国は連邦に加入した際の境界に戻るべきであろう。連邦加入後に獲得したあらゆる領土は協議と交渉の対象となる。基盤自体が解消されたからである。

言い換えるなら、去るのもよいだろう。だがやって来た時と同じものを持って、である。これが論理である。一つだけ付け加えよう。ボリシェヴィキは国境の恣意的な切り刻みをすでに連邦創設以前から始めていた。すべての領土設定は住民の意志を無視して独断的に操作されていたのである。

ロシア連邦はウクライナ独立という新たな地政学的現実を承認した。それだけではない。ウクライナが存続できるよう多くのことを行った。前世紀九〇年代の困難な時代にも、二〇〇〇年代になっても、我らはウクライナに多大な支援を行った。キエフでは独自の「政治的算術」が使用されている。一九九一〜二〇一三年だけでもウクライナは低料金ガスのおかげで予算を八二〇億ドル以上も節約できたのだ。今日でも我々のガスのヨーロッパへの通過地となっているために得られるロシアからの十五億ドルの支払いに、それは文字通り「しがみついている」。さらに我々の間の経済関係の維持でウクライナが得る経済的効果は数百億ドルと見積もられている。ウクライナとロシアは数十年間、否、数世紀間にわたり単一の経済システムとして発展してきた。三十年前の両国の深い協力関係は、今ではES（EU）諸国も羨むほどである。我々は経済における自然で相互補完的なパートナーであった。このような強い結合関係は具体的な利点を強化し、両国の潜在能力を倍増させることができる。

ウクライナの能力は巨大であった。それは強力なインフラ、ガス輸送システム、造船・航空機製造・ロケット製造・機械製造の先進的諸分野、世界水準の学術・建築・工科学校などである。ウクライナの指導者たちはこうした遺産をうけて独立を宣言し、ウクライナ経済がヨーロッパ有数の、生活水準も最高の国の一つとなるだろうと公約したのである。

だがかつて高度に発展し産業技術大国を誇ったウクライナは、今日、国全体が不況に落ち込んでいる。最近十年間の機械工業生産力は四二％減少した。脱産業化の規模また経済の減退が全体でどれほどであるかは、ウクライナの発電能力が三十年間で事実上半減したことからも明らかである。そして最後にＭＶＦ［国際通貨基金ＩＭＦ］の資料によれば、コロナヴィルス流行前の二〇一九年にはウクライナの一人当たりのＶＶＰ［国内総生産ＧＤＰ］は四千ドルを下回った。これはアルバニア、モルドヴァ両共和国、また国際的に未承認のコソヴォより低い。ウクライナは今日ヨーロッパの最貧国である。

いったいこれはだれの責任か？　ウクライナ国民のか？　もちろんそうではない。まさにウクライナの諸政権が何世代にもわたって積み上げられてきた財産を浪費し、風にばらまいたのである。一方我々は、ウクライナ国民がいかに勤勉で有能であるかを知っている。彼らは辛抱強く固い意志のもとに成功をめざし、卓越した成果を上げることができる。彼らの開放性や楽天的性格、親切心は誰もが知る事実だ。何百万もの人々のロシア人に対する意識も、ウクライナ人に対する我々のそれと全く同様に、以前のまま変わらず、たんに好意的というだけでなく愛情にあふれている。

二〇一四年までは、何百もの協定や合同プロジェクトが、我らの経済・文化・実務的交流の発展を促進し、安全保障の強化、共通の社会・経済的課題の解決に貢献していた。ロシアでもウクライナでも人々はその利益を実感していた。それこそがもっとも重要であった。それゆえウクライナのすべての、繰り返すが、すべての指導層との協働が、実り豊かな果実をもたらしたのである。

二〇一四年のキエフにおける周知の諸事件［いわゆるマイダン革命］の後でさえ、ロシア政府には、我らの経済交流維持促進のために、関連諸部門・省庁でさまざまな交流方式を策定するようにとの指示が出された。だがこれに応じようという姿勢は見られなかったし、今に至るもみられない。それにもかかわらず、ロシアはこれまでと同様に、ウクライナの主要な交易相手とのトロイカに乗り続け、数十万のウクライナ人が仕事のために我らの下にやってきて、歓待と支援を受けている。このような国が「侵略国」と呼ばれているのだ。

ソ連邦が崩壊した時、ロシアでもウクライナでも多くの者は、これまで通り、相互の緊密な文化・宗教・経済関係が無条件に維持されるものと心から信じ、そこから出発した。常に一体と感じる意識の上に成り立つ共通の国民性も従前どおりだと信じたのだ。だがすべてが、当初は徐々に、やがて急速に、あらぬ方向へと進み始めたのである。

ウクライナのエリート層が国家独立の主張に踏み切ったことが決定的であった。彼らは自らの過去を否定したのである。もっとも国境問題だけは例外とされたのだ。歴史の神話化、書き換えが始まった。我々を結びつけていたすべてを抹消し、ウクライナがロシア帝国とソ連邦の一部であった時期を占領時代と呼び始めた。三〇年代初頭の集団化と飢饉は我々にとって共通の悲劇であったが、それはウクライナ国民のみに対する集団殺戮とみなされるようになった。

急進主義者やネオナチは公然と、ますます図々しくその野心を口にするようになった。公式筋も地方のオリガルヒも彼らを制止しようとはしなかった。この者らはウクライナ国民を搾取し、略奪で得た資金を西側の銀行に預け、自分の資本金を守るべく母国を売り渡す機会をうかがっている。しかもウクライナの国家機関は慢性的に脆弱で、自身を外国の人質としながらその地政学的意向のままになっている。

私はよく覚えているが、二〇一四年をだいぶ遡る時期にすでに、米国とES［EU］諸国は計画的にまた執拗に、ウクライナがロシアとの経済協力関係を抑制し断つよう、そそのかしていた。ウクライナの最大の経済交易国である我らは、諸問題をウクライナ、ロシア、ES三者間で協議するよう提案した。しかし我らにはその都度、問題はESとウクライナのみに関わり、ロシアは無関係であると言明されたのである。西側諸国はロシアの再三にわたる対話提案を事実上拒否したのだ。

彼らはウクライナを一歩一歩危険な地政学的賭けに引きずりこんだ。その目的はウクライナをヨーロッパとロシアの間の障壁、ロシアに対する橋頭保に変えようとするものであった。必然的に、「ウクライナはロシアではない」とする観念だけでは満足できなくなる時がきた。今では一歩進めて「反ロシア」が国是となっている。我らはこうした状況を断じて認めない。

この計画の推進者はその基盤に、「反モスクワ・ルーシ」の創設を企図したポーランド‐オーストリアのイデオローグたちの古い策略を据えている。ウクライナ国民のためという偽善的弁明などは不要であった。ポーランド共和国にとって、ウクライナ文化、いわんや自立的カザークが必要であったためしなど一度もなかったからである。オーストリア‐ハンガリーでは歴史的ロシア人地域は容赦なく搾取され、最貧地帯のままに留めおかれた。ドイツ占領軍への協力者やOUN‐UPA［ウクライナ民族主義者組織‐ウクライナ蜂起軍］の成員が仕えたナチ党員にとっても、ウクライナが必要だったわけではなく、ただ自らの生活圏とアーリア人支配のための奴隷が必要であったにすぎない。

二〇一四年二月にもウクライナ国民の利益は考慮されなかった。深刻な社会経済的諸問題、当時の当局者［ヤヌコーヴィチ政権］の首尾一貫しない政策や過ちに対し人々が抱いた当然の不満が、恥知らずにも西側諸国によって利用されたのである。彼らはウクライナの内政に直接干渉し、クーデタを支援した。突撃隊の役割を担ったのは急進的民族主義諸グループであった。彼らのスローガン、イデオロギー、攻撃的で露骨なロシア嫌いが、多くの点でウクライナの国家政治を決定している。

これまで我々を一体化し、今なお近づけているものすべてが瞬時に崩壊した。その第一はロシア語である。思い起こすのは、新たな「マイダン」権力は最初にまず国家言語法を改変しようとしたことである。そのあと「権力浄化」法が［KGV国家保安委員会やGRU軍参謀本部情報総局、国防省などの高官であった者らのウクライナ政府機関からの追放令］、さらに学習過程から実質的にロシア語を排除する教育法が続いた。

そして最後に、本年の五月、現大統領はラーダ［議会］に「土着民」法案（o «korennykh narodakh»）を提出した。

このような住民として認められたのは、ウクライナ国外に独自の国家を有しない少数派エトノス住民だけであった［つまりロシア人は除外された］。法案は採択され、新たな争いの種がまかれた。それも、すでに指摘したように、領土的、民族的、言語的構成において、またその成立の歴史においてきわめて複雑な国においてのことである。

［こうした措置にも］根拠はあると言われるかもしれない。すなわち、もし一つの大民族、また三位一体的国民という表現が用いられるならば、人々が自分をロシア人、ウクライナ人ないしベラルーシ人のいずれとみなそうとも、何も違いはないではないかと。まったくその通りである。いわんや、とくに混合家族などにおいては、民族的帰属を決定することはほとんど無理である。それこそ各人の権利、選択の自由であろう。

だが問題は、今日のウクライナでは状況がまったく変化してしまったことにある。というのもアイデンティティの強制的変更が行われているからである。とくに唾棄すべきは、ウクライナのロシア人は自らの根源を否定し、何世代も続く祖先とのつながりを断つよう強制されていることである。さらにロシアは敵と思い込まされているのだ。強制的同化と、エトノス的に純粋な反ロシア的ウクライナ国家創設の路線は、その結果の重大性を考慮するならば、ロシアに対する大量破壊兵器の使用に等しいといっても過言ではない。ロシア人とウクライナ人のこのような粗野で人工的な切り離し政策は、結果的にロシア国民を何十万、否、何百万と減少させることになる。

我らの精神・宗教的一体性も打撃を受けた。リトアニア大公国時代と同様に、教会の新たな分断が企てられた。ウクライナの世俗権力は、政治的意図を隠すこともなく、教会分裂にまで突き進み、［モスクワ総主教庁管轄下正教会の］聖堂を奪い、聖職者や修道士を殺害した。ウクライナ正教会は広範な自治を享受し、モスクワ総主教庁と霊的一体性を保っていたが、それすらも彼らには不満であった。我らの何世代も続いたこの同族関係の明確なシンボルを彼らは何としてでも破壊する必要を感じたのである。

思うに、［国連の］ウクライナ代表部がナチズム英雄化を非難する国連総会決議に幾度も反対票を投じているのも当然である。［ウクライナでは］公式的権力の保護の下にエス・エス隊［ナチス親衛隊］生き残りの戦争犯罪人らを称える松明行列も行われている。そこでは民族の英雄として、すべての仲間を裏切ったマゼーパや、ポーランドの庇護にウクライナの領土割譲で報いたペトリューラ、ナチに協力したバンデーラ［一九〇九〜一九五九年］が称賛されている。(12) ウクライナがこれまで常に誇りとしてきた真の愛国者や勝利者の記憶を、若い世代から隠し去るべくあらゆる手段が講じられている。

赤軍の隊列またパルチザン部隊において戦ったウクライナ人にとって、大祖国戦争［第二次大戦期の対独戦］はとりもなおさず祖国防衛戦争であった。彼らは自分の家を、また偉大なる共通の祖国を守ったのである。二千人以上［ものウクライナ人］がソ連邦英雄に名を連ねている。なかには伝説的な飛行士イヴァン・ニキートヴィチ・コジェドゥプ、恐れを知らぬスナイパーでオデッサとセヴァストーポリの防衛者リュドミーラ・ミハーイロヴナ・パヴリチェンコ、勇猛果敢なパルチザン指揮官シドル・アルテミエーヴィチ・コフパクがいた。この不屈の世代は戦い、その生命を我らのため、その未来のために捧げたのだ。彼らの偉業を忘れることは、すなわち自分の祖先、母と父を裏切ることなのだ。

「反ロシア」の策謀には何百万ものウクライナ住民が反対している。クリミア人とセヴァストーポリ人はすでに歴史的選択を行った［二〇一四年三月いわゆるクリミア住民投票で九割以上がロシアへの編入に賛成］。また南東部の住民も自らの立場を平和裏に主張しようとしている。だがそのため子供を含むすべての者が分離主義者、またテロリストとみなされるに至った。彼らはエトノス浄化、軍事的弾圧の恐怖にさらされるようになった。そこでドネツク、ルガンスクの住民は自らの家、言語、生命を守るために武器を取った。はたして彼らに他の手段があったであろうか。すでにウクライナの町々をポグロムが駆け巡り、オデッサでは二〇一四年五月二日に恐怖と悲劇が襲っていたからだ。このときウクライナのネオナチは住民を生きながら焼き殺し、新たなハティンを引き起こしたのである。(13) バンデーラ派は同様の殺戮をクリミア、セヴァストーポリ、ドネツク、ルガンスクでも行おうとしていた。彼らは今なおこのような計画を断念していない。時の来るのをじりじりしながら待っているのだ。

クーデタとその後のキエフ当局の行動は不可避的に反対運動、さらには内戦を引き起こした。国連人権委員会によれば、ドンバスにおける衝突の犠牲者は全体で一万三千人を超えるという。中には老人、子供も含まれる。取り返しのつかない恐るべき損失である。

ロシアは兄弟殺しの防止のためあらゆる努力を払った。ミンスク合意［協定］が結ばれ[14]、ドンバスにおける対立の平和的解決が目指された。私はそれが最善のものと確信している。いずれにせよ、誰もミンスクの「包括的措置」や「ノルマンディー・フォーマト」[15]諸国の指導者らの宣言への署名を撤回しなかった。二〇一五年二月十七日の国連安保理決議の見直しを発議する者もまったくなかったのである。

正式な交渉のさなか、とくに西側パートナーの「強い助言」もあって、ウクライナの代表団は時にミンスク合意の「完全な順守」を表明したが、実際にはそれへの「不同意」の立場を貫いたのである。彼らはドンバスの特別な地位についても、その住民に対する安全保障についてもまじめに議論しようとはしない。あくまでも「外国侵略の犠牲者」を装い、「ロシア嫌い」を売り物にしながら、ドンバスで挑発的流血事件を引き起こしている。要するに彼らはあらゆる方法で、自分の主人である外国の庇護者の関心を引こうとしているのである。

あらゆる点からみて、私はキエフにはドンバスは不要であると確信している。なぜか。第一に、この地域の住民は、これまでそして今も封鎖や威嚇により、また力ずくで自分たちに押し付けられている秩序を受け入れることはけっしてないと考えるからである。第二に、ミンスク1とミンスク2双方の成果は、ウクライナ領土の一体性の平和的回復のための現実的機会を与えており、ロシア・独・仏の仲介でDNR［ドネツク人民共和国］とLNR［ルガンスク人民共和国］もこれに直接的に合意している。それは「反ロシア」策謀の論理とは全く相いれない。こうした策謀は内外の敵という形象を絶えず作り続けることによってのみ、さらに付け加えるならば、西側諸列強の庇護と管理の下でのみ、永続可能なのである。

実際今ウクライナでは何が起きているのか。何よりもまず社会に不安感が広げられようとしている。そして攻撃的言辞、ネオナチの黙認、国の軍事化が図られている。さらに外国への完全依存、むしろ外国による直接支配である。西側の顧問団はウクライナ権力機関、特務機関、軍諸部門への監督を行い、ウクライナ領土の軍事「化」、NATOのインフラの設置に努めている。先述の恥ずべき「土着民」法がウクライナにおけるNATOの全体的方針の下に採択されたことも当然と言えば当然である。

こうした方針の下、ウクライナ経済の諸部分の併呑、自然資源の収奪も行われている。農地が大バーゲンに出される日も近い。それを買い占めるのは誰か。それは明らかである。ウクライナには折々に財政資金と信用が供与されている。だがそれも西側の会社が定めた条件と利益の下、またその優先権と特恵待遇を認めたうえでのことである。ついでながら、これらの債務はいったい誰が支払うのだろうか。当然のことだが、それは「ウクライナの」今の世代のみならず、その子、孫、そしてきっとひ孫たちにも、重くのしかかってくるのだ。

西側の「反ロシア」策謀家らは大統領、議員、大臣を自由に入れ替えできるよう政治制度を設計する。その不断の目標は、ウクライナとロシアの分断、ロシアへの敵意の醸成である。現大統領の選挙前のスローガンは平和の回復であった。それにより彼は権力の座に就いた。だが公約はまったくのウソであった。何も変わらなかった。ウクライナでもドンバス周辺でも状況はむしろ悪化した。

「反ロシア」策謀の中には主権国家ウクライナの居場所はない。真の独立を求める政治勢力にとっても同様である。ウクライナ社会の和解、対話の必要性、袋小路からの脱却を求める者には「親ロシア」的代理人の烙印が押されている。繰り返そう。ウクライナの多くの人々にとって「反ロシア」策はまったく受け入れがたいのだ。そうした人々は何百万もいる。だが彼らが声を上げるのは抑えられている。彼らが自身の立場を主張する可能性は事実上奪われている。彼らは脅かされ、地下に追いやられている。信念、自分の発言、自身の立場の公然たる表明のために、彼らは迫害され、殺害さえされている。殺人者は、多くは裁かれもしない。

現在ウクライナの「真の」愛国者とされるのは、ロシアを憎む者だけである。それだけではない。我々の理解では、ウクライナの全国家制度が、将来的にももっぱらこうした理念に基づいて構築されようとしている。だが世界の歴史が証明するように、憎悪と敵意は多くの深刻なリスクと重大な帰結を内包しており、主権国家の基盤としてきわめて脆弱なのだ。

「反ロシア」策と結びつくすべての陰謀を我々はよく知っている。そして我々は、我らの歴史的領土とそこに住む我らの親族住民が反ロシアのために利用されることをけっして認めない。こうした策略を講じる者たちに言いたい。それは自国を崩壊させることになるだろうと。

現ウクライナ当局は好んで西欧の経験に言及する。それを模倣するモデルと考えている。ならば、オーストリアとドイツ、アメリカ合衆国とカナダがいかに相互に仲良く生活しているかを見てみるがよい。エトノス的構成と文化が近く、事実上一つの言葉をもち、それでも彼らは独立の主権国家であり、自身の国益、独自の外交を推進している。そのことで彼らの緊密な統合、ないし同盟関係が妨げられているわけでもない。彼らの間の国境は象徴的で、きわめて透明である。市民はそれを容易に越え、それでも我が家同然に感じる。相互に家族を作り、学校に通い、働き、ビジネスに勤しむ。現在ロシアに住む何百万ものウクライナ人の場合も同様である。我々にとって彼らは自国民、同胞である。

ロシアはウクライナとの対話の扉を開けており、我々にはもっとも複雑な問題について協議する用意がある。だが我々は、対話相手が他人のではなく自身の民族的利害に忠実であると認識できなければならない。相手が我々との戦いのための他人の道具であってはならない。

我々はウクライナの言語と伝統に敬意を有している。ウクライナ人が自分の国家が自由で、安全、平穏でありたいと願うのは当然と考えている。

我々は、ウクライナの真の独立がロシアとの友好関係の構築にこそあると確信する。我らの宗教・精神的、人間的、文明的結びつきは何世紀も前から形成されてきた。一つの源にさかのぼり、共通の経験、達成、勝利により鍛えられてきたのである。我らの親族関係は世代から世代へと受け継がれてきた。それは今日のロシアとウクライナに生きる人々の心と記憶の中にある。我々の何百万もの家族を結び付ける血のつながりの中にある。我々は常に共にあったし、共にあることで我々は何倍も強くまたいっそう成功をなし遂げるであろう。我々は一つの国民であるのだから。

今日こうした主張はある人々からは敵意をもって受け取られている。彼らは好きなように理解するがよい。だが私に耳を傾ける者も多い。最後に一言言っておこう。ロシアはかつて一度たりとも「反ウクライナ」であったことはなく、これからもない。ウクライナがどのような道を選ぼうとも、決めるのはその市民である。

V・プーチン

〈解説〉V・プーチン論文を読む

I　論文は大きく二つの部分から成っている。前半部はロシア‐ウクライナの歴史関係の概観であり、後半部は両国関係の現状に関する著者自身の立場の表明である。前半の歴史を論じた部分は大統領個人というよりは、おそらくは委託された一人ないし複数の歴史専門家による執筆と推測される。ある意味学術的な体裁をしてはいるが（ただし注記はなく、典拠があげられているわけでもない）、ロシアないし「大ロシア（人）」的立場が一方的に打ちだされている。後半部は両国関係の現状をめぐる大統領個人の認識と政治的立場の表明と言ってよい。「侵攻」につながる主張（理由あるいは口実というべきか）はより多くこちらの方から推測できるように思われる。

論文冒頭、著者はまず「ロシア人とウクライナ人は一つの国民（ナロード）、一つの全体」をなすとする自らの「信念」を表明する。これは著者にとっては歴史的事実でもある。ところが現在のウクライナ国家はこの一体性を破壊する方向に進んでいる。それはウクライナが「かの勢力」、すなわち西欧諸国の影響を真正面から受けているからである。彼らは常にロシア‐ウクライナ間に「不和の種」をまこうとしてきた。

諸外国、すなわち「西側諸国」zapadnye strany こそがすべての問題の根源とする主張は、モスクワ国家の時代（十五・十六世紀）以来長らくロシア指導者を捉えてきた一種の「強迫観念」であるが、著者もそうした観念に丸ごと囚われているようにみえる。本稿筆者はこれを著者また過去の指導者のたんなる「妄想」とは考えない。欧米諸国の側にこれを煽りたて、利用しようとする志向がなくはなかったからである。その意味ではロシア研究を牽引してきた欧米（またわが国）の専門家（筆者もその一人である）にも責任の一端はあると感じている。ただしここではこれが（一般化して対西欧コンプレックスの問題といってもよい）、ロシア思想史上の一大問題であることを指摘するにとどめ、これ以上に展開することは控えたい(1)。

ここではむしろ標題に掲げられたロシア人とウクライナ人の「一体性」(edinstvo) について考えておこう。これはウクライナ史学の立場からすると、ロシア史学に特徴的な「神話(2)」である。両者が「一体」であるかどうかは歴史的に検証されなければならないが、検証の仕方によっては、これは必ずしも（少なくとも全面的には）肯定できない主張である。たとえば、モスクワ地方を中心とするロシア人（の直接的先祖）がキエフ・ルーシの時代にすでに存在したと言えるかどうか。もしこれに肯定的に回答できないとするならば、両者がキエフ時代以来一体的歴史を歩んだとすることもできないだろう。また現ウクライナ地方（西・西南ルーシ）は十四世紀から十七世紀にかけて（そしてドニエプル川右岸のウクライナの場合は十八世紀後半のポーランド分割の時まで）、リトアニアまたポーランドの支配下にあった。この時代の「ウクライナ人」（とくにそのエリート層）は「ポーランド貴族共和国」の一員となりたいと言う願望を抱いており(3)、ポーランドの影響が強く現れた時代であった。したがって当時のウクライナ人が東の「モスクワ人」とは相当に異なる性質を帯びるに至っていたことは否定できない事実である。これをまったく無視して、「一体性」を強調するならば、そこには何か魂胆があるのではないかという疑念を引き起こしても不思議ではない。いずれにせよ、「一体性」を過度に強調したり、それに固執したりすることは、「兄弟関係」の一方的な押し付けになる。

極端な場合、独自性を主張するウクライナ人はロシアに対する「裏切り者」、「外国」の手先とみなされかねないことになるだろう（実際、本論文はそのように主張している）。両者がエトノス、言語、宗教、文化、また歴史的に大きな類似性を有することは否定できないにせよ、それがどの程度のものであるのか、相違性、特異性もまた大きいのではないのか、仮に類似の存在であるとしも、それぞれ独立の存在として自由が認められてしかるべきではないのか、等々、そうしたことを一切捨象しての議論は、明らかに乱暴である。「一体性」の過度の強調は大きな問題をはらんでいる。

さて著者は自説の論証のため、一千年にわたるロシア‐ウクライナ関係の歴史を概観する。

著者はまず最古の時代に関連して、両国がともに「古ルーシ」を祖国としているとする認識を表明する。両者は一つの言語、密接な経済関係、同一公家門（リューリク朝）の支配、一つの宗教（正教キリスト教）等々により結びつけられたキエフ・ルーシの、共通の「遺産相続人」（nasledniki）であるとする。実は「古ルーシの遺産」相続権問題をめぐっては、歴史研究者、とりわけロシアとウクライナの研究者間に大きな見解の相違があり、ウクライナの研究者は総じて、ロシアの相続権に否定的であるが、著者はウクライナ研究者の見解にはまったくふれずに、ロシアの大多数の研究者の立場を繰り返している（こうした態度は政治家としては当然予想されるところであり、他の論点に関してもそれは一貫している。相手の言い分に耳を傾けることなどほとんどないのである）。ただ「遺産」問題については特別に論じられる必要がある。(4)

むしろここで注意しておきたいのは、論文における「古ルーシ」の語、またその形容詞形（「古ルーシの」）の用法である。著者は「古ルーシ」、また「古ルーシ国家（また～語）」という語を使用している。原語はそれぞれDrevniaia Rus'、また drevnerusskoe gosudarstvo(drevnerussii iazyk) である。後者（drevnerusskoe/~ii）は前者の形容詞形で、本来「古ルーシの（国家、語）」と訳すべきところである。ただし「プーチン論文」に関しては、これを「古代ロシアの（国家、語）」と訳した。というのもロシア人（論文著者も含まれる）はおしなべて、「古ルーシ」を「古代ロシア」と理解しているからである。つまり彼らは「ルーシ」と「ロシア」を基本的に同義と考え、区別していないのである（両語は名詞形においては明瞭に区別されているが、形容詞形では今日ともにrusskiiであり、区別されていない）。それは彼ら独自のロシア史理解からきている。彼らは、ロシア史がキエフ時代から今日に至るまで一貫して続くとみているのである。「古ルーシ史」は「ロシアの古代史」にほかならないという考え方である。今まさにこの点が問われているのであるが、それについては本書でもすでに見たところである。(5)

そこでまずは「ルーシ」と「ロシア」の語の問題を続けよう。以上を別の側面から見るならば、次のようにも言える。すなわち、「ロシア人」は、通常ロシア語ではRus'の形容詞形をとって、russkiiと表記されるが（正確にはrus'kiiないしrus'skiiであるべきところである）、「ロシア」の国名はRossiiaであるので、その形容詞形は本来ならばrossiiskiiと書かれるべきところである。にもかかわらず多くの場合、また実際のところ、「ロシア人」はrusskiiと記されてきた。「ルーシ」と「ロシア」が同義で、単に時代が古いか新しいかの違いしかないと考え、時代的に早い「ルーシ」から自身を表す語を創り出したのである。一方、「ロシア」の語また呼称は後になって（十四世紀後半以降に）現れた（成立した）ことも知られている。(6) それにもかかわらず、ロシア人をルーシの形容詞形をもって表記するのは、いうまでもなく、現ロシアが古ルーシの遺産を引き継いでいるとする認識があるからである。

これに対しウクライナの歴史家は「ルーシ」と「ロシア」を厳密に使い分ける。彼らの考えでは両者はまったく別物で、「ルーシ」時代（九～十二世紀）はウクライナ（とベラルーシ）史のみの古代であり、ロシア史のそれではない。ロシア史の始まりはより後の十二／十三～十四世紀の北東地域（ウラジーミル - スーズダリ、後のモスクワの地）に求められるべきであるとする。この立場を徹底させると、そもそも本来十二、十三世紀までをいう「古ルーシ」、また「キエフ・ルーシ」などという表現自体も正しくなく、本来はたんに「ルーシ」とあるべきことになる。つまりウクライナ人の意識では、「ルーシ」はそれだけで「古代ウクライナ」を意味しており、ロシアとはまったく無関係なのである。ともあれこれまでウクライナ史にほとんど関心を払うことのなかった欧米や帝政期ロシアの歴史研究者は（極端な場合、彼らはウクライナを「歴史なき民族」とさえ呼んで、長らく考察の対象外としてきた）、「古ルーシ」、すなわち九〜十二世紀のキエフ時代を当然のごとく「ロシアの古代」とみてきたのである。それはロシア的な用法を無批判に受け入れてきたわが国においてもまったく同様であった。(7) ここでは本論文が「古ルーシ」に言及しながら、それを「古代ロシア」と理解していることにまず留意しておきたい。(8)

さて論文は引き続き、古ルーシがやがて政治的に分裂状態に陥り、十三世紀にはオルダー（キプチャク・カン国）支配がその東西への分断を強めたこと、しかしながら両ロシアの一体性は失われず、維持されたことを指摘する。さらに以下、このような立場からその後の歴史的経緯がたどられることになるが、細部はさておき、それは学校の歴史教科書などにみられる内容と基本的に大差はない。論文はその意味でけっして大統領個人の歪んだ歴史観の表れなどと決めつけるわけにはいかない。(9)

筆者が問題と感じる記述を以下に見てみよう。

キエフ・ルーシ以降の歴史で最初に大きな問題となるのは、一六〜十七世紀ドニェプル川中流域の、とりわけザポロージエ・カザーク（コサック）の対ポーランド反乱とその後の事態に関わる部分である。

著者はポーランドに対する反乱に立ち上がったザポロージエ・カザークのゲトマン（ヘトマン、頭領、首長）、ボグダン・フメリニツキー（ボフダン・フミェルニツキ）がポーランド王との交渉に失敗した後、モスクワのツァーリに保護を要請したこと、モスクワ側はこれを容れて彼とそのゲトマン国家を保護下に置くことを決定し、後者もペレヤスラフ・ラーダにおいてこれを確認し（ペレヤスラフ協定、一六五四年）、ドニェプル川の「左岸」地方とキエフがロシアに再統合されたことを淡々と記すが、そう単純かつ明快にことが進んだわけでない。

まず著者はフメリニツキーの反乱をポーランドからの「解放戦争」であったと規定づけている。確かに正教徒を自認するザポロージエ・コサックが宗教的抑圧にさらされたことは事実であり、それゆえ十七世紀に関してはこの記述は誤りではない。彼らがポーランド人大領主の搾取に苦しんでいたことも確かであった。しかしながらその後の事態は、「解放戦争」の支援者であった者が新たな抑圧者となりうることをも示していた。同じ正教といいながら、キエフとモスクワでは相当に異なっており、それが後者による前者への様々な抑圧や差別の原因ともなったことも知られている。また農奴制国家モスクワへの併合がコサック大衆（ウクライナ農民）の「農奴化」を意味することとなったことも指摘しておくべきであろう。「解放」の戦いの支援者モスクワという図式が、当のモスクワ側から言われる時、随分色あせてくることになる。

当時の状況も、論文著者の記述を額面通り受け取ることを困難にしている。すなわちフメリニツキーから対ポーランド戦への支援を求められたとき、モスクワは当初これには乗り気でなかった。というのも要請に応じることはポーランドとの戦争を意味したからである。「動乱」を経験し、新たな王朝（ロマノフ朝）が成立して間もないロシアにとってこれは何とか避けたいところであった。またこの時結ばれた「協定」に関しても、ロシアとウクライナ側とでは解釈が異なり、それが次第に大きな問題となったことに論文は触れていない。ロシア史学では、現ウクライナはこの時をもってロシアに「再統合」された（「再合同」vossoedinilis'）とされる（論文もこの語を一七一、一七二、一七九頁などで使用している）。「再」というのは、それがキエフ時代にも「ロシア」領であったと考えられているからである。ここにはウクライナが自ら求めてロシアに臣従したとする立場が明確に表明されている。だがこの時点で、ウクライナ側は、ツァーリに忠誠を誓ったとはいえ、自らの自由を手放し全面的に服従する意図などまったくもっていなかった。「協定」ではウクライナは一定の自治を認められていたのであり、ただその後モスクワ国家（それはやがてロシア帝国に変質する）が強大化するとともに、ウクライナに対する帝国支配も強化され、ついにはエカチェリーナ二世治世にザポロージエの自治は完全に否定されるに至ったというのが実際のところであった[10]。

興味深いのは、論文がウクライナ住民のモスクワ・ツァーリ、アレクセイ・ミハーイロヴィチ帝（在位一六四五〜一六七六年）にたいする宣誓式についてとくに言及していることである。それによれば、協定後フメリニツキーとモスクワ側双方の使節団がキエフをはじめとする数十の都市を巡り、住民にツァーリに対する臣従の宣誓を行わせたという。こうしたことはポーランドとリトアニアのルブリン合同（一五六九年）の際には行われなかったと著者はとくに記している。著者の意図は必ずしも明確でないが、おそらくここで彼は、モスクワによるゲトマン国家の「再統合」が、ポーランド「共和国」による支配の場合と異なり、住民の合意、すなわち自発的臣従に基づく出来事であったと言わんとしたと考えられる。だが仮にそうだとしても、この場合、住民の宣誓が何か特別の意味をもったとは考えられない。宣誓式はツァーリ支配の周知徹底を図るうえでは効果があったであろうが、強いられた宣誓が（住民はツァーリの前に跪いて誓ったであろう）支配を正当化するとは思われない。たしかに「共和国」は、「王朝連合」、すなわち支配者間の合同（この場合はポーランド王がリトアニア大公を兼ねる）により成立した国家であり、その性格は前近代的（中世的）であった。それゆえそこでは君主による支配が住民層を確実にとらえるものでなかったことも明らかである。だが住民の側からすれば、どちらがよかったかは一概には言えないということである。

さてペレヤスラフ協定の後、ロシアはポーランドとの戦争（十三年戦争）に突入するが、それは一六六七年のアンドルーソヴォおよび一六八六年の「恒久平和」条約により終結する。こうしてキエフとドニェプル川「左岸」地方はロシア国家に編入される（「右岸」地方はポーランド領に留まった）。論文自体が言及するように、この左岸地方は「小ロシア」と呼ばれるようになる。この呼称はこの時以来ロシア帝国において公式的名称として定着する。論文著者はこれを当該地方の最も適切な呼称であると考えているようにみえるが、果たしてそれはどうであろうか。「小ロシア」の語がどのような意味をもったのか、そこに住む住民はこれをどのように受け取ったのかは、きわめて複雑な問題である。というのも一つにはこの語の意味は、時代とともに変化し、また地域によっても、使い手によっても大きく異なっているからである。特別の検討が求められる問題なのである。本書は第五章においてそれを試みたが、ここでは次の点を指摘しておきたい。まずこの呼称はロシア革命後のソヴィエト時代に公式的には姿を消す。ロシア人が対照的に「大ロシア人」ともいわれるような状況の中で、これを使用し続けることには問題があると考えられたのである。これはあくまでも「ロシア」(大ロシア、ロシア帝国)を前提とした呼称で、当のウクライナ人にとって何か否定的なニュアンスを含むものであったことは否定できない。一方、この地域はかつて、十四世紀にも同様に呼ばれたことがある(ギリシア語やラテン語で、Μικρα 'Ρωσία/ Russia Minor のように)。これはガーリチ‐ヴォルィニ府主教座の創設に伴うもので、ギリシア(コンスタンティノープル総主教座)起源の呼称であり、ルーシでそれが広く用いられた形跡はない。それが十七世紀に用いられるに至った経緯、また十四世紀のそれとの関係はどうなのか、これらは特別な検討なくしては、容易に答えることのできない課題であろう。

さて論文は同時に「ウクライナ」と「ウクライナ人」の語にも言及している。それが十二世紀の古ルーシ文献に現れた時には、辺境ないし境界(国境)地帯(および国境防衛者)の意味を有していた(したがって特定地域を示す固有名詞ではなかった)、という論文の指摘自体は妥当と考えられる。(11) ただ著者はこの語を二十世紀以前に関しては使用を避けている。あくまでも「小ロシア人」の語で一貫させようとしている。いうまでもなくこの地が「ロシア」の一部であることを示そうとしてのことである。ロシアではこの地は十七世紀後半(ペレヤスラフ協定)以降、一貫して「小ロシア」と呼ばれていたので、ある意味、著者のこの立場は伝統的と言ってよい。しかしながら著者はウクライナの語がすでに十六、十七世紀以来、現ウクライナの大部分を指して広く用いられていたことには目を閉ざしている[12]。また十九世紀中葉には一部の民族主義者がロシア人とは異なる独自の「ウクライナ人」の存在を主張したことは、著者自身が認識している。それにもかかわらず著者は、そうした主張にはいかなる「歴史的根拠」もなく、また「ありえなかった」と、反対の論拠を示すこともなくあっさりと否定している。

論文は引き続き、「再統合」された「左岸」地域が、「右岸」地域（ポーランド支配下に留まった）に比べ急速に発展したことを説く。「右岸地域では［正教徒に対する］社会的、宗教的弾圧が強化された」、「右岸地域からこちら側へ住人が大挙して移住した」などの記述は、「再統合」がウクライナ住民にとって最善の道であったことを「論証する」目的をもっている。ロシア・スウェーデン間の北方戦争（一七〇〇～二一年）に際して、「小ロシアの住民の前には［ロシアと運命を共にする以外に］選択の余地はなかった」、「マゼーパを支持したのはわずかばかりのカザークだけであった」なども同趣旨の主張である。

だがこうした記述がそのまま受け入れられるかどうかは微妙である。たとえば、住民の右岸から左岸地域への移住があったことは確かであったにせよ[13]、それはあくまでも当時右岸地域が「破滅」（ルイーナ）と呼ばれる状況に陥ったことが大きかったのであり、ロシア支配地域がその時相対的に安全であったことを物語るだけである。また当時のポーランドが右岸地域の正教徒（ルテニア人）に対し抑圧的であり、ルテニア人正教徒が同宗教のツァーリの庇護を求めたことも容易に理解できるが、モスクワ国家が彼らにとって安息の地であったかどうかはまた別問題である。そもそもモスクワ当局と正教会が当時西方から逃れてきた「同信者」を（相当数がカトリックとの合同派、少なくともそれに多かれ少なかれ影響を受けた者たちであった）もろ手を挙げて歓迎したわけではなかった[14]。一七～十八世紀初めの状況から言えば、住民の移住はおおむね事実であり、十分な理由もあったが、その後の状況を勘案するならば、それが彼らにとって真に満足すべき結果をもたらしたと言えるかどうかは、何とも言えないからである。マゼーパの例がそれを物語っている。ウクライナのゲトマンで、ロシア政府との関係も良好であった彼が、なぜ北方戦争のさなかにロシアに背を向け、スウェーデンとの同盟に走ったのか。彼は帝国政府から「裏切者」として厳しく断罪されるが、今日のウクライナ人にとっては英雄である。ウクライナの独立を熱望する彼が不断にロシア帝国からの抑圧を感じていたことは確かであろう。論文の記述は一方的という誹りをまぬかれないのである。

論文は「小ロシア人」がロシア帝国の政治、外交、軍事、宗教（正教）、文化の各分野で多大な貢献をなしたことを指摘することも忘れていない。帝国は「小ロシア」人の尽力もあって偉大な国家に成長したとされる。両国民の一体化は好結果をもたらすという主張である。確かに彼らの活躍は当時のウクライナが西方の諸外国に開かれており、文化・学術的に相対的に進んでいたことを示すものであった[15]。その意味では「再統合」が双方にとって利益をもたらしたという主張には一定の説得力がある。しかしだからといって、「再統合」がなければウクライナの発展はありえなかったということにはなるまい。ウクライナの帝国への帰属が、もし力による「統合」を意味するようなことになれば、それはすなわち一方の側にとっては桎梏を意味することになろう。実際「再統合」がウクライナ側に恩恵のみをもたらしたわけではなかったことが、次第に明らかになってくるのである。好結果のみを強調する論文の主張はその意味で片手落ちであった。

著者によれば、帝国は十八世紀後半、数次にわたるオスマン帝国との戦争でクリミア、黒海北岸地方を併合し、その地を公式的に「新ロシア」と命名した。著者はさらに帝国がポーランド分割後、古ルーシ時代の領土（ガーリチ、ザカルパチアを除く西部地方）を回復したと記す。当事国の現指導者が、今や二世紀半も前のこととはいえ、「ポーランド分割」と事も無げに、いやそれどころかあたかも誇らしげに記すということには驚かされる。歴史を振り返ると言うとき、その歴史とは自身に都合よく解釈された過去に他ならないと、著者はここではからずも口を滑らしたかのようである。

ところでロシア帝国による西部地域の「統合」（インテグラーツィヤ）は、たんに外交上の成果であるばかりではなかった。それは「共通の信仰と文化的伝統」があったがゆえに可能になったのであった。著者がとりわけ重視するのは「言語的共通性」である。著者によれば、ロシア人とポーランド国内の同胞（本来は「ルシン人」ないし「ルテニア人」とすべきところを、著者はこちらも「ロシア人」と表記している）とでは、書き言葉は「全く同じ」であり、話し言葉においてやや異なるが「その差は大きくない。」たとえて言えば、ローマとベルガモ（北イタリア）で話されるそれぞれのイタリア語の違いでしかないという。

このように著者は東西両「ロシア」の言語の近似性を強調した後、それにすぐ続けて、両語がやや異なる特徴を帯びるに至った理由は、「分断」が長引いたからだと主張する。すなわちかつて東西両部分は同じ国家に属していたが、その後西部が長らく異国支配下におかれたために、違いが生じ、現在のロシア、ウクライナ、ベラルーシ語となったと述べているのである。しかしながらこれはキエフ・ルーシにおける諸族・諸地方が同じ言葉を話していたという、未だ十分に証明されていない仮説に基づいている。太古の時代に共通のスラヴ語があったとしても、スラヴ語のその後の歴史の中でキエフ時代の話し言葉がどのような位置ないし状況にあったのかを厳密に知ることは難しい。少なくとも研究史上の議論の対象となっている。[16] キエフ時代に広大な地域に拡散して居住していた東スラヴ諸族が、共通の言葉（ロシアで史学はこれを「古（代）ロシア語」、また「全ロシア語」と呼んだ）を話していたかどうかは何とも言えない。中世スラヴ人の文語は古ブルガリア語に基づく教会スラヴ語であったので、ある程度共通であったと考えることはできるが、話し言葉については微妙なのである。いずれにせよ確かめる手段はない。そもそも西部ルーシ語といわゆるロシア語との違いが小さいと言えるかどうかも微妙である。たとえば十七世紀にモスクワではウクライナ人との交渉に際し、通訳が必要とされることもあったこと、[17] また既述のごとく（注14）、モスクワ正教会がウクライナ人に再洗礼が必要と考え、実際に施したということもある。見方によっては、両者の言語と宗教（信仰）には少なからぬ違いがあったとも言えるのである。にもかかわらず、論文はこうしたことには目を塞ぎ、あくまでも両者の共通性のみを強調しようとしている。論文はこの時期のウクライナ語をロシア語の方言（govory）と呼び、ウクライナ語の独自性を認めようとしていないが、それも同じ態度の表れである。

さて著者は東西ロシアの言語・宗教の同質性を強調しながら、ウクライナ出身の文人（タラス・シェフチェンコやニコライ・ゴーゴリら）の作品をロシアとウクライナで分割するなど無意味であろうと主張する。だが終生ウクライナ人とウクライナ文化の自立性を訴え続け、そのため帝国政府から厳しく弾圧されたシェフチェンコを、両国（民族）共通の偉人であると現ロシア大統領が主張したとしても、説得力はないであろう。

信仰上の「共通性」の主張に関してはさらに留意すべき点がある。キエフ教会が、モスクワ（府主教）ではなく、コンスタンティノープル総主教の直接の管轄を求めていたことである。キエフ府主教座は一時的にそれを認められ、一六八六年にモスクワ総主教座の管轄下におかれるまでは、モスクワ教会とは別組織であった。だが論文はこうした点にも注意を払っていないのである。

論文はさらに一五九六年のブレスト合同でローマ教皇の管轄下に入った東方典礼教会（ウニアート）のウクライナ人にもほとんどふれない[18]。それが今日なおガリツィアとカルパチア‐ウクライナ人の過半数のとる立場であるにもかかわらず、である。論文は総じてウクライナ人がポーランド支配時代以来、モスクワとは異なる文化・宗教的環境の中で生活してきた事実には留意していない。その間ドイツ都市法、貴族（シュラフタ）共和制、ルネサンス、宗教改革および対抗宗教改革といったモスクワ人のほとんど知らなかった西方的な伝統が近代の、とくに西ウクライナ人の思想や行動規範にきわめて大きな影響を及ぼしてきたことに、著者はまったく目を閉ざしているのである。

さて論文は、ロシア、ウクライナ両言語がほぼ同じとする、すなわちウクライナ語に独自性はないとする立場を表明した後、ことさらに悪名高い「ヴァルーエフ指令」（一八六三年）および「エムス法」（一八七三年）に言及している。

ウクライナ語文献の出版と外国からの持ち込みを禁じた法令である。[19]これにより著者自身が客観的事実を尊重し、何事も「理想化」する意図のないことを示そうとしているのである。だがこれを著者の誠意ある言葉と理解することはできるであろうか。どうやらこれは都合の悪い事実を隠すつもりなどないとする、一種のポーズに過ぎないようにみえる。というのも、著者はこれを当時の政治状況（彼はそれを「歴史のコンテクスト」と表現する）により説明（弁明）可能と考えているからである。彼によれば、禁止令は当時激化しつつあったポーランド人の民族運動（いうまでもなくロシア帝国からの独立を求める運動である）ゆえの、やむを得ぬ政策であったという。彼は、ポーランドの民族主義者が「ウクライナ問題」を利用しようとしていたと非難する。当時ロシア帝国の保護下にあったポーランド（ウィーン会議後の「会議王国」）では、一八三〇年、一八四八年、一八六三年と大規模な反乱が続き（いずれも鎮圧され失敗に終わる）、とくに一八六三年（一月蜂起）の際にはウクライナの民族運動もその影響を強く受けた。論文はこれを念頭において、上記の禁止令を正当化するのである。あからさまな責任転嫁、また帝国主義的な一方的議論と言わざるを得ない。そこにはロシア帝国政府が、あたかも同胞たるウクライナ人がポーランドというロシア‐ウクライナ共通の「敵」の悪影響に染まることのないよう配慮したとするがごとき、手前勝手な論理が働いているといってよい。

同様の非難はオーストリア‐ハンガリー帝国にも向けられる。同帝国は十九世紀末には、一方ではポーランドをにらみながら、他方では主にロシアに対抗して、ガリツィア、ブコヴィナ、ザカルパチア支配の強化を図る。彼らも同地のウクライナ人を利用しようとしたと非難される。これも自らを棚に上げた主張と言ってよい。

ところで著者は、この時期「小ロシア人」の文化活動が、既述の抑圧的な禁令にもかかわらず、客観的には一つの「ロシア大民族」（bol'shaia russkaia natsiia）の枠内で活発な展開を見せたと記している。帝国政府の政策はときに抑圧的であったとしても、全体としては「小ロシア人」にとってよきものであったと言わんとしているのである。著者は「ロシア大民族」の語を本論文中で三度使用している。これはよく見られる「大ロシア人（民族）」（velikorus/

velikoross;velikorusskii/velikorossiiskii;velikorusskaia natsiia）とは異なる語である。ロシア・ソヴィエトの研究者がよく用いる「全ロシア民族（国民）」（キエフ時代に関しては「全ルーシ〜」obshcherusskaia natsia/ narodnost'）、すなわち後の大ロシア、ウクライナ、ベラルーシ三国民全体を包含する概念に類似するもの（または同義語）と考えることができるが、言葉としてはこれとも異なる。[20]「ロシア大民族」の語は、既述のとおり、B・D・グレコフがキエフ・ルーシの民を「ロシア国民」と呼んで、東スラヴ三民族をそこにすべて含めた（〈本書はしがき〉参照）のと同様の概念と考えることができる。著者は、「全ロシア」国民（あるいはたんなる「ロシア」国民）の語ではインパクトが少ないと考えたのであろう。ウクライナ人もベラルーシ人もみなひっくるめて「ロシア大民族（大きなロシア民族）」と表現したと考えられる。[21]

さて論文は当然のことながらロシア革命後のウクライナをめぐる状況にも注意を向けている。キエフで二月革命後に成立した「中央ラーダ」政府は「ウクライナ人民共和国（UNR）」の独立を宣言するが、その後のボリシェヴィキ軍との戦闘に敗れ、ドイツに頼って支配権を回復するも、主権は短命に終わる。論文はこう概観した後次のように記す。「今日ウクライナを完全なる外国支配下に追いやった者たちは、かつて一九一八年の同様の決断が……致命的であったことを想起してみるがよい。」「UNRの例は、内戦と混乱期に旧ロシア帝国領内各地に誕生した種々の疑似国家がいかに脆弱であったかを示す」とも記している。弱小民族には国家を創建する資格などないといわんばかりの、あからさまな大国主義史観と言える。

その後「中央ラーダ」を排除して権力の座についたP・スコロパツキーがドイツの傀儡であったとする論文の指摘はその通りであろう。当時のドイツ軍、また後の戦間期ナチス軍がウクライナを徹底的に利用し尽くしたとする指摘にも大きな問題はない。当時のウクライナ人諸勢力には独自の志向や主張があったことを無視してよいわけではないが、ドイツにより利用されたこと自体は否定できない。だが論文は、たとえばボリシェヴィキがキエフで行ったこと

（ムラヴィヨフ軍が一週間のキエフ占領中に市民を無差別に逮捕処刑したことなど）には一切触れない。論文は「外国」支配とそれと結託した者らを断罪するが、当のウクライナ人にとってはロシアによる統治も幾分かは外部からの「支配」であった可能性には思い至っていない。著者はおそらく、ナチス・ドイツ支配と比較するならば、ロシア人のそれなどとるに足らなかったと考えている。しかし仮に著者の主張通りであったにせよ、まずは自らの過去に誠実に向き合うという姿勢がここには見られないと言ってよい（そのような期待をすること自体が無意味であるということもできようが）。

第一次大戦後のソヴィエト－ポーランド間リガ条約（一九二一年三月）[22]の結果、東西ウクライナはそれぞれソヴィエトとポーランドにより分割された形になったが、これに関して論文は、西ウクライナにおける強引な「移民政策」や「地方文化と伝統の抑圧」の廉でポーランド政府を非難するだけでなく、ウクライナ人も第二次大戦後にはこの地で、ロシア人を含むポーランド人やユダヤ人に対しテロを行ったと批判する。著者にとってロシア人は常に被害者なのである。

西ウクライナ（ポーランド「東部国境地域」）で、強力なポーランド化政策が推進されたことは事実であり、戦間期のウクライナ民族主義者が領内他民族に対し行き過ぎた行動に出たことも否定できない。だがソヴィエトがポーランドに劣らず強引な民族政策を行い、この地域の「民族構成」に手を加えようとしたこともまた事実であり、こうした非難が一方的であることは指摘するまでもない。ウクライナ民族主義者の行動についても、東西の抑圧的諸大国のはざまで起きたという事情をまったく考慮することなく、それのみを取り出して批判する。恣意的と言わざるをえない。そもそも論文はリガ条約に言及しながら、一方の当事者であったポーランドのみを非としている。ポーランドに帰属することになった西ウクライナ（ガリツィア）が元来ロシア領であった（「旧ロシア帝国西部地方」）と一方的に決めつけているからである。東スラヴ人居住地域ということが大きいのであろう。いうまでもなく著者は、この時ソヴィエトが東ウクライナを奪ったなどとは考えていない。それは西ウクライナともども古来自国領であったと一方的に決めつけているからである。

一九二二年のソ連邦成立に関する記述も問題含みである。ソ連邦は各加盟国に離脱権を認める形で結成された。これは誤解を恐れず単純化していえば、レーニンの構想に基づくもので、各加盟国を「自治共和国」としてロシア連邦に組み込むというスターリンの計画を否定したものであった[23]。論文はこれに関し、「かくてわが国家の根底に……『時限爆弾』が仕掛けられた」と記し、一九九一年末の連邦解体はこれが爆発した結果であるとする認識を鮮明にしている。

一九二〇～三〇年代の「現地化」（ウクライナでは「ウクライナ化」）政策についても論文は批判的である。それはロシアが大国主義的であるとする誤った認識をウクライナ人の間に広めたのみならず、同国内の非ウクライナ人に対する抑圧につながった、と総括している。

要するに論文はソヴィエト政権の民族政策を厳しく批判する。しかしそれがやり玉にあげるのは実際には初期のそれであり、具体的には既述のとおりレーニンを批判し、暗にスターリンを肯定しているのである（「暗に」というのは、著者がスターリンについて正面から論じることはないからである）。「ウクライナ化」政策とはいっても、それは短期間で終了したのであり、一九三三年以後は、ウクライナ民族主義者は弾圧され、その存在をほぼ抹殺された。論文はそれにはまったくふれずに、ソヴィエトの民族政策が、スラヴ三国民、すなわち大ロシア、ウクライナ、ベラルーシの一体性の命題を破壊したとするが、各国民の歴史、地理的位置、さらには人口差等々を考慮に入れるならば、この命題自体が現実的には多くの問題を孕むものであることにはまったく留意していない。端的に言って、すでに広く指摘されてきたように、平等な三国民というのはたんなるお題目に過ぎず、実際にはロシアはほとんど常に圧倒的な「長兄」として「弟たち」に対してきた。まさにA・カペラーの言う「不平等な兄弟」関係であったのである[24]。

もちろん論文は「不平等」などとは思っていない。むしろソ連邦はウクライナのために尽くし、それに寛大であったと主張する。根拠として論文があげるのは、戦間期から戦後にかけての領土の変遷である。一九三九年、ポーランド占領地域の大部分がソ連邦に「返還」されるが、その大部分はウクライナ（USSR）に編入され、一九四〇年にはルーマニアの占領地域（ベッサラビア、北ブコヴィナ）も同様ウクライナ領とされた。極めつけは一九五四年のクリミアである。それもロシアからウクライナに「割譲」された。ここに至って著者の憤りは頂点に達する。クリミアは「当時の現行法に真っ向から違反」してロシアから分離されたという。著者の怒りは、表面的には「ロシア国民（ナロード）を社会的実験」のために利用した「ボリシェヴィキ」に向けられている。だが怒りの矛先はむしろウクライナに向けられているように見える。いずれにせよ彼はこのようにしてクリミアのウクライナ帰属に断固反対しているのである。ロシアには当然これを回復する権利があると言っているに等しい。二〇一四年三月（クリミア併合）の正当化がなされているとも言える。

このように著者はソ連邦が一貫してウクライナを優遇してきたかのごとき主張を行っている。しかしながらポーランドとルーマニアからの領土「返還」が、そもそも一九三九年の独ソ不可侵条約付属秘密議定書に基づく、それ自体が国際法上問題のある行為であったことに触れることはない。

論文はハプスブルク帝国崩壊後チェコスロヴァキア領となったポトカルパチア・ルーシについても想起した後（それもソヴィエト軍による「解放」後住民の意志に反してウクライナに編入されたと付言する）、改めて現ウクライナが「歴史的ロシア」の犠牲の上に成立していることを強調して、ロシアは「略奪された」のだと結論づけている。

II　論文後半部はソ連邦解体後のロシア－ウクライナ関係の現状に関する著者自身の立場の表明である。

著者の立場は一見明快にみえる。彼はウクライナの独立、すなわち今日の「新たな地政学的現実」を受け入れると言う。ただし直ちに条件が付けられる。連邦成立時（一九二二年）の国境線に戻るという条件である（「去るのもよいだろう。だがやってきた時と同じものを持って、である」)。ソ連邦加盟期間中(一九二二年から一九九一年まで)に獲得した領土は返還されなければならないとするのである。そのような地域として論文に明記されるのは、既述のベッサラビア、北ブコヴィナ等々である。クリミアももちろん入っている。ロシア人住民が多数派を占める東部二州も念頭にあると考えられる。論文はこれが「論理」だと主張する。しかしそれが普遍的客観的な、すなわち誰にも受け入れ(理解)可能な「論理」であるかどうかは疑問である。返還されるべき主体(ソ連邦)がすでに消滅しているからである。著者は当然のごとく、この返還されるべき主体をロシア自身と考えている。ロシア以外の存在は連邦を構成した主体ではなく、あくまでも客体と考えられているのである。これは著者にとっての独りよがりの「論理」でしかないようにみえる。

著者は独立を承認すると明言する一方、ロシアと共にあった時代のウクライナの繁栄を強調し、ロシアから離れた後の現ウクライナが陥った惨状を描き出す(「ヨーロッパ最貧国の一つ」)。

興味深いことに、著者はここでロシアが、独立後の「ウクライナが存続できるよう」多大な支援を行ってきたと強調している。それは一面真実である。ロシアとの交易や低料金天然ガスがウクライナにとって恩恵であったことは否定すべくもない。ただしロシアとの同盟関係がウクライナにとって肯定的であるばかりであったかと言えば、それはもちろん疑問である。ロシアと共にあった時期がウクライナにとって常に繁栄だけの時代であったわけでもない。同盟関係が強いられたものであることが最大の問題であった。得られるものもあったが、得られ損なったものも、また失ったものも多かったのである。

歴史を主題とする本論文に特徴的なのは、一九三〇年代以降のソヴィエト時代、とくにスターリン(時代)への言及がほとんどないことである。著者は三〇年代の「集団化と飢饉は我々にとって共通の悲劇であった」と被害の相対化を図るのみで、スターリン体制の「大テロル」、諸民族のロシア化政策などには一切ふれない。とりわけ「大飢饉」

がとくにウクライナ人を標的にしたと指摘されていることにはふれずに、逆に現ウクライナでは「歴史の書き換え」が進み、ロシアとともにあった時代を不当にも「占領期」と、また大飢饉などをウクライナ人に対する「集団殺戮」と呼ぶようになっていると、反批判に打って出るありさまである。一九三二〜一九三三年の「大飢饉」をめぐっては研究史上様々に論じられているが[25]、ウクライナ人だけでなくロシア人も苦しんだとする論文の主張は、ウクライナ人にとって到底受け入れられるものでないことに、著者は思いもよらないようである。

両国関係に激変がもたらされる契機となったのは、著者によれば、二〇一四年の「キエフにおける周知の諸事件」(いわゆるマイダン革命)であった。この時ウクライナのエリート層が「国家独立」に踏み切り(あたかもウクライナがその時点で「独立」国家ではなかったかのごとくである)、すべては暗転したという。急進主義者とネオナチがこれを先導し[26]、それを諸外国が背後で操ったと、ここでも「西側」に対する敵意がむき出しである。ウクライナの独立は西側の利益になるだけで、自身には何ももたらさないだろうと説かれる。

「独立」後のウクライナでは、反ロシア的立場、ロシア系住民に対する抑圧も強まっている。クリミア、セヴァストーポリ、ドネツク、ルガンスクのロシア系住民は立ち上がらざるを得なかった、と当該地域のロシア系住民たちの行動が「自衛」の名のもとに正当化される(「はたして彼らに他の手段があったであろうか」)。

この「正当化」の志向は次第に強められ、ついには、ウクライナ人が西側諸国によって「反ロシア」のために利用されることは「けっして認めない」、「それは自国[ウクライナ]を崩壊させることになる」と威嚇にまで高まる。「独立」を容認するかのごとき見解表明で始まった論文後半部は、最後には「独立」の否定という本音の吐露に至っている。著者は「ロシアとの友好関係の構築」にこそウクライナの「真の独立」の鍵があると説き、ロシアは一度として「反ウクライナ」であったことはない、「決めるのは市民である」と呼びかけるが、すべては虚ろに響くだけである。

著者が承認すると言う「独立」が文字通りの意味でないことは論文の主張からして明らかである。著者の反欧米主義的立場が不変である限り、ウクライナには欧米に接近するという選択肢は認められていない。ウクライナにはその点で自由の存在する可能性はないというメッセージといってよい。すでに指摘した通り、こうした立場は著者のみならず、歴代のロシアの指導層にも根強くあるものであった。歴史研究者には、ロシアのほとんど固定観念といってよいこの立場がどのようにして形成され、時に強められ時に弱められながら、今日にまで続いてきたかを慎重に分析するという課題が依然として残されている。その究明なくしては、不適切な固定観念が正されることもなく永続化すると筆者は考えている。いわんや研究者がこうした固定観念を拡大再生産するようなことがあってはならない。

Ⅲ　以上、論文後半部については駆け足になったが、大統領論文の内容についてみてきた。最後にこれを読んで筆者が感じた一つの問題について記しておきたい。それは、大統領職にある人物が自国史に関する個人的見解を公けにするという行為に関わる。

「歴史」は個々人のというだけでなく、すぐれて集団的な記憶に関係している。歴史の「真相」に到達するためには、前提として一定の自由で学術的な作業が伴わなければならない。このような前提の上に得られた「歴史」は学校で教えられ、社会や国民の前に提示される。様々な歴史が語られうるが（「歴史」はけっして単数ではない）、それらがすべて理性的、また客観的であるわけではない。この問題は単純ではないが、さしあたりは、学術が求めるのは「歴史」であって「物語」や「作り話」ではないということだけを言っておきたい。歴史が「歴史」であるためには、書く側に一定の前提が要求されるとともに、読む側に判断の自由が保証されていなければならない。

プーチン大統領は本論文以前にも何度か自身の歴史的見解を公けにしたことがある。例えば一年前の二〇二〇年六月十九日に、大祖国戦争（対独戦）勝利七十五周年を記念する論文を公表している。[27]そこでは一九三九年八〜九月の独ソ不可侵条約（およびその付属秘密議定書）の締結により、ソ連も第二次世界大戦の勃発に対し責任を負っているとする批判に対する反論が展開されている。真に責任を負うべきは英仏であり、ポーランドであるとする主張がなされる。彼はここでも歴史家として登場している。これまで未公開の史料を利用し、客観性と学術性を装っている。これが真の学術性といえるかどうかには疑念もあるが、いまそれは措いておく。

驚くべきは彼がこれを広く世界の学界にまで周知させようとしたことである。A・カペラーによれば、ベルリンの駐独ロシア大使館は二〇二〇年七月二十二日に、論文テクストをドイツの複数の歴史研究者に送りつけ、将来の研究に役立てるよう呼びかけたという。送りつけられた研究者の中にはこれに対し直ちに抗議した者もあったという。彼らは権力の座にある者や政治家が学術研究者に影響力を行使しようとするがごとき行為は厳に慎むべきであると主張したのである。カペラーは、外国の研究者にまで働きかけが行われたとするならば、国内の研究者がより強い圧力の下にさらされていることは想像に難くないと記す(28)。真に自由な判断(とその表明)が保証されていないところでは、大統領のこうした行為は破壊的な意味をもちうる。

ロシア(またソヴィエト)では、これに類したことは通常のこととして不断に行われてきた。直ちに思い浮かぶのは、一九三八年の『ソ連邦共産党史小教程』である。これはスターリン自身が積極的に関与して作成され、ボリシェヴィキとスターリンの路線を神聖化する絶対的な教科書として国民に推奨された。スターリンの死の年までの十五年間に四二〇〇万部が出たと言われ、党員や学校生徒教員の必読文献であった(29)。現ロシアをスターリン時代のソヴィエトと同一視することにはもとより慎重であるべきであるが、プーチン論文がこうした伝統の中で発表されたことは確かである。現ロシアもこの点ではソヴィエト的伝統を払しょくしているわけではないこと、そしてロシアが抱える真の問題はまさにこの点にあることを、改めて認識させられることとなったと思う。

したがって、もし今回の軍事侵攻が大統領の歪んだ(誤った)歴史観により引き起こされたと考えるなら、それは必ずしも正確ではない。「正しい」歴史観がどういうものであるのか、そもそも問題となるだけでなく、侵略を正当化する「歴史」観などあるはずもないからである。それだけではない。論文に一方的な主張が多いことも事実であるが（とくに後半部にはそっくりそのままお返ししたいと思われる主張が多い）、その多くがロシア・ソヴィエト的伝統に基づくものであったこともまた否定できないからである。「歪んでいる」とすれば、それは論文だけでなく、これまでに形成されてきた歴史学的伝統にも同様に言えることである。同時にこれは受け取り手（読み手）の側にもあてはまる。要するに国内の研究者と読み手に、指導者の見解を批判し、対論を表明する自由が保証されていないところでは、すべては力ある者の思うままである。そもそも国内に複数の多様な歴史観が許容されていないことが問題なのである。まずは国民が外国の人々と自由に語らい、学校教育（教科書）の自由化が図られることから始めるのでない限り、こうした状況が変わることはないと思われる。そんなことが簡単にできるとは考えられないが、そこが第一歩であろう。これは国内問題であるわけではない。いたずらに対立をあおるような環境がある中ではそれが可能となることはないであろう。おそらくは大きな意味での共同作業が求められているのだと思う。

あとがき

本書はロシア軍のウクライナ侵攻の報に衝撃を受けた著者が、これまでの自らのロシア史認識を改めて問いなおす試みのなかで、生みだされた。私的、個人的ノート（覚書）のような書き物など公刊する意味があるのかと問われても、返す言葉もない。ただウクライナ史研究はこの国ではいまだ緒に就いたばかりと考える著者にとって、キエフ・ルーシについて何かを語るためには、一から、つまり研究の歴史を遡り、各所説の一つ一つを吟味しながら進める以外になかったのである。

第四章を除く諸章はこの二年間の作業の結果である。第四章は旧著（二〇一五年）の上梓直後に執筆されたが、発表の機会のないまま今日に至っていた。今回手を加えて本書に収めた。付録の大統領論文の翻訳と「解説」は、著者には荷が重かったが、今回の仕事の前提として、能力を顧みずあえて行った。

「キエフ・ルーシ」をどう取り扱うべきか、その遺産はロシア、ウクライナのいずれに属すのかという問題をめぐる、二つの歴史学（ベラルーシのそれを考慮に入れることはできなかった）間の相克について考えてきた本書を閉じるにあたって、最後に十分に論じることのできなかった一つの問題に触れておきたい。本書が問題としたのは、ロシア史学の強固な伝統に対してウクライナ史学が異議申し立てを行ったことについてであったが、実は狭い民族主義の枠組みに固執している限り、問題の解決は覚束ないという反省が強くなっている。こうした問題意識は研究者間ではすでに大分以前から共有されていたと言ってよいが、「歴史」なき民族とみられてきたウクライナ人（彼らは「自民族の歴史」の獲得、創造に必死であった）の場合にも、深刻な問題として浮かび上がってきたのである。これまでの歴史家はあまりに狭い民族主義的観点にとらわれていたという反省である。ウクライナ人はロシア人による「抑圧」を批判し、その「横暴な態度」について声を上げてきたが、実はウクライナ人も領内の少数民族、とりわけユダヤ人などに対しては同じように理不尽な態度をとってきたのではないかという批判、また反省である。たとえば、キーウのG・カシヤノフとフィレンツェのフィリップ・テアは二〇〇九年に、『民族を超えた歴史の実験室　ウクライナと最近のウクライナ史研究』（A Laboratory of Transnational History）という標題の論文集を編んだが、その第一部は「民族史　対　超民族史」と題され、二人の編者に加え、この分野で名高い二人（M・フォン・ハーゲンおよびA・カペラー）が執筆者として名を連ねている。彼らはエトノス的に狭く構想された「民族主義」ではなく、「多民族 multiethnic」的な、また「超民族 transnational」的な枠組みの必要性を説いたのである。

本書がこの問題に立ち入ることはできなかったが、そこには今後の研究の可能性が示唆されていると言ってよい。問題は複雑で、解決策を見出すことが容易でないことは明らかであるが、進む方向性ははっきりしていると思う。

もう一点付け加えておきたい。本書は当然のことながら、ウクライナとロシアの関係が今回の如き決定的な決裂を迎える以前の諸研究を利用して著されている。著者は二年前に始まり今なお続いている軍事衝突が今後の両国、とりわけウクライナ系研究者の歴史観や態度に過大な影響を与えることを深く懸念している。学術的営みや対話が不可能となるような事態はなんとしてでも避けなければならない。そのためにもまずは知恵をしぼって戦争の終結をはかるほかない。

今回ももっぱら北海道大学図書館蔵書を利用させていただいた。館員の方々その他多くの方々のお世話になった。記して感謝したい。成文社の南里功氏のご理解をいただいたこともこれまでと同様である。丁寧な仕事をしていただき感謝している。妻和子に支えられたこともこれまでと同様である。ありがたく思っている。

札幌、二〇二四年端月

栗生沢猛夫

索　引

以下の索引は、付録を含む本文を主たる対象としている。注に関しては、選択的に取り扱うが、その場合、ページ数ではなく、注番号で示す。「はしがき」注は、「は」-1のように、各章注については、ローマ数字と算用数字でI-1, II-1と、付録（1と2）の注については、付1-1, 付2-1の如くに記した。

人名索引

あ

た

な

は

ま

や

ら

地名索引

あ

か

さ

た

な

は

ま

や

ら

事項索引

あ

さ

た

な

は

ま

や

ら

注

以下本書では、キリル文字はラテン文字に転記し、文献は基本的に簡略形で示される。完全なタイトル等は巻末文献表を参照されたい。

はしがき

(1)「キエフ・ルーシ」(「古ルーシ」) は史料に現れる語ではなく、研究史上の術語である。この時代の年代記ではたんに「ルーシ」ないし「ルーシの地」と呼ばれた。後に北東ロシアの地が急速に成長を遂げるに至って、ロシア史学ではこちらをもルーシに含めたり、あるいは「モスクワ・ルーシ」と呼ぶことがあり、それとの関連で前者も「キエフ・ルーシ」と表記され、広く普及することになった。本書もときにこれを用いるが、それはこれが長らく用いられ、定着した用語と考えるからである。もっともかつて英語圏ではこれを「キエフ・ロシア」(Kievan Russia)と呼び(Vernadsky1948年やRiasanovsky1963年の通史などを想起されたい)、わが国でもこれに倣うことが多かったが、これは今では不適切である。ウクライナ史学からの批判があるだけでなく、そもそも「ロシア」の語がこの時代には、いまだ知られていなかったからである (「ロシア」の語の歴史については、本書第五章を参照されたい)。それゆえ正確性を期す研究者は、これをたんに「ルーシ」と表記する (ときに「古ルーシ」とする場合も見られるが、学術用語としてならば、これも許容されよう。とくに「ルーシ」は中世以降にも生き続けた語であるので、最初期のルーシを示す時代区分の用語としてならば、「古ルーシ」も十分に使用可であろう)。これとの関連で、初期ルーシ研究の根本史料である最古の年代記の表題についてあらかじめ一言しておきたい。その原テクストに表題はついていない。それゆえ通常、冒頭の文言をとって『過ぎし年月の物語』と呼ばれるが、研究史上は『ロシア原初年代記』の表題もよく用いられてきた (英文表記ではRussian Primary Chronicle)。1987年の邦訳もこちらを採用している。だが上記の理由でこれはもはや使えない。『ルーシ原初年代記』ないし、たんに『原初年代記』であれば、可能と考えられるが (英語圏で定評ある中世ロシア通史、1995年のJ. Martin, Medieval Russiaや1996年のS. Franklin/J. Shepard, The Emergrnce of RusはPrimary Chronicleを、2006年 のThe Cambridge History of Russia (V. I) はRus' Primary Chronicleを用いている。本書もときにこれを採用し、その際には『原初』と略記する)、最も適切なのは『過ぎし年月の物語』である。この年代記の呼称をめぐっては、さしあたり拙著『《ロシア原初年代記》を読む』36頁 (注1) を参照されたい。拙著が表題に『ロシア原初年代記』の語を用いたことは、たとえ

便宜的と断った上でのこととはいえ（邦訳がそうなっている）、誤解を招きかねないことであった。せめて『ルーシ原初年代記』とすべきであったと反省している。

なお、今回の「侵攻」後「キエフ」は広く「キーウ」と表記されることとなったが、研究史上は長らく「キエフ」であったので、これを変えることは無用の混乱を引き起こしかねないと考え、従来通りに留めた。固有名詞全般に関し、原文がロシア語の場合には、原則的にはそのまま表記することにした。時にウクライナ語表記をとることもあるが、一貫することはできなかった。

(2) たとえば阿部三樹夫「M・フルシェフスキイのロシア史学批判について」181-203 頁を参照。

(3) 本書第一、第二章。

(4) Nasonov, Russkaia zemlia i obrazovanie territoriia Drevnerusskogo gosudarstva; Mavrodin, Obrazovanie drevnerusskogo gosudarstva. なおマヴロージンの別の著書（Proiskhozhdenie russkogo Naroda. L., 1978）には邦訳があるが、その邦訳者も、そこに含まれる問題性を理解してのことかどうかはともかくとして、本文中の drevnerusskii を「古代ロシア」と、ある意味「正確に」翻訳している（石黒寛訳『ロシア民族の起源』）。

(5) これに関して詳しくは、本書付録のプーチン論文の訳注 4 を参照されたい。

(6) Grekov, Kievskaia Rus'. S. 8（増補第五版 1949 年による。初版は 1939 年）.

(7) この問題については、さしあたり Froianov, Kievskaia Rus': Ocherki otechestvennoi istoriografii. S. 9-10 を参照。

(8) Grekov, Kievskaia Rus'. S. 9.

第一章

(1) Tatishchev V. N. Istoriia Rossiiskaia v semi tomakh. M. -L., 1962-1968.　その史学史的評価については、さしあたり同書第一巻中の M・N・チホミーロフの解説（S. 39-53）、また Ocherki istorii istoricheskoi nauki v SSSR. I, M., 1955, S. 182-189 を参照。なおタチーシチェフの人と生涯については、さしあたり阿部重雄『タチーシチェフ研究』刀水書房、1996 年を参照。

(2) ウクライナ系の歴史家 O・トロチコは、これに留まらず、タチーシチェフこそがハーリチ - ヴォロディメルとロストフ - スーズダリの二公国をキエフの「相続人」とする観点の創始者であったとすら主張している。トロチコはその際、タチーシチェフが「事実」を捏造して、このような観点を案出し、ソロヴィヨフやクリュチェフスキーのような大家ですらこれを真に受けてこの観点の定着に貢献したとすら主張する。さらに付け加えて言えば、トロチコはウクライナ史学の創始者フルシェフスキーもこの点では例外ではなかったと、手厳しい（Tolochko O. Truth from Forgery. p. 457-469）。トロチコのこのような主張、とりわけそのタチーシチェ

フ批判が正しいかどうかは大いに問題となるが、ここでその点にまでは立ち入らない。ただこうした極端な主張がなされるところからもうかがえるように、キエフ・ルーシ史を自国史（のみ）の古代史として、他を排除しようとするような観点は、たとえそれがロシア、ウクライナどちらの側からなされようとも、やはり問題であることは認識される必要があると考える。

(3) Tatishchev, Istoriia. T. I, S. 351-359.　八地域というのは、1 大ルーシ（Velikaia Rus'）、2 小ルーシ（Malaia ~）、3 白ルーシ（Belaia ~）、4 赤ルーシ（Chervonnaia~）、5 黒ルーシ（Chernaia~）、6 チュジ（Chud'）、7 沿岸地方（Pomorie）、8 ボルゴル地方（Bolgory）である（ここでは立ち入らないが、各地域については今日的な意味とは若干異なる説明がなされている）。今日のウクライナ、ベラルーシはおおよそ以上の 2~5 に相当する。

(4) Karamzin N. M. Istoriia Gosudarstva Rossiiskogo. SPb., 1818-1819. 本稿で使用したのはモスクワで刊行された 1988 年版（1842-1844 年の 3 冊本の復刻版）である。これには Stroev P. M. 編の索引および Iu. M. Lotman ら四人の研究者の解説論文を含む付録が第 4 冊として付されている。

(5)『最古からのロシア史』の構成を見ておくと、キエフ時代を扱うのは基本的に最初の二巻（T. I-II）であり、第三巻以降第十二巻まで（T. III-XII）がモスクワ諸公の動向をたどっている。なおこの書は生前様々な形で刊行されたが、全巻揃っての刊行は、彼の死後 1895、1896、1911 年であったと伝えられる。本書が利用したのは、ソヴィエト時代の版（十五冊本）、Solov'ev S. M. Istoriia Rossii s drevneishikh vremen. V piatnadtsati knigakh. M., 1959-1966 である。ソロヴィヨフのロシア史研究については、さしあたり Ocherki istorii istoricheskoi nauki v SSSR. I, M., 1955, S. 347-366 を参照。

(6) Kliuchevskii V. O. Kurs Russkoi Istorii. M., 1904-1922.　本書で使用したのは Kliuchevskii V. O. Sochineniia v vos'mi tomakh. T. I-V (Kurs Russkoi Istorii), M., 1956-1959. 邦訳はクリュチェフスキー（八重樫喬任訳）『ロシア史講話（全五冊）』、恒文社、1979-1983 年。

(7) Grushevskii, Zvichaina skhema "russkoï" istoriï i sprava ratsional'nogo uklady istoriï Skhidn'ogo Slovianstva (1904), S. 298-304.（英訳、Hrushevsky, The traditional Scheme of "Russian" History and the Problem of a rational Organization of the History of the Eastern Slavs (1952), p. 355-364)。なおフルシェフスキーはその十巻本の『ウクライナ - ルーシ史』（Istoriia Ukraini-Rusi. 1898-1936; NY., 1954-1958）をはじめとする膨大な著述で知られるウクライナ史学の祖であり、最大の歴史家でもあるが、その政治活動（独立ウクライナ人民共和国 - 中央ラーダ政権初代大統領、1918 年）もあって、ソヴィエト時代にはブルジョア民族主義者（時にショーヴィニスト）として批判にさらされ、スターリン時代には完全に否定されてしまう（Ocherki

istorii istoricheskoi nauki. II, S. 641-656）。ソヴィエト国外のウクライナ系研究者が彼を評価し続けたことは言うまでもないが、広く公式的に再評価されるのはペレストロイカ以後、またソヴィエト崩壊後と言ってよい。以上のごとき帝政期、ロシア革命期、またその後の彼に対する評価の変遷については、さしあたり Klid, The Struggle over Mykhailo Hrushevs'kyi、また Kohut, Russian-Ukrainian relations and historical consciousness in contemporary Ukraine などを参照。なおフルシェフスキーの経歴、また業績については、わが国でも上記（また次注）阿部論文があるが、Plokhy, Unmaking Imperial Russia (2005) が詳しい。著者はこの時アルバータ大学教授であったが、その後（2007 年）ハーバード大学冠ミハイロ・フルシェフスキー講座教授となる。本書はここで検討するフルシェフスキーの「『ロシア史』の伝統的構図」論文についても詳細に論じている (p. 95-116)。そこではとくにクリュチェフスキーの『講話』(およびミリュコフの『ロシア文化史概説』) を取り上げながら、フルシェフスキーの伝統史学批判の要点を浮き彫りにさせようとしている。

(8) 阿部「M・フルシェフスキイのロシア史学批判について」、181-203 頁。

(9) この点で筆者は最近の貝澤哉「ロシア国民文学と帝国的一体性の神話」(29 頁以下）とは、やや認識を異にしている。近代的国民文学の成立はなるほど 19 世紀後半であろうが、キエフとの一体性の認識は早く（モスクワ時代）に成立していたことは否定できないと考える。『イーゴリ遠征物語』の真贋問題はさておいて、たとえば、モスクワの年代記作者らが『イパーチー年代記』を通じて、イーゴリ公の事績をよく知っていたこと、また彼らがすでに『過ぎし年月の物語』を自らの年代記集成の冒頭に置き、それが自身の歴史の最古の時代を表現する作品とみていたことも確かな事実なのである。かつて (1994 年) ハーヴァード大学教授 E・L・キーナンはモスクワ時代における「キエフの遺産」や「第三ローマ理念」、「ビザンツ主義」、「正教国家モスクワ」、「反イスラーム主義」といった諸観念を、現実のモスクワ人 (当局) とは無関係の「神話」とみなすべきであることを主張したが、キーナンのさまざまな指摘がロシア人を含め多くの観察者の無意識的な思い込みや偏見を正そうとする正当な意図からなされたものであるにせよ、以上のような諸観念がモスクワ時代の年代記作者らに相当程度共有されていたことまでは否定しえていないように思われる。「キエフの遺産」に限定して言えば、キーナンはそれが 17 世紀ウクライナ・コサックの影響下にモスクワでも主張されたことを説いており、J・ペレンスキや本書の著者の主張よりやや遅い時期の設定とはいえ、近代（18 世紀）以前のものであったことは、(彼の意図ではなかったであろうが) 裏付けていると言えないこともない（Keenan, On certain mythical belief and Russian Behaviors)。

(10) Grushevs'kii M. Naris istorii Ukraïnskogo narodu. SPb., 1904 (v: Grushevs'kii, Tvori u 50 tomakh. T. 22, L'viv, 2015, S. 3).

(11) Grushevs'kii M. Istoriia Ukraïni-Rusi. T. I-X (I-VII, L'viv, 1898-1909; VII-X, Kiev, 1913-36); Reprint, NY. 1954-1958. なおフルシェフスキーの「ウクライナ - ルーシ」と「ウクライナ」の語の使用法をめぐっては、上記 Plokhy, Unmaking Imperial Russia, p. 166-171 が論じている。

(12) Kostomarov, Dve Russkiia narodnosti (1903), S. 33-65（初出は『オスノーヴァ』誌上、1861 年）. フルシェフスキーはこのコストマーロフ論文を「ウクライナ民族主義の福音書」と呼んだという（Kotenko, Martyniuk, Miller, Maloross. S. 413)。この重要な論文におけるコストマーロフの主張は、おおよそ以下の通りである。古ルーシ時代以来、「ルーシ」の地が完全に一体的な存在であったことはなく、タタール侵入後は各地で特色ある諸地域・公国（ノヴゴロド、モスクワ、リトアニア＝ベラルーシ、ルーシ＝小ロシア）に分かれてそれぞれの歴史を歩む。その後モスクワの強大化に伴い、南北「二つのルーシ」に収斂される（これが論文に言われる「二つのルーシ民族（ナロードノスチ）」である)。著者はその中の「南ルーシ」をどう呼ぶべきかについて、次のように考える。まず「ウクライナ」、「小ロシア」、「ヘトマンシチナ」の語は今や「古風」すぎる。また「南ロシア」は人工的、文語的である。他方「ホホール」は嘲笑的で、部分的（東部にのみ妥当する）である。これら、とくに最後者は南ルーシ人自身によっても広く用いられたが、このような語が正式の民族名として採用されることはありえない（ウクライナ人自身がそう名乗ることもあったが、しばしば、あるいはほとんど常に蔑称的ニュアンスを帯びたからである)。ではどれを選ぶべきか、著者は明言していないように思われるが、結局のところ、古来の「ルーシ」が最適な用語と考えている。ただし「ルーシ」はその後東方モスクワ地方にも適用されるに至ったことに鑑み、「南ルーシ」（ときに「小ルーシ / ロシア」）が採用されるべきという判断に到達していると考えることができる。論文全体を通じて最初からこれを多用しているからである。ところで、この論文でとくに注目されるのは、著者が論文末尾で南北「二つのルーシ」の特徴をさまざまな形で明快に対比させていることである。例えば彼は次のように記す。「南ルーシ族は個人的自由の重視を際立った特徴としている。大ルーシ族においては共同体性が勝っている。」「前者の固有の認識では、人々の結合は相互の同意に基づいている。人々が同意できない場合には解散も可能となる。後者は一旦樹立された結合の必然性と不可逆性を絶対視し、さらにそれを神の意志によるものとして、他人の［この結合に対する］批判を封じる。」「政治分野においては、前者は内部で自発的組合（団体、tovarishchestvo）をつくる能力を有す……後者は永続的な原理の上に単一の精神に貫かれた確固たる共同体的身体［組織］の形成を志す。」「前者は連邦を志すが、それを十全に作り上げることはできなかった。後者は単一の権力（専制）と堅固な国家へと向かった。」「大ルーシには何か壮大で創造的な要素、整然たる規律の精神、統一の意識、現実的

計算性の優越……が宿っている。我ら南ルーシ族にはそれが認められない。その自由な性質は社会的結合の分解をもたらすか、人々の行動意欲に混乱を与え、民の歴史的生活を……不安定にさせることにつながるからである。」「我々の過去は二つのルーシ民族を以上のようなものとして示している。」さらに次のような記述もある。「大ルーシ族は、ひとたび承認された理想の実現のための確固たる具体的現実的な身体［組織］を志向することにおいて、過去にもまた現在においても物質主義的傾向を発揮している。だが生活の霊的側面や詩的精神においては南ルーシ族にはるかに及ばない。」「大ルーシ人が自然を愛すことは少ない。農民の庭に花を見かけることはほとんどない。南ルーシではそれはどの農家にもみられる。」等々。なおコストマーロフの思想についてはすでに1985年に阿部三樹夫がその生涯をたどりながら丁寧に論じており教えられるところが多い（阿部「コストマーロフのウクライナ主義と連邦主義」）。阿部は「二つのルーシ民族」についても、上記著作集第一巻所収論文に含まれていない（削除された）部分をも考慮に入れながら、立ち入った検討を加えている。彼によれば、コストマーロフはロシアが歴史的過程で、南北に二分されたとする見解を、1846年の匿名論文「小ロシア史考」（Mysl' ob istorii malorossii）ですでに表明していたという（88-89頁）。コストマーロフに関してはさらに、本書第五章注84をも参照。

（13）フルシェフスキーのノルマン説批判は、Grushevs'kii, Istoriia Ukraïni-Rusi. T. I, S. 382-388, 602-624をみよ。なおノルマン論争については、本書でも第四章で若干触れておいた。

（14）この問題に関する文献は枚挙にいとまがないが、さしあたりSovetskaia istoriografiia Kievskoi Rusi. S. 13-60; Froianov, Kievskaia Rus'. Ocherki otechestvennoi istoriografii. S. 6-29（以上2点はロシア史学の立場から）；ウクライナ史学のそれは、さしあたりFr. -Chirovsky, An Introduction to Ukrainian History. Vol. 1, NY., 1981, p. 1-18を参照されたい。

（15）ポゴージン - マクシモーヴィチ論争に触れる文献は多いが、ここではさしあたりBushkovitch, The Ukraine in Russian Culture 1790-1860. S. 339-363, とくにS. 354-363; Pelenski, The Ukrainian – Russian Debate over the Legacy of Kievan Rus'. 1840s -1860s. p. 213-226; Miller, «Ukrainskii vopros» v politike vlastei i russkom obshchestvennom mnenii (vtoraia polovina XIX v.). S. 69-71を参照。

（16）ポゴージンの見解は、M・A・マクシモーヴィチの書簡（次注参照）に対する反論中にみられる（M. P. Pogodin, Otvet na filologicheskie pis'ma M. A. Maksimovicha. 8 dek. 1856//Russkaia Beseda. 1856. Kn. 4. S. 137）。なお「大ロシア人」や「小ロシア人」、「ウクライナ人」などの語については本書第五章において改めて考える。

（17）マクシモーヴィチの見解はRusskaia Beseda. 1856. Kn. 3. S. 84-85 (Maksimovich, Filologicheskie pis'ma k M. P. Pogodinu. 11 iulia — 25 avg. 1856); さらにRusskaia

Beseda. 1857. Kn. 2. S. 87 (Maksimovich, Otvetnye pis'ma M. P. Pogodinu. 5 fevr. 1857).

（18）A・I・ミレルによれば、前キエフ大学学長マクシモーヴィチにおいては「小ロシア愛郷主義」と「全ロシア的」感覚とは矛盾なく同居していた。彼は自身を「全ロシア」人であると同時に、キエフを故郷とする愛郷人でもあると考えていたという（Miller, «Ukrainskii vopros». S. 69, prim. 29）。

（19）Russkaia beseda. 1856. Kn. 4. S. 124 (Miller, «Ukrainskii vopros». S. 70).

（20）Grushevskii, Zvichaina schema. S. 299; Grushevskii M. Istoriia Ukraïni-Rusi. T. I: 551-556 (Primitki. 6).

（21）ウクライナ系の研究者はおしなべてこれをたんなる「憶測」として一蹴する（たとえば Fr. -Chirovsky, An Introduction. Vol. I, p. 16）。ロシア、ソヴィエト史家もこれをほとんど取り上げないか（たとえば、Ocherki istorii istoricheskoi nauki. T. I. S. 319-321 は、19 世紀農奴解放直前の「公式的」御用史学的歴史学の代表としてのポゴージンについて解説しながら、上記仮説にふれることはない）、あるいは取り上げても内容に立ちいらずに、たんにキエフ・ルーシの「遺産」をめぐる論争の始まりとの関連性を指摘するかである（たとえば、Froianov, Kievskaia Rus'. S. 6）。以上、ポゴージンの反ウクライナ的姿勢を強調するようなことになったが、実は彼はこのときまではウクライナ文化にはきわめて好意的な態度を示していたことが知られている。彼のマクシモーヴィチとの長年の交友関係もその表れであり、ウクライナ文化に対する一定の好意的関心は時代の大きな流れであったともいえる。それが大きく変わるのは世紀後半、とりわけクリミア戦争や 1863 年ポーランド一月蜂起後のことであるが、当然のことであるけれども、問題はそう単純ではなく、ジグザグな経過をたどったということである。

（22）筆者はかつてこの問題について、モンゴル侵入の「被害の程度」の問題として、若干論じたことがある（拙著『タタールのくびき』、349-357 頁）。筆者はそこで、「被害」などなかったとする一部研究者の極論を退けたのであるが、近年、S・プローヒィが、やや異なる見解を表明していることにも触れておきたい。すなわち彼によれば、13 世紀におけるキエフ地方住民の北方（および西方）への大規模な脱出（移住）はみられず、多くの住民はこの地に留まったという。彼はこうした見解に基づき、現ウクライナ人がキエフ・ルーシ人の直系の子孫であると考えたフルシェフスキーに賛同したのである。もちろんモンゴルによる被害の問題と住民移住のそれはやや異なる性格をもつものであり、被害が大きかったから移住も大規模であったとは必ずしもならない。「大規模」がどの程度のものかも問題になるであろう。ただいずれにせよ、プローヒィの見解は、南方から北方への住民移住の問題が、単純に一義的な結論を許すものではないことを示している (Plokhy, The Origins of the Slavic Nations. p. 46)。

（23）Fr. -Chirovsky, An Introduction. Vol. I, p. 16.

(24) クリュチェフスキー（八重樫訳）『ロシア史講話』1, 332-343 頁。

(25) 以上にフルシェフスキーに代表させるかのごとくにして「ウクライナ史学」について論じてきたが、言うまでもなく同史学は彼の師であるV･B･アントノーヴィチ（1834-1908 年）や、さらに遡ってM（N)･I･コストマーロフ（1817-1885 年）以来の長い伝統をもち、多様な見解をもつ多くの歴史家によって構成されている。ここで立ち入ることはできないが、19 世紀の歴史家はさておき、本来ならば少なくともソヴィエト連邦内ウクライナ共和国の歴史家や欧米在住のいわゆる「ディアスポラ」の研究者らにも留意しなければならないだろう。後者に属す何人かの歴史家については上に触れたが、前者にも同様に目配りする必要があることは無論である。たとえば、前ウクライナ国立科学アカデミー考古学研究所長でもあった歴史家P・P・トロチコなどである。さしあたり古ルーシの「民族」をめぐる問題について論じた彼の 2005 年の著書（Tolochko P. P. Drevnerusskaia Narodnost': Voobrazhaemaia ili Real'naia. S. 5-8, 203-209）を見られたい。彼は伝統的「ロシア史学」の問題性を指摘しつつも、東スラヴ三国民がキエフ時代に共通の祖国意識を培ったことを、この段階でも主張し続けている。

(26) たとえば、Chubaty, The Meaning of "Russia" and "Ukraine", p. 15; Horak, Michael Hrushevsky. p. 353; Wynar, Ukrainian-Russian Confrontation in Historiography. p. 21-22.

(27) 阿部「M・フルシェフスキイのロシア史学批判について」、192-196 頁。

(28) Presniakov, Mesto «Kievskogo Perioda» v obshchei sisteme «Russkoi Istorii» (1938) (Reprint, 1966), S. 1-11. プレスニャコフの『ロシア史講義』は二巻からなる。第一巻は「キエフ・ルーシ」（1938 年刊 279 頁）を、第二巻は「西ルーシおよびリトアニア - ルーシ［ロシア］国家」（1939 年刊 247 頁）を扱っている。上記 1966 年のリプリント版 (The Hague) では合冊され一巻本となっている。ここで取り上げる第一巻第一章は、同『講義』の第一版（ペテルブルク大学私講師となったばかりの著者の初年度 1907/1908 年の講義に基づく）にのみ含まれている。著者は後に第一版に不満を覚え、1915/1916 年の講義に基づいてまったく新たに第二版を作成した（もっともその後半部原稿はその後紛失したとされ、今日には伝わっていない）。ところがこの第二版作成に際し著者はなぜか第一版第一章（に相当する部分）を採用しなかった（削除した）。つまりここで取り上げる「〈キエフ時代〉の位置」に関する部分は第一版のみに見られるのである。上記 1938 年刊本は基本的には第二版に基づき刊行されたが、編者（N・ルビンシュテイン）はこの部分を第一版に基づき補っている（第二版中紛失された後半部分も同様に第一版に基づいて補われている)。(以上については、1938 年本 /1966 年リプリント版の編者解説、S. V-VI を参照)。なおその後 1993 年に「歴史思想古文献」叢書（Pamiatniki Istoricheskoi Mysli）の一冊として刊行された Presniakov, Kniazhoe pravo v drevnei Rusi. Lektsii po russkoi istorii. Kievskaia Rus' (1993) も第二版に基づ

いているので、この第一章は含んでいない（ただ補遺中に所収されている。そのS. 471-481 部分がこれに該当する）。

なおプレスニャコフは『講義』刊行に先立つ 1918 年に、すでに『大ロシア国家の形成』（Presniakov, Obrazovanie Velikorusskogo gosudarstva. Ocherki po istorii XIII-XV stoletii, 1918）を出版していた。彼はこちらでも、研究史を論じた序論（Vvedenie）第一節の冒頭部分において、フルシェフスキーの上記 1904 年論文にふれ、その内容を紹介している。その際プレスニャコフは、フルシェフスキーがロシア史学の伝統的「体系」の由来（モスクワ的起源）を、P・N・ミリュコフに依拠しつつ説明していることに言及している（S. 1-4）。プレスニャコフはここではフルシェフスキーの立場に関し、自身の判断をとくに表明することはしていない。したがって彼がフルシェフスキー説の影響を受けたと言えるかどうかは、ここからだけでは何とも言えない。ただ彼がフルシェフスキーの問題提起に鋭く反応していたことは確かである。いずれにせよ、本書において「大ロシア（人の）国家」の歴史を 13 世紀から始めようとしているプレスニャコフにとって、キエフ・ルーシを「大ロシア国家」から切り離そうとしたフルシェフスキーの見解は、その限りでは適合的であったと言うことはできよう。

(29) プレスニャコフの記述の要約部分は活字二字分下げて示す。要約中の（　）は原文、[　] は本稿筆者（栗生沢）の注記ないし説明である。プレスニャコフの原文の頁を示す際には、最初に 1938 年版（1966 年リプリント版）のそれを、続けて 1993 年刊本のそれを記す。

(30) プレスニャコフはここで edinstvo russkoi narodnosti と表記している（1938 年本、S. 4; 1993 年本、S. 474）。だがその前には edinoi russkii narod という語も用いている（S. 2; S. 473）。彼は上記引用部分に続いて、narod, narodnost', natsiia, natsional'-nost'、さらには natsionalizm, narodnichestvo などの用語について独自に検討を加えているが（S. 5-9; S. 475-479）、これら（とくに narod と narodnost'）を厳密に区別していないことは明らかである。ソヴィエト史学では「民族」をめぐる問題は活発に議論されたが、彼の時期には諸用語は研究者によって各人各様に使用されていた。中世「ロシア民族」に関する問題が最初に本格的に提起されたのは、I・Ia・フロヤーノフによれば、V. V. Mavrodin, Obrazovanie Drevnerusskogo gosudarstva. L., 1945（マヴロージン『古代ロシア国家の形成』）によってであったという。マヴロージンは、まさにキエフ国家の形成こそが古代ロシア（古ルーシ）民族（drevnerusskaia narodnost'）成立の決定的な契機であったことを主張した。ほぼこのころからロシア中世史学では、キエフ時代のルーシは drevnerusskaia narodonost' と表現されることが一般化したという。いまこの点にこれ以上に立ち入ることはしないが（一点だけ断っておくと、上記「ナロードノスチ」は、その後しばしば、国家をもつに至らない地方や州の小数民族の意味で理解される

ことにもなるが、ここではそれとは異なる意味で用いられている)、さしあたりは Froianov, Kievskaia Rus'. S. 6-29; Sovetskaia istoriografiia Kievskoi Rusi.(1978). S. 13-60 を参照されたい。また塩川伸明『民族と言語』(多民族国家ソ連の興亡 I)岩波書店、2004 年、序章も参考にしたい。

(31) 阿部前掲論文、193 頁。Froianov, Kievskaia Rus. S. 7-8. もっともフロヤーノフはここで、プレスニャコフの上記講義第一章を 1915/1916 の講義としているが、正しくは既述のように 1907/1908 年講義である。フロヤーノフは、キエフ・ルーシが「前」封建制社会であることを主張してソヴィエト史学の重要テーゼの一つを否定したという意味で、「異色の」歴史家であった。フロヤーノフの見解について詳しくは拙稿(Kuryuzawa, The Debate on the Genesis of Russian Feudalizm in recent Soviet Historiography)を参照されたい。

(32) Miliukov, Ocherki po istorii Russkoi Kul'tury. Ch. 1-3. 1896-1903(最初『神の世界』(Mir Bozhii)誌に 1895 年から 1902 年にかけて発表された)。筆者の手元にあるのは、2010 年にモスクワで刊行された二巻本(Miliukov, Ocherki po istorii Russkoi Kul'tury. T. I-II)である。本書は S・M・ソロヴィヨフ以来のいわゆる「国家学派」的ロシア史観を広く普及させた著作として重要であるが、これについては今なお鳥山成人『ロシア・東欧の国家と社会』第九章が参照されるべき古典的文献である。

(33) 鳥山、同書、260 頁。2010 年版の編者 N・I・カニシチェヴァによれば、1917 年革命以前に七版を重ねたという(S. 32)。

(34) 鳥山前掲書、257 頁。

(35) ロシア、ウクライナ、ベラルーシの東スラヴ族がキエフ時代以来一体的存在としてあったとする「通説」が、ロシアでいかに根強く、また広く受け入れられているかを示すために、ノーベル賞作家ソルジェニーツィンの例を挙げておきたい。彼はその『甦れ、わがロシアよ』(木村訳、1990 年)において、次のように記している。「わが民族が三つに枝分かれしたのは、[13 世紀の]蒙古襲来という災難のためと、[14-17/18 世紀に]ポーランドの植民地になったためである。ロシア語とは違う別の言語を話していたウクライナ民族がすでに 9 世紀頃から存在していたという説は、真っ赤な嘘である。我々全員があの高貴なキエフ・ロシアから出ているのである。そこからロシアの地が始まり、そこからキリスト教の光が差し込んできたのである。キエフ・ロシアの民族がそのままモスクワ公国を創ったのである。これらの土地が[ポーランド - リトアニアから]ロシアへ戻った時には、当時、誰もがそれを**再統**一と受け取ったのである」(21-22 頁、邦訳とはやや変えて引用。太字は原文、[ ]は引用者による説明)。ここで作家が「キエフ・ルーシ」を「キエフ・ロシア」と呼び、モスクワ公国をその直系の継承者としていること、またウクライナ民族の古くからの存在を否定していることが注目される。ソヴィエト国家権力に対し徹底的に抗い、国外追放処分にまであった

ソルジェニーツィンでさえ、一方ではウクライナ人に対する尊敬と共感の念を熱く表明しながらも、後者のロシアとの一体性を力説してはばからなかったのである。なおソルジェニーツィンのウクライナ観については、さらに本書付録（プーチン論文「解説」注21）をも参照されたい。

(36) ロシアにおいて「(古) ルーシ」が「古代ロシア」と認識されたことについては、本書付録「プーチン論文」訳注4においても触れた。

(37) 本書付録1（「プーチン論文」訳）175頁、同2（解説）203-204頁を参照。

(38) Miller, «Ukrainskii vopros» v politike vlastei i russkom obshchestvennom mnenii. S. 31-41.

(39) Miller (Tr. by O. Poato), The Ukrainian Question. The Russian Empire and Nationalism in the Nineteenth Century. p. 20-30.

(40)「ロシア大民族」についてA・I・ミレルはさらに次のような指摘をしている。すなわち、17世紀後半のウクライナに「大」「小」ルーシが一体的存在であることを主張する作品『シノプシス（梗概）』（本章後述）が現れて以来、19世紀中頃にいたるまで、ロシアでは両国民の一体性を説く立場が優勢であり、それはロシア帝国形成の基本的方針でもあったという。この方針の下ではウクライナ人やベラルーシ人は「異族人 inorodtsy」としてではなく、ロシア人とまったく同様に扱われ、『シノプシス』の著者の如くウクライナ人自身がこの一体性を望んでいたとする。もちろんウクライナにはそれとは異なる考え方をする、より自立的（分離主義的）な立場も芽生えていたが、後者の志向が顕著になるのはより後のことである。いずれにせよ、このような状況が19世紀前半までは続いたとみることができるという。状況が大きく変わるのはクリミア戦争後、とくにポーランド1863年（一月）蜂起後のことと考えられるが、少なくともそれまでのこうしたあり方を、ミレルは条件付きで「〈ロシア大民族〉構想」（proekt «bol'shoi russkoi natsii»）と呼ぶことができるとする。彼はこの時期の「ロシア人」の語が今日より広い意味をもち、東スラヴ人全体を包括する概念であったと主張する。「ロシア大民族」の語が史料・文献中にいつ現れ、どの程度用いられたのか（あるいはそもそもみられるのか）はともかくとして（筆者はいまのところ検証できていない）、考え方としてはロシアおよびウクライナに広くあった（少なくとも19世紀中頃までには現れていた）ということは言えそうである（Miller, «Ukrainskii vopros» v politike vlastei i russkom obshchestvennom mnenii. S. 31-41）。

ところで「大きな」ロシア民族という考え方はすでに19世紀前半にIu･I･ヴェネーリン（1802-1839年）によって提唱されていたという指摘もある（Kotenko/Martyniuk/Miller, Maloross. S. 406-409. この三人の共著論文によれば、ヴェネーリン論文は Venelin, Spor mezhdu iuzhanami i severianami po povodu ikh rossizma//ChOIDR, 1847-3 であるが、本稿筆者はこれを CHOIDR 誌上で確認できなかっ

た。筆者が利用したのは Venelin, Spor mezhdu iuzhanami i severianami naschet ikh rossizma. v ego kn.: Istoki Rusi. M., 2011, S. 789-804, 847-848 である。これは最初、著者没後の1848年に出版された。その際標題が若干変えられたようである)。もっともヴェネーリンは「南」「北」のロシア人が一つの全体（スラヴ人）に属すことを強調しながら、両者の相違をも鋭く指摘している。それによれば、「北方人」は「モスカーリ、リポヴァン、カツァプ」であって、少なくとも（「南方人」がそうであるような）「ルーシ（人）」には含まれないという。したがって上記共著論文が主張するように、ヴェネーリンが「ロシア大民族」的思想の持主であったとしても、それは後の帝国的なそれとは若干趣を異にするものであったように思われる［以上のうち「モスカーリ」はモスクワ人の意、「リポヴァン」は無僧派ラスコール（分離派教徒）を指す語、「カツァプ」はヤギ鬚の男の意で、いずれも西方人や南方人がロシア人をやや蔑んで呼んだ語である］。なおザカルパト・ルシン人であるヴェネーリンは、研究者としてはブルガリア人のトルコ的起源説を否定し、彼らがロシア人と同様スラヴ的性格を有することを主張したことで名高いが、それについては上記2011年の著者の論文集の解説（P. V. Tulaev による)、また Ocherki istorii i istoricheskoi nauki v SSSR. T. I, S. 496-497 を参照。

(41) 拙稿「モスクワ第三ローマ理念考」;同「『ウラジーミル諸公物語』覚書」など。

(42)「ペレヤスラフ協定」(1654年1~3月）については、さしあたり『ポーランド・ウクライナ・バルト史』169-170頁、また Basarab, Pereiaslav 1654 (1982); Plokhy, Renegotiating the Pereiaslav Agreement (2008) を参照。「協定」(実はこれを「協定」と言えるかどうかについても研究史上さまざまな見解がある）については、これまでは1954年のソ連邦共産党中央委員会の「再統一三百年に関するテーゼ」(Tezisy o 300-letii vossoedineniia Ukrainy s Rossieiu）や、同年刊行の Vossoedinenie Ukrainy s Rossiei: Dokumenty i materialy v trekh tomakh また Vossoedinenie Ukrainy s Rossiei 1654-1954.Sbornik statei などが基本史料集、文献とされてきた。だがこれらはいうまでもなくロシア（ソヴィエト）側の公式的な立場の表明に他ならなかった。これに対するウクライナ側の観点は、さしあたり上記 Plokhy 論文などから知ることができるが（フルシェフスキーの見解を中心に丹念に検討している)、さらに近年は、Pereiaslavs'ka Rada 1654 roku (Kiïv, 2003) や Pereiaslas'ka Rada ta Ukraïns'ko-Rosiis'ka ugoda 1654 roku (Kiïv,2005) などが刊行されている。以下に、本書の著者なりに問題を整理しておく。ウクライナ側（コサック・エリート層）は、ツァーリ支配（庇護）の受け入れを自発的意志に基づくもの、すなわち「協定」は双務的契約的な性格を有するものと考えていた。背景には、彼らの間ではポーランド（シュラフタ共和国）時代の慣習と記憶が強く残っていたことがある。こうした主張は事実に基づくものではなく、願望ないし理想論（「ペレヤスラフ伝説」）に過ぎないと批判されることもあるが、これが少なくとも当時のコサッ

クの立場や考え方をある程度伝えていることは、17世紀モスクワの外交官G･K･コトシーヒンの次の記述などからも裏付けられる。「ツァーリは……彼ら［小ロシア人］がポーランド王の下で享受した自由と特権に何ら変更を加えず、いかなる自由も一切奪うことなく以前のままで永久に臣民に迎えることを約束し誓約した」(『ピョートル前夜のロシア』196頁)。これに対しモスクワ側にとって、これは「協定」（条約）などではなく、たんに「会議（会合）」（rada）が行われたに過ぎなかった。ツァーリの「保護」下への受け入れも、またコサック側が出し、モスクワ側が受け入れたとされる諸条件（いわゆる「フメリニツキー諸条項」）も、ツァーリの「恩寵」であって、いつでも取り消し可能な措置であった。モスクワ側使節団はこうした立場に基づき、「会議」の際にコサック側から出された要求、すなわちモスクワ側もツァーリの名により「宣誓」を行うべきだとする主張を断固拒否したのであった。実は、「宣誓」がモスクワ側交渉団の主張したようにコサック側だけが行ったのか（これが従来の定説であった)、それともツァーリ側も行った双方向的なものであったのかは（上記コトシーヒンや一部コサック年代記の記述)、研究史上大きな問題となっており、注意が必要であるが、モスクワ側交渉団はコサック側からの要求は拒否したと、ツァーリに報告しているのである（Plokhy, The Cossacks and Religion. p. 324-325; Basarab, Pereiaslav 1654. p. 73-74, 218)。もちろん専制君主としてのツァーリの立場に固執したモスクワ側も、当時（動乱直後のロマノフ朝成立後間もない時期）のモスクワ国家がいまだ脆弱な存在であることはよく認識しており、コサック側に対しそれほど圧倒的な立場で臨むことができたわけではなかったが、やがてモスクワ国家の強大化、また帝国化が進展するにつれ、両者の関係が一方的に帝国側に有利な方向に向かったことは明らかであった。18世紀末（エカチェリーナ二世治世）におけるウクライナの自治の撤廃、帝国への完全な統合の実現は、いわばその当然の帰結であった。

（43）Sinopsis. Kiev, 1681: Facsimile mit einer Einleitung//Bausteine zur Geschichte der Literatur bei den Slaven. hrsg. von H. Rothe, Bd. 17, Köln, Wien, 1983. 著者は通常キエフ・モヒラ・コレギウム学長I・ギゼル（1600-1683）とされるが、チジェフスキーなどはテオドーシー・サフォノヴィチと考えている（Čyževskyj, A History of Ukrainian Literature. p. 347)。『シノプシス』の主張や著者の問題については、さしあたりDoroshenko, A Survey of Ukrainian Historiography. p. 42-43; Kohut Z. The Question of Russian-Ukrainian Unity. p. 64-66を参照。

（44）その標題は以下の通りである。「シノプシス、あるいはスラヴ-ロシア国民の始まりと神のご加護ある町キエフの最初の諸公についての、またキエフと全ロシアの篤信の大公にして最も偉大なる聖ウラジーミルの生涯について、彼のロシアの信仰に満ちあふれる国の後継者らについて、すなわち最も輝かしく敬神の念篤きわがツァーリにして大公、全大、小、白ロシアの専制君主アレクセイ・ミ

ハーイロヴィチに至るまでの［諸公］についての、さまざまな年代記に基づく簡略な記述」“Sinopsis ili kratkoe sobranie ot raznykh letopistsev o nachale Slaviano-rossiiskago naroda, i pervonach. kniazei bogospas. grada Kieva, i o zhitii sv. blagov. v. kn. Kiev i vseia Ros. perveishago samoderzhtsa Vladimira, i o naslednikakh blagochestivyia derzhavy ego Ros-kiia, dazhe do presvetlago i blagoch. gosudaria nashego ts. i vel. kn. Alekseia Mikh. vseia Velikiia, Malyia i Beliia Rossii Samoderzhtsa”（Ikonnikov, Opyt Russkoi Istoriografii. II: 1554 による）。

（45）Miller, “Ukrainskii vopros”. S. 31-32.

（46）Tatishchev, Istoriia Rossiiskaia. T. I, S. 307, 433.

（47）Miliukov P. N. Glavnye techeniia russkoi istoricheskoi mysli, SPb., 1913, S. 7.

第二章

（1）J・ペレンスキは、本稿で取り上げるその著書で「遺産」をめぐる争いはすでにキエフ時代末期に始まったと主張する。しかし本稿の筆者は、「問題」がそれとして意識されたのは近代になってからと考えた方がよいと思っている。いずれにせよ、中世における問題の現れ方と、近代になってからの論争とでは問題の性格が大きく異なることは明らかである。近代の論争の始まりについては、ペレンスキ自身も考察の対象としているが（その著書の第十一章。Pelenski, The Ukrainian-Russian Debate over the Legacy of Kievan Rus’）、さらに Bushkovitch, The Ukraine in Russian Culture 1790-1860（1991）をも参照されたい。

（2）ペレンスキはこの論文執筆後、16 世紀モスクワのカザン征服のイデオロギー的基盤の研究を進め、1974 年にそれを一書にまとめている（Pelenski, Russia and Kazan: Conquest and Imperial Ideology）。

（3）とはいえそれらの内容についてもここで簡潔に記しておこう。第八章は、リトアニアが 1362/63 年にオルダー（キプチャク・カン国）からキエフを奪取して以来、オルダーとの関係がのっぴきならぬものとなり、最終的にヴォルスクラの敗戦（1399 年）で、キエフ方面への支配権拡大の野望を断念せざるをえなくさせられたこと、そしてそのことは未だ発展途上にあったモスクワにとっては有利な条件となったことなどが論じられる。第九章は 1569 年のルブリン合同により旧キエフ領が「王冠」（ポーランド共和国）領となった経緯をたどり、ポーランド当局によるその歴史的法的正当化の試みを考察する。第十章はモスクワ国家によるカザン・カン国征服（1552 年）を裏付ける「帝国」的理論（イデオロギー）について論じる。これは著者自身がかつて上掲著書（Pelenski, Russia and Kazan）で明らかにした見解を要約する形になっている。付録に採録された論文は、16 世紀モスクワの国家と社会に対するモンゴル - トルコの影響を論じる。全国会議（ゼムスキー・ソボール）はクリルタイから、封地制度（ポメスチエ）はソユ

ルガル（soyourghal）から示唆を受けて作られた制度であることなどが主張される。著者はソヴィエトや欧米の歴史学がモスクワの諸制度・イデオロギーに対する西方からの影響を誇張しすぎていること（たとえば全国会議は西欧中世の身分制議会のロシア版であるとする主張など）を批判し、むしろビザンツを含む東方からの影響にこそ注目すべきことを説きつつ、モスクワとポーランド - リトアニア共和国などとの異質性を強調する。彼はキエフ・ルーシの遺産に対するモスクワの態度もウクライナのそれと大きく異なる性質をもっていたことを主張するが、これなども同様の観点からなされており、彼の研究の基本的視点がここに表れていると言うことができる。モスクワの諸制度に対するモンゴルやカザン・カン国の影響を重視する観点は、研究史上しばしば見受けられるが（たとえば、ロシアのユーラシア主義者などがそうであるが、ここでは、とくにアメリカの研究者 Ostrowski, Muscovy and Mongols, 1998 をあげておこう）、本稿筆者は、そうした観点に十分な説得力があるとは考えていない。これに関しては、さしあたり濱本『「聖なるロシア」のイスラーム』9-10 頁を、また筆者の見解および上記観点に対する批判は、拙著『タタールのくびき』第七章第三節、さらに拙稿「〈ロシアとモンゴル〉覚書」（2008 年）を参照されたい。

(4) それぞれの立場のペレンスキによる要約は、本稿筆者が第一章ですでに見たところとほぼ重なる。それらはたとえば、タチーシチェフ以降の帝政期ロシアの歴史家、フルシェフスキーのロシア史学批判、またグレコフの見解などを中心に紹介されている。

(5)『キエフ年代記』は『イパーチー年代記』の第二部（1118-1198/1200 年部分）にあたり、「攻略」は 6678-6679 (1170-1171) 年の項に記されている（PSRL. II: 543-545; 邦訳『イパーチイ年代記』(6)、278-282 頁)。『スーズダリ - ウラジーミル年代記』は『ラヴレンチー写本によるスーズダリ年代記』のことで、同記事はその 6676 (1168) 年の項に現れる（PSRL. I: 354-355; 邦訳『スズダリ年代記』(IV)、15-16 頁)。

(6)「キエフと全ルーシ」の府主教座をめぐる問題についてのペレンスキの見方はおよそ以上に示された如くであるが、この点に関しては、史料問題を含め研究史上も見解が錯綜しており、なかなか正確に全貌をつかむことは難しい。さしあたりは J・フェンネル『ロシア中世教会史』、さらに Pliguzov, On the “Metropolitan of Kiev and All Rus’” (1991), p. 7-19 などを参照されたい。

(7) いうまでもなくここでペレンスキは年代記研究の権威 A・A・シャーフマトフや M・D・プリショールコフなどに多くを負っている。

(8)「モスクワ・第二のキエフ」の文言は『カザンの歴史』にみられるが (PSRL. XIX: 2-3; Kazanskaia Istoriia. red. Moiseeva G. I. M. -L., 1954, S. 57)、この理念が最初に『カザンの歴史』において定式化されたかどうかは、はっきりしない。著者ペレンスキもこの点の確認はできていない（Pelenski, Russia and Kazan. p. 115-

117)。なおHurwits, Prince Andrej Bogoljubskij. p. 50に、アンドレイ公時代のウラジーミル（クリャジマ河畔）が「第二のキエフ」とみなされていたかのごとき記述があるが、そこでは典拠が示されていない。

(9) クリミア・カン、メングリ - ギレイによるポドリア地方およびキエフに対する攻略について、ペレンスキは言うまでもなく様々な文献を利用しているが、ここではさしあたり Bazilevich, Vneshniaia politika Russkogo gosudarstva. S. 153-195; Hrushevs'kyi M. Istoriia Ukrainy-Rus'. vol. 4, s. 326-327 をあげておく。

(10) たとえば『シメオーノフ』PSRL. XVIII: 270;『ソフィヤ第二』PSRL. VI: 234.

(11) 拙稿「『ウラジーミル諸公物語』覚書」、同「モスクワ第三ローマ理念考」、また本書第五章注 32 を参照。

(12) ヴェネーリンの論文は Venerin, O spore mezhdu iuzhanamy i severianamy. である。ヴェネーリンについては本書第一章注 40 でも若干言及するところがあった。

(13) 本書第一章 23 頁以下、また注 15-18 を参照。なおポゴージンの 1856 年論文 は Pogodin M. P. Zapiski o drevnem russkom iazyke//Izvestiia Akademii Nauk po otdeleniiu Russkogo iazyka i slovestnosti. 5 (1856), S. 70-92 である。

(14) コストマーロフについてはわが国にも優れた論文がある。阿部「コストマーロフのウクライナ主義と連邦主義」。本稿筆者のコストマーロフに関する見解については本書第一章（22 頁、また同章注 12）を参照されたい。

(15) Pelenski, The Contest. p. xxi-xxii.

(16) 同じくウクライナ系研究者 S・プローヒィはこの点でより慎重な姿勢を見せている。彼は「ルーシの起源」について論じた箇所で、最後に「より大きな権利を持つのは誰か」と問いながら、以下のように記す。まず「ルーシの地」にはいかなる意味でも、他と明確に区別されるような「一体的なアイデンティティ」は存在しなかったこと、そもそも近代的な民族的感覚をこの時代に求めることは正しくないこと、「キエフ・ルーシ」は東スラヴ人（「古ルーシ民族」）だけの国家ではなく、フィン系など多様な諸族をも包みこむ混合体であったこと、したがって「民族的パラダイム」はこの時代の研究にはあまり意味がないこと、「全ルーシ（ロシア）民族」観念は後に研究者によって持ち込まれ、一時王朝的観点の相対化に資することとなったが、問題の根本的解決にはつながらなかったこと、彼はこれらの点を指摘した後、さらに次のように続ける。すなわち、疑いないのは、キエフの知識人（年代記作者）が、キエフ国家という広い領域にまたがる、緩やかな遺産（歴史的記憶、法、宗教それらに基づいたアイデンティティの感覚）を後世に伝えたことである。かくて上記設問に対する答えとしては、プローヒィはウクライナにも、ロシアにも（ベラルーシにも）独占的な権利を認めてはいないと解釈することができよう (Plokhy, The origins of Rus'. p. 45-48)。穏健で妥当な見解といえよう。

(17) キエフ・ルーシにおける言語問題、そこではどのような言葉が話され、また書き言葉はどうなっていたのかについては、さしあたり Magocsi, A History of Ukraine. p. 106-108 を参照。キエフ時代にすでに「一つの東スラヴ語」また「古ルーシ（ロシア）語 drevnerusskii iazyk」が形成されていたとするロシア史学の主張の是非について批判的に論じられている。わが国では佐藤『ロシア語史入門』がキエフ時代を「古ロシア語期」とする立場からこの問題を論じている。

(18)以下アレクサンドル・ネフスキー公とその聖者伝や諸年代記における取り扱い、公とモンゴル支配との関係等々の問題に関する筆者の見解については、拙著『タタールのくびき』第二部（第三〜第六章）を、とくに諸年代記における記述については、以上に加えて拙編著『《絵入り年代記集成》が描くアレクサンドル・ネフスキーとその時代』を参照されたい。

(19) コストマーロフの「二つのルーシ民族」については、本書第一章注 12 を参照。

(20) ただそのような例として一点だけあげておくならば、著者が「ウラジーミル/モスクワ・第二のキエフ」論と「モスクワ・第三ローマ」論とを区別せずに、同列に論じているように思われることがある。筆者の考えでは、これは分けて考えるべき事柄である。具体的に言うならば、既述のとおり、著者は第五章において、モスクワがキエフの後継者であるとの認識を初めて表明したのはドミトリー・ドンスコイ（『伝』、原初版）であったと主張し、このような認識はフェラーラ・フィレンツェ合同公会議後、とりわけビザンツ帝国滅亡後にのみ可能であった、と説明している。筆者の考えでは、第二のキエフ論は、モスクワがリトアニアと実際に戦い、旧キエフ・ルーシ領を獲得（「回復」）する展望が出てきた時に可能となったのであり、帝国滅亡後に可能となったのは第三ローマ論の方であったのである。両者の出現時期は近似してはいるが、分けて考える必要のある問題である。15 世紀末〜 16 世紀前半を重視することは間違いではないが、すべてが「ツァーリ権力」の強化、ないしモスクワ国家の専制化という一つの方向へ直線的に進んだかのように理解することは、単純化の誹りを免れないのである。

第三章

(1) ルーシ国家建国問題の研究の歴史は長く、研究者の見解も様々であり、文献の数は枚挙に暇がない。『過ぎし年月の物語』と「リューリク招致物語」に関する研究の歴史と現状については、さしあたり拙著『《ロシア原初年代記》を読む』第二章（49-65, 89-110, 114-116 頁）をご覧いただきたい。

(2) これについては、さしあたり、問題に関するロシア史学のおおよその流れを要約した Magocsi, A History of Ukraine. p. 56-59 を参照。そこではウクライナ史家の試みにも言及されている。総じて、ソヴィエト連邦崩壊直後はノルマン人の影響について語ることもタブーではなくなり、結果として研究者間ではノルマン・反

ノルマン両派の論争は影をひそめる傾向にあったと言ってよいが、その後ロシアでは反ノルマン主義が再び極端な形で復活してきている。これは新たなロシア民族主義的傾向の高まりと並行する動きでもあるが、これについては、上記拙著107-110頁で指摘しておいた。このような状況の下で今後の研究の方向性を示唆するものとして、S・プローヒィの論考（Plokhy, The origins of Rus', 2006年）をあげておきたい。プローヒィはロシア - ウクライナ史学双方の動向をにらみながら、「キエフ・ルーシ」におけるアイデンティティ問題を慎重かつ丹念に論じている。

(3) 本章では、数多くある邦語文献の中でも、とくに以下の近年の成果を念頭においている。国本哲男『ロシア国家の起源』; 同「ロシア国家の起源」（『世界各国史4　ロシア史（新版）』25-57頁）; 清水睦夫「ロシア国家の起源」（『世界歴史体系　ロシア史1』3-57頁）; 田中陽兒「キエフ国家の形成」（同59-92頁）; 中井和夫「キエフ・ルーシの建国とその社会」（『新版世界各国史20　ポーランド・ウクライナ・バルト史』96-107頁）; 中沢敦夫『ロシアはどこからやって来たか』; 細川滋「キエフ・ルーシの時代」（『新版世界各国史22　ロシア史』17-65頁）; 岸慎一郎『ヴァリャーギ・ルーシ問題の史料解釈と試論』など。

(4) 同書第三章①（「キエフ・ルーシの建国とその社会」、とくに96-101頁）。なお著者中井和夫の近著『ウクライナ史・ベラルーシ史』（山川セレクション）山川出版社、2023年は、上記『新版世界各国史20』のウクライナ・ベラルーシ史に関する部分に序章と現代部分を加筆したもので、本稿で利用する部分（第一章（18-24頁））については同内容である。

(5) 筆者がこの問題に気付かされたのは、恥ずかしながら、ロシア研究を志してすでに四半世紀も経た後のことであった（拙稿「ロシア史をどう見るか――〈キエフ・ロシア〉と〈キエフ・ルーシ〉あるいは〈ロシア・ソヴィエト史学〉と〈ウクライナ史学〉」1990年）。同じころ阿部三樹夫がこの問題について詳細に論じ（「M・フルシェフスキイのロシア史学批判について」1992年）、その後だいぶ経って筆者自身再度、拙著『《ロシア原初年代記》を読む』（2015年、序および結語）においてやや言及するところがあったが、結局正面から取り組むこともなく現在に至っていた。すべてが歴史学徒としての筆者の鈍感と怠慢のゆえであるとはいえ、何とも弁明のしようがないところである。

(6) なお著者（中井）は同様の趣旨を、すでに「キエフ・ルーシは誰のものか」（1992年）においても明らかにしていた。その末尾に「ルーシの建国者はロシア人でもウクライナ人でもなかった」という記述もみえ、著者がキエフの遺産をめぐる現代のロシアとウクライナ両史学間の不毛な対立を克服しようとしていることもよくわかる。両者間の相互に排除しあうような争いが無意味とする点では、筆者もまったく同感である。ただしその無意味性を明らかにするには、本書第一、第二章でも検討した通り、著者とは異なる方法がとられなければならないと筆者は考

えている。

(7) イブン・フルダーズビフの著作（『さまざまな道と国々の書』）の当該部分は、仏語訳（1949 年）もあるが、本書ではロシア語訳（T.M.Kalinina 訳）を利用する（詳細な訳注も付けられている。Drevniaia Rus' v svete zarubezhnykh istochnikov. III, S. 24-33）。筆者もこの著述とルーシとの関連について言及したことがある（拙著『《原初年代記》を読む』23-24, 31, 204-206 頁）。

(8) ルーシにおける奴隷貿易については、さしあたり拙著『《原初年代記》を読む』29-30, 192-208 頁 ; 松木栄三『ロシアと黒海・地中海世界』39-43 頁参照。

(9)「ルーシ」の語については、さしあたり拙著『《原初年代記》を読む』65-81 頁を参照。

(10) ソヴィエトの考古学者S・A・プリェートニェヴァによると、反乱（カバル/カバール革命）は、ユダヤ教を採用したハン（カガン）を含む支配階級に対し地方の有力者層（「カバル人」と呼ばれた）が起こしたもので、亡命したのは反乱に失敗した後者の方であった（Pletneva S. A. Khazary. M., 1986, S. 63-64; プリェートニェヴァ『ハザール　謎の帝国』、118-119 頁）。訳者の城田俊はその後自ら著書『ハザール』を刊行された（2024 年 1 月 10 日）。そこではカバール革命に関連して、上記とはまた異なる解釈が示されているので、それをここに記しておく。すなわち、「カバール」革命（城田はこれを「内戦」と表記する）とは、「政権側」（ベク＝将軍）に対する「反乱側」（カバル族、カガン側）の戦いであり、敗れた後者が西方（マジャールの下）へ逃れたとされる（同書 202-205 頁）。以上は要するに、論者によっては、相互に異なる多様な見解が表明されているということであるが、換言するならば、ここで問題となっていることはほとんどが、推測によってしか描きえないような類いの事柄なのである。確実な資史料がほぼ完全に欠如しているという状況の下で、研究をどのように進めるかは難しい問題である。各研究者の判断に委ねられているとしか言いようがないが、少なくとも慎重な姿勢が求められていることだけは確かであろう。推測に推測を重ねる以前に、まだなすべきことがあるのではないのか。もし推測する以外に方法がないというのであれば、そこで立ち止まり、ある程度の展望を示す（これは不可欠である）にとどめるべきではないのか。そうでなければ学術研究の枠をはみだし、場合によっては混乱を引き起こすことになる。筆者はそのように考えている。

(11)「明記していない」と記したが、巻末の参考文献表（II, 第 3 章）に O. Pritsak の著書があげられている（Pritsak O. The Origin of Rus'. Vol. One: Old Scandinavian Sources other than the Sagas. Cambridge Mass., 1981）。「ルーシの起源」に関しては直接的にはその第一部第一章（p. 3-33）が関係してくるが、これはプリツァークのハーヴァード大学教授就任講義（1975. 10. 24）に基づく論文（Pritsak, The Origin of Rus' //RR, 36-3/1977, p. 249-273）の増補改訂版である。

(12) プリツァークの経歴についてはさしあたり、Keenan, E. L. Omeljan Pritsak (1919-2006)//Kritika: Explorations in Russ. and Eurasian History. 7-4 (2006), p. 931-936を参照。

(13) なお以下の検討に際しては、プリツァーク論文・著書に対する、次に掲げるいくつかの論評や書評（論文）を参考にしている。Kudriakova E. B. Nadumannaia kontseptsiia proiskhozhdeniia Rusi//VI. 1977-3, S. 197-199; Wilson D. M. //The Slavonic and East-Europian Review. 56 (1978), p. 155-156; Rüß H. //JbfGO, 27 (1979), S. 576-578; Schramm G. Neues Licht auf die Entstehung des Rus' ?//JbfGO, 31 (1983), S. 210-228; Mel'nikova E. A. Istorizatsiia mifa ili mifologizatsiia istorii? Po povodu knigi O. Pritsaka «Proiskhozhdenie Rusi»//ISSSR. 1984-4, S. 201-209.

(14) The Origin of Rus'. Vol. One, p. xviii.　以下プリツァークの著書に言及する時は、本文中にそのページ数だけをカッコに入れて示す。

(15) 1981年の大著の出版後も、言うまでもなく研究は続けられ、とりわけ1986年の下記論文は「ルーシの起源」問題に直接的に関係する（Pritsak, The Origin of the Name RŪS/RUS'）。

(16) G・F・ミュラー（1705-1783年）はロシアに招聘されて間もなく、10年間にわたる（1733-1743年）シベリア旅行を行い、二巻本の『シベリア史』（独語）を執筆した。それは最初1750年に部分的に印刷され、その後第一巻が1761年、第二巻が1763年に刊行されたという（Ocherki istorii istoricheskoi nauki. T. I, S. 191-193）。

(17) たとえばドイツの歴史家・言語学者、G・シュラムは、次のように批判する（Schramm, Neues Licht ? S. 220）。「巨大な六巻本の中心的テーゼがかくも素人的に、かくも表面的に組み立てられているのは驚きである。Rusiは中世フランス語ではなく、またRutenosから派生しえた形態でもない。Ruzziは中高ドイツ語ではなく、9世紀「バイエルンの地理学者」の中に見いだされる古高ドイツ語である。Ruzziに含まれるのは、言うまでもないことだが、プリツァークが文字形態から推測できると信じた-ts-ではなく、鋭い-s-である。最終的にこの形態は我々［ドイツ人/語］のReußen［ロシア人の意］に引き継がれる。それゆえフィン語のruotsiの原型がドイツ語にあるなどと言うことはできない……プリツァークの見解は意味論的にも破綻している。すなわち、スウェーデン人を指すフィン語［ruotsi］が、Reußenがスラヴの民とその地を意味する言語［ドイツ語］から派生するはずもないからである。」同様の批判はロシアのA・V・ナザレンコにもみられる(Nazarenko, Drevniaia Rus' na mezhdunarodnykh putiakh. S. 35-36, 41-48)。

(18) 著者は1986年論文（注15参照）では、RūsとRus'を厳密に区別している。すなわち、後者が一般に言われる「ルーシ」（ドニェプル周辺の）であり、スラヴ化したルーシである。前者はそれ以前の非スラヴ的ルーシ、著者の言うRodez（南仏）商人団をさすという。著者の考えでは『原初』に言われるルーシは、ノ

ルマン人ではなく、バルト海域で活躍した Rodez, フリジア人、またヴァイキングの混合体のことを言うようである。いずれの主張の場合にも著者がそう考えているということであって、具体的な典拠（根拠）が示されているわけではない。

(19) グニョズドヴォ遺跡におけるスカンディナヴィア人の痕跡については、さしあたり Mel'nikova E. A. Skandinavy v protsessakh obrazovaniia Drevnerusskogo gosudarstva. S. 65; 拙著『《ロシア原初年代記》を読む』、71-72、124 頁（注 50）をみられたい。

(20) プリツァークは「レーリク Rørik」を Rjurik とも記す（p. 27)。同一視しているのである（p. 155-158)。研究史上 Rorik と表記されることもあるが、元来は Hrærekr/ Hrœrekr であったであろう。この人物はフランク王国のラテン諸史料（たとえば、Vita Anskarii auctore Rimberto. In: MGH SS rer. Germ. in us. schol. [55], 1884, S. 5-79 など）に現れるよく知られたヴァイキングで、ユトランド半島を中心に活躍した実在の人物と考えることができる。これを「ヴァリャーギ招致物語」のリューリクと結びつける説を最初に提唱したのは、デルプト（現タルトゥ）大学教授であった Kruse F. O proiskhozhdenii Riurika// ZhMNP. 1836（Ianvar', Iun'）であったといわれる。魅力的な説なので、その後の研究者の中でもこれを採用、ないし参照する者は結構多い（たとえば、下記プチェーロフによれば、Beliaev N. T. Rorik Iutlandskii i Riurik nachal'noi letopisi //Sbornik statei po arkheologii i vizantinovedeniiu. T. 3, Praga, 1929 など。詳細は控えるが、現代ロシア / ソヴィエトでも B・A・ルィバコフ、M・B・スヴェルドロフ、A・N・キルピーチュニコフなどこの説を評価する者が少なくない。わが国でもよく知られる Vernadsky, Ancient Russia. p. 337-340 もこれを容れている)。以上を含め、リューリクについては、比較的近年の Pchelov, Riurik. が研究史に目配りしながら詳細に論じており、参考になる。

(21) 以下、ユトランドのレーリクについて、その主な事績についてのみ記すが、それらは前注に挙げたプチェーロフの著書の五章（S. 134-156）や S. 312-313 による。

(22) レーリク / リューリク同一視説を明確に否定する研究者は、たとえば、ポーランドの著名な中世史学者 G・ウォヴミャインスキ（Lovmian'skii, Riurik Frislandskii i Riurik Novgorodskii や V・E・ヤマーノフ（Iamanov, Rorik Iutlandskii i letopisnyi Riurik.）などである。一見した限りでは少数派のように見えるが、重要なことは、定評のある通史や概説書の類はこの説に言及することがほとんどないという事実である。大方の研究者は、両者を同一視するための確実な証拠はないと判断しているのである。

(23) 拙著『《ロシア原初年代記》を読む』89-110 頁。なお拙著では「ヴァリャーギ招致物語」を最初から「伝説」と決めつけるかのような書き方をしたが（38、53 頁)、それは問題であった。背後に何らかの事実が横たわっていることが否定できないだけでなく、「伝説」であるとしても、それがいかなる意味においてであ

るかは説明される必要があったからである。とはいえ、これが伝説であること自体は、研究史上ある程度自明とされているだけでなく、拙著の行論自体からもそのことは明らかであったと考える（とくに 104-107 頁を参照されたい）。

(24) 先に指摘したように（注 10)、「カバール革命」についてのプリツァークの理解とソヴィエトの研究者プリェートニェヴァのそれに違いがあることに留意されたい。プリツァークはベグや貴族層がユダヤ教を受容したのに対し、伝統的な宗教に忠実なカガンらが反乱（？）を起こして失敗し、亡命したとされていた。これに対しプリェートニェヴァは、カガンら支配層がユダヤ教化したのに対し地方貴族らが反乱を起こしたが敗れ、後者が西方へ逃れたとしていた。さらに付言しておくと、中井和夫はまた別の記述をしている（ユダヤ教化した貴族層がハンに対し反乱を起こし、ハンを亡命に追いやったとする)。些細なことと言えなくもないが、不正確であってよいわけではなかろう。

(25) ここで奇妙なのは、著者がヤロスラフ賢公（大公在位 1019-1054 年）の時にキリスト教的ルーシが成立したと主張しながら、その父のウラジーミル聖公の、いわゆる「ルーシの洗礼」(988 年）にそれとして触れるところがないということである。著者は先にビザンツ人宣教師によるモラヴィア宣教（9 世紀後半）と東部ヨーロッパ諸族のキリスト教化に触れ、ルーシもその中に含めておきながら、それから 1 世紀半も後のヤロスラフ公の治世をもってキリスト教ルーシの誕生の時としている。著者は『原初』の伝える「ルーシの洗礼」を否定しているのである。というかウラジーミル公を軽視し、その子ヤロスラフ公を格段に高く評価しているのである。著者のウラジーミル像はやや特異である。まず彼は同公がノヴゴロド公であった時期にイスラームを受け入れたと考えている。そのウラジーミルがもしノヴゴロドに留まっていたなら、東スラヴ人の北部地域はトルコ語圏になっていたであろうとすら記す。だが実際には、公はキエフへ移動し、そこでギリシア正教に改宗したと記す（p. xvi)。つまり著者はウラジーミルがキエフでキリスト教を受け入れたこと自体は否定していない。それでもその子のヤロスラフ治世がルーシのキリスト教化の時代とするのは、後者がギリシア正教（ビザンツ典礼）をスラヴ典礼に替えた（つまりはロシア正教化した）と考えているからである。そしてヤロスラフの時に、聖ソフィヤ聖堂を拠点とするスラヴ的正教国家が成立したとするのである。以上をどう評価すべきか、論ずべき問題点は多いが、ここでそれを行うことはできない。いずれにせよ特異な考え方であることは確かである。

ところで著者は、ウラジーミル公のイスラーム受容に関し、典拠としてアラブのアル - マルヴァージ（1120 年頃）を引いているが、後者の記述をウラジーミルと結びつけることが可能かどうかについては慎重な検討を要する。著者のように軽々に断定することができるとは思えない。これに関しては、さしあたり拙著『《ロ

シア原初年代記》を読む』342-343 頁をご覧いただきたい。

(26) 著者は、860 年（帝都攻撃）の「ロース」に関しては北方、ポロツクから行われたとしている（p. 174-182, 583)。『ベルタン年代記』のロースについての明確な記述はしていない。同年代記は「ルーシ」問題に基本的に無関係と考えているからである（Pritsak, The Origin of the Name RŪS/RUS'. p. 46-47)。

(27) プリツァークに対する書評は上注 13 を参照。ここでウクライナ系研究者の評価についても少々ふれておきたい。言うまでもなく筆者が目にした限りである。プリツァークの著書は、どうやら 1997 年にはウクライナ語訳も出ているようなので（筆者は確認していない。ただ O. P. Tolochko, P. P. Tolochko, Kiïvs'ka Rus'. Kiïv, 1998 巻末文献表に掲げられている。もっとも両トロチコの著書本文ではそれに対する言及、いわんや論評はない)、一定の評価がなされていると考えることができる。ただしその研究手法などを含めて全面的に受け入れられているとは到底考えられない。現に P. P. Tolochko 自身その近年の著書（Drevnerusskaia narodnost': voobrazhaemaia ili real'naia. SPb., 2005）において、ルーシ・カガン国の位置の問題に関連してプリツァークの著書に言及しつつも、詳細には立ち入らず、しかも結論的にはその主張を退けている（S. 82-98)。ヨーク大学教授 O・サブテルニーはその 1988 年のウクライナ通史の中で、ノルマン主義と反ノルマン主義との論争の不毛性を説いた後に、狭い民族（エスニック）グループに拘泥することを止めるよう呼びかけ、近年のよき例としてプリツァークの書に言及している（Subtelny, Ukraine. A History. p. 25)。しかしそこでも、プリツァークの見解自体に立ち入ることはまったくしていない。またトロント大学教授の P・R・マゴツィは『ウクライナの歴史』(1996 年刊）において、「大論争——ルーシの起源」について概観した後、やはり新たな試みとして、ルーシのケルト起源説を提唱したウクライナ系の S・シェルーヒンの研究（1929 年）にふれ、その延長線上にプリツァークの研究を位置づけながら、その見解を紹介している（Magocsi, A History of Ukraine. p. 56-59)。そしてここでも、プリツァークに敬意を表してはいるが、その建国論の是非についての判断を下すことはない。またその研究手法、史料の取り扱い方等々にまで立ち入ることもしていない。現在ハーヴァード大学フルシェフスキー名称講座教授である S・プローヒィは『ヨーロッパの門　ウクライナの歴史』(2015 年刊）の第三章「ドニェプル上のヴァイキング」において、プリツァークの著者を参考文献表には掲げながら、その内容にふれることはまったくなく、自身はそれとは無関係な記述を行っている（Plokhy, The Gates of Europe. p. 23-30)。彼は他の著書において、アメリカ合衆国におけるウクライナ史研究草創期の指導的人物としてのプリツァークには言及するものの、その大胆な「ルーシ」論に言及することはない。以上要するに、ウクライナ史学においても、プリツァークの「キエフ・ルーシ建国論」が受け入れられているとは到底言えないのである。

ウクライナ系とは限らないが、プリツァークの研究が広範囲な分野の研究者に大きな刺激を与えたことは、60歳を迎えた彼に捧げられた二巻本記念論文集（Eucharisterion: Essays presented to O. Pritsak）に寄稿した研究者の多彩な顔触れを見ただけでも明らかであるが、ここでも彼の「ルーシ起源」論を肯定的、積極的に取り上げる論考は見あたらない。彼の「ルーシ建国論」を論じた大著は完全に棚上げにされているのである。

(28) 熊野聰『サガから歴史へ　社会形成とその物語』東海大学出版会、1994年、11, 22頁。

第四章

(1) 拙著『《ロシア原初年代記》を読む』(2015年)、第十章、とくに604-630頁。

(2) 拙著、617-621頁。なお念のため記しておくと、『原初』は「ヴァリャーギ」がスカンディナヴィア系の人々と明記しているわけではない。「海の向こう」の「海」がバルト海をさすことはほぼ一致して承認されているが、その「向こう」をスカンディナヴィアではなく、ときにバルト海南岸地域（のバルト・スラヴ人）を指すとする研究者もいることを無視するわけにはいかない（たとえば、早くには後述するS. A. Gedeonov、20世紀以降ではV. B. VilinbakhovやA. G. Kuz'minなど。これについては後述するところでもあるが、さしあたりこの説を積極的に評価する国本『ロシア国家の起源』を参照されたい）。しかしながら、語源的にみて、またサガなどの北欧史料が、スカンディナヴィア人のロシア、ビザンツ方面への渡航について繰り返し記述していることなどを考慮に入れると、これは主に北岸方面を指すことは否定できないように思われる（南岸地域のバルト・スラヴ系を完全に排除する必要はないとしても）。研究史的にもそれが通説である。さらに上掲拙著、60-61, 119頁参照。

(3) メリニコヴァ / ペトルーヒン共著論文のタイトルをここに改めて記しておく。Mel'-nikova E. A., Petrukhin V. Ia., Skandinavy na Rusi i v Vizantii v X-XI vekakh: k istorii nazvaniia «variag»//Slavianovedenie. 1994-2, S. 56-68.

(4) 国本ほか訳『ロシア原初年代記』92-93頁。拙著『《ロシア原初年代記》を読む』、357頁以下、とくに364-383頁。また617頁。

(5) 拙著、627頁。

(6) たとえば、ビザンツの「ヴァランゴイ」について論じたBlöndal, The Varangians of Byzantium (1978)はよく知られている。なおわが国にも邦訳文献ラーション『ヴァリャーギ』(2008年）がある。後者は、原題がVäringar（ヴァイリンギャル）であり、副題に「ビザンツの北欧人親衛隊」とあるように、あくまでもビザンツを中心に据えている。邦訳の表題には問題があると考えるが、それについては本章後注9を参照されたい。

(7)それゆえあらかじめここで拙著における記述を以下のように訂正しておきたい。拙著626頁2行目から12行目（「〈ヴァリャーギ〉の呼称がそもそもルーシで成立したとする両研究者のこうした見解は衝撃的である」から「引き続き両人の見解を見ていくこととしたい」）までは削除し、以下の文章をもって置き換える。

「〈ヴァリャーギ〉の呼称がそもそもルーシで成立したとする両研究者のこうした見解は、一見して突飛なようにみえるが、研究史上こうした主張がみられなかったわけではない。詳しくは別稿［すなわち本章である］に委ねるが、さしあたりここでは例を一つだけあげておく。すでに19世紀60年代に、ロシアの研究者S・A・ゲデオーノフが、ヴァリャーギ（ヴァランゴイ）の語のビザンツ史料における出現は非常に遅かったこと（早くとも1034年）を指摘し、ビザンツでは、ルーシからヴァリャーギが大挙到来して以後（『原初』980年の項）、初めてこの語が使用されるようになったことを主張していた。彼によれば、北欧ノルウェーでもこの語（ヴェリンギ）の出現は遅く11世紀（後半ないし末）のことであり、こちらはビザンツでヴァランゴイと呼ばれた者たちが、その後北方の故国に（多くはルーシ経由で）帰還した際に持ち込んだという。

ゲデオーノフのルーシまたヴァリャーギ論の全体が受け入れ可能であるかどうかは、もちろん問題となる。彼はいわゆる反ノルマン主義者として、相当に強引な見解を表明したことで知られるからである。たとえば、その「ルーシ」や「ロース」の語源を南ロシアの諸河川に遡及させる見解、またヴァリャーギの到来以前に存在したという「黒海ルーシ」（Chernomorskaia Rus'）を「ルーシ」の祖先とみる見方などは、その後各方面から批判を受けたのである。ヴァリャーギのスカンディナヴィア人説を否定して、これをバルト・スラヴとする主張なども強い疑念を呼び起こした。ただ、いまこの点は措いておこう。ここで重要なのは、ヴァリャーギの語がまずはルーシで成立し、その後ルーシからギリシアやアラブ、さらにはスカンディナヴィアへ伝えられたとする彼の主張である。この点では先のメリニコヴァ/ペトルーヒンの見解の先駆けをなしたと言ってよい。メリニコヴァ/ペトルーヒンの見解には一定の研究史的根拠があったことになる。引き続き両研究者の見解を見ていくこととしたい」（以上）。

(8) たとえば、初期のノルマン論争史を扱ったV・A・モーシンの1931年論文タイトルがそうであるし（Moshin, Variago-russkii vopros）、後述するA・ステンダー-ペーターセンの1953年の著書のタイトル（Varangica）も、さらにはScando-Slavica誌（コペンハーゲン）の1970年の別冊特集（Varangian Ploblems）なども想起されるところである。なお「ノルマン問題」というのは、端的に言えば、古ルーシ（キエフ・ルーシ）国家成立の主役がスカンディナヴィア方面からやって来たノルマン人であるとする主張の是非をめぐる問題のことをいう。

(9) なお少ないと書いたが、わが国においてすら特殊研究がなかったわけではない。

すでに石戸谷重郎が早くにこれに注目していた。その「古代ロシア史におけるワリャーグ人」(『奈良学芸大学紀要』3-3、昭和29年、45-54頁)は戦後まもなくの、文献面などできわめて限定された状況下での論考であるが、問題の所在は的確にとらえられていた。また上掲ラーション『ヴァリャーギ』も、問題の理解のために大いに役に立つが、著者の目的は、一般読者向けに「ヴェーリングとその冒険について平明に記述」することにあり、諸資料(年代記、ルーン碑文、サガ等)の史料批判や諸事象の検証(事実確定)にとくに力点が置かれているわけではない。邦訳は相当の労作であるが、ただ理解に苦しむのは、上述のように、原題が「Väringar」であるのに、邦訳では「ヴァリャーギ」となっている点である。訳者はヴァリャーギがルーシでの呼称であることを十分に認識した上で、こちらを採用しているが、ただこれでは誤解を招くことになる。原文通りに表記すべきであったと思う(説明は必要であろうが)。この語自体が検討の対象であるのである。

(10) Moshin, Variago-russkii vopros. S. 122-123.

(11) Moshin, Variago-russkii vopros. S. 123 sl.

(12) Moshin, Variago-russkii vopros. S. 352-354, 371-372による。A・A・クーニクの著書は、Kunik A. Die Berufung der schwedischen Rodsen durch die Finnen und Slawen. Eine Vorarbeit zur Entstehungsgeschichte des Russischen Staates. (T. 1-2, St-Pb., 1844-1845)である(クーニクはロシア到来以前のプロイセン時代の本名はErnst Kunikであった。研究史上こちらの表記で言及されることもあるが、同一人物である)。なおクーニクによれば、ゴート人傭兵はコンスタンティヌス大帝期の東ローマ(ビザンツ)でΦοιδεράτοι(foedus、同盟・条約・協定の意)と表記されたが、これが後にスカンディナヴィアのVaeringjar(アングロ‐サクソン語のwaere、アラマン語のwara)と結びつけられ、やがてギリシア語のヴァランゴイに至ったという(モーシンによれば、以上の点でクーニクはスウェーデンのJ. Ihreの説(1769年)に従っているようである)。クーニクはその後(1875年)、以上をさらに展開し、次のように記した。すなわち、各地に知られる「ヴァリャーギ」の語は五種類に分類される。①ルーシのvariag、②ノルウェーのvaeringi、③ビザンツのβάραγγος、④ラテン‐ビザンツのVaringus、⑤デーン‐ラテンのVeringaeである。その語根は、親衛隊の新たな成員(advena)が公に対して行った「宣誓」を意味するwara(ポーランドのwiara、ルーシのveraなど)である。スウェーデンではこの語は検証できない。それも当然で9-10世紀にはいまだ文書が存在しなかったからである。だが理論的には*war-ingの形に遡及されると考えられる。他の諸語において検証される形はすべてそれを起点としている。ビザンツ(ギシリア語)では接尾辞がスウェーデン語と異なる形をとったが(-an-と-in-)、こちらはその後ブルガリア(語)に伝わった際にさらに変化がおこり

(an → zh)、それがルーシに入った。ビザンツ形はさらにイタリア、さらにフランス語へと引き継がれた。ビザンツ形は東方アラブ、ペルシア、グルジア語へも引き継がれた。ビザンツではヴァランゴイは「親衛隊の傭兵」を意味するのみであったが（西方、またグルジア語でも同様)、東方諸語においてはノルマン人と同義語であった。クーニクは「ヴァリャーギ」に関してギリシア語形を基本と考えていることがわかる。

(13)たとえばシュラムの批判をみよ(Schramm, Die Waräger. S. 48.)。クーニク自身が、後にS・A・ゲデオーノフの批判を受けて（本章注7、また後述参照)、これを撤回したという（Moshin, S. 363)。

(14) たとえば、上掲ラーション『ヴァリャーギ』を参照。本稿の著者も、ノルウェー王ハーラル苛烈王（1046-1066年在位）について、「苛烈王のサガ」などによりながら若干の考察を試みたことがある。王はその生涯でルーシを二度訪れたと考えられるが、その間の10年間はビザンツに滞在したと推測される（つまり王はルーシを経由地として大部分はビザンツにいたことになる)。拙著、645-657頁。

(15) クーニクによれば、スウェーデン東海岸の住人は「船をこぐ人々」Rodhin（単数Rods）と、そこからその地もロスラーゲン（Roslagen）と呼ばれた。フィン人とともにスカンディナヴィア方面へ出かけた東スラヴ人はこれらの人々と接触し、彼らをルーシと呼んだ。これはフィン人がスウェーデン人を指して呼んだ語ルオツィ（Ruotsi）をスラヴ語風に表記したものであった。これがやがてスウェーデン人一般に適用され、その後「ルーシ」国家を意味することとなったという(Moshin, Variago-russkii vopros. S. 353, 372-374)。この見解はその後ゲデオーノフによる批判を受けるなど、反ノルマン主義者が総じて否定するところとなったが、逆にノルマン主義者の多くからは今なお基本的に支持されていると考えることができる。

(16) Gedeonov,Variagi i Rus’（クーニクら対ノルマニストへの批判は全編に及んでいるが、なかでもとくにS.205-217を参照)。なおゲデオーノフの1862/63年論文 は Gedeonov,Otryvki iz issledovanii o variazhskom voprose.Prilozh. ko II-mu tomu Zapisk Imp. Akademii Nauk.1862-63であるが、これは後に（1876年）まとめられ、Gedeonov, Variagi i Rus’(v dvukh chastiakh)として刊行された。本稿はその2018年（モスクワ）版（Sost.V.V.Fomin）を利用した。

(17) Vasil’evskii, Variago-Russkaia i Variago-Angliiskaia druzhina. S. 178による。なおN・ラムビンの論文は、Lambin N. Istochnik letopisnago skazaniia o proiskhozhdenii Rusi//ZhMNP. 173-174 (1874)である。

(18) Vasil’evskii, Variago-Russkaia i Variago-Angliiskaia druzhina. S. 193, 195-196, 205-210, 313-316, 355-377. なお本論文は最初ZhMNP. 176-178 (1874-1875)に掲載され、その後1908年に著作集（Trudy）第一巻に収められた（本稿ではこちらを利用する)。ヴァシリエフスキーの要約の最後の部分で触れた「アングロ - サクソン人」

の流入について、本稿では立ち入らないが、これについてはさらに、Blöndal, The Varangians (1978), p. 141-166 を参照されたい。こちらはノルマン・コンクウェストから 1204 年（第四回十字軍によるコンスタンティノープル攻略）までのヴァランゴイについてアングル人（Englishmen）を中心に論じている。

(19) Thomsen, The Relations between Ancient Russia and Scandinavia (1877). p. 110. なお本稿における引用文中の［　］は引用者（本稿筆者、栗生沢）による説明ないし補注である。

(20) 残念ながらトムセンは彼以前の「通説」が具体的にどのような研究者によって唱えられたかについては記していない。ただ上述のように、すでに 19 世紀前半に、A・A・クーニクがヴァランゴイの語がビザンツからルーシへ、またスカンディナヴィアへと伝えられたと考えていた。またアイスランド・サガなどが頻繁にビザンツ帰りの冒険者たちのことを記述していたことも、そうした見方を「通説」とさせる方向に作用したと推測される。

(21) Thomsen, The Relations. p. 119.

(22) トムセンによれば、*vāring- の語根 vār, pl. vārar は本来「固く誓われた」、「とくに男女間の約束」を意味し、当初は軍事的な意味をもたなかった。ルーシにおいてもそれはたんに諸公の下で庇護や安全を求めた異郷人（商人）を指したという。それはいわば、古代ギリシアで言う「メトイコイ」、すなわちある種の特権をもつ在留外人というほどの意味で理解されたにすぎない。それが次第に戦士の意味合いを強め、その傾向はとくにかれらがギリシアに進出して皇帝の護衛兵として、またビザンツ軍の一部を構成する強力な兵力として顕著な存在となって、決定的となったという（Thomsen, The Relations. p. 118-122）。

(23) Thomsen, The Relations. p. 118.

(24) たとえば V・A・モーシンによれば（Moshin, Variago-russkii vopros. S. 123）、すでに 18 世紀の研究者 G・S・バイエルの場合がそうである。さらに後述する A・ステンダー - ペーターセンもそうである（St. -Petersen, “Die Väringer und Kylfinger”. S. 90）。

(25) Braun F. A. Variagi na Rusi (1925). S. 326-328.

(26) Stender-Petersen, Die Väringer und Kylfinger. S. 89-113. 本論文は 1953 年の著者の論文集（Varangica）に所収されたが（本稿で利用するのはこちらである）、本来は 2 つの独立の論考であった。前半の Väringer を論じた論文（Zur bedeutungsgeschichte des wortes væringi, russ. var’ag）の初出は 1930 年であり、後半の Kylfinger を扱った論文（Zur bedeutungsgeschichte des wortes altnord. kylfingr, altruss. kolb’ag）の初出は 1931-1932 年である。なお Kylfinger とは、ルーシでも『ルースカヤ・プラウダ』などに「コルビャーギ」として現れるが、ルーシで活躍したスカンディナヴィア系商人団を指す語である（ノルド語の kolfr、組合、結社の

意から）。

（27）ibid., S. 89-93.

（28）ibid., S. 97-98.

（29）Stender-Petersen, Chetyre etapa russko-variazhskikh otnoshenii (1950). s. 246.

（30）研究者の多くはスカンディナヴィア人の東西への進出を、St. - ペーターセンほどに対立的に捉えてはいないようにみえる。それぞれに特徴的な側面のあることを認識したうえで、本質的に同一の歴史的条件から生まれた同質の現象ととらえている。たとえば、ブレンステッズは、デーン人の西方進出が「広大な居住地域の獲得」を狙ったのに対し、スウェーデン人の東方へのそれは「交易上の利益を追求する」ことにあったとするが、両者を同じ背景をもち、同じ理由から生じた同一の現象ととらえている点に変わりはない（ブレンステッズ（荒川、牧野訳）『ヴァイキング』人文書院、1988 年、7 頁以下、327-337 頁）。かりにスカンディナヴィア人の東方への進出が「交易」を主目的としたものと考えたとしても、彼らが武装しており、しばしば略奪や戦闘に及んだという側面を無視するわけにはもちろんいかない。史料上の条件などがあり、研究者の多くが狭い意味での「西欧」史の枠組みの中でのみヴァイキングを捉えようとしていることも否定できないが、だからといってその東西への進出をまったく対立的に考えてよいというわけにはいかない。スカンディナヴィア人の東西へのヴァイキング活動を、性格上の相違の存在することを前提としたうえで、本質的に同一の現象と捉えるのが研究史的にみても主流であるようにみえる。さらに若干の例を挙げる。既述の Braun, Variagi na Rusi. S. 306-313. さらには Arbman H. The Vikings. London, 1962（スゥーデン人の東方進出は第四章で扱われている、p. 89-105）、A・Ia・グーレヴィチ『バイキング遠征誌』（中山一郎訳、大陸書房、昭和 46 年）、デュラン（久野･日置共訳）『ヴァイキング』（文庫クセジュ、1980 年）、アルムグレン（蔵持訳）『ヴァイキングの歴史』（原書房、1990 年）、上掲ラーション『ヴァリャーギ』など。そのうちソヴィエトの著名な北欧史家であるグーレヴィチ（正しくはグレーヴィチであろう）はスウェーデン人の東方への進出が特徴的な性格を帯びていることを正しく指摘しつつも、それをも含めて「ヴァイキング」の遠征活動を全ヨーロッパ的な現象として理解している。とくに「都市」ビルカについて、またスウェーデン人の東方への遠征について論じた箇所、84-90, 131-133 頁を参照。一方ソヴィエトの歴史家 G･S･レベジェフの見解も興味深い (Lebedev, Epokha vikingov (1985). とくにルーシにおけるヴァリャーギを扱った第三部、S. 185-265)。レヴェジェフによれば、東方へ向かったヴァリャーギは、略奪による財貨の獲得ができずに（そこではそもそも「富の蓄積」がみられなかったからである）、当地における国家建設への参加という形に自己の活動を特化せざるを得なかった点で、西方へ（そこでは国家建設はすでに基本的に終了していた）進出した同輩たちとは大きく異

なっていたことを指摘し、東西のヴァイキングの性格に大きな違いのあることを強調したが、彼とて双方を「ヴァイキング」として同じ枠内における現象とみており、ルーシにおけるヴァリャーギの在り方を全ヴァイキング運動の中に位置づけようとしている点では変わりない。

(31) ヴァリャーギのとくにウラジーミル、ヤロスラフ両公期における意味変化をめぐる St. - ペーターセンの見解については、その論文（Die Väringer und Kylfinger". S. 98-99、さらにとくに Stender-Petersen, Chetyre etapa. S. 250-253）を参照。この点については拙著（605-611 頁）をも参照されたい。

(32) Cross, The Scandinavian Infiltration into Early Russia.

(33) ibid., p. 511, n. 28.

(34) Jacobsson, La forme originelle du nom des Varègues. p. 36-43.

(35) ヤコブソンはこの箇所で典拠としてトムセン（本章注 19）を引いている。

(36) Jacobsson, La forme originelle. p. 39.

(37) ヤコブソンはその後この問題についてさらに検討を重ね、1983 年のロシア語論文（Iakobsson, Variagi i ‹Puti iz Variag v Greki›）において以下のような仮説を提示している。すなわち彼によれば、ヴァリャーギやヴァランゴスなどの語の古ノルド語の原型は、あくまでも -ang- を接尾にもつ形である。その際、ギリシア語やアラブ語、ポーランド語（βάραγγος, Warānk, Warężyn）の場合は問題ないが、古ルーシ語（*varägъ）の場合は説明が困難である。しかしこの点は、古ルーシ語の場合、ノルウェー人（語）からサーム人（語）経由でルーシ語に入ったと考えることで説明がつくという。スカンディナヴィア人のバルト海経由ではなく、サーム人居住地域を通る最北端の経路での到来が早くから実際にあったことを示すために、ヤコブソンは『原初』冒頭部の「ヴァリャーギからグレキへの道」の記述（邦訳 6-8 頁）の読み直しも行う。そこに二度でてくる「ドヴィナ」（通説ではいずれも西ドヴィナ川）を、最初の場合を「北ドヴィナ」川と理解することにより、スカンディナヴィア半島北周りの白海から北ドヴィナ河口に至る第三の道を想定するのである（第一はバルト海からネヴァ川への、第二は西ドヴィナを通るいずれもバルト海経由の道）。このようにしてヤコブソンは 1954 年に提唱した自説を維持できると考えている。

(38) Schramm, Die Waräger: Osteuropäische Schicksale einer nordgermanischen Gruppenbezeichnung; Schramm, Sechs warägische Probleme. 本稿は両論文を主に参考にしたが、とくに、古ラドガの問題を中心に論じた後者ではなく、名称（用語）の問題を考察した前者を基本に据えて検討する。

(39) ibid. S. 39-45. クジミーンはその後 1974 年には自説を修正して、むしろバルト海沿岸にいたケルト人の可能性を指摘したが、シュラムはこれをも合わせて批判している。なおクジミーンの論文は Kuzimin, «Variagi» i «Rus'» na Baltiiskom more

(1970); Kuz'min, Ob etnicheskoi prirode variagov (1964).

(40) 拙著『《ロシア原初年代記》を読む』61, 119 頁。

(41) Schramm, Die Waräger. S. 50.

(42) これについては上記 91 頁、また本章注 4 を参照。

(43) たとえば、両研究者は、古ノルド語の原形については、シュラムよりはむしろヤコブソンの見解に賛同している。Mel'nikova/Petrukhin, Skandinavy. S. 66.

第五章

(1) 研究が困難なことは、これまで発表された文献がきわめて少なく、逆に質的に問題を抱えるものが少なくないという状況からもうかがえる。たとえばこの分野のもっとも精力的な研究者の一人であったジュネーヴの A・(V)・ソロヴィヨフ（1890-1971 年）が 1947 年に「大、小および白ルーシ」に関する、今では古典的と言ってよい論文を発表した際､彼は「小ルーシ」について参考にすべきは M･A･マクシモーヴィチの 1868 年論文一点のみ、「大」についてはただの一点も見出すことができなかった（Solov'ev, Velikaia, Malaia i Belaia Rus'. S. 24）。そこで彼はこのテーマについて自ら本格的な研究を志し発表した成果が上記論文であるが、その彼も、後に B・M・クロスにより、用いた資料が膨大であるとはいえ、ほとんどが刊本に留まり、表面的な観察に止まったと一蹴される有様であった（Kloss, O proiskhozhdenii. S. 8）。ソロヴィヨフは亡命研究者なので（ポーランドでロシア系の家に生まれ、大学教育もワルシャワで受けた。ロシア革命後西欧に逃れる）、これも致し方のないことではあったが、このことはとりわけ外国の研究者にとって困難が多いことを暗示している。

(2) ここであらかじめ本稿が主に依拠した文献をあげておく。Borščak, Rus', Mala Rosiia, Ukraïna (1948); Solov'ev, Velikaia, Malaia i Belaia Rus' (1947); Solov'ev, Vizantiiskoe imia Rossii (1957); Soloviev, Le Nom byzantin de la Russie (1957); Soloviev, Weiß-, Schwarz-, und Rotreußen (1959); Tikhomirov, O Proiskhozhdenii nazvanii «Rossiia» (1953); Kohut, The Development of a Little Russian Identity (1986); Kohut, The Question of Russo-Ukrainian Unity (2003); Pogosian, Rus' i Rossiia v istoricheskikh sochineniiakh 1730-1780-kh godov (1999); Kappeler, Mazepintsy, Malorossy, Khokhly (2003); Plokhy, Ruthenia, Little Russia, Ukraine (2006); Plokhy, Ukraine or Little Russia? (2008); Yakovenko, Choice of Name versus Choice of Path (2009); Nazarenko, ‹Novorossiia›, ‹Velikorossiia› i ‹Vsia Rus'› v XII veke (2009); Kloss, O proiskhozhdenii nazvaniia «Rossiia» (2012); Kotenko, Martyniuk, Miller, Maloross (2012); Gaida, Grani i Rubezhi (2019).

(3)「ロシア」の語は最初 Rosiia と、後に Rossiia と表記された（後者では «s» が二つ。後注 52 を参照）。これは「ルーシ」（Rus'）から直接導き出されたわけでは

ない。「ルーシ」を「ロシア」の古称とみることは誤りではないが、もし単純に、両語間に直接的継承関係があるかのように考えるとしたなら、それは正しくない。両語は厳密には別の語と考えられるからである。両語中の母音の違い（ω/ō と y /ou）についてはすでに山口巌が指摘している（『古代ロシア研究』XV, 53 頁、注 3)。A・ソロヴィヨフによれば、「ロシア」はギリシア人が「ルーシ」を指して呼んだ語（「ローシア ʽΡωσία」）から生み出された語であり、北方起源と考えられる「ルーシ」とは別の語である（Soloviev, Vizantiiskoe imia Rossii 論文)。近年「ロシア」の語の起源（史料上における初出の時期）とその歴史的展開についてのモノグラフィーを著した上述のB・M・クロスもこれを確認し、さらにその時期を、従来の通説（15 世紀末）より一世紀ほど早めて、14 世紀末のこととした。具体的には府主教キプリアンが 1387 年 4 月 24 日付のある文書に「キエフと全ロシアの府主教」と自署したのが初出であるという。この場合の全「ロシアの」は vseia ‹Rosiia› と変化しない形をとっており、これはギリシア語形をそのままなぞったがゆえと考えられている（Kloss, O proiskhozhdenii nazvanii «Rossiia». S. 25-29)。クロスの見解については、筆者も以前簡潔に紹介したことがある（拙著『イヴァン雷帝の《絵入り年代記集成》』7-8 頁)。なお「ルーシ語」はあまり見かけない表現であるが、かつて広く「古（代）ロシア語」と呼ばれたもの（佐藤『ロシア語史入門』21、23 頁以下）のことをいう。これは drevnerusskii iazyk の訳語であるが、今となっては drevnerusskii の語も、その訳語としての「古（代）ロシア」も「キエフ・ルーシ」との関連では避けるか、慎重に扱われるべきであると考える。

(4) 研究文献などでは、「大ルーシ」や「小ルーシ」の語もよく用いられる。たとえば、上掲 A・ソロヴィヨフ論文でもそうである。たがそれらが個々の場合に実際の史料用語であるかどうかは確認する必要がある。ギリシア語の「大ローシア」をあっさりと「大ロシア」や「大ルーシ」と記している場合が多いからである。

(5)「小」を付してルーシの地をさすのは、後述のように、基本的にはルーシ（キエフ）府主教区の分割が問題となる13世紀末から14世紀初め以降のことと考えられる。ただその場合でもこの語はビザンツ帝国の皇帝官房や総主教庁文書、また西方の文献において用いられたのであり (ἡ Μικρὰ ʽΡωσία, Russia Minor などの形)、厳密に言えば、ルーシの文献で「小ルーシ Malaia Rus’」の語は見られなかったと言ってよい。クロスは、12 世紀のビザンツでガーリチのことを「ミクラ・ローシア」と呼んだ例（ビザンツの歴史家ニケタス・コニアテス）に言及しているが（Kloss, O proiskhozhdenii nazvanii «Rossiia». S. 71-72)、これが「大ローシア」との対比でそう呼ばれたのか、それともたんに「ローシア」（キエフ中心の「本来のローシア全体」）の一部の意味なのかは、はっきりしない。しかしいずれにせよ、ギリシア語文献においてのことである。

(6) Solov’ev, Velikaia, Malaia i Belaia Rus’. S. 24-25.「ボリス・グレープの物語」の上

記の句は BLDR. I: 346 に見られる。ソロヴィヨフはさらに同じ個所で（S. 25)、12 世紀フランスやポーランドでもキエフ・ルーシをさして「大ルーシ」と呼んだ例のあることを伝える（たとえばフランスでは Roussie la large, Roussie la grant などの形）。ただしこれをどうみるかは、慎重な検討を経たうえでなければ、簡単には結論を出せない。これらの語が含まれる文献の吟味、それらは真にキエフを指して呼んだ語なのか、そうだとしてなぜそのように呼んだのか（どこからその語を知ったのか）などの検証が必要である。これらがその後の（近代）の「大ロシア」（「小ロシア」の対語としての）と同じ意味をもっていたかどうかも問題となる。

(7) ナザレンコによれば「大ローシア」は最も早くは 1143 年頃の一教会法学者の文書中に、また公式的には 12 世紀末の皇帝イサク二世アンゲロス治世の総主教座主教区（座）名表（Notitiae episcopatuum）に、見られるという（Nazarenko, ‹Novorossiia›, ‹Velikorossiia› i ‹Vsia Rus'›. S. 250-251)。なお彼は上記注 5 でふれたニケタス・コニアテスの「小ローシア」の例には留意していない。おそらくこれを地名ではなく、たんなる一地方（全体の一小部分）を指すものと考えたからであろう。

(8) Nazarennko, ‹Novorossiia›, ‹Velikorossiia› i ‹Vsia Rus'›. S. 256-257.　実はナザレンコはそのはるか以前の 11 世紀のキエフ大公フセヴォロド・ヤロスラヴィチ（在位 1078-1098 年）の印璽中にすでに「全ローシア」が現れていることにも留意しているが、それをキエフ大公に対する総主教庁側からの一種の外交辞令（「贈り物」）とみて、ルーシの現実の状況とは無縁のものと考え、考慮の外においている（Nazarenko, ‹Novorossiia›, ‹Velikorossiia› i ‹Vsia Rus'›. S. 260-263)。もちろんこれは多くの研究者が、フセヴォロド公の絶大な政治権力の表現とみようと躍起になっている状況を批判しているのである。

(9) ナザレンコはチェルニゴフとペレヤスラヴリの「名義府主教座」との関連で「新ローシア」の語についても検討している（Nazarenko, ‹Novorossiia›, ‹Velikorossiia› i ‹Vsia Rus'›. S. 252-256)。両都市の「名義府主教座」については、さしあたり拙著『《原初年代記》を読む』445 頁（注 91)、447 頁（注 107）を参照。いうまでもないことだが、ここの「新ローシア」は 18 世紀後半以降の黒海北岸地域を指した「新ロシア」とは無関係である。

(10) 以下 14 世紀におけるビザンツ帝国（および教会）とルーシとの複雑な関係・交渉については、さしあたりフェンネル『ロシア中世教会史』第二部 ; Meyendorff, Byzantium and the Rise of Russia. p. 73-95; Giedroyć, The Ruthenian-Lithuanian Metropolitanates and the progress of christianisation (1300-1458) ; Ševčenko, The Policy of the Byzantine Patriarchate を参照。14 世紀というよりは 15 世紀に焦点を当てた Pliguzov, On the Title of "Metropolitan of Kiev and All Rus'" も参考になる。

(11) 拙著『タタールのくびき』279-281 頁。

(12) ウクライナの研究者 N・ヤコヴェンコによれば、「小ローシア」の語が最初に用いられたのは 1347 年の皇帝ヨハネス六世カンタクゼノスの勅書（ガーリチ / ハーリチ府主教座廃止の決定）においてであった。彼女は、これが研究史上の通説であると付言している。さらに彼女は、ラテン語形ではより早く現れていることを指摘し、最初の例として 1339 年のガーリチ - ヴォルィニ公ボレスラフ - ユーリー二世の例（dux totius Russie Mynoris）をあげている（Yakovenko, Choice of Name versus Choice of Path. p. 128-129）。J・メイエンドルフなども同様に考えているようにみえる（Meyendorff, Byzantium and the Rise of Russia. p. 91-95, 280-282）。ソロヴィヨフも同様と言ってよいが、他方彼は、すでに 14 世紀初めに、ガーリチ府主教座が設立された際に（1305 年)、「小ローシアの」と呼ばれていたとも記している。ただ典拠はあげられておらず、これは彼の推測というべきであろう（Solov'ev, Velikaia, Malaia i Belaia Rus'. S. 28-33）。これに対しナザレンコは、「小ローシア」の語が、総主教庁の、いわゆる主教区（座）名表（notitiae episcopatuum）にいち早く現れており、最も早い例は 1303 年（ビザンツ皇帝アンドロニコス二世パレオロゴス、総主教アタナシオス一世、またガーリチ - ヴォルィニ公ユーリー・リヴォヴィチの時代）とする。またラテン語形では上記の如く、ガーリチ公ボレスラフ - ユーリーに関連してはいるが、最初の例はさらに早く 1335 年（ドイツ騎士修道会総長ディートリヒ宛書状）であるという（Nazarenko, ‹Novorossiia›, ‹Velikorossiia› i ‹Vsia Rus'›. S. 250）。各研究者が史料の範囲をどれだけ広げ、どれだけ徹底して探索するかで、相当に異なる結論になっているのであるが、今後も研究の進展に従って新たな事例が紹介される可能性がある。いずれにせよ、14 世紀時点では、「小ローシア」の語は、ビザンツ起源の教会用語を基盤にしており、この地が現実にそう呼ばれていたわけではない。「小ロシア」が地名となるのは後のことと考えるべきであろう。

(13) ルーシ府主教の称号に「キエフ」の語が含まれるかどうかの問題も単純ではない。初期の府主教の称号は、上述のとおり、たんに「ローシアの」（ルーシにおいては「ルーシの」）であり、「キエフの」語は含まれていなかった（ビザンツ帝国の属州と領外諸国（諸エトノス地域）における府主教職の呼称（称号）の在り方の原則（規則）については、さしあたり Meyendorff, p. 73-77 を参照）。上述のとおり、「小ローシア」の語が使用され始めた当初は、これに「キエフの」は含まれていなかった。しかし 1354 年の総主教文書においてはそれも含まれている。後者の場合、キエフがすでにリトアニアの支配下に置かれていたことの反映かもしれない。以上については、Solov'ev, Velikaia , Malaia i Belaia Rus'. S. 31; Ševčenko, Ukraine between East and West. (Essay 6), p. 77-78 を参照。府主教座の所在地がルーシ北東地域（モスクワ）へ遷った後、モスクワは当然キエフをも管轄

内にあるものと考えようとしたが、実際にはリトアニア領内にあった関係から、総主教庁もこれをどちらに帰属させるべきかについて容易に定められないという状況ができていた。ルーシ正教会当局もこうした事情から、府主教のその時々の称号の在り方については大きく揺れ動いていた。なおプリグーゾフはルーシ府主教の称号が完全な場合（「キエフと全ルーシの」）と、短い場合（キエフ抜きの「全ルーシの」のみ）とを区別して、その変遷を丁寧にたどっている（Pliguzov, On the title of «Metropolitan of Kiev and All Rus'»）。

（14）Nazarenko, ‹Novorossiia›, ‹Velikorossiia› i ‹Vsia Rus'›. S. 259.

（15）ソロヴィヨフはその際次のような例をあげる。「大ノヴゴロド（いわゆるノヴゴロド）- 小ノヴゴロド（ノヴゴロド・セーヴェルスキー、後にはリトアニアのノヴゴロドク）」、「大ロストフ（北方のスーズダリ地方の）- 小ロストフ（キエフ地方の）」、「大ウラジーミル（Magna Lodomeria、北の）-［小］Lodomeria（ヴォルィニのウラジーミル）」、「大・小ポーランド」など（Solov'ev, Velikaia , Malaia i Belaia Rus'. S. 27-28, 30）。ここでその他の研究者の場合も見ておこう。E・ボルシチャクは、モンゴル侵入後「ハーリチ・ヴォルィニ」諸公が「旧キエフ国家との関係性を強調するため、ときに小ルーシ Petite Russie の公」と名乗ったと、またコンスタンティノープル総主教庁がモスクワなどの国々を「南方」のそれから区別するため、「大ローシア（Μεγάλη ῾Ρωσία）」の語を「北の国々」に、「小ローシア（Μικρὰ ῾Ρωσία）」を今日のウクライナに適用したとも記している（Borščak, Rus', Mala Rosiia, Ukraïna, p. 172-173）。ある意味上記のソロヴィヨフの主張に類似する見解であるが、「小」ルーシと称することがなぜ旧キエフ国家との関係を強調することになるのか（たんに「ルーシ」ではいけなかったのか、「大」がすでに存在していたからなのか）など、はっきりしない点が多い。いずれにせよボルシチャクは、ガーリチ諸公が自ら「小ルーシの公」を名乗ったかのように主張することで、これが原初的（始源的）には総主教庁文書で用いられた用語であることを忘れているかのようである。「大・小」の対照性を原則的に考える傾向については、さらに後述をも参照。

（16）Trubachev, Etnogenez i kul'tura drevneishikh slavian. 2-oe izd.（2002 年、初版 1991 年）。著者はスラヴの民族起源論（ドナウ原郷論）に早くから関心を抱いていたこと、しかしそれが本格化したのは 1980 年代の一連の論考以降のことであることを自ら序文（S. 4-11）で詳細に説明している。

（17）Trubachev, Etnogezez. S. 4, 301-303. トゥルバチョフの以上のごとき見解は、次注に記すような、多くの研究者によって表明される「大 - 小」を「中核部 - 周辺部」と捉える立場と類似しているが、やや趣を異にしていることに留意すべきである。トゥルバチョフの場合は常に「小」から「大」への植民、移住が念頭に置かれているのである。例えば、彼が「大ポーランド」というとき、「小～」に対

する「周辺部」というより、「小ポーランド」からの移住の結果開けた地方が「大～」だと言っているのである。これは「大・小ポーランド」に関する大方の理解とは大きく異なるもののように思われる（後注 28、29 をも参照）。「大・小ロシア」の場合も同様で、トゥルバチョフはガーリチ地方（「小ロシア」）から北東方（「大～」）への移住を念頭に置いてこう表現しているのである。

(18)「大、小ロシア」をとくに「マグナ・グラエキア」の例に依りながら説明する研究者は少なくない。たとえば、早くはすでに A・V・ストロジェンコ論文（Storozhenko, Malaia Rossiia, ili Ukraina. S. 281-282）、その後もたとえば、プリツァーク / レシェター論文（Pritsak and Reshetar, The Ukraine and the Dialectics of Nation-Building. p. 243-247）など。しかしソロヴィヨフの指摘では、古典時代ギリシアで「マグナ・グラエキア」の語は用いられたが、これに対応すると想定される「ミノール・グラエキア」は検証されていないという。また中世ビザンツ、ラテン文献では「大グラエキア」の語も用いられず、したがって 13-14 世紀ルーシに影響を及ぼすはずもなかったという（Solov'ev, Velikaia, Malaia i Belaia Rus'. S. 25-26）。「大・小」を別な意味で対比させようとする論者もいる。たとえば、既述の如く「南・北」で対比させようとしたのが、今触れたソロヴィヨフであり、またボルシチャクである。さらに、A・カペラーは中心からの距離による区別を主張している。コンスタンティノープル（総主教庁）から近い方が「小ローシア」であり、遠い方が「大～」とする。前者は「内ロシア」でもあり、後者が「外ロシア」に相当するともいう（Kappeler, Ungleiche Brüder. S. 23; Kappeler, Russland und die Ukraine. S. 19）。近年の F・A・ガイダもほぼ同様の観点を表明している。彼は「大ギリシア」、「小アジア」、「小・大スキティア」、「小アルメニア」、「大スウェーデン」、「小・大ポーランド」、「大・小ブリタニア」や、さらにはビザンツ皇帝コンスタンティノス・ポルフィロゲニトスの「内・外ロシア」その他の例をあげながら、「小ルーシ」が「中心的ルーシ」の意味をもつことを主張している。ただガイダのここでの議論は一方的で、個々の事例を史料にあたって吟味し分析することも、これに関する研究史を参照することもまったくなく（彼はこの部分では、上記ソロヴィヨフやトゥルバチョフをはじめとする先行研究に一切言及していない）、単なる主張に留まっている（Gaida, Grani i Rubezhi. S. 105-107）。なお最後にふれた「内・外」ロシアは、コンスタンティノス・ポルフィロゲニトスの『帝国統治論』第九章に関係するが、ただ厳密に言えば、そこに現れるのは「外ローシア」だけである。「内ローシア」の語は現れない。皇帝は「外ローシア」を「ローシア」に対比させているのである。「外ローシア」については Constantine Porphyrogenitus, De Administrando Imperio. 9/3; 山口訳、『古代ロシア研究』XV, 50, 54 頁、また Nasonov, «Russkaia zemlia». S. 31 を参照。

(19) Trubachev, Etnogenez. S. 4, 115-116, 166, 301-303.

（20）Trubachev, Etnogenez. S. 258-265, 372-374.

（21）Constantine Porphyrogenitus, De Administrando Imperio. 13/5, 38/58, 40/33.

（22）ボーバの見解は Boba I. Moravia's history reconsidered. A reinterpretation of medieval sources. The Hague, 1971; Boba I. The episcopacy of St. Methodius//Die Slawischen Sprachen. Bd. 8（1985）などである。

（23）Constantine Porphyrogenitus. De Administrando Imperio. 13/1-4.「ペチェネグ人」が「北」に住むとされている点はやや説明が難しいが、どうやら西方の著者たち、たとえば、やや時代は後のことになるが、イタリアの神学者ペトルス・ダミアーヌス（1072 年没）やアングレームの修道士アデマール・シャバンヌ（1034 年没）らの例を想起するならば、皇帝のここでの記述もそれほど不自然なことではなかったといえるかもしれない。二人の聖職者はクヴェーアフルトのブルーノ（ボニファティウス）の殉教（1009 年）の地を「ペチェネグ人の地」と伝えているが、実際にはそれはプルス人の地であった、つまり「ペチェネグの地」はだいぶ「北」にあると考えられていた可能性があるのである（これについては、さしあたり拙著『《原初年代記》を読む』、304-308 頁を参照）。

（24）『ロシア原初年代記』邦訳 5 頁。『原初』のドナウ = スラヴ原郷説については、さしあたり国本『ロシア国家の起源』47-51 頁を参照。

（25）たとえば、Goehrke, Frühzeit. S. 56.

（26）たとえば、トゥルバチョフ自身が彼の理解者の一人として、アメリカの研究者 H. Birnbaum の名をあげ、後者の研究（論文 7 本）の内容を紹介している（Trubachev, Etnogenez. S. 253-256, 279）。

（27）Trubachev, Etnogenez. S. 115.

（28）山川『世界各国史』シリーズの『東欧史（新版）』（1977 年）および、その後継版の一つ（『ポーランド・ウクライナ・バルト史』1998 年）は、「ヴィエルコポルスカ」と「マウォポルスカ」をたんなる地理的呼称として使用しており、その意味では語の由来や起源、双方の関係について特段の説明はしていない（この点は、恒文社版キェニェーヴィチ編『ポーランド史』1986 年も同様である）。ただ 1998 年版の中世ポーランド史部分の執筆者（井内敏夫）は、まず最初にヴィエルコポルスカのポラニェ族（ピアスト朝）による国家建設があり、それがミェシコ一世の時代になって東西ポモージェ、シロンスク、そしてマウォポルスカ地方を併合したと記している。井内は両ポルスカの関係について明言しているわけではないが、前者（「大〜」）が始原的であることを前提としているようにみえる（『ポーランド・ウクライナ・バルト史』43 頁）。ポーランド史に限定していえば、「大」が最初の中心で、「小」がその後に頭角を現した地方とみなされていることは確かであるようにみえる。このことは『ポーランド大百科事典』の記述からも裏付けられる。すなわち「ヴィエルコポルスカ」については、「国の最初の名称

であるポルスカは、14-15 世紀にヴィエルカ［ポルスカ］、すなわち、スタラ［古］ポルスカの名称に席を譲った」とあり、「マウォポルスカ」については、「この語（ラテン語では Polania Minor、小さい［年少の］、若いポルスカ）は、年長のそれ（ポズナン - カリシ地方）から区別するために作られ、ずっと遅くに成立し、15 世紀末から官庁で（公式的に）使用された」と記されている（Wielka Encyklopedia Powszechna. PWN, Warszawa. T. 12 (1969), p. 282; T. 6 (1965), p. 833）。ナザレンコも「ヴィエルコポルスカ」の語の初出が 13 世紀中（1257 年）であるのに対し、「マウォポルスカ」の出現は 14 世紀になってからのことと指摘し、「現ポーランド史学の支配的見解によれば」、「大」は「古い、主要な」の意であると追記している（Nazarenko, ‹Novorossiia›, ‹Velikorossiia› i ‹Vsia Rus'›. S. 258-259, prim. 41）。

(29) たとえば、2022 年からのロシア - ウクライナ戦争の背景を論じた松里公孝は、「小ロシア」について、これが蔑称ではなく、むしろ国の「中核部」を指す語であることを主張したが、その際「小ポーランド」についても、同様に「中核部」とみるべきであると付言している。典拠は示されていない（松里「未完の国民、コンテスタブルな国家」『世界　臨時増刊号　ウクライナ侵略戦争』2022 年 4 月、53 頁、注 5）。論文の主題と直接関係しない、注記されているだけのことを事々しく論じ立てるようでやや憚られるところではあるが、一言指摘しておきたい（「マロルーシ（小ルーシ）」については、最近の『ロシア・ウクライナ戦争』第二章、122 頁でも同趣旨の記述が繰り返されている）。

(30) 以下は主に Kloss, O proiskhozhdenii nazvaniia «Rossiia». S. 72-75 による。

(31) Rossiia i Grecheskii mir v XVI veke. No. 5, 6, Dopolneniia: No. 3 (S. 131, 136, 339). これらは、16 世紀のロシア国家とバルカン・近東諸国との外交関係に関する「使節庁文書、1509-1571 年」所収の文書である。近年（2004 年）S・M・カシターノフ監修の下に刊行された上記資料集に含まれる。テクストは教会スラヴ語である。もし原テクストがギリシア語であったなら、モスクワの使節庁（ポソーリスキー・プリカース）で翻訳されたことになるが、そうとは記されていないので、元々が教会スラヴ語であったと推測される。オスマン帝国（旧ビザンツ）領内正教徒からモスクワ（ツァーリやロシア正教会）に宛てられた文書が「ロシア語」（教会スラヴ語）で書かれる場合もあったと伝えられるので（Rossiia i Grecheskii mir, S. 14）、そのこと自体はありえないことではない。また聖アトス山には早くからルーシ人修道者がいたことも知られており、12 世紀後半からはルーシ（ロシア）系の修道院（聖パンテレイモン）の存在も確認されるので、その場合には教会スラヴ語で書かれたとしても、何ら不自然ではない。聖山におけるロシア人（修道者）に関しては、さしあたり Solov'ev, Istoriia russkogo monashestva na Afone (1932); Moshin, Russkie na Afone i russko-vizantiiskie otnosheniia; Majeska, Athos Mount// MERSH, 2: 157-162 を参照。

(32)「スピリドン - サヴァの書簡」は、Dmitrieva, Skazanie o kniaz'iakh vladimirskikh. S. 159-170 に含まれる（「大ロシア」Velikiia Rosiia の語は S. 162, 165）。この書簡および上記二伝説については拙稿「『ウラジーミル諸公物語』覚書」を参照されたい。なお拙稿中に含まれる試訳は、「書簡」ではなく、その改訂版と考えられ、より多くの写本で伝えられる「物語」（「ウラジーミル諸公物語」）の邦訳であるが、こちらの方には（Dmitrieva, Skazanie S. 171-178）、「大ロシア」の語は現れない（異本中に現れるが、拙訳は異本を考慮に入れなかった。拙訳中にも一か所「ロシア（大公位）」の語が現れるが、これは不正確であった。原テクストではここも「ルーシ（大公位）」の語が用いられており、そう訳すべきところであった）。ただしクロスによれば、「物語」でもモスクワ国家当局肝いりの公式版（1527 年版）等では、「ロシア」および「大ロシア」の語が多くの箇所で用いられているという（Kloss, O proiskhozhdenii. S. 73）。なお二伝説については、本書第二章 53 頁をも参照。

(33) Stoglav. v kn. : Rossiiskoe zakonodatel'stvo X-XX vekov. T. 2, S. 261; Stoglav. Tekst, Slovoukazatel' (2015), S. 42.「百章」には邦訳があるが（中村喜和訳「『百章』試訳（1 〜 3）」）、そこでは「大ロシア」が現れる箇所（v nashei zemli velikiia rosii. 上記 2015 年の E. B. Emchenko 校訂版では、~velikia Rosia）は「われらが偉大なるルーシの地」と訳されており（「百章試訳（1）」13 頁）、この点では不正確である。もっともある意味これは理解できる。というのも「百章」では多くの場合、「ルーシ」（や「全ルーシ vsia ruskaia zemlia」）が用いられており、「ロシア Rosia」、いわんや「大ロシア」の語は稀にしか出てこないからである（同頁には「ロシア帝国」rosiiskoe tsarstvie の語も現れるが、こちらは正確に訳出されている）。

(34) PSRL. XXIX: 9, 32, 34, 42, 72.

(35) PSRL. T. XXI: 666.

(36) Perepiska Ivana Groznogo s Andreem Kurbskim. S. 12; 拙訳「イヴァン雷帝とクールプスキー公の往復書簡」(1)、120 頁。原テクストは Vse ego Velikii Rosii Gosudarstvo、拙訳では「その大いなる全ロシア国家」としたが、「彼の全［ての］大ロシアの国家」ないし「彼の大ロシア国家の全体」と訳すべきところかもしれない。

(37) Kloss, O proiskhozhdenii. S. 74-75.

(38) ただしこの点でも事態は単純ではない。クロスによれば、16 世紀末 -17 世紀前半において「ツァーリと［モスクワ］総主教の公式的称号が「全ルーシの」であり続けたにもかかわらず」、教会関係者でも明らかに「ロシア」（ロシアの地、ロシア皇国、ロシア国家）の方を優先的に用いる者（初代総主教ヨヴ、トロイツェ・セルギエフ修道院のアヴラーミー・パーリツィン、シモン・アザリインなど）が現れたという（Kloss. O proiskhozhdenii. S. 95-110）。

(39) たとえば、A・L・ホロシケーヴィチは、フョードル・イヴァーノヴィチ帝（1584-98 年在位）の戴冠式規定中に「大ロシア」の語が初めて現れたと記しながら、ロ

シアを最初にそう呼んだのはコンスタンティノープル総主教庁で、1561 年のことであったと書いている(Gerb i Flag Rossii. X-XX veka. M., 1997, S. 195)。N･ヤコヴェンコはこれに依拠して、あたかも「小ロシア」の語が先に用いられ、その後に「大ロシア」もモスクワで使用されるようになったかのように記している(Yakovenko, Choice of Name versus Choice of Path. p. 129)。クロスの研究が現れた今となっては、やや断片的な典拠に基づく不正確な記述であると言わざるをえない。

(40) Solov'ev, Velikaia, Malaia i Belaia Rus'. S. 30.

(41) Borščak, Rus', Mala Rosiia, Ukraïna, p. 173.

(42) Kappeler, Ungleiche Brüder. S. 23. なお 1620 年にキエフに新たに(改めて)府主教が任じられた経緯については、さしあたり Fr.-Chirovsky, An Introduction. V. II, p. 253. また Kharlampovich, Malorossiiskoe vliianie. T. 1, S. 24-27 を参照。キエフは確かに、キエフ・ルーシ期にはルーシ府主教区の中心で、府主教の座所であった。しかしその後中心は北東ウラジーミルの地に(さらにはモスクワへ)遷っていた。それ以来キエフは府主教の座所でなくなったばかりか、政治、宗教の中心地としての機能も失われて久しかったのである。それが 1620 年になって、エルサレム総主教テオファネスが「喜捨」を求めてモスクワを訪問した帰途キエフに立ち寄った際に、当時のコサック・ヘトマン、サハイダーチヌィの懇請もあって、新たに(改めて)聖ミハイル修道院院長ヨヴ・ボレツキーを聖別し、この地の府主教に叙階した。その背景に 1596 年のウニアート(ギリシア・カトリック)教会の成立があったことは言うまでもない。東方正教会としてもこれに対抗する必要があったのである。

(43) 詳しくは本章注 10 にあげた諸研究を参照。

(44) J･メイエンドルフはその著書の付録に、14 世紀におけるビザンツ･ロシア(ルーシ)関係に関する 10(ないし 11)点の文書の英訳を掲げている(うち 8 点は原文がギリシア語、残り 3 点は教会スラヴ語である)。これらのうち 5 点の文書が、「大ローシア」と「小ローシア」の語を共に、ないしそのいずれか片方を用いている。5 点の文書とはすなわち、① 1347 年の皇帝ヨハネス六世カンタクゼノスの文書(内戦後権力を回復した皇帝が「小ローシア」府主教座を廃止し、「キエフと全ルーシ府主教座」の統一を回復したことを宣言する)、② 1370 年のポーランド王カジミェシ三世大王がコンスタンティノープル総主教(フィロテオス)に宛てた書簡(独自の「小ローシア」府主教区の設置を要求、もし要求が容れられなければ、同国東部地域の正教徒(「ルテニア人」)に「ラテン信仰」を強要すると圧力をかける)、③同年のリトアニア大公アルギルダスの総主教への書簡(モスクワ府主教アレクシーのリトアニアに対する敵対行為、同国内正教徒への司牧の放棄(府主教の怠慢)を訴え、独自の府主教の任命を要請している)、④ 1380 年の総主教ネイロスの文書(府主教アレクシー没後の状況について、ピーメンを「キエフと全ルーシ」の、キプリアンを「小ローシアとリトアニア人の」府主教とす

べきことを決定)、⑤ 1389 年の総主教アントニオスの文書（キプリアンを唯一の「キエフと全ローシア」の府主教とすべきことを決定)である。両語が現れるのは、基本的には、ルーシ府主教座が分割されているときのことで、統一が回復されるや、それらは消え、「キエフと全ローシアの（府主教)」の語が用いられると言ってよい。Meyendorff, Byzantium and the Rise of Russia. p. 279-310（「大・小ローシア」の両語が現れるのは、p. 280-281, 287, 289, 303-306, 307-308, 310、英訳では「大ロシア」、「小ロシア」となっている)。

（45）Solov’ev, Velikaia, Malaia i Belaia Rus’. S. 28.

（46）Kotenko, Martyniuk, Miller, Maloross (2012). S. 392-443.

（47）Kotenko et al., Maloross. S. 399.

（48）Kharlampovich, Malorosiiskoe vliianie. T. 1, S. 7-11.　著者によれば、カーメネツ - ポドーリスキー出身の「ルシン人」修道輔祭イサイヤはモスクワ入りした後、結局は自らの言動に起因する政治問題ゆえに罪に問われ、投獄されてしまった。その後イヴァン雷帝への嘆願状の提出などにより、一時帰国の可能性も出てきたが、おりしも激化したモスクワ - リトアニア間戦争のためそれもかなわず、そのままロシアに留まり 1590 年代初頭にその生涯を終えた。しかし彼はモスクワで多くの著作を残したという。おそらくそのような状況の中で、「小ロシア」と「大ロシア」の語も使用されたのであろうが、具体的にどのようにであったかは伝えられていない。キエフ聖職者のモスクワ訪問の事例はより以前のものも知られているが、それらは「マロロシア人」としての民族意識覚醒以前のものとみなされたためであろうか（あるいは詳しい記録が残っていないためかもしれない)、考慮に入れられていない。換言すれば、ハルラムポーヴィチは（そして彼に従った共著論文の著者たちもおそらく）まさにイサイヤの例を、「マロロシア」の語の、民族的に意識された最初の使用例とみているのである。ハルラムポーヴィチは、この後の状況についても詳細に検討している。例えば、1622 年から 1653 年までの間に南西ルーシから「喜捨」を求めてモスクワに向かった聖職者らの事例についてである（S. 79-94)。ビザンツ帝国滅亡後唯一の正教国家となったモスクワへは、「小ロシア」のみならず東方正教界各地からきわめて多くの聖職者たちがモスクワへ経済的支援を求めて旅をしたが、それについては今なお Kapterev, Kharakter otnoshenii Rossii k pravoslavnomu vostoku(1885) が必須文献である。またとくに 16 世紀末からモスクワへの働きかけを強めたルテニア（南西ルーシ）人の「小ロシア / 小ルーシ」の語の使用法については、プローヒィが検討を加えている（Plokhy, The Cossacks and Religion. p. 278-291, とくに 283 以下)。なお「ルシン / ルシヌィ人」（rusin/~y）とは、ポーランド - リトアニアにおいて旧キエフ・ルーシ地域の正教徒住民を指した呼称である。彼らはやがて 16 世紀にはラテン語形で「ルテヌス / ルテニ」（Ruthenus/~ni）また「ロクソラヌス / ロクソラニ」

(Roxolanus/~ni)とも呼ばれるに至った(地名としては「ルテニア」Ruthenia である、したがって「ルテニ人」は「ルテニア人」とも記された)。そして 1580/90 年代、とくにブレスト合同(1596 年)以後は、さらにこれらに、ギリシア語化された「ロシア[ロシヤ]」(Rosiia)や「ロシア[ヤ]人」(narod rosiiskii)(いずれも «s» が一つである、後注 52 参照)という表現も付け加えられたという(Kotenko et al., Maloross. S. 393-394)。

(49) Kohut, The Development of a Little Russian Identity. p. 564; Yakovenko, Choice of Name versus Choice of Path. p. 129-131. なお後者(ヤコヴェンコ)は、「小ロシア」の語のルテニア人による最初の使用は 16 世紀末(1592 年)と考えている。彼女は上述の 1561 年のイサイヤの例には留意していない。

(50) 共著論文によれば、通常自らの支配領域を「ウクライナ」と呼んだヘトマン、フメリニツキーも、ツァーリに対する時には「小ルーシ」の語を用いたという。「小ルーシ / ロシア」の語は、フメリニツキー以後のヘトマンらの場合にも使用されたが、ただ時とともにそこから宗教(教会)的なニュアンスは薄れていくことになるという(Kotenko et al., Maloross. S. 394. prim. 4)。

(51)「ペレヤスラフ協定」については、本書第一章 38 頁および注 42 を参照。

(52) モスクワ大公・ツァーリの新称号(tsar' i velikii kniaz' vseia Velikiia i Malyia Rosii samoderzhets)の成立時期の確定という(一見して単純な、しかし実は厄介な)問題に改めて取り組んだのが、すでに本稿も繰り返し参照している B・M・クロスである(Kloss, O proiskhozhdenii. S. 111-115)。ペレヤスラフ協定の締結(1654 年 1 月 8 日)後もしばらくは、皇帝勅書やその他の諸文書で新旧両称号の併用状態が続き、時期を特定することが困難なのである。すなわち新たな「全ての大・小ロシアのツァーリにして大公、専制君主」と並んで、従来の「全ルーシの君主」も依然として用いられ続けたのである。当局はいまだこの点において揺れ動いていたといえる。これが定まったと考えられるのが、クロスによれば、1654 年 3 月末のことであった。このときはじめて新称号の銘を刻んだ「大国璽」が、ある下賜文書(1654 年 3 月 27 日付)に押されたという。アレクセイ帝の称号はこの時以降ほぼ新称号で固まったとみられる。さらに翌 1655 年秋、ベラルーシがツァーリの庇護下に入ると、新称号には「そしてベラルーシの」も付け加えられる。同時に「ロシア」の表記法に一つの重大な変化がもたらされた。17 世紀末まで「ロシア」は、通常ギリシア語の「ローシア」に準じて、Rosiia と «s» が一つの形で書き表された。1654 年を境に次第に、Rossiia と «ss»(«s» が二つ)の形で表記されるようになるのである。この変更は、とくにモスクワ印刷局(Pechatnyi dvor)において先行した。クロスはそこに南部地方出身者の校正(校閲)係(エピファーニー・スラヴィネツキーら)がいたことに注目し、この変化を、当時聖職者をはじめ多くの南方出身者がモスクワに現れたことと関連づけて

いる。ウクライナの影響による変化ということである。«s» から «ss» への移行は 17 世紀後半から 18 世紀初頭にかけて漸次進み最終的には、1721 年にピョートル一世（大帝）が「全ロシアの皇帝 imperator Vserossiiskii」の称号を採用したときに定まったという。クロスはその間の複雑な過程を丹念にたどっている（Kloss, O proiskhozhdenii. S. 115-123）。

（53）本書第一章、38-40 頁（また注 43-47）を参照。

（54）『クロイニカ』は、共著論文によれば（S. 396, prim. 12）、1672 年頃の作と考えられるが、原本は失われ写本でのみ伝わり、1992 年にキエフで刊行された（F. Sofonovich, Krojnika z litopystsiv starodavnikh. ed. Iu. A. Mytsyk i V. M. Kravchenko. Kyiv, 1992）。『クロイニカ』について具体的には、さしあたり Doroshenko, A Survey of Ukrainian Historiography. p. 41-42 を参照。興味深いのは D・チジェフスキーの見解である。彼は『シノプシス』とこの『クロイニカ』の作者を同一人物とみて、それをソフォノーヴィチ（チジェフスキーではテオドシー・サフォノーヴィチと表記される）と考えた。したがって彼は、共著論文とは異なり、両文書が主張を異にする文書とは見ていないことになる（Čyževs'kyj, A History of Ukrainian Literature. p. 347-348）。

（55）Kotenko et al., Maloross. S. 396. なお「目撃者」（Samovidets、つまり年代記の作者）とは誰なのか、その年代記の執筆はいつのことかについては諸説がある。当初、「破滅」期（「ルイーナ」、荒廃期）（1660 年代 -1680 年代）の大財務官ロマン・ラクシカと考えられ、M・フルシェフスキーを含む多くの研究者もこれを支持したが、その後これを疑う者も現れ、未だに決着がついていない。この書は単行本としてはキエフで 1846 年、1878 年（改訂版）に刊行されている。「目撃者」の人と思想（立場）については、さしあたり Doroshenko, A Surveyof Ukrainian Historiography. p. 44-46; Ikonnikov, Opyt. II-2, S. 1561-1569 を参照。

（56）Kotenko et al., Maloross. S. 397-398.

（57）以下については共著論文と並んで Yakovenko, Choice of Name versus Choice of Path. p. 133-140 を参考にした。

（58）原語では、この部分は ‹panom i rycerstwu na Ukrainie ruskiej, kijowskiej, wołyńskiej, podolskiej i bracławskiej mieszkającym› である（Yakovenko, Choice of Name versus Choice of Path. p. 135 による）。

（59）Yakovenko, Choice of Name versus Choice of Path. p. 139.

（60）フメリニツキー没後の 1658 年に、時のヘトマン、I・ヴィホフスキーがポーランド王との間に結んだハジャーチ条約は、コサック・エリート層にシュラフタの地位を付与し、「ルーシ」（ウクライナ）をポーランドおよびリトアニアと並ぶ「共和国」の対等の構成要素と認めるものであったが（ハジャーチ合同とも呼ばれる）、それは当時のコサック上層の意識が那辺にあったかをよく示している。

彼らは「シュラフタ共和国」に自身のアイデンティティを重ねようとしていたのである。もっとも条約は、その非現実的性格ゆえに、画餅に帰し、実現されることはまったくなかったのであるが。なおこの条約では共和国の第三の構成国である「ルーシ」の範囲は「ルテニアの民の言葉が及ぶ限り［の地］」となっていて、全ルーシが意図されていたことは明らかである。同条約についてはさしあたり Kamiński, The Cossack Experiment in Szlachta Democracy 論文 (1977); Magocsi, A History of Ukraine. p. 236-238 を参照されたい。

(61) ウクライナを最初に「祖国」と表現したのは後のヘトマン、I･ヴィホフスキーで、1652 年のことであったという（Kotenko et al., Maloross. S. 395）。

(62) 上述のいわゆる作者不詳の『目撃者の年代記』やS･ヴェリチコ、H･フラビャンカなどが知られている。これについてはさしあたり、Doroshenko, A Survey of Ukrainian historiography. p. 44-59; Ikonnikov, Opyt. II-2, S. 1572-1582, 1584-1597; Sysyn, Concepts of Nationhood in Ukrainian History Writing, 1620-1690 などを参照されたい。

(63) 中井和夫「ウソからでたまこと――ウクライナの偽書『イストーリア・ルーソフ』――」。ここでは『歴史』は「偽書」とされているが、やや誤解を招く表現である。まったくの作り事（捏造）でも、また何か「本物（原書）」があってそれを偽ったわけでもないからである。記述内容に奇想天外な点があったり、不正確な部分が多いことは、前近代の歴史叙述ではある意味普通のことであった。著者が主観的な思いのままに書いているからといって「偽書」というわけにはいかない。なお本稿が利用したのは Istoriia Rusov ili Maloi Rossii（Reprint, 1991）である。本書の最初の出版は 1846 年のことであるが、後にあげる S・プローヒィの最近の研究では、その執筆は 1800-1810 年と考えられている。ところで原本では著者は G・コニスキーとなっているが、研究史上真の著者は別人と考えられ、様々な候補があげられている。それについては中井論文（29-33 頁）、また Doroshenko, A Survey. p. 76-92; Ikonnikov, Opyt. II-2, S. 1618-1650 などを参照。

(64)『歴史』の標題（Istoriia Rusov ili Maloi Rossii）にすでに、「ルーシ」が「小ロシア」と同義であることが示されている。ここで「ルーシ［人の歴史］」が「あるいは小ロシアの」とされ、「ウクライナの」とはなっていないことに注意すべきである。本書にとって「小ロシア」が重要であることは、読み進めるにしたがってさらに明らかになる。すなわちそれは随所に現れるが、「ウクライナ」の語はほとんど出てこない（「ウクライナ」が現れるのは S. III-IV, 68, 70-71, 161, 208 など、多くはこれを使用する論敵に反駁する場合に限られる。この点についてはさらに後述を参照）。一方、「小ロシア」が多用されているとはいえ、常に「大ロシア」が念頭におかれているわけではないことも重要である。「大ロシア」の語自体もほとんど現れない。一か所、イヴァン雷帝のツァーリの称号採用の箇所で「大

ロシア」と対比されている箇所がある（S. 5)。「小ロシア」は「(ロシア）帝国」の一部ではあるが、必ずしも「大ロシア」との関係でそうであるのではなく、それ自体で存在しているとでも主張しているかの如くである。

(65) たとえばチジェフスキーは、『歴史』が「ウクライナ民族の観点からみたウクライナ史の一つの完全な画像」を提供すると書いている（Čyževs'kyj, A History of Ukrainian Literature. p. 348)。D・ドロシェンコにも、『歴史』の著者が序文でその執筆動機を「自身の祖国の過去の真の画像を描き、その中に「ウクライナ」国家理念のための基盤を見出すこと」と述べている、とある（Doroshenko, A Survey of Ukrainian Historiography. p. 82)。同様の記述は中井にもみられる（中井「ウソからでたまこと」19 頁)。しかしこれらは諸研究者の本書についての理解（解釈）である。『歴史』の序文（Istoriia Rusov. S. I-IV）にそのような記述があるわけではなく、「ウクライナ国家」の語も見られない（序文には「ウクライナ」の語が形容詞形を含め 3 度現れるが、これは上述のように、論敵が用いているからである)。『歴史』は、あくまでも「小ロシア人」（とも言われる「ルーシ人」）の歴史を描いているのである。『歴史』をウクライナ民族意識の覚醒という観点だけで評価することには無理がある。筆者には『歴史』を「小ロシア人アイデンティティの白鳥の歌」と呼んだ Z・コフートの慎重な見方の方がより適切であるように思われる（Kohut,The Development of Little Russian Identity.p.575)。

(66) Istoriia Rusov. S. 2, 3.

(67) キエフ大学で学びキエフ第一ギムナジウム校長となった A・V・ストロジェンコ（1857-1918 年以後）は、「ウクライナ」がポーランド人知識人の使用する用語であることを指摘し（彼らはポーランド分割後ロシア領となっていた東部地域（ルテニア）を「ウクライナ」と呼び、それがロシアとは異なる別個の地域であることを主張した)、自身は「小ロシア」の語の使用を推奨するとともに、ポーランド側のこのような立場を最初に批判したのが、ほかならぬ『歴史』であると主張した。ちなみにストロジェンコは『歴史』の著者を V･G (H)･ポレティカ（G (H)･A・ポレティカの子）と考えている（Storozhenko, Malaia Rossiia ili Ukraina? S. 287-288)。

(68) Plokhy, Ukraine or Little Russia?//Can. Slav. Papers (2006). 本論文はその後、Plokhy, Ukraine and Russia (2008) にほぼそのままの形で採録された。ここでの引用は後者から行う。

(69) Istoriia Rusov. S. III-IV. 引用文中の〈 〉は原文大文字。[ ] は引用者（本稿筆者）の説明。

(70) Plokhy, Ukraine and Russia, p. 63-64. 以上がプローヒィの『歴史』に関する結論であるが、上記共著論文は一見してこれに対立する見解を表明している。そこでは次のように記されている。「『歴史』の著者は異なる起源をもち、異なる地

域に居住する二つの異なる民族［ナロード、小ロシア/ウクライナ人とモスクワ/ロシア人のこと］を明確に意識して対峙させた。」「『歴史』は〈小ロシア〉が、その民〈小ロシア人〉にとっての独自の「祖国」としての地位をもつことを強調した。ただその際、帝国からの分離（離脱）の問題を提起したわけではなかったが。」）（Kotenko et al., Maroross. S . 399）。このように両者の見解は一見して対立的であるが、それぞれ力点の置き方が異なっていたがゆえの見解の相違であったように思われる。あえて言えば、双方ともに『歴史』の主張をそれぞれ正確に伝えている。プローヒィは当時の状況を強く念頭においており、共著論文は今日的視点からこれに接近しつつ論じているということである。後者は、『歴史』では「分離」問題は提起されていないと指摘したが、この点では両者間に対立はないとも言える。

（71）「小ロシア」が公式的用語であったことはすでに指摘した通りであるが、ここでこの点をさらに確認しておく。ドニェプル左岸地帯がロシア領となって間もない 1663 年にモスクワで、「使節庁」の管轄下に「小ロシア庁」（prikaz «Malaia Rossiia», Malorossiiskii prikaz）が創設され、帝国中央から同地域を管轄する態勢が整えられた。それはピョートル一世治世の 1722 年には「小ロシア参議会」（kollegiia）となるが、ロシア - トルコ（オスマン帝国）間の緊張激化に伴い、カザーク軍の協力を確実にするため、ピョートル没後の 1727 年には廃止され、ヘトマン制が復活された。その後「小ロシア参議会」はエカチェリーナ二世期に再び設けられるが、やがて「小ロシア」が完全に帝国に統合されるに及んで（ヘトマンシチナ自治の撤廃）不要となり、最終的に 1786 年には廃止された。こうした行政機関の例からしても、「小ロシア」が帝国の公式的地名となっていたことは明らかであろう。

（72）たとえば、P・ブシュコーヴィチは、1790-1850 年代のロシア帝国文化（保守派と自由主義者とを問わず）に「圧倒的に親ウクライナ的な」雰囲気があったことを指摘している（Bushkovitch, The Ukraine in Russian Culture. p. 340）。

（73）Kotenko et al., Maloross. S. 400, prim. 21 による。

（74）Bushkovitch, The Ukraine in Russian Culture. p. 345-347.

（75）以下に引用するゴーゴリの書簡の一節が、彼の「小」および「大」ロシアに対する感情をよく表現している。「わたしの魂がどのようなものか、〈ホフラーチ〉［khokhlach、小ロシア人の別名］のそれか、それとも〈ロシア人〉［russkii、大ロシア人］のそれか……わたし自身いずれともわからないと申しておきます。ただわかっていることは、〈ロシア人〉［russkii］に対して〈小ロシア人〉［malorossiianin］の方がまさっているとか、〈小ロシア人〉より〈ロシア人〉が優れているとか、そんなことは決して言うまいということです。この二つの天性はあまりにも豊かに神の恵みをうけています。まるでわざとみたいにそれぞれが自らのうちに互い

にないものを――互いに補い合わねばならぬ明白なしるしを、宿しているのです。そのため過去の生活慣習の歴史自体は似通ったところのないものとなっています。それは実にそれら諸性質のさまざまな力が別々に養われ、その後に一つに合体して人類におけるもっとも完全なあるものを成すためなのです。」（A・O・スミルノーヴァ宛 1844 年 12 月 24 日付書簡、『ゴーゴリ全集 7』河出書房新社、1977 年、243 頁。訳は一部変えている。なおここでゴーゴリが「ウクライナ人」の語を用いていないことが注目される。また邦訳では上記〈ホフラーチ〉のところが「小ロシア人」となっていることには注意が必要である。〈　〉は引用者による強調。[　] も引用者による訳注)。

以上要するに、ゴーゴリはウクライナ人を「ホフラーチ」ないし「小ロシア人」と表記し、それと「ロシア人」（ここで作家は「大ロシア人」の語は用いていないが、その意であろう）との間に優劣はつけられず、差異はあっても微小であり、両者の歴史は異なってはいるが、やがては相互に補いあい、完全な統一体となると信じているのである。なお「ホフラーチ」は「ホホール」（鳥のとさか）から出た語で、当時のウクライナ人の前髪がそのように見えたことから、ウクライナ人を指す語として用いられた。他者が用いる場合蔑称の意味合いが強いと考えられるが、ゴーゴリのように自称することもあったのである。これについてはさしあたり、Kappeler, Mazepintsy, Malorossy, Khokhly//Culture, Nation, and Identity (2003), p. 162-181 を参照。

（76）Russkaia Pravda. Vosstanie dekabristov. Dokumenty. M., 1958, T. 7. gl. 2, §3, S. 138, 139.

（77）ペステリは今日的にいえば、いわゆる民族問題にほとんど無理解であったと言ってよいが（後の西欧派ないし革命的民主主義者の代表的人物ベリンスキーなどの場合もそうであるが、当時としてはそれもとくに珍しいことではなかった)、ここで注意しておきたいのは、ロシア帝国高級官僚の子（父は東シベリア総督にまでなった人物であった）であった彼が、ウクライナ人（これを彼は三分したのであるが）とロシア人をほぼ同種の存在（すべてまとめて「スラヴ族」）とみていたということである。この考え方は一見して本書が第一章で言及した「ロシア大民族」（ウクライナ人もベラルーシ人も含む「大きなロシア民族」）の考え方、すなわち 19 世紀後半以降の帝国イデオロギーと同じようにも見えるが、この段階ではやや異なる側面をもっていたことに注意しなければならない。というのもこうした考え方は当時のウクライナ人の間でも広く受け入れられていたからである。その意味でペステリも時代の子であったといえる。なおペステリの『ルースカヤ・プラウダ』とそこにおける民族問題の取り扱い方については、さしあたり A・G・マズーア（武藤潔・山内正樹訳）『デカブリストの反乱』（光和堂、1983 年）121-138, とくに 125-127 頁を参照されたい。

(78) 以下については、さしあたり Magocsi, A History of Ukraine. p. 286-292; Plohky, The Gates of Europe. p. 133-146 を参照。

(79) Plohky, The Gates of Europe. p. 137.

(80) Kohut, The Development of a Little Russian Identity. p. 570 は、「立法委員会」に950 人のウクライナ貴族が参加したかの如くに記すが、同委員会に招集された代議員は全体で 580 名を超えなかったとされ、これは不正確である。同委員会についてはさしあたり、『世界歴史体系　ロシア史　2』73-74 頁（土肥恒之）; SIE, 7: 562-563 («Komissiia ob Ulozheniia»1767, L. V. Milov) を参照。

(81) Plohky, The Gates of Europe. p. 137-138.

(82) ウクライナにおける民族主義（ナショナリズム）の歴史と特質については、中井『ウクライナ・ナショナリズム』、また 19 世紀後半の民族運動については同『ソヴェト民族政策史』第 I 部第二、三章を参照。

(83) Kostomarov, Knigi Byttia ukraïns'kogo narodu//Kirilo-Mefodiïvs'ke Tovaristvo. T. 1, No. 145, S. 152-169 (ここは S. 168-169).「ウクライナ民族創世記」は当初から「神の法」（Zakon Bozhii）というタイトルでも知られ、1959 年に P・A・ザイオンチコフスキーがそのロシア語版テクストを刊行した際にも後者が採用されたが (Zaionchkovskii, Kirilo-Mefodievskoe obshchestvo. S. 149-160)、Th・M・プリマクによれば、団員の一人 P・クリシや後のウクライナ人知識人は総じて「創世記」の方を好んだという（Prymak, Mykola Kostomarov. p. 45, 214）。この文書の著者（少なくともその主要な一人）がコストマーロフであることは確かと考えられるが、著者問題をはじめとする諸問題については、さしあたり Doroshenko, A Survey of Ukrainian Historiography. p. 134-145 を、より包括的には Luciani, Le Livre de la Genèse du Peuple Ukrainien を参照（ウクライナ語テクストと仏訳がその p. 95-143 にある）。なおロシア語テクストは上記ザイオンチコフスキー、近年のものとしては Kostomarov, Skotskii bunt (2002), S. 386-398 などで読むことができる（S. 398-399 に同団の規約 Statut も含まれている）。コストマーロフについては、わが国でもすでに阿部三樹夫が、その生涯、著作、思想について丁寧に論じている（「コストマーロフのウクライナ主義と連邦主義」)。「神の法」(阿部はこれを「神の掟」と訳す）については同論文の 89-90 頁を参照。

(84) P・A・クリシのコストマーロフ批判は、Kotenko et al., Maloross. S. 405 による。クリシはコストマーロフ宛書簡（1846 年 5 月 2 日付）で、後者が「自分はウクライナ人でない」と言っている点をとらえ、「なぜなのか」と詰問したという。コストマーロフが実際にそうした発言（記述）をしたのかどうか、筆者は確認していないが、彼の後の著作、とくに「二つのルーシ民族」論文（1861 年）などから推測して、大いにありうる発言ではある。彼の父がロシア人（地主）であったこと（母はウクライナ人)、彼自身当初はウクライナ語知識が不十分でロシア

語で著作することが多かったことなどを考慮するならば、その可能性はさらに高まる。「創世記」においてはもっぱら「ウクライナ」の語が用いられているが（彼一人の著作ではなく、他の団員らとの共著であったからであろう）、彼自身の他の著作では、「南方人」また「小ルーシ（ロシア）人」の語がより多く使用されているようにみえる。本来ならばこれは検証されなければならないが、すでに本書第一章注 12 で見たように、彼はその「二つのルーシ民族」論文で、もっぱら「南ルーシ人（族）」、すなわちここで言う「南方人 iuzhane」を用いていることが想起される。また上記プリマクもハリコフ時代のコストマーロフが、法的歴史的用語である「小ロシア」よりは、漠然としてはいるがより融通のきく民族言語的概念である「南ルーシ」の語を多く用いたと記している。プリマクはここで「ウクライナ」の語についてはふれていないが、コストマーロフが「南ルーシ」に傾いていたことは指摘している（Prymak, Mykola Kostomarov. p. 185, 196）。この点に関しては常に当局による検閲の問題も考慮に入れる必要があるが、この時期（19 世紀中葉）にほかならぬ「ウクライナ」ないし「ウクライナ人」の語の使用がどの程度危険とみなされたのか（あるいはそもそも問題とされたのか）は、慎重に検討する必要がある。後述するように、「ウクライナ主義（親～）」（ukrainofil'stvo）の語もまだ誕生して間もない時期であったからである。少なくとも世紀後半ほどに問題とされたわけではなかった。それゆえここでこの問題を過度に強調することは正しくないと考えられる。つまりコストマーロフが「ウクライナ」ないし「～人」の語を避けたとするならば、それは検閲問題だけでなく、他の要因もあったと考えるべきであろう。確実に言えることは、コストマーロフが生涯を通じて連邦主義的志向を維持しており（阿部論文 99-100 頁やプリマクなどが一致して強調するように、彼にはウクライナ民族の独自性の主張と並んで、連邦主義、具体的にはスラヴ連邦また古ルーシの連邦原理が生涯を通じて一貫していた）、その意味で、ともすると分離主義的傾向を示しがちな「ウクライナ主義者」から距離をおこうとしていたことが考えられる。その意味でクリシのここでの危惧には根拠がなかったわけではないともいえる。

（85）Venelin, Spor mezhdy iuzhanami i severianami. 1847-3, S. 2-3（Kotenko et al., Maloross. S. 406-407 による）。なおヴェネーリンについては、本書第一章注 40 を参照。ヴェネーリンの、ロシアが南北ロシアからなるとする見解は既述のコストマーロフのそれに類似するが、両者の方向性はまるで違っている（ヴェネーリンは両者が「ロシア大民族」に含まれるものと考える一方、コストマーロフにあっては南ルーシの独自性の主張が前提となっているのである）。ただコストマーロフの例は、当時というかヴェネーリンが最初に彼の見解を表明（1839 年以前）して以来、「南ロシア（ルーシ）人」という表現が相当広く普及するに至っていたことを物語っているといえる。「ロシア大民族」の語については、本書第一章

36-37 頁（および注 37-40）を参照。

（86）Miller, Ukrainofil’stvo. S. 28; Kotenko et al., Maloross. S. 409.

（87）Kirilo-Mefodiïvs’ke Tovaristvo. T. 3. No. 427, S. 309. 上記ミレルも指摘するところであるが、このオルロフの秘密報告からもうかがえるように、「ウクライノフィリストヴォ」の語は当時広く知られていた「スラヴ主義」（スラヴャノフィリストヴォ）の語に倣って造られた。それゆえその本来の語義は「親ウクライナ主義」であるが、この段階では「ウクライナ主義」と訳しても差し支えないと考えられる。本来「ウクライナ主義」は ukrainstvo の訳語であろうが（こちらは、後述するように、たとえばM・ドラホマノフの記述などに見られる）、この段階ではこちらはいまだあまり現れないように思われる。

（88）ibid., S. 309-310. 以下に続く文面も同所である。

（89）Kotenko et al., Maloross. S. 411.

（90）シェフチェンコはウクライナの国民的詩人ということで、彼こそが「ウクライナ人」の語を（最初に、あるいは早い段階で）用いたと広く信じられているが（たとえば、元ウクライナ大統領L・D・クチマの「シェフチェンコがこれを用いて以来、何人も……『ウクライナ人』の語を否認することはできない」という 2003 年の発言）、これが正確でないことは、共著論文（S. 414）のみならず、F・A・ガイダも指摘するところである（Gaida, Grani i Rubezhi, S. 67）。

（91）Kotenko et al., Maloross. S. 414-415, prim. 63 による。

（92）以上も Kotenko et al., Maloross. S. 414 による。「ウクラーイナ」ではなく「ウクライーナ」と発音されるべきとする主張は、小ロシア語慣用句辞典（1861 年）の著者N・V・ザクレフスキーがカラムジンらを批判する中で行ったという。

（93）F・A・ガイダによれば、なかでもコストマーロフの教え子で雑誌の編集人でもあったM・V・ベロゼルスキーは一貫して「ウクライナ人」の語の使用にこだわり、地理的な概念であった「ウクライナ」の語の民族概念（エトノニム）への転換を促したという（Gaida, Grani i Rubezhi. S. 68, 100）。

（94）阿部「コストマーロフのウクライナ主義と連邦主義」、95-98 頁。

（95）Kotenko et al., Maloross. S. 416-417.

（96）Vestnik Iugo-Zapadnoi i Zapadnoi Rossii. 1862. T. 1, S. 25, 26（Kotenko et al., Maloross. S. 417 による。）共著論文はこの部分の著者を S. S. Gogotskii と推測している。

（97）Kotenko et al., Maloross. S. 419-420 による。共著論文によれば、この三等文官の名は A. G. Troinitskii である。引用文中の「なるほどロシア文字をもってなされてはいるが……」は、ガリツィアやベラルーシでラテン文字を用いた翻訳文献の出版の試みがあったのをうけ、1859 年に当局から検閲機関に対し、小ロシア方言による出版はロシア文字によるべきとする指令が出されたことを念頭におい

てなされた記述である。

(98) ヴァルーエフ指令とエムス法については、中井「ドラホマノフ覚書」5-14頁；同『ソヴェト民族政策史』第I部第二章（23-38頁）を参照。

(99) Kotenko et al., Maloross. S. 420.　ヴァルーエフ指令およびエムス法のテクストは（「内務大臣P・A・ヴァルーエフのキエフ、モスクワ及びペテルブルク検閲委員会宛て回状、1863年7月18日付」、および「ウクライナ主義者の宣伝防止のための特別審議会結論。［1876年］5月18日エムス市におけるアレクサンドル二世の指示による修正済み」）、さしあたりMiller, «Ukrainskii vopros» v politike vlastei. Prilozhenie 1, 2 (S. 240-241, 242-244)、またMagocsi, A History of Ukraine. p. 393-394, 396-397（英訳）で読むことができる。

(100) 両法令以外にも、たとえば二巻本『スラヴ言語学講義』で名高い、反ウクライナ主義者のキエフ大学教授T・D・フロリンスキー（1854-1919年）においても同様であった。彼は自身の1900年論文において、常に「小ロシア語」(malorusskii iazyk, ~koe narechie, ~kaia rech’）と記し、「ウクライナ語」と記すことはなかったのである（Florinskii, Malorusskii iazyk i «Ukrains’ko-Rus’kii» literaturnyi separatizm. S. 330-331）。

(101) 1860年代から80年代にかけて8名が知られているという。うち一人は女性で「ウクラインカ」と名乗った。後述のL・コサチのことである（Kotenko et al., Maloross. S. 421, prim. 80）。

(102) Kotenko et al., Maloross. S. 421による。共著論文によればこの人物の名はA･I･ロナチェフスキー - ペトルニャクである。なおドラホマノフについては中井論文「ドラホマノフ覚書」が詳しい。多くの著述を残し活動家でもあったドラホマノフをどう規定するかは難しい問題と思うが、中井によれば彼は「ウクライナ社会主義者」である。

(103) Kotenko et al., Maloross. S. 422.　共著論文も指摘するように、ドラホマノフがここで当局による検閲を念頭におきつつ慎重に（「自己検閲」の下に）回答していることは疑いない。彼は1876年の亡命後は、この面での束縛から解放され、たとえば、1882年には「小ロシア人という名称もまた文語的である……いわゆる人種（ラーサ）としての小ロシア人に関連するすべての名称の中でもっとも自然なのは、ウクライナ人である」と記しているという（Kotenko et al., Maloross. S. 424）。亡命後の彼はこの点では明らかに変わっている。

(104) Kotenko et al., Maloross. S. 422-423. 共著論文によれば、これはRusskii vestnik誌（1875-7, S. 414-415）に掲載された無署名の文章からの抜粋であるが、著者はS･S. ゴゴツキーである（上記本章注96参照）。

(105) 共著論文によれば、この反ウクライナ主義者は「スラヴ慈善委員会」の指導者で、筆名を「左岸人」（Levoberezhnyi）といったN・A・リーゲリマンである。

彼は40年代にはキリル - メトディー団グループに近かったが、その後強硬な反ウクライナ主義者に転じたという。引用文（『キエフ人』1874年9月17日号、No. 111）中の「ホホール」は、既述の如くウクライナ人の蔑称であるが、愛称としても用いられた。「ガルーシュキ」はウクライナ料理の一つで、牛乳などで煮た団子、「ヴァレヌーハ」は蜂密やベリー、スパイスを加えたブランデーのことである（Kotenko et al., Maloross. S. 423）。

（106）それぞれ『キエフ人』紙1875年7月10日、同3月8日、同3月22日号記事から（Kotenko et al., Maloross. S. 423による）。ちなみに『キエフ人』紙にとってシェフチェンコらは、ウクライナでよく言われるような「天才」ではなく、「才能豊かな人々」と表現されているのは注目される（後述、KKRNのサヴェンコらの見解をも参照）。

（107）Magocsi, A History of Ukraine. p. 404-405.　ウクライナ語新聞はルブヌィ、ポルタヴァ、キエフなどで発行された。1908年には9紙、発行部数2万部を数えたという。

（108）ガリツィアにおけるウクライナ民族運動に関しては、中井『ソヴェト民族政策史』第I部第三章、またMagocsi, A History of Ukraine. 第七部、とくにp. 467-488を参照。

（109）中井『ソヴェト民族政策史』42-44頁。オーストリア - ハンガリー二重帝国下のガリツィア（ハリチナ）の状況については、野村「東ガリツィアの近・現代恩讐の彼方」；早坂『ベラルーシ』276-282頁にも興味深い記述がある。

（110）Kotenko et al., Maloross. S. 427-428.　ガリツィアの「古ルシン人」、「親ロシア派」、「親ウクライナ派」については、Magocsi, A History of Ukraine. p. 469-470も言及している（«Old Ruthenians», «Russophiles» and «Ukrainophiles»）。

（111）Kotenko et al., Maloross. S. 428.

（112）この聖職者は、後にガリツィアの親ロシア派運動の指導者となるI･ナウモーヴィチ（1826-1891年）である（Kotenko et al., Maloross. S. 428）。

（113）親ロシア派のB・デディツキーの発言 (Kotenko et al., Maloross. S. 428. prim. 102による)。

（114）共著論文はここで典拠として、V・ナヴロツキーの地理学的概観の著書「ルシン人の故郷」（V. Navrotskii, Ruska Rodina. 1867）をあげている（Kotenko et al., Maloross. S. 428）。

（115）以下はKotenko et al., Maloross. S. 428-429, prim. 104による。L･ツェゲリスキーについては、Rudnytsky, Essays. p. 196, 425-426をも参照。

（116）F・ドゥヒンスキとその人種理論については、早坂『近代ポーランド史の固有性と普遍性』第八章に詳しい。

（117）Kotenko et al., Maloross. S. 429-430, prim. 105, 106. すでにみた通り、19世紀初

めの『歴史』（イストーリヤ・ルーソフ）なども、ウクライナの語をポーランドの陰謀と結びつけて、拒否しようとしていたので（上記本書 131 頁以下、また注 67 を参照）、モンチャロフスキーのこうした主張は珍しいものではなかった。

（118）ポーランド「陰謀」説は 1863 年一月蜂起後とくに強まった。ヴァルーエフ指令などはその直接的結果であったと言われる（ヴァルーエフ指令自体が「ポーランド人の政治的陰謀」(politicheskie zamysli poliakov) の語を用いている。また先に見た通り、同 1863 年の『モスクワ通報（報知）』紙でカトコフも、同様の語を用いてウクライナ主義者をポーランドの「道具」（手先）と批判している。Miller, «Ukrainskii vopros». S. 241; 阿部「コストマーロフのウクライナ主義」97 頁）。その後ロシア政府によるウクライナ民族運動に対する締め付けは格段に厳しくなった。したがってある意味モンチャロフスキーの主張は正しいと言ってよい。当時の反ウクライナ派（ロシア主義者）は、ポーランド人の独立志向に恐れを抱き、その脅威を声高に叫んで広くロシア社会に警鐘を鳴らそうと躍起になっていた。なお本書付録に収めた「プーチン論文」も、ヴァルーエフ指令やエムス法を、「ポーランド民族主義者」のウクライナ人に対する働きかけの強化と結びつけて「正当化」しているが、これはロシアに広く認められる主張であった。

（119）このように「ウクライナ人」の語は世紀末にかけてますます使用されるに至ったが、ガリツィアにおいて、伝統的呼称「ルシン人」、「ルーシ人」に代わって、これが公式的レベルで用いられるようになるのはやや遅れる。すなわち 1915 年 7 月、ウィーン議会へのガリツィア - ウクライナ人代議員が、ウクライナ人の正式呼称として「ルシン人」に代わり、「ウクライナ人」を採用するようオーストリア政府に働きかけたのがそのきっかけであった。彼らはその趣旨を次のように説明したという。「ルシン人」は親モスクワ派により「ロシア民族の単一性と不可分性」テーゼの根拠として用いられている語である。ところが、オーストリア - ロシア国境地域では「ウクライナ人」の語がますます多用されるようになっているのが現実である、と。オーストリア政府はしばらく時をおいて、1919 年 2 月に要請受入れを決定したが、同国はまもなく消滅してしまった（Kotenko et al., Maloross. S. 429, prim. 104）。

（120）Kotenko et al., Maloross. S. 430 による。ウクラインカはドラホマノフの妹（オルハ・コサチ）の娘である（Kappeler, Russland und die Ukraine, S. 176）。

（121）このことは、たとえばサンクト・ペテルブルクに出て官吏として働いていた P・Ia・ステプニツキー（1862-1923 年）の場合に典型的にみられる。彼はキエフでの学生時代には自身を「全ロシア人」（obshcheros）と表現し、1904 年にもなお「小ロシア人」を名乗っていたが、1905 年革命後はもはや「小ロシア人」の語は使用せず、決然として「ウクライナ人」を名乗るに至ったという（Kotenko et al., Maloross. S. 430-431, prim. 108）。

（122）A. Nikovskiiの言（Kotenko et al., Maloross. S. 431, prim. 109）。

（123）Kotenko et al., Maloross. S. 431, prim. 109.　ここで共著論文は、Florinskii, Malorusskii iazyk i «Ukrains'ko-Rus'kii» literaturnyi separatism//Ukrainskii separatism v Rossii.（本章注100）S. 393-395を典拠にあげるが、これは奇妙である。フロリンスキー論文は同書（Ukrainskii separatism v Rossii）のS. 330-384に収められているからである。同書の編者（M. B. Smolin）が「省略（削除）」した箇所である可能性が考えられる。

（124）以下は主にKotenko et al., Maloross. S. 431-438による。

（125）KKRNは第一次世界大戦初期の西部地方におけるロシア人民族主義者のもっとも影響力ある組織であった。ただその実態や歴史は、共著論文によれば、よくわかっていない。その最大の理由は、十月革命後のボリシェヴィキ軍のキエフ入城（1918年1月）とその際の残虐行為にあった。ボリシェヴィキ軍のキエフ占領はわずかに2~3週間続いたに過ぎないが、その間、中井によれば、少なくとも2000人のウクライナ人が「無差別に」逮捕､殺害されたという（『ポーランド・ウクライナ・バルト史』306-307頁）。この時の犠牲者の中には親ロシア派も含まれていた。KKRNもボリシェヴィキの最大「標的」の一つとされ、そのメンバーの69人が処刑され、組織のアルヒーフもチェカーにより押収されてしまった。それがその後の研究の進展を困難にしたという（Kotenko et al., Maloross. S. 432, prim. 110）。一方、TUPであるが、それは1908年に、E･チカレンコやM･S･フルシェフスキーら民族主義者の中の穏健派グループにより創設された。1905年革命により一時的に高揚した民族主義運動が弾圧により抑え込まれ、非政治的文化的活動に限定せざるをえなくされたのである。それでも来るべき立憲主義的ロシア帝国の一連邦構成国となるべく活動を続け、1917年3月キエフに中央ラーダが組織されたときには、その主要な母体となったといわれる（Magocsi, A History of Ukraine. p. 406, 501-502）。

（126）チカレンコについてはKotenko et al., Maloross. S. 432-435に詳しい。彼の『日記』には次のような記述があるという。「［ウクライナの］通常の都市住人は農民のウクライナ語（モーヴァ）をなんとか話すことはできるが、我々の新聞を購読することはない。彼にはロシア語新聞の方が理解しやすいからだ。」またこれらウクライナ語に疎い人々の教育が急務であることに関しては、「いま数千人でできることも、民衆がロシア化された後となっては、何百万人が取り組んでもできないだろう」と記している。民衆へのウクライナ語教育が喫緊の課題であるとする認識である。

（127）サヴェンコについてはKotenko et al., Maloross. S. 435-438。彼にはさらに次のような記述もある。「小ロシア人は常に自身をロシア人russkiiと規定してきたし、現在もそう思っている。一方ウクライナは『民族』（ナーツィヤ）ではなく、政

治党派を意味し……それに対して小ロシア人ははっきりと拒絶的態度をとっている。」Savenko, K voprosu o samoopredelenii naseleniia Iuzhnoi Rossii. S. 295.

(128) 以下、世紀末から 1905 年革命後の政治情勢と国会開設およびウクライナ諸党派のそれに対する態度の問題は、さしあたり、『世界歴史体系　ロシア史２』（第九、十章、高田和夫著）、Magocsi, A History of Ukraine. p. 402-407、またウクライナ（とくにガリツィア）の民族主義運動と諸党派の形成については、中井『ソヴェト民族政策史』第 I 部第三章を参照。

(129) Kotenko et al., Maloross. S. 438-439 による。なおサヴェンコはここで「親ウクライナ主義」（ウクライノフィリストヴォ）の語を「ウクライナ主義」（ウクラインストヴォ）の意味で用いている。つまり両語を区別していないと考えられる。これはおそらく帝国首都での活動であることと関係がある。この段階で首都では「親ウクライナ主義」も「ウクライナ主義」もほぼ同じ意味であったと考えられるからである。したがって引用文中の訳もその趣旨で「ウクライナ主義」と訳した。この点は次に引用する農民議員の場合も（次注 130）同様である。

(130) Kotenko et al., Maloross. S. 439 より。

(131) 共著論文によれば（Kotenko et al., Maloross. S. 441）、このパンフレットの著者は首都におけるウクライナ派の二人の代表的活動家 P・Ia・ステブニツキー（本章注 121）と A・I・ロトツキーである。

(132) S. N. Shchegolev, Ukrainskoe dvizhenie kak sovremennyi etap iuzhnorusskogo separatizma. Kiev, 1912. この書名はその後 Istoriia «Ukrainskogo» separatizma と替えられた。本書は 2004 年に出版された後者を利用した。

(133) Shchegolev, Istoriia «Ukrainskogo» separatizma. S. 334-335.

(134) 標題が替えられた理由は、共著論文によれば、「南部ロシア」（iuzhnorusskii）が当時の人々にとっては、ウクライナというよりクラスノダールやスタヴローポリ地方を連想させる語であったからであるという（Kotenko et al., Maloross. S. 439-440）。

付録 1（訳注）

(1) ウラジーミル・プーチンの人と思想について論じた著述は、国の内外を問わず多い。ここでは情報量に富む一点だけ挙げておく。木村汎『プーチン　人間的考察』藤原書店、2015 年。

(2) 原文タイトルは Stat’ia Vladimira Putina «Ob istoricheskom edinstve russkikh i ukrainskikh»（http: //kremlin. ru/events/president/news/66181）である。訳文中の（　）は原文の言い換え部分、あるいは原語のカタカナ表記を示す。［　］は人名や事項についての訳者による簡単な説明また原文の趣旨に沿った補足やコメントである。ただし徹底できなかった箇所もある。段落は訳者の判断で変えている場合がある。なお人名と地名はあくまでも原論文に忠実にロシア語形で示し、ウクライ

ナ語形はときにカッコ内で補ったが、多くの場合考慮しなかった。

(3) なお本論文では民族や国民を表す語がいくつかの形で現れる。natsiia と narod が対比的ないし関連的に用いられる場合には、基本的に前者は民族と、後者は国民、時に人民、住民などと訳した。etnos (etnicheskii) はエトノス（的）と訳出した。

(4)「古ルーシ」の原語は Drevniaia Rus' である。ここと次の段落に現れる「古代ロシア語」および「古代ロシア国家」は drevnerusskii iazyk, drevnerusskoe gosudarstvo である。この drevnerusskii/~oe は Drevniaia Rus' の形容詞形で、本来ならばこちらも「古ルーシの」(語、国家）と訳すべきところである。ただしロシアの歴史家は（本論文著者も同様であるが）基本的にロシア史がキエフ時代から現在まで一貫して（大きな断絶もなく）続いていると考えているので（本書「はしがき」、また第一章を参照)、この場合「古代ロシア（語、国家)」と訳した方がよいと考えられ、本論文においてもそう訳す（もちろん著者が Drevniaia Rus' と記している場合には、原文通り「古ルーシ（ないし「古代ルーシ」)」と訳す)。著者の意識もそうであることは、以下の行論からも明らかである。同じことは、論文テクスト中のオレーグの発言にも当てはまる。ここの「ロシアの町々」も原文では goroda russkie である。本来ならば「ルーシの町々」と訳すべきところであるが、論文著者の意識では「ロシアの町々」なのである。なお「ルーシ」と「ロシア」の語をめぐる問題については、さらにこの後に続く筆者による解説「プーチン論文を読む」（193-195 頁）をも参照されたい。

(5) この段落の「北東ルーシ」の原語は Severo-Vostochnaia Rus' であるが、「南西ロシアの地」は Iuzhnye i zapadnye russkie zemli である。これは「南西ルーシの地」と訳すべきかとも思うが、著者の意識では「南西ロシアの地」であろう。著者が前者を明瞭に「北東ルーシ」と表記した理由ははっきりしないが、キエフ・ルーシとの関係性をことさらに強調する意識があったと考えられる。

(6)「リトアニアおよびロシアの大公国」の原語は Velikoe Kniazhestvo Litovskoe i Russkoe である。リトアニア大公国が「リトアニアとロシア（本来はルーシ）の大公国」と呼ばれたのは、同国領のほとんど三分の二が旧キエフ大公国領で占められていたからである。同国の住民の圧倒的多数が東スラヴ人（西部「ロシア（ルーシ）」人）正教徒であったのも事実である。

(7) この段落はわかりにくいが、著者はここで、バトゥ軍侵入後のルーシ（ロシア）が東西に分断され（西はリトアニアの、東はオルダー領に組み込まれたウラジーミル - モスクワの支配下に入る)、諸公の動向も、対立あり協調ありで複雑を極めたが、それらすべてが「我々」双方の共通の歴史であったと言わんとしている。なお文中のヴォルィニのボブロクはリトアニア大公ゲディミン（在位 1316-1341 年）の子孫の一人。後にモスクワ大公国に勤務替えし、その軍司令官となった。アンドレイ・ポロツキーとドミトリー・ブリャンスキーはともにリトアニア大公

オリゲルド（在位 1345-1377 年）の子で、モスクワ大公国軍とともにママイ（オルダーの実質的支配者）と戦った。他方クリコヴォ戦当時のリトアニア大公ヤガイロ（在位 1377-1401/1434 年、ポーランド王ヤギェウォ、在位 1386-1434 年）は、父がリトアニアのオリゲルド（アルギルダス）であるが、母がトヴェーリ公女であったので（したがって上記アンドレイとドミトリーとは異母兄弟）、その関係もあってか反モスクワの立場からママイ軍に加担しようとしていた。

(8) ヴァルーエフ指令およびエムス法については、中井『ソヴェト民族政策史』23-38 頁、また本書第五章（147-148 頁）を参照。

(9)「ロシア大民族」(bol'shaia russkaia natsiia）の語については本書第一章 36-37 頁、また下記筆者による解説「プーチン論文を読む」203-204 頁を参照。

(10) ウクライナ・シーチ射撃大隊（シーチ銃兵隊）は、1914 年 9 月 -1915 年 5 月カルパチア（ガリツィア・ブコヴィナ）地方においてオーストリア - ハンガリー側に立ってロシア軍と戦ったウクライナ人部隊のこと。なお 1917 年 11 月以降にもキエフで同名の部隊が編成され、今度はポーランドやオーストリアのガリツィア支配に抗して戦っている。タレルゴフはオーストリア南部グラーツ近郊、テレージンはチェコ北部にある地名。ともにオーストリア - ハンガリー帝国の捕虜（強制）収容所があった。

(11) ここではカルパチア地方に関係する類似の語が混在しており、紛らわしい。すなわち順に、ポトカルパト・ルーシ（Podkarpatskaia Rus'）、ザカルパチエ（Zakarpat'e）、カルパト・ロシア共和国（Karpatorusskaia respublika）、ザカルパト・ウクライナ（Zakarpatskaia Ukraina）である。ザカルパチエはカルパチア山脈南斜面地域を指すが、これらのうち現ウクライナにおいては、ザカルパチエ（ウクライナ語ではザカルパッチャ）が州名として用いられている（ザカルパト・ウクライナとも呼ばれる）。ポトカルパト（ポトカルパチエ）はカルパチア山脈山麓地方を漠然と指す語で、広く一般的な意味で用いられていると考えられる。カルパト・ロシア「共和国」は、この地方の住民が本来この名の下にロシアないしソ連邦の一部となることを望んだが、当時のソヴィエト政権によりウクライナに帰属せしめられてしまったことを惜しんで言われた語である。

(12) バンデーラとバンデーラ派（OUN-B）をめぐる論争については、最近とくに浜由樹子が論じている（塩川編『ロシア・ウクライナ戦争』第四章）。

(13) オデッサの 2014 年 5 月 2 日の悲劇とは、ウクライナ政権支持派と新ロシア派の衝突の最中、同市の労働組合会館でロシア系住民に 46 名の犠牲者が出たと言われる放火事件のことである。「ハティン」とは、第二次大戦中にドイツ軍（多数のウクライナ人も加わっていたといわれる）がベラルーシのカティン（Khatyn'）村において引き起こしたとされる虐殺事件（1943 年 3 月 22 日）のこと。村はミンスクの北約 50km にある。ソヴィエト・パルチザンの独軍部隊襲撃に対する報

復として行われ、150人にのぼるほとんど全村民が犠牲となったと伝えられる。

(14) 2014年9月5日、ウクライナ、ロシア、ドネツク・ルガンスク両人民共和国間がドンバス地域における戦闘停止についての合意文書に調印した（ミンスク1)。ただし停戦は実現せず、翌2015年2月11日には仏独の仲介でミンスク2が調印されるが、ウクライナ、ロシア間の対立は収まらずさらに激化し、2022年2月21日、ロシアはドンバス地域の独立を承認、翌日合意はもはや存在せずとして破棄を通告、24日「特別軍事作戦」を開始した。

(15) 2014年6月6日、第二次世界大戦末連合国軍のノルマンディー上陸作戦（D day）70周年のこの日、ウクライナ、ロシア、仏、独四国の代表が会して紛争の解決を目指したことをいう。

付録2

(1) ロシア指導者の対西方コンプレックスの背後に、当の西方諸国の側のロシアに対する態度の問題があるとした点について、中世史研究の立場から、一点だけ「モスクワ・第三ローマ」理念の例をあげて、説明しておきたい。この理念が提唱されたのはモスクワ時代（15-16世紀）である。ただこれが広く取り上げられたのは近現代になってから、とくに両大戦の戦間期から第二次大戦後の冷戦期に、主に欧米の歴史家によってのことであった。彼らはこの理念を一つの根拠に、ロシアが長らく「世界支配」の野望を抱いており、ソヴィエト国家もその実現を図っていると主張した。実際には理念はそのようなものではなかった。ロシアがビザンツ帝国滅亡後、正教を奉じる唯一の国家となったことを説き、国内の悲惨な状況にある正教会の立て直しを呼び掛けた宗教的な主張であった。宗教的主張が政治的力に転化しないというわけではないが、当時のモスクワ国家当局がこれを積極的に取り上げ、現実政治の場で振りかざすことはなかったのである。その意味では、当時のモスクワは「第三のローマ」とではなく、「新たなイスラエル」ないし「新エルサレム」と自己を認識していたのである。だがそれにもかかわらず、時の経過とともに、政治的側面ばかりが強調され、ロシアはローマ帝国的野心を露わにしている、とみなされるに至った（たしかに18世紀になると一部のロシア人著述家もそのように誤解されかねない主張をすることはあった)。欧米の研究者はこのように、たとえ無意識的であるとしても、この理念の名のもとに強大な「敵」を作り上げその脅威を声高に叫んで、冷戦時代の東西対立の流れを激化させることに、少なくとも部分的には参与したのである（この理念の原初的な形については、拙稿「モスクワ第三ローマ理念考」を参照されたい)。これは一つの例に過ぎないが、西欧諸国が中世以来ことあるごとに（あえて言えば、いたずらに）ロシアを敵視してきたということは、指摘しておいてよいように思う。研究者にはこうした歴史的用語の使用に際しては慎重な態度が求められる。巷間に

広がる思い込みや決めつけを助長するがごとくにこの理念を用いることは慎むべきであろう。ロシアの側に責任（原因）がないということではけっしてないが、欧米諸国がロシア側の抱く疑心の鎮静化に熱心でなかったことも確かであるように思う。対立が今なお続いているとするならば（それは双方にとって不幸なことである）、その責任の一端は、研究者を含む観察者の側にもあると言わざるを得ない。

(2) Kohut, The Question of Russo-Ukrainian Unity p. 57.

(3)「ルーシ」(現ウクライナ) をポーランド、リトアニアと並ぶポーランド「共和国」の、第三の対等な構成部分と認めた 1658 年の「ハジャーチ合同（条約)」は当時のウクライナエリート層のこうした願望の一つの表れとみることができる（本書第五章注 60、また Magocsi, A History of Ukraine. p. 236-238)。このような意識がウクライナ人・エリート層に強くあったことは、さらに、たとえば 19 世紀ポーランド文学史上「ウクライナ派」の一人として知られるミハウ・チャイコフスキ（1804-1886 年）などの場合に明瞭にみてとれる。この人物は自身をコサック（カザーク）の伝統と強く結びつけながら、ポーランド国家の復活のために献身したのである（早坂『近代ポーランドの固有性と普遍性』第七章)。

(4)「キエフ・ルーシ」の遺産問題については、本書第一、とくに第二章を参照。

(5)「ルーシ（キエフ・ルーシ)」を「古代ロシア」とみるロシア史学の立場の問題性については、すでに本書「はしがき」で指摘しておいた（また第一章をも参照)。この立場は帝政期からみられたが、それが確固たる原則となったのは、ソヴィエト期のことである。これを決定づけたのが、V・V・マヴロージンの 1945 年の著書（Mavrodin, Obrazovanie drevnerusskogo gosudarstva）であったと広く考えられている。この書はキエフ・ルーシの住民を「古代ロシア民族」(drevnerusskaia narodnost'）と規定し、それが「全ロシア民族」(obshcherusskaia ~)、すなわち東スラヴ人（現ロシア、ウクライナ、ベラルーシ各国民）の祖先とみたのである。これについては、ウクライナ人研究者 S・プローヒィの近年の論考も改めて批判的に言及している（Plokhy, The origins of Rus'. p. 17-19)。

(6)「ロシア」の語の出現、その後の変遷の歴史については Kloss, O proiskhozhdenii nazvaniia «Rossiia». また本書第五章を参照されたい。

(7) 欧米の例はすでに本書「はしがき」(注 1) において記した（Vernadsky や Riasanovsky の通史、いずれも Kievan Russia と表記されている)。日本でも山川各国史の『ロシア史』の先の版（1979 年）や、名訳の誉れ高い『イーゴリ遠征物語』(1983 年の岩波文庫版）は「キエフ・ロシア」を用いていた（後者では「ルーシ」は「ロシヤ」と、「キエフ・ルーシ」は「キエフ・ロシヤ」と表記されている)。

(8) ウクライナ史家のロシア史観（ロシア史学批判）については、さしあたり阿部「フルシェフスキイのロシア史学批判」(1992 年)、また本書第一章を、「歴史なき民族」

ウクライナに関しては、光吉淑江「ウクライナ史研究と『歴史なき民』概念について」(1996年) を参照。

(9) ソヴィエト崩壊後のロシアにおいては大学生用教科書と銘打つ通史は幾種類も出ており、中には相当にユニークなものもある。他方、中高生用教科書は基本的に国定で、内容も統一的と言ってよいように見える。わが国では前者についての紹介は管見の限りないが、中高校生用については幸いにも邦訳がある (『ロシアの歴史（上・下)』明石書店、2011年)。

(10) フメリニツキー及び1654年ペレヤスラフ協定及びその後の推移、後代による評価については、本書第一章注42を参照。邦語文献としては中井和夫『ソヴェト民族政策史』、13-19頁、及び『ポーランド・ウクライナ・バルト史』、166-174頁（中井和夫)、さらに『世界歴史体系　ロシア史1』、398頁（注8、鳥山成人) がある。山川各国史シリーズの『ロシア史』(新版22、2002年) では「再統合」問題への言及はない。

(11)『11-17世紀ロシア語辞典』によれば、「ウクライナ」は、第一義的には「端(はし)、果て」、「ある地域、領域のはずれ、辺境」、「境界」を意味する（第二の意味としては「中心から離れた辺鄙な地」である)。同辞典はそのうえで、地理的呼称として具体的に次の5種をあげる。①キエフ・ルーシ、ペレヤスラヴリ公国の諸地域（諸部分)、②ガーリチ - ヴォルィニ公国の諸地域、③［13-15世紀］ポーランド国家の諸地域、④ 15-17世紀ロシア国家南西諸地域、⑤ポーランド共和国の南東諸地域 (SRIa. XI-XVII vv. Vyp. 31: 327-329)。以上この辞典に従うならば、前近代において、この語がどこか特定地域（現ウクライナ）を指す呼称と考えることはできない。そこではむしろさまざまな（なるほど多くは現ウクライナに含まれるが）諸地域をこの名で示しており、未だ「遠方の境界」地域を指す呼称である。同様に最近の研究者F・A・ガイダも、12世紀から18世紀にかけてのルーシでさまざまな境界地域が「ウクライナ」の語で呼ばれていたことを指摘し、その例を諸史料から丹念に拾っている（Gaida, Grani ii Rubezhi. S. 9-21)。

以下ここでは、史料的に確認できる初期の例を見てみたい。「ウクライナ」の語が最初に確認できるのは、『イパーチー年代記』の1187年の項であるが（上記①)、そこではある公（ウラジーミル・グレーボヴィチ）の領土（ペレヤスラヴリとその地方)が念頭におかれていた。おそらくは公の祖先(ユーリー・ドルゴルーキー公）の領土（北方のロストフ - ウラジーミル地方）からみて、南方諸公国との「境界」地方、あるいはステップ地帯に面する「辺境」の意であったと考えられる。次にみられるのは1189年の項であるが（ガーリチ貴族らに招かれたロスチスラフ・ベルラドニチチ公がスモレンスクからガーリチへ向かったとする記事、上記②)、ここの「ガーリチのウクライナ」を地名とみることができるかどうかは微妙である。たんにガーリチ公国との「境界」地域という意味である可能性が

高いようにみえる（年代記索引も地名としてのウクライナの項でこれを拾ってはいない）。ただし年代記本文では ko Oukraine Galich'koi と（大文字に）しており、固有名詞ともとれる書き方となっている。もっとも仮に「ガーリチ - ウクライナ」という固有名詞があったとしても、それではガーリチが「ウクライナ」の本来の地域であったのかということになると、正確なところは不明である。これに続き、1213 年の項にもウクライナの語がみられる（これも上記②）。ここではガーリチ - ヴォルィニ公ダニール・ロマーノヴィチがブク川中流域地方の「全ウクライナ vsia Oukraina」を占領したとあり、ガーリチ - ヴォルィニからみてポーランドとの「境界」地帯全域という意味であったと思われる（PSRL. II: 653, 663, 732; 邦訳『イパーチイ年代記』(8)、224-225, 241 頁；同（10)、270 頁）。以上の初期の 3 例からは、「ウクライナ」は漠然と「境界」地域を指す語であり、どこか一定の地域を指す固有名詞とする結論を引き出すことは困難である。近代における「ウクライナ」については本書第五章（128-130 頁）をみられたい。この段階では以下を確認するにとどめておく。すなわち、史料的に確認できる限り、この語は中世にはルーシの「国境」地帯ないし「辺境」諸地方を指したが（どこを起点として見るかで具体的な地域は異なってくる）、やがて 15-16 世紀のリトアニア（大公国官房）で（当時この地はリトアニアの支配下にあった）、ステップとの「境界」地域を「ウクライヌィ」（複数）と（その住民を「ウクライニキ」と）呼ぶようになったことが知られている。そして 1569 年のルブリン合同後は、この用法はポーランドにも入る。その後この語は、その地（現ウクライナ）で次第に政治的な勢力となりつつあったカザーク（コサック）集団がポーランド（とリトアニア）支配に反抗を企てる中で、彼らの自称とするようになっていったと考えられる。17 世紀後半にドニェプル川左岸地帯がロシア支配下に組み込まれ、ロシアで「小ロシア」の語が広く公式的に使用されるに伴い、「ウクライナ」の使用は稀になるが、やがて民族主義運動が盛んになると、とりわけ 19 世紀後半から民族主義者がこれを積極的に使用し始める。帝国政府はこれに抑圧的な態度に出るが、押しとどめることはできず、20 世紀になって（ロシア革命後）正式に国名（西ウクライナ人民共和国、またウクライナ・ソヴィエト社会主義共和国）として採用されるに至った。以上である。

(12) ドイツの研究者 A･カペラーは、「ウクライナ」の語がすでに 17 世紀には「確立」した概念であり、西方諸国においてもとくにザポロージエ・コサックとの関連で、新聞や地図などを通じて広く知られていたと指摘している（Kappeler, Vom Land der Kosaken zum Land der Bauern. S. 11）。

(13) P・R・マゴツィはフメリニツキーの乱直前の 10 年間に右岸ウクライナから左岸（スロボダー・ウクライナ）へ 2 万人が逃れたと推測している（Magocsi, A History of Ukraine. p. 225-226）。

(14) K・V・ハルラムポーヴィチによれば、モスクワではポーランドの正教徒住民は「チェルカスィ」などと呼ばれ、当初ははっきりと敵視されたという。とくに同国領内のカザークがスムータ（16-17 世紀交の動乱）時代に偽皇帝の軍に積極的に参加したことが大きかったという。モスクワの正教会も 1620 年には、南方出身の半ばカトリック化した異端的正教徒（彼らは「滴礼洗礼者（オブリヴァンツィ)」と呼ばれた）に再洗礼を施すべきことを決定していた。モスクワ側のこうした態度は 18 世紀に至るまで続いたという（Kharlampovich, Malorossiiskoe vliianie. S. IV, 22)。

(15)「ロシア」文学史上のバロック時代（およそ 17 世紀 -18 世紀中ごろ）におけるウクライナ知識人について概観しているチジェフスキーによれば、この時期ドイツやオランダで学んだ学生の中にはウクライナ地域の出身者が 800 人ほどいたと推測しうるという。これはきわめて不完全な史料状況の中での推測であるが、もしその半数がポーランド人であったとしても、残りがウクライナ人であったわけで相当の人数と言ってよい。ウクライナ人はイギリスやイタリアへも出向いたことを考慮に入れるならば、きわめて多くのウクライナ人が西方の新知識を身に着けて帰国したことになる。そしてその多くがモスクワに出て、あるいは招かれて活躍したという（Čiževskyj, History of Russian Literature. p. 358-367、とくに 359-360)。

(16) キエフ・ルーシの人々がどのような言葉を話していたか等、言語の諸問題に関しては、Magocsi, A History of Ukraine. p. 106-108 が参考になる。ソヴィエト史学における「古（代）ロシア語」の形成をめぐる研究状況については、Sovetskoe istochnikovedenie. S. 139-157 を参照。

(17) Kappeler, Revisionismus und Drohungen. S. 71. また 17 世紀「西ルーシ」の文語に関してであるが、ハルラムポーヴィチは次のように記している。「それはベラルーシ語、小ルーシ語およびポーランド語の混合体で、大ロシア語とは大きく異なっており、諸文書や文学作品の［大ロシア語への］翻訳のための特別の翻訳者が必要であった」(Kharlampovich, Malorossiuiskoe vliianie. S. XIII)。

(18) ブレスト合同については福嶋千穂『ブレスト教会合同』(ポーランド史叢書 1) 群像社、2015 年がある。

(19) ヴァルーエフ指令、エムス法については、『ポーランド・ウクライナ・バルト史』237-242 頁、詳しくは中井和夫『ソヴェト民族政策史』、第一部第二章（23-38 頁）を参照。本書第五章（147-148 頁、また注 98、99）でも検討の対象とした。

(20)「ロシア大民族」の語については、本書第一章 36-37 頁（および注 37-40）を参照。

(21) これとの関連でさらに作家ソルジェニーツィンの見解にも触れておこう。彼はソ連邦が崩壊する直前に（この時彼はアメリカ合衆国に亡命中であった)、ソ連の新聞に発表し、その後邦訳された『甦れ、わがロシアよ』において、「新し

いロシア」は共産主義ソ連から脱却し、「スラヴの兄弟」、すなわちウクライナ、ベラルーシ（彼はこれを「同胞」と呼ぶ）とともに連邦を形成すべきことを主張したのである。その際彼はこの連邦を「スラヴ連邦」とではなく、「ロシア連邦」と呼んだことが注目される。これは紛れもなく「ロシア大民族」と同じ発想である。かつてソヴィエト国家権力に徹底的に抗い、民主主義の旗を掲げたノーベル賞作家も、結局はウクライナ、ベラルーシ民族を「大きなロシア」の中に含みうると考えているのである（木村浩訳、日本放送出版協会、1990 年）。彼はこの点では、現ロシア大統領と同じ見解を抱いていると言ってよい。ソルジェニーツィンのウクライナに対する立場（見解）は、1981 年 10 月のトロントにおける「ロシア - ウクライナ関係をめぐる研究会議」へ宛てて彼が事前に送付した「公開書簡」(1981 年 4 月) にもよく現れている。彼はウクライナ人に対する親愛感を表明しつつも、ウクライナ史における数々の悲劇は、ロシアとは無関係で、責任（原因）はもっぱら共産主義とソ連にあること、それゆえロシア人に対する過度の批判は「不寛容」と言うべきで、両民族間「対話」の妨げになると主張している。これに対し「会議」主催者の一人 J・ペレンスキがコメントを書き、ソルジェニーツィンの作家としての偉大な業績と勇敢な反権力闘争を称え、さらにウクライナ人に対し彼が抱く尊敬（と親愛）の情を高く評価しながら、他方で、帝政期のロシアもソ連と類似の側面（抑圧的体制）を有していたことを、やんわりと指摘したのである（Ukraine and Russia in their Historical Encounter. Appendix: On Ukrainian-Russian Relations. p. 331-341）。

(22) 条約については安井教浩『リガ条約』（ポーランド史叢書 4）群像社、2017 年を参照。

(23)『ポーランド・ウクライナ・バルト史』313-314 頁。詳しくは中井和夫『ソヴェト民族政策史』、第 III 部第一章（229-254 頁）、また塩川伸明『多民族国家ソ連の興亡 I』、岩波書店、2004 年、第一章第二節。

(24) Kappeler, Ungleiche Brüder (2017).

(25)「大飢饉」の問題については、さしあたり中井『ソヴェト民族政策史』第 III 部、第三章を、今日のウクライナがこれを「ホロドモール」と呼んでスターリンによる「故意のジェノサイド」とする立場をとっていることについては、『ロシア・ウクライナ戦争』第四章（浜由樹子）を参照。

(26) ウクライナに対する「ネオナチ」の非難についても、さまざまに議論されているが、さしあたりは前記『ロシア・ウクライナ戦争』第一章（塩川伸明）、四章（浜由樹子）の記述が示唆的である。ウクライナ・ナショナリズムをこの語と結びつけて非難するのはいわばロシアにおける常道であり、またウクライナに「ネオ」ナチ的要素がまったくないというわけではないが、筆者としては、それをヒトラーのナチズムと直接的に結びつけるかのような議論（非難）は、無意味であ

ると考える。この語は「反ロシア的」というほどの意味しかもっていないからである。かつて独ソ戦において甚大な被害を被った国としては、ナチス・ドイツに対し強い憤りの念を持ち続けることも理解できないことではないが、ナチズムを一般化して、ウクライナをも同じ用語の下に含め断罪の対象とすることが正しいとは思えない。ロシアと同盟する、しないは当該国の政策の問題なのであり、それをあたかも犯罪視するかのごとき態度が説得的であるとは思えない。いずれにせよ現ウクライナ政権が反ユダヤ主義を標榜しているわけではまったくないのである。

(27) http: //kremlin. ru/events/president/news/63527

(28) Kappeler, Revisionismus und Drohungen. S. 68.

(29)わが国でもすでに戦前から知られていた。『ソヴィエット同盟共産党(ボリシェヴィキ）歴史：小教程』現代社、1939。それは戦後も何度も刊行されて広く知られている。

P. R. Magocsi A History of Ukraine (1996). P.80 より作成

ウクライナと周辺諸国

ノヴゴロド
プスコフ
ヴォルガ川
トヴェリ
モスクワ
モスクワ川
ラトヴィア
バルト海
リトアニア
ダウガヴァ川(西ドヴィナ)
カリーニングラード
ロシア
グダンスク
スモレンスク
オカ川
ドニエプル川
ミンスク
ロ シ ア
ヴィスワ川
ヴィエレコポルスカ
ベラルーシ
ブリャンスク
ドン川
ホーメリ
ワルシャワ
ポーランド
ブレスト
ピンスク
トゥーロフ
クルスク
ヴォロネジ
プリピャチ川
ポレシア
ルブリン
マウォポルスカ
サンドミエシ
ヘウム
ヴォロディーミル
ヴォルイニ
チェルノブイリ
(チョルノブィリ)
デスナ川
セイム川
ザモシチ
クラクフ
サン川
ブク川
ルツク
スルーチ川
ジトーミル
キーウ
ヴォルスクラ川
ハルキウ
チェコ
オシフィエンチム
リヴィウ
ペレヤスラフ・フメリニツキ
プシェミシル
ポルタヴァ
ドネツ
スロヴァキア
ガリツィア
ポドリア
ヴィンニツァ
カメニェツ・ポドルスキー
ドニェプル川
ドネツク
南 ブ ク 川
ザポリジヤ
ドナウ川
モルドヴァ
ドニエステル川
ハンガリー
ミコライフ
ヘルソン
オデッサ
ルーマニア
アゾフ海
クリミア半島
セヴァストーポリ
ヤルタ
ドナウ川
セルビア
ブルガリア
黒 海

キエフ・ルーシ論史料および関係文献

〈略語〉

BLDR Biblioteka Literatury Drevnei Rusi

ChOIDR Chteniia v Imperatorskom Obshchestve Istorii i Drevnosti Rossii

CSP Canadian Slavonic Papers

DGVE Drevneishie Gosudarstava Vostochnoi Evropy

HUS Harvard Ukrainian Studies

ISSSR Istoriia SSSR

JbfGO Jahrbücher für Geschichte Osteuropas

MERSH Modern Encyclopedia of Russian and Soviet History

PSRL Polnoe Sobranie Russkikh Letopisei

RR Russian Review

SIE Sovetskaia Istoricheskaia Entsiklopediia

SR Slavic Review

SRIa. XI-XVII vv. Slovar' Russkogo Iazyka. XI-XVII vv.

VI Voprosy Istorii

VV Vizantiiskii Vremennik

ZhMNP Zhurnal Ministerstva Narodnogo Prosveshcheniia

〈史料〉

Polnoe Sobranie Russkikh Letopisei (PSRL).

T. I Lavrent'evskaia Letopis'. M., 1997.

T. II Ipat'evskaia Letopis'. M., 1998.

T. III Novgorodskaia Pervaia Letopis'. Starshego i Mladshego Izvodov. M., 2000.

T. VI Sofiiskaia Pervaia Letopis'. Starshego Izvoda. Vyp. 1, M., 2000.

T. VII-VIII Letopis' po Voskresenskomu Spisku. M., 2001.

T. IX-XIV Nikonovskaia Letopis'. M., 2000.

T. XXI Kniga Stepennaia Tsarskogo Rodosloviia. SPb., 1908 (Reprint, 1970).

T. XXIX Letopisets nachala tsarstva tsaria i velikogo kniazia Ivana Vasil'evicha. M., 2009.

Povest' Vremennykh Let. Podgotovka Teksta, Perevod, Stat'i i Kommentarii D. S. Likhacheva, Izd. Vtoroe ispravlennoe i dopolnennoe. SPb. 1999.

Priselkov M. D. Troitskaia Letopis'. Rekonstruktsiia Teksta. M. -L., 1950.

Drevnaia Rus' v svete zarubezhnykh istochnikov. Khrestomatiia. Pod red., T. N. Dzhakson, I.

G. Konovalovoi i A. V. Podsinova. I-V. M., 2009-2010.
Rossiia i Grecheskii mir v XVI veke. V 2 t. T. 1, Podgot. k publ. S. M. Kashtanova, L. V. Stoliarovoi, B. L. Fonkicha. M., 2004.
Stoglav. v kn:Rossiiskoe Zakonodatel'stvo X-XX vekov. T. II; Zakonodatel'stvo perioda obrazovaniia i ukrepleniia Russkogo tsentralizovannogo gosudarstva. Otvet. redaktor A. D. Gorskii, M., 1985, S. 241-500.
Stoglav. Tekst, Slovoukazatel'. Otv. red., J. M. Bazile, A. V.Iurasov; Podgotovka teksta Stoglava E. B. Emchenko. M., SPb., 2015.
Perepiska Ivana Groznogo s Andreem Kurbskim. Tekst podgotovili Ia. S. Lur'e i Iu. D. Lykov, L., 1979.
Constantine Porphyrogenitus, De Administrando Imperio. Greek Text. Edited by Gy. Moravcsik, English translation by R. J. H. Jenkins, New, Revised Edition, Dumbarton Oaks, Washington, 1967.

『ロシア原初年代記』（訳者代表、國本哲男、山口巖、中条直樹）、名古屋大学出版会、1987 年。

『イパーチイ年代記』（1~15）（中沢敦夫ほか訳）、『富山大学人文学部紀要』第 61 号～第 75 号（2014 ～ 2021 年）。

『スズダリ年代記（ラヴレンチー本）』（古代ロシア研究会訳）、『古代ロシア研究』、XX（2000 年）～。

コーンスタンチノス・ポルフィロゲンネートス『帝国統治論 I-IV』（山口巖訳）、『古代ロシア研究』VI, VII, IX, XV（1965, 1966, 1968, 1983）。

『イーゴリ遠征物語』（木村彰一訳）、岩波文庫、1983 年、

「『百章』試訳（1~3）」（中村喜和訳）、『人文科学研究』（一橋大学研究年報）29~31（1991, 1993, 1994 年）。

「イヴァン雷帝とクールプスキー公の往復書簡試訳（I~III）」（栗生沢猛夫訳）、『人文研究』（小樽商科大学）、72~74（1986~1987 年）。


〈研究文献〉

D'Anieri P. Ukraine and Russia from Civilized Divorce to Uncivil War. Cambridge University Press, 2019.
Avdusin D. A. Sovremennyi antinormanizm//VI. 1988-7, S. 23-34.
Bardach J. Le relations entre les catholiques et les orthodoxes dan le Grand-Duché de Lituanie//Le Origini e lo Sviluppo della Cristianita. p. 377-392.
Basarab J. Pereiaslav 1654:A Historiographical Study. Edmonton, 1982.

Bazilevich K. V. Vneshniaia politika Russkogo gosudarstva. M., 2001 (初版、1952).

Begunov Ju. K. "Weisse Rus'"und Weissrussen in einer deutschen Chronik des 15. Jahrhunderts//FOG. 27 (1980), S. 299-305.

Blöndal S. The Varangians of Byzantium. An aspect of Byzantine military history. translated, revised and rewritten by B. S. Benedikz. Cambridge University Press, 1978.

Boeck B. J. What's in a Name ? Semantic Separation and the Rise of the Ukrainian National Name//HUS, XXVII (2004-2005), p. 33-65.

Borščak É. Rus', Mala Rosiia, Ukrana//Revue des Études slaves, tome XXIV, 1948, p. 171-176.

Braun F. A. Variagi na Rusi//Beseda, Berlin, No. 6-7 (1925), S. 300-338.

Bushkovitch P. The Ukraine in Russian Culture 1790-1860:The Evidence of the Journals// JbfGO. 39 (1991), S. 339-363.

The Cambridge History of Russia. Vol. I, From Early Rus' to 1689. Ed. by M. Perrie. Cambridge University Press, 2006.

Fr.- Chirovsky N. L. An Introduction to Ukrainian History. V. I :Ancient and Kievan-Galician Ukrainian-Rus'. New York, 1981; V.II: The Lithuanian-Rus' Commonwealth, the Polish Domination and the Cossack-Hetman State. New York, 1984.

Chubaty N. D. The Meaning of "Russia" and "Ukraine"//The Ukrainian Quarterly, I (Sept. 1945), p. 351-64 (=S. Harcave (ed.) Readings in Russian History. Vol. I, p. 9-21).

Cross S. H. The Scandinavian Infiltration into Early Russia//Speculum. vol. XXI (1946), p. 505-514.

Culture, Nation, and Identity. The Ukrainian-Russian Encounter (1600-1945). Ed. by A. Kappeler, Z. E. Kohut, F. E. Sysyn, and M. von Hagen. Edmonton, Toronto, 2003.

Čyževs'kyj D. History of Russian Literature. From the eleventh Century to the end of the Baroque. 'S-Gravenhage, 1960.

— A History of Ukrainian Literature, from the 11th Century to the end of the 19th Century. Tr. by D. Ferguson et. al. Littleton, Colo. 1975.

Danylenko A. The name Rus'. In search of a new dimension//JbfGO. 52 (2004), S. 1-32.

Dmitrieva R. P. Skazanie o kniaz'iakh vladimirskikh. M., -L., 1955.

Doroshenko D., and Ohloblyn O. A Survey of Ukrainian Historiography. Special issue of The Annals of the Ukrainian Academy of Arts and Sciences in the USA. New York, 1957.

Eucharisterion:Essays presented to O. Pritsak on his Sixtieth Birthday by his Colleagues and Students//HUS. III/IV, 1-2, 1979-1980.

Floria B. N. Istoricheskie sud'by Rusi i etnicheskoe samosoznanie vostochnikh slavian v XII-XV vekakh. K voprosu o zarozhdenii vostochnoslavianskikh narodnostei// Etnicheskoe samosoznanie slavian v XV stoletii. M., 1995, S. 10-38.

Florinskii T. D. Malorusskii iazyk i «Ukrains'ko-Rus'kii» literaturnyi separatism//Ukrainskii separatism v Rossii. S. 330-384（初出は 1990 年、サンクト・ペテルブルク）.
Franklin S and Shepard J. The Emergence of Rus. 750-1200. London and NewYork, 1996 .
Froianov I. Ia. Kievskaia Rus': Ocherki otechestvennoi istoriografii. L., 1990.
Gaida F. A. Grani i Rubezhi:Poniatiia «Ukraina» i «Ukraintsy» v ikh istoricheskom razvitii. M., 2019.
Gedeonov S. A. Variagi i Rus'. Istoricheskoe issledovanie. M., 2018 (初版 SPb., 1876).
Giedroyć M. The Arrival of Christianity in Lithuania: Between Rome and Byzantium (1281-1341) //Oxford Slavonic Papers, XX (1987), p. 1-33.
— The Ruthenian-Lithuanian metropolitanates and the progress of christianisation (1300-1458)// Le Origini e lo Sviluppo della Cristianita. p. 315-342.
Goehrke C. Frühzeit des Ostslaventums. Unter Mitwirkung von U. Kälin. Darmstadt, 1992.
Gorskii A. A. Problema proiskhozhdeniia nazvaniia ‹Rus'› v sovremennoi sovetskoi istoriografii//ISSSR. 1989-3, S. 131-137.
Grabowicz G. G. Toward a History of Ukrainian Literature//HUS, 1-4 (1977), p. 407-523.
Grekov B. D. Kievskaia Rus'. M., 1939 (第 5 版、1949).
Handbuch der Geschichte Russlands. Bd. I:Von der Kiewer Reichsbildung bis zum Moskauer Zartum (Anfänge bis 1613), Hrsg. von M. Hellmann, Stuttgart, 1976-1989 ; Bd. II:Vom Randstaat zur Hegemonialmacht (1613-1856), Hrsg. von K. Zernack, Stuttgart, 1981-
Horak S. M. Michael Hrushevsky:Portrait of an Historian//CSP, X, 3, 1968, p. 341-356.
— Periodization and Terminology of the History of Eastern Slavs:Observations and Analyses//SR. 31 (1972), p. 853-862.
Hrushevskii M. Istorija Ukraïni-Rusi. T. 1-3, NY. 1954 .
— (Grushevskii) Zvichaina skhema "russkoï" istoriï i sprava ratsional'nogo uklady istoriï Skhidn'ogo Slovianstva//Stat'i po Slavianovedeniiu. Vypusk I, pod red. V. I. Lamanskago. Izd. vtorogo Otd. Imp. Akademii Nauk. SPb., 1904. S. 298-304 (英訳 Hrushevsky Mychailo, The traditional Scheme of "Russian" History and the Problem of a rational Organization of the History of the Eastern Slavs//Annals of the Ukrainian Academy of Arts and Sciences in The United States. 2 (1952), p. 355-364).
— (Grushevskii) Ocherki istorii Kievskoi zemli ot smerti Iaroslava do kontsa XIV stoletiia. Vyd. Naukova dumka. Kyïv, 1991 [原初版 M. S. Hruševśkyj, Narys istorii Kyïvśkoï zemli vid smerti Jaroslava do kincja XIV storiččja].
— (Grushevs'kii) Velika, Mala i Bila Rus'//Ukraïnsk'yi istorichnyi zhurnal, 1991-2, S. 77-85（初出 1917 年).
— A History of Ukraine. Ed. by O. J. Frederiksen, Preface by G. Vernadsky (=Iliustrovana istoriia Ukrainy, Kiev, 1911).

— Naris Istoriï Ukraïns'kogo narodu. v:Mikhailo Grushevs'kii, Tvori u 50 tomakh, Tom 22, L'viv, 2015.

— (Grushevskii) Ocherki istorii ukrainskogo naroda. SPb., 1904, 380 s.; 2-e izd., dop. 1906, 521 s.; 3-e izd., dop. 1911, 568 s.

Hryckiević A. Position of Orthodox Church in Belorussia before Lublin Union, 1569// Le Origini e lo Sviluppo della Cristianita. p. 393-410.

Hurwits E. S. Prince Andrej Bogoljubskij. Firenze, 1980.

Iamanov V. E. Rorik Iutlandskii i letopisnyi Riurik//VI. 2002-4, S. 127-137.

Ikonnikov V. S. Opyt Russkoi Istoriografii. T. II, Kn. 2, Osnabrück, 1966 (Fotomekhanicheskaia perepechatka izdaniia 1891-1908 gg).

Istoriia Rusov ili Maloi Rossii. Sochinenie Georgiia Koninskago, Arkhiepiskopa Beloruskago. M., 1846 (Reprint:Kiev, 1991).

Jacobsson G., La forme originelle du nom des Varègues//Scando-Slavica. T. 1 (1954), p. 36-43.

— Variagi i ‹Puti iz Variag v Greki›/ /Scando-Slavica. T. 29 (1983), S. 117-134.

Kamiński A. The Cossack Experiment in *Szlachta* Democracy in Polish-Lithuanian Commonwealth:The Hadiach (*Hadziacz*) Union//HUS, 1 (1977), p. 178-197.

Kappeler A. Kleine Geschichte der Ukraine. München, 1994 (Beckische Reihe, 1059).

— Mazepintsy, Malorossy, Khokhly:Ukrainians in the Ethnic Hierarchy of the Russian Empire//Culture, Nation, and Identity. Ed. by A. Kappeler et al. p. 162-181.

— Ukraine in German-Language Historiography//Synopsis, 2005, S. 245-264.

— Russland und die Ukraine. Verflochtene Biographien und Geschichten. Wien Köln Weimar, 2012.

— Die Kosaken. München, 2013.

— Ungleiche Brüder. Russen und Ukrainer. Vom Mittelalter bis zur Gegenwart. München, 2017.

— Das historische Erbe der Ukraine//Osteuropa, 71 (2021-7), S. 85-107.

Kapterev N.F. Kharakter otnoshenii Rossii k pravoslavnomu Vostoku v XVI i XVII stoletiiakh. Sergiev Posad, 1885 (Izd. 2-oe, 1914; Reprint, 1968).

Keenan E. L. On certain mythical beliefs and Russian behaviors//The Legacy of History in Russia and the New States of Eurasia. p. 19-40.

Kharlampovich K. Malorossiiskoe vliianie na velikorusskuiu tserkovnuiu zhizn'. T. 1, Kazan', 1914.

Kirilo-Mefodiïvs'ke Tovaristvo. T. 1-III, Kiïv, 1990.

Klein L. S. Spor o Variagakh. SPb., 2009.

Klein L. S., Lebedev G. S., Nazarenko V. A. Normanskie drevnosti Kievskoi Rusi na

sovremennoi nauke arkheologicheskogo izucheniia//Istoriia sviazi Skandinavii i Rossii (IX-XX vv.). L., 1970, S. 225-252.

Klid B. W. The Struggle over Mykhailo Khrushevs'kyi:Recent Soviet Polemics//CSP, 33-1 (1991), p. 32-45.

Kloss B. M. O proiskhozhdenii nazvanii ‹Rossiia›. M., 2012.

Kohut, Zenon E. A Gentry Democracy within an Autocracy:The Politics of Hryhorii Poletyka (1723/25-1784)//Eucharisterion:Essays presented to O. Pritsak, Pt. 2, p. 507-519.

— The Development of a Little Russian Identity and Ukrainian Nationbuilding//HUS, 10 (1986), p. 559-576 .

— Russian-Ukrainian Relations and Historical consciousness in Contemporary Ukraine// The Legacy of History in Russia and the New States of Eurasia. p. 123-145.

— The Question of Russo-Ukrainian Unity and Ukrainian Distinctiveness in Early Modern Ukrainian Thought and Culture//Culture, Nation, and Identity. 2003, p. 57-86.

Kostomarov N. I. Dve russkiia narodnosti//Sobranie sochinenii N. I. Kostomarova. Istoricheskie monografii i issledovaniia. Kn. 1 (T. I-i, II-i i III-i). SPb., 1903, S. 33-65.

— Zakon Bozhii/Kniga Bytiia Ukrainskogo Naroda//Kostomarov N. I. Skotskii Bunt (Seriia Aktual'naia istoriia Rossii), M., 2002. S. 386-398.

— Sobranie sochinenii N. I. Kostomarova. Istoricheskie monografii i izsledovaniia. Kn. 1-8 (T. I-XXI), SPb., 1903-1906 (The Hague, 1967-1968).

Kotenko A. L., Martyniuk O. V., Miller A. I. Maloross// «Poniatiia o Rossii». K istoricheskoi semantike imperskogo perioda. T. II, M., 2012, S. 392-443.

Kuchkin V. A. 〈Russkaia zemlia〉 po letopisnym dannym XI-per. treti XIII v. //DGVE. 1992/1993, M., 1995, S. 74-100.

Kuryuzawa T. The Debate on the Genesis of Russian Feudalizm in recent Soviet Historiography. In:T Ito (ed.), Facing Up to the Past. Soviet Historiography under Perestroika. Sapporo, 1989, p. 111-147.

Kuz'min A. G. Ob etnicheskoi prirode variagov//VI. 1964-11, S. 54-83.

— «Variagi» i «Rus'» na Baltiiskom more//VI. 1970-10, S. 28-55.

A Laboratory of Transnational History. Ukraine and Recent Ukrainian Historiography. Ed. by G. Kasianov and Ph. Ther, Budapest/New York, 2009.

The Legacy of History in Russia and the New States of Eurasia. Editor S. F. Starr, New York, London, 1994 (=The International Politics of Eurasia. Vol. 1).

Lebedev G. S. Epokha vikingov v Severnoi Evrope. Istoriko-arkheologicheskoe ocherki. L., 1985.

Likhachev D. S. Natsional'noe samosoznanie Drevnei Rusi. Ocherki iz oblasti russkoi literatury XI-XVII vv. M., -L., 1945.

Lovmian'skii G. Rorik Frislandskii i Riurik Novgorodskii//Skandinavskii sbornik. Vyp. VII. Tallin, 1963, S. 221-249.

— (Lovmian'skii Kh.) Rus' i normanny. Perevod s pol'skogo (M. E. Bychkovoi), M., 1985 (=H. Łowmiański, Zagadnienie roli Normanów w genezie państw slowiańskich. Warszawa 1957).

Luciani G. Le Livre de la Genèse du Peuple Ukrainien. Paris, 1956.

Ludat H. Farbebezeichnungen in Völkernamen//Saeculum, 4 (1953), S. 138-155.

Łużny R. The Work of Christianization of Kievan Russia in the consciousness of Slavs in the Sixtennth and Seventeenth Centuries//Le Origini e lo Sviluppo della Cristianita. p. 411-424.

Magocsi P. R. A History of Ukraine. The Land and its Peoples. Toronto, London, 1996 (Second, Revised and Expanded ED., 2010).

Majeska G. P. Athos, Mount//MERSH. 2:157-162.

Mel'nikova E. A., Petrukhin V. Ia. Nazvanie ‹Rus'› v etnokul'turnoi istorii drevnerusskogo gosudarstva (IX-Xvv.)//VI. 1989-8, S. 24-38.

Mel'nikova E. A., Petrukhin V. Ia. Skandinavy na Rusi i v Vizantii v X-XI vekakh:k istorii nazvaniia «variag»//Slavianovedenie. 1994-2, S. 56-68.

Meyendorff J. Byzantium and The Rise of Russia. A Study of Byzantino-Russian relations in the fourteenth Century, Cambridge Univ. Press, 1981.

Miliukov P. N. Ocherki po istorii Russkoi Kul'tury. Ch. 1-3, SPb., 1896-1903.

Miller A. I. Ukrainofil'stvo//Slavianovedenie. 1998-5, S. 28-37.

— «Ukrainskii vopros» v politike vlastei i russkom obshchestvennom mnenii (vtoraia polovina XIX v.). Sankt-Peterburg, 2000.

Moshin V. A. Variago-russkii vopros//Slavia, 10 (1931), S. 109-136, 343-379, 501-537.

— Russkie na Afone i russko-vizantiiskie otnosheniia v XI-XII vv. //Byzantino-Slavica. IX (1947-48), S. 55-85, XI (1950), S. 32-60.

Nasonov A. N. «Russkaia zemlia» i obrazovanie territorii drevnerusskogo gosudarstva. M., 1951.

Nazarenko A. V. Drevniaia Rus' na mezhdunarodnykh putiakh. M., 2001.

— Dve Rusi IX veka//Rodina. 2002-11/12, S. 16-22.

— «Novorossiia», «Veikorossiia» i «Vsia Rus'» v XII veke:Tserkovnye istoki etnopoliticheskoi terminologii//Nazarenko, Drevniaia Rus' i slaviane (DGVE. 2007 g. M., 2009, XI, S. 246-268).

Le Origini e lo Sviluppo della Cristianita Slavo-Bizantina. a cura di S. W. Swierkosz-Lenart, Istituto Storico Italiano per il Medio Evo, Nuovo Studi Storici, 17, Roma, 1992.

Pchelov E. Riurik. (ZhZL. Seriia biografii. 1477/1277), M., 2010.

Pelenski J. Soviet Ukrainian Historiography after World War II//JbfGO. 12 (1964) , S. 376-379.

— Russia and Kazan. Conquest and Imperial Ideology (1438-1560s). The Hague･Paris, 1974.

— The Origins of the Official Muscovite Claims to the 'Kievan Inheritance'//HUS, I-1, 1977, P. 29-52 [The Contest for the Legacy. (5), p. 77-101].

— The Contest for the 'Kievan Inheritance' in Russian-Ukrainian Relations:The Origins and Early Ramifications//Ukraine and Russia in Their Historical Encounter. Ed. by P. J. Potichnyj, M. Raeff, J. Pelenski, G. N. Zekulin, Edmonton, 1992, p. 3-19 [The Contest for the Legacy. p. (1), p. 1-20].

— The Origins of the Muscovite Ecclesiastical Claims to the Kievan Inheritance// California Slavic Studies. 16 (1993), p. 102-115/ (=Le Origini e lo Sviluppo della Cristianita. 1992, p. 213-226)[The Contest for the Legacy. p. (4), p. 61-76].

— The Contest for the Legacy of Kievan Rus'. NY., 1998.

Pereiaslavs'ka rada 1654 roku (Istoriografiia ta doslidzhennia). Ed. P. Sokhan' et al. Kiïv, 2003.

Pereiaslavs'ka rada ta ukraïns'ko-rosiis'ka ugoda 1654 roku:istoriia, istoriografiia, ideologiia (Materiali mizhnarodnogo "kruglogo stolu"). red. V. Smolii et al., Kiïv, 2005.

Pliguzov A. On the Title "Metropolitan of Kiev and All Rus'"//HUS, 15 (1991), p. 341-353.

Plokhy S. M. Cossack mythology in the Russian-Ukrainian border dispute//The Legacy of History in Russia and the New States of Eurasia. p. 147-170.

— The Cossacks and Religion in Early Modern Ukraine. Oxford Univ. Press, 2001.

— Unmaking Imperial Russia. Mykhailo Hrushevsky and the Writing of Ukrainian History. University of Toronto Press, 2005.

— The Origins of the Slavic Nations. Premodern Identities in Russia, Ukraine, and Belarus. Cambridge University Press, 2006.

— The Origins of Rus' (=Plokhy, The Origins of the Slavic Nations, Ch. 1).

— Ruthenia, Little Russia, Ukraine (=Plokhy, The Origins of the Slavic Nations, Ch. 8).

— Ukraine or Little Russia? Revising an Early Nineteenth-Century Debate//CSP. Vol. XLVIII, No. 3-4, 2006. P. 335-353 (= Plokhy, Ukraine and Russia. Part One, 3).

— Ukraine and Russia:Representation of the Past. University of Toronto Press, 2008.

— Renegotiating the Pereiaslav Agreement (=Plokhy, Ukraine and Russia, Ch. 6).

— The Gate of Europe. A History of Ukraine. NY., 2015.

— The Frontline. Essays on Ukraine's Past and Present. Harvard University Press, 2021.

Pogosian E. Rus' i Rossiia v istoricheskikh sochineniiakh 1730-1780-kh godov//Rossiia/ Russia. Vyp. 3 ［11］ :Kul'turnye Praktiki v Ideologicheskoi perspective. XVIII-nachalo XX veka. 1999, S. 7-19.

Presniakov A. E. Obrazovanie Velikorusskogo gosudarstva. Ocherki po istorii XIII-XV stoletii. Petrograd, 1918 (Reprint, The Hague, 1966).

— Lektsii po Russkoi Istorii. T. I, Kievskaia Rus'. M., 1938 (Reprint, The Hague, 1966).

— Mesto «Kievskogo perioda» v obshchei sisteme i «russkoi istori»// Lektsii po russkoi istorii. T. 1. S. 1-11,

— Kniazhoe Pravo v drevnei Rusi. Lektsii po Russkoi Istorii/Kievskaia Rus'. Podgotovka teksta, stat'ia i primechaniia M. B. Sverdlova. M., 1993.

Pritsak O. The Origin of Rus'//RR. 36 (1977), p. 249-273.

— The Origin of Rus'. V. I. Old Scandinavian Sources other than the Sagas. Harvard University Press, Cambridge, Mass., 1981.

— The Origin of the Name RŪS/RUS'//Passé turco-tatar, present soviétique Etudes offertes à Allexandre Benningsen. Louvain;Paris, 1986, p. 45-63.

Pritsak O. and Reshetar J. S. The Ukraine and the Dialectics of Nation-Building//SR, 22-2 (1963), p. 224-255.

Prymak Th. M. Hrushevsky and the Ukraine's 'Lost' History//Dukes (ed.), Russia and Europe (1991). p. 116-123.

— Mykola Kostomarov:A Biography. Toronto, Buffalo, London, 1996.

Readings in Russian History. Vol. I, From Ancient Times to the Abolition of Serfdom. Ed. by S. Harcave. NY. 1962.

Riasanovsky N. V, A History of Russia. Oxford University Press, 1963.

Rossiia i grecheskii mir v XVI veke. T. 1, M., 2004.

Rudnytsky I. L. The Role of the Ukraine in Modern History//SR, 22-2 (1963), p. 199-216, 256-262 (Reply).

— Essays in Modern Ukrainian History. Ed. by P. L. Rudnytsky, Edmonton, 1987.

Rüß H. Das Reich von Kiev//Handbuch der Geschichte Russlands. Bd. 1, Stuttgart, 1979-1980, S. 199-429.

Rybakov B. A. Kievskaia Rus' i russkie kniazhestva. M., 1993.

Rydzevskaia E. A. Drevniaia Rus' i Skandinaviia v IX-XIV vv. M., 1978 (DG. 1978 g).

Savenko A. I. K voprosu o samoopredelenii naseleniia Iuzhnoi Rossii//Ukrainskii separatism v Rossii. S. 291-295（初出は 1919 年、オデーサ）.

Schmidt K. R. The Varangian problem. A brief history of the controversy//Varangian Problems. Scando Slavica. p. 7-20.

Schramm G. Die Herkunft des Namens Rus'//FOG. Bd. 30 (1982), S. 7-49.

— Die Waräger:Osteuropäische Schicksale einer nordgermanischen Gruppenbezeichnung// Die Welt der Slaven. XXVIII (N. F. VII), 1 (1983), S. 38-67.

— Neues Licht auf die Entstehung der Rus' ? Eine Kritik an Forschungen von Omeljan

Pritsak//JbfGO. 31 (1983), S. 210-228.
— Sechs warägische Probleme//JbfGO. 34 (1986), S. 363-373.
— Viel Lärm um vier Buchstaben. Der Name Rus' als Beispiel für die Rückständigkeit einer historischen Hilfswissenschaft//JbfGO. 55-1 (2007), S. 67-79.
Ševčenko I. The Policy of the Byzantine Patriarchate in Eastern Europe in the fourteenth Century. in: Ševčenko, Ukraine between East and West. Essays on Cultural History to the Early Eighteenth Century. Edmonton/Toronto, 1996, p. 69-91.
— The Rebirth of the Rus' Faith//Ševčenko, Ukraine between East and West. p. 131-148.
Shaskol'skii I. P. Normanskaia teoriia v sovremennoi burzhaznoi nauke. M.-L., 1965.
— Vopros o proiskhozhdenii imeni Rus' v sovremennoi burzhuaznoi nauke//Kritika Burzhuaznoi Istoriografii. L., 1967, S. 128-176.
Shchegolev S. Istoriia «Ukrainskogo» separatizama. M., 2004.
Solov'ev (Soloviev) A. V. Istoriia russkogo monashestva na Afone//Zapiski Russkogo nauchnogo instituta v Belgrade. 1932, S. 137-156.
— Velikaia, Malaia i Belaia Rus'//VI. 1947-7, S. 24-38.
— Der Begriff «Rußland» im Mittelalter//Studien zur älteren Geschichte Osteuropas. I. Teil. Graz/Köln, 1956, S. 143-168.
— Le nom byzantin de la Russie//Soloviev, Byzance et la formation de l'Etat russe. XI（初出は 1957 年）.
— Vizantiiskoe imia Rossii//VV. XII (1957), S. 134-155.
— Weiß-, Schwartz- und Rotreußen. Versuch einer historisch-politischen Analyse// JbfGO. 7 (1959), S. 1-33 (=Soloviev, Byzance et la formation de l'Etat russe. XII).
— Byzance et la formation de l'Etat russe. Recueil d'études. Variorum Reprints. London 1979.
Sovetskaia istoriografiia Kievskoi Rusi. Otvet. Red. V. V. Mavrodin. L., 1978.
Sovetskoe istochnikovedenie Kievskoi Rusi. Istoriograficheskie ocherki. Otvet Red. V. V. Mavrodin. L. 1979.
Stender-Petersen A. Jaroslav und die Väringer// Varangica. VI. S. 115-138 (初出は 1928).
— Die Väringer und Kylfinger//Varangica. V. S. 89-113 (初出は 1930).
— Chetyre etapa russko-variazhskikh otnoshenii// Varangica. XIV. S. 241-262 (初出は 1950 年).
— Varangica. Aarhus, 1953.
Storozhenko A. V. Malaia Rossiia ili Ukraina? //Ukrainskii separatism v Rossii. M., 1998, S. 280-290（初出はオデーサ、1918 年）.
Subtelny O. Ukraine. A History. University of Toronto Press, 1988.
Synopsis. A Collection of Essays in Honor of Zenon E. Kohut. Ed. by S. Plokhy and F. E.

Sysyn, Edmonton・Toronto, 2005.
Sysyn F. E. Cocepts of Nationhood in Ukrainian History Writing, 1620-1690//HUS, 10 (1986), p. 393-423.
— The Image of Russia and Russian-Ukrainian Relations in Ukrainian Historiography of the Late Seventeenth and Early Eighteenth Centuries// Culture, Nation, and Identity. 2003, p. 108-143.
Tezisy o 300-letii vossoedineniia Ukrainy z Rossieiu (1654-1954 gg.). M., 1954.
Thomsen V. The Relations between Ancient Russia and Scandinavia and The Origin of the Russian State. NY., 1877.
Tikhomirov M. N. O proiskhozhdenii nazvaniia〈Rossiia〉//Tikhomirov, Rossiiskoe gosudarstvo XV-XVII vekov. M., 1973, S. 11-17（初出は 1953 年）.
— Proiskhozhdenie nazvanii ‹Rus'› i ‹Russkaia zemlia› //Tikhomirov, Russkoe letopisanie. M., 1979, S. 22-45（初出は 1947 年）.
Tolochko O. Truth from Forgery:Vasilii Tatishchev and the Origin of the Master Narrative of Russian History//Synopsis. 2005, p. 457-469.
Tolochko O. P., Tolochko P. P. Kiïvs'ka Rus'. Kiïv, 1998.
Tolochko P. P. Drevnii Kiev. Kiev, 1983.
— Drevniaia Rus'. Kiev, 1987.
— Kiïvs'ka Rus'. Kiïv, 1996.
— Russkie letopisi i ee letopistsy X-XIII vv. SPb. 2003.
— Drevnerusskaia narodnost'. Voobrazhaemaia ili real'naia. SPb., 2005.
— Vlast' v Drevnei Rusi X-XIII vv. SPb., 2011.
— Ranniaia Rus':Istoriia i Arkheologiia. SPb., 2013.
— Kiev i Novgorod v X-XIII vv. Kiev, 2018.
Trubachev O. N. Etnogenez i kul'tura drevneishikh slavian: Lingvisticheskie issledovaniia. Izd. vtoroe, dopolnennoe. M., 2002.
— V poiskakh edinstva:vzgliad filologa na problemu istokov Rusi. Izd. 3-e, dop. M., 2005.
Ukraine and Russia in their Historical Encounter. Ed. by P. J. Potichnyj, M. Raeff, J. Pelenski, G. N. Žekulin. Edmonton, 1992.
Die Ukraine. Prozesse der Nationsbildung. Hrsg. von A. Kappeler, Köln, Weimar, Wien, 2011.
Die Ukraine zwischen Russland und der Europäischen Union. Hrsg. von Gornig G. H., Eisfeld A., Berlin, 2021.
Ukrainskii separatism v Rossii. Ideologiia natsional'nogo raskola. Sbornik. Vstupitel'naia stat'ia i kommentarii M. B. Smolina. M. 1998.
Ul'ianov N. Ukrainskii separatism. Ideologicheskie istoki samostiinosti. M., 2004.
Vakar N. P. The Name "White Russia"//The American Slavic and East European Review, 8

(1949), p. 201-213.
Varangian Problems. Scando Slavica. Supplement 1, Copenhagen, 1970.
Vasil'evskii V. G. Variago-Russkaia i Variago-Angliiskaia druzhina v Konstantinopole XI i XII vekov//ZhMNP. 176 (1874), 177, 178 (1875)=Trudy. T. I. SPb., 1908 (Reprint, The Hague, 1968), S. 176-377.
Vediushkin I. V. ‹Rus'› i ‹Russkaia zemlia› v PVL//DGVE. 1992/1993, M., 1995, S. 101-116.
Venelin Iu. I. O spore mezhdu iuzhanami i severianami naschet ikh rossizma. v kn.: Venelin Istoki Rusi i slavianstva. Sost., predisl. i komment. P. V. Tulaev/Otv. red. O. A. Platonov. M., 2011, S. 789-804, 847-848.
Vernadsky G. Ancient Russia. Yale University Press, 1943 (Sixth Printing, 1964).
— Kievan Russia. Yale University Press, 1948 (Fourth Printing, 1963).
Vodoff V. La «chrétienté russe». Origines et développements//Le Origini e lo Sviluppo della Cristianita. p. 3-18.
Voronin N. N. Iz istorii Russko-Vizantiiskoi tserkovnoi bor'by XII v. //VV, XXVI (1965), S. 190-218.
Vossoedinenie Ukrainy s Rossiei. Dokumenty i materialy v trekh tomakh. M., 1954.
Vossoedinenie Ukrainy s Rossiei 1654-1954. Sbornik statei. Red. A. I. Baranovich i dr., M., 1954.
Wynar L. R. Ukrainian-Russian Confrontation in Historiography. M. Hrushevsky versus the Traditional Scheme of Russian History//The Ukrainian Quarterly. 30-1 (1974), p. 13-25.
Yakovenko N. Choice of Name versus Choice of Path. The Names of Ukrainian Territories from the Late Sixteenth to the Late Seventeenth Century//A Laboratory of Transnational History (2009), p. 117-148.
Zaionchkovskii P. A. Kirilo-Mefodievskoe obshchestvo (1846-1847). M., 1959.

阿部三樹夫「コストマーロフのウクライナ主義と連邦主義」、『ロシア史研究』41（1985）、84-104 頁。

— 「M・フルシェフスキイのロシア史学批判について」、山本俊朗編『スラヴ世界とその周辺』、ナウカ書店、1992 年、181-203 頁。

伊東一郎「歴史の起源」（『新版世界各国史 20　ポーランド・ウクライナ・バルト史』（伊東孝之、井内敏夫、中井和夫編）、山川出版社、1998 年、第一章、22-42 頁）

— 「〈白〉ロシアとは何か？　ベラルーシの語源について」、『ベラルーシを知るための 50 章』、明石書店、2017 年、54-59 頁。

井内敏夫「中世のポーランドと東方近隣諸国」、『新版世界各国史 20　ポーランド・ウクライナ・バルト史』、第二章、43-114 頁。

貝澤哉「ロシア国民文学と帝国的一体性の神話」、『ロシア・東欧の抵抗精神』（石

川達夫編)、成文社、2023 年、19-53 頁。

木崎良平『〈ルーシ〉という語の意味に関する一考察』、1962 年。

岸慎一郎「ヴァリャーギ・ルーシ問題の史料解釈と試論――スウェーデン説批判――」、『中近世ロシア研究論文集』(中近世ロシア研究会編)、2014 年、4-41 頁。

国本哲男『ロシア国家の起源』、ミネルヴァ書房、1976 年。

― 「ロシア国家の起源」、『世界各国史 4　ロシア史(新版)』、山川出版社、1979 年、25-57 頁。

熊野聰『北欧初期社会の研究』、未来社、1986 年。

― 『サガから歴史へ　社会形成とその物語』、東海大学出版会、1994 年。

栗生沢猛夫「モスクワ第三ローマ理念考」、金子幸彦編『ロシアの思想と文学』、恒文社、1977 年、9-61 頁。

― 「『ウラジーミル諸公物語』覚書」、『スラヴ研究』24 (1979 年)、21-50 頁。

― 「中世『ロシア人』の『民族意識』――『ルーシ』にみられる東スラヴ人の自己認識の問題」、『歴史を問う』(3　歴史と空間)、岩波書店、2002 年、153-190, 249-253 頁。

― 『タタールのくびき　ロシア史におけるモンゴル支配の研究』、東京大学出版会、2007 年。

― 「〈ロシアとモンゴル〉覚書」、『西洋史論集』(北海道大学西洋史研究室)、11 (2008 年)、27-59 頁。

― 『《ロシア原初年代記》を読む――キエフ・ルーシとヨーロッパあるいは「ロシアとヨーロッパ」についての覚書』、成文社、2015 年。

― 『イヴァン雷帝の《絵入り年代記集成》 モスクワ国家の公式的大図解年代記研究序説』、成文社、2019 年。

― 『《絵入り年代記集成》が描くアレクサンドル・ネフスキーとその時代(上・下)』、成文社　2022 年。

佐藤純一『ロシア語史入門』、大学書林、2012 年。

清水睦夫「ロシア国家の起源」、『世界歴史体系　ロシア史 1』、山川出版社、1995 年、3-57 頁。

城田俊『ハザール　幻のユダヤ教騎馬民族国家』、水声社、2024 年。

ソルジェニーツィン (木村浩訳)『甦れ、わがロシアよ　私なりの改革への提言』、日本放送出版協会、1990 年。

高橋沙奈美『迷えるウクライナ　宗教をめぐるロシアとのもう一つの戦い』、扶桑社新書、2023 年。

田中陽兒「キーエフ国家とその時代」、『世界各国史 4　ロシア史 (新版)』、58-107 頁。

― 「キエフ国家の形成」、「キエフ国家の解体」、『世界歴史体系　ロシア史 1』、59-130 頁

鳥山成人　『ロシア・東欧の国家と社会』、恒文社、1985 年。

中井和夫　「ドラホマノフ覚書――帝政ロシアとウクライナ――」、『ロシア史研究』38（1983 年）、2-43 頁。

―　「うそからでたまこと」、和田春樹編『ロシア史の新しい世界』、山川出版社、1986 年、19-36 頁。

―　『ソヴェト民族政策史』、御茶ノ水書房、1988 年。

―　「キエフ・ルーシは誰のものか」、『本』、1992-8 月、23-25 頁。

―　『ウクライナ・ナショナリズム　独立のディレンマ』、東京大学出版会、1998 年。

―　「キエフ・ルーシ」、『新版世界各国史 20　ポーランド・ウクライナ・バルト史』、第三章、96-114 頁。

―　『ウクライナ・ベラルーシ史』、山川出版社、2023 年。

野村真理「東ガリツィアの近・現代　恩讐の彼方」、『近代ヨーロッパの探求 10　民族』、ミネルヴァ書房、2003 年、第 1 章、11-67 頁。

濱本真実『「聖なるロシア」のイスラーム　17-18 世紀タタール人の正教改宗』、東京大学出版会、2009 年。

早坂眞理『ベラルーシ　境界領域の歴史学』、彩流社、2013 年。

―　『近代ポーランド史の固有性と普遍性　跛行するネイション形成』、彩流社、2019 年。

『ピョートル前夜のロシア　亡命ロシア外交官コトシーヒンの手記』（松木栄三・編訳）、彩流社、2003 年。

J・フェンネル（宮野裕訳）『ロシア中世教会史』、教文館、2017 年。

プリェートニェヴァ（城田俊訳）『ハザール　謎の帝国』、新潮社、1996 年。

細川滋「キエフ・ルーシの時代」、『新版世界各国史 4　ロシア史』、第一章、17-65 頁。

マヴロージン（石黒寛訳）『ロシア民族の起源』、群像社、1993 年。

松木栄三『ロシアと黒海・地中海世界』、風行社、2018 年。

光吉淑江「ウクライナ研究史と『歴史なき民』概念について」、阪東宏編著『ポーランド史論集』、三省堂、1996 年、337-352 頁。

―　「ヤロスラフ・フリツァーク著『ウクライナ史概略――近代ウクライナ民族の形成――』」、『スラヴ研究』46（1999 年）、277-285 頁。

マッツ・G・ラーション（荒川明久訳）『ヴァリャーギ　ビザンツの北欧人親衛隊』、国際語学社、2008 年。

『ロシア・ウクライナ戦争』（塩川伸明編）、東京堂出版、2023 年。

著者紹介

栗生沢　猛夫（くりうざわ・たけお）

1944年岩手県生まれ。北海道大学名誉教授。

著書：『ボリス・ゴドノフと偽のドミトリー――「動乱」時代のロシア』（山川出版社、1997年）、『タタールのくびき――ロシア史におけるモンゴル支配の研究』（東京大学出版会、2007年）、『図説　ロシアの歴史』（河出書房新社、増補新装版、2014年）、『『ロシア原初年代記』を読む――キエフ・ルーシとヨーロッパ、あるいは「ロシアとヨーロッパ」についての覚書』（成文社、2015年）、『イヴァン雷帝の『絵入り年代記集成』――モスクワ国家の公式的大図解年代記研究序説』（成文社、2019年）、『世界の歴史（11）ビザンツとスラヴ』（共著：井上浩一、中央公論社、1998年／中公文庫、2009年）

編訳著書：『『絵入り年代記集成』が描くアレクサンドル・ネフスキーとその時代』（成文社、2022年）

訳書：A・Ia・グレーヴィチ『歴史学の革新――「アナール」学派との対話』（吉田俊則と共訳、平凡社、1990年）、R・G・スクルィンニコフ『イヴァン雷帝』（成文社、1994年）、モーリーン・ペリー『スターリンとイヴァン雷帝――スターリン時代のロシアにおけるイヴァン雷帝崇拝』（成文社、2009年）

キエフ・ルーシ考　断章――ロシアとウクライナの歴史家はどう考えてきたか

2024年4月29日　初版第1刷発行

著　者　栗生沢猛夫
発行者　南　里　　功
発行所　成　文　社

〒258-0026　神奈川県開成町延沢580-1-101
電話 0465 (87) 5571
振替 00110-5-363630
http://www.seibunsha.net/

組版　編集工房 dos.
印刷・製本　シナノ

落丁・乱丁はお取替えします

Printed in Japan
ISBN978-4-86520-067-6 C0022